现代经济与管理类系列教材

金融企业会计
(第 3 版修订本)

张凤卫　主编

清华大学出版社
北京交通大学出版社
·北京·

内 容 简 介

本书严格遵守中华人民共和国财政部最新制定和颁布的企业会计基本准则、应用指南和会计科目及主要账务处理的一系列规定，本着统一、规范、整合、拓展、创新的原则组织体系和内容，突出一个"新"字。重视理论和实践的结合，重视实际操作和举例阐述。并根据金融企业的经营内容，针对不同行业进行了组织和划分，包括银行业务、信托投资业务、证券业务、保险业务、租赁业务、投资基金业务、衍生金融工具业务等，涵盖了金融领域各行业的会计核算，又充分体现了一个"全"字。

本书既可作为高等院校金融会计专业用书，也可作为相关专业选学教材，特别适宜作为金融企业在职会计人员的自学用书。

本书封面贴有清华大学出版社防伪标签，无标签者不得销售。
版权所有，侵权必究。侵权举报电话：010-62782989　13501256678　13801310933

图书在版编目（CIP）数据

金融企业会计／张凤卫主编．—3版．—北京：北京交通大学出版社：清华大学出版社，2019.1（2022.1重印）
（现代经济与管理类系列教材）
ISBN 978-7-5121-3745-5

Ⅰ.①金… Ⅱ.①张… Ⅲ.①金融企业-会计-高等学校-教材 Ⅳ.①F830.42

中国版本图书馆 CIP 数据核字（2018）第 240818 号

金融企业会计
JINRONG QIYE KUAIJI

策划编辑：吴嫦娥　责任编辑：刘 蕊	
出版发行：清华大学出版社　邮编：100084　电话：010-62776969　http://www.tup.com.cn	
北京交通大学出版社　邮编：100044　电话：010-51686414　http://www.bjtup.com.cn	
印 刷 者：北京鑫海金澳胶印有限公司	
经　　销：全国新华书店	
开　　本：185 mm×260 mm　印张：23.5　字数：587 千字	
版 印 次：2020 年 3 月第 3 版第 1 次修订　2022 年 1 月第 4 次印刷	
书　　号：ISBN 978-7-5121-3745-5/F·1824	
定　　价：58.00 元	

本书如有质量问题，请向北京交通大学出版社质监组反映。对您的意见和批评，我们表示欢迎和感谢。
投诉电话：010-51686043，51686008；传真：010-62225406；E-mail：press@bjtu.edu.cn。

第3版前言

本书第1版和第2版分别于2008年6月、2013年7月由清华大学出版社和北京交通大学出版社联合出版发行。出版10年来，本书在国内作为教材被各财经类大中专院校广泛采用，累计销售达8万多册。编者近三年来通过各种渠道，听取众多专家和有关院校的反馈意见，并结合近5年来金融改革不断深入，对会计核算提出的新要求及适应金融企业会计教学的需要，对原教材进行了修订。

本次修订在原教材指导思想、体系架构的基础上，又新增加了6个方面的内容：一是在金融核算对象上由过去的偏重企业单位，新增和强化了个体经营者的业务核算内容；二是在课程内容和例题计算上，都统一采用2018年最新存贷款利率和外汇汇率；三是在存款业务核算中，新增了个人结算账户的分类及管理的内容；四是在存贷款利息计算中强化了按新会计制度规定的通俗易懂的计算方法，摒弃了难以理解和计算的"摊余成本利息计算表"；五是对营业税改增值税的相关内容进行了更新修改；六是结合近年来自然灾害和风险日益频发的实际，在保险业务核算中新增加了财产保险核算、防范和控制的内容。

当前金融企业都已实现了电算化，操作简便快捷，节省了大量的人力、物力，但会计核算的数据，其来龙去脉及生成过程完全不能直观体现出来，还须学生及工作人员通过对本教材的系统学习，全面了解和熟悉传统的账务处理与会计核算知识，加深理解和掌握，以便日后更好地胜任本职工作。

本教材最突出的特点有两个：其一是将我国各项金融法规全部贯穿到教材的各章节内容中，如票据法、保险法、证券法、外汇管理办法、基金管理办法等，使学生在学习金融会计核算知识的同时，也能熟悉相关法律法规，提高法制意识。其二是教材内容同金融业的经营内容有紧密的联系性和一致性，使学生通过对金融会计核算知识的学习和领会，就能熟悉、了解和掌握金融各行业的经营内容。

本教材通俗易懂，融理论阐述、实际操作、举例说明于一体，可使学生和实际工作者既能理解理论，又会实际操作，便于掌握和记忆。

本次修订工作由原主编张凤卫独立完成，由于水平所限，难免存在疏漏和错误，敬请广大读者和同行批评指正。

张凤卫
2018年8月

第2版前言

本书第 1 版于 2008 年 6 月由清华大学出版社和北京交通大学出版社联合出版发行。出版 5 年来，本书在国内作为教材被各财经类大中专院校广泛采用，累计销售达 3 万多册。编者近两年来通过各种渠道，听取众多同行专家的反馈意见，并结合当前金融改革不断深入对会计核算提出的新要求及适应金融企业会计教学的需要，对原教材进行了修订。

本次修订在坚持原教材指导思想，突出"新"字的基础上又增加了 5 个方面的内容：一是增加并充实了第 1 章的内容，对金融企业资金循环进行了进一步的分析，并以银行实际业务为例剖析了银行业务对经营状况的影响，从理论和实践上提升了对资产负债表的认知；二是结合金融企业运作中票据贴现、再贴现的日益广泛运用，根据新准则的要求详述了贴现利息在不同月份的分摊及其核算方法，弥补了原教材中的不足；三是根据新金融法规制度的要求和适应对违规违法行为的治理，补充和加强了现金业务的阐述，如现金出纳应遵循的原则、银行现金柜面业务的基本要求、银行间调拨现金及原封新币差错处理等内容；四是增加了外汇买卖损益的计算方法及损益计算表的编制确认，熟悉和掌握银行的现实做法；五是根据新制度的规定，对某些具体业务的科目、分录等进行了相应的调整。

本教材修订过程中，查阅了近年来央行和部分商业银行制定下发的文件，并结合章节内容补充引用了相关的法律、规定、制度，力求与新法规相吻合，与金融企业的实际相吻合；同时还沿袭了原教材通俗易懂、融理论阐述、实际操作、举例说明于一体的风格，使学生和实际工作者既理解理论，又会动手操作，便于掌握和记忆。

本书修订由原主编张凤卫独立完成，由于水平所限，难免存在疏漏和错误，敬请广大读者和同行批评指正。

张凤卫

2013 年 7 月

前　言

编者在天津财经大学（原天津财经学院）留校讲授银行会计学，迄今已近 40 个春秋。其间在承担大量的授课任务之外，一直潜心于银行会计学的研究，曾参与"八五""九五"中国人民银行全国金融类统编银行会计学教材的编写，与南开大学等高校合编出版过《金融会计学》《金融企业会计》等教材，并在天津财经大学创办了模拟银行实验室，供历届本专科学生教学实习。

随着我国社会主义市场经济体制的确立和不断完善，经济改革深入发展，特别是 2001 年底，我国正式加入世界贸易组织（WTO），标志着我国进入世界经济大家庭，成为世界经济大家庭中具有重要发言权的成员。我国的金融业需要同国际接轨，按照国际标准、国际准则和国际管理运作。目前出版的《金融会计学》《银行会计学》等教材，无论在会计理论还是核算内容上已有很多过时和不适应的地方，编者作为一名讲授此课程的高校教师，很早就萌发了编写一本新的"金融企业会计"教材的设想，但我既不想沿用自己过去的思路，也不想套用别人的方法，所以一直未动笔。财政部制定的于 2007 年 1 月 1 日实行的《企业会计准则——基本准则》《企业会计准则——应用指南》《会计科目和主要账务处理》颁布后，编者用近一年的时间进行了认真的学习和研究，深刻地感到新的企业会计准则的颁布是我国企业会计的重大改革，是同国际接轨的重大举措，也是包括金融企业在内的各类企业会计的统一规范，促使编者下决心编写《金融企业会计》这本教材。

本书编写的指导思想就是突出一个"新"字。一是在章节上完全按新会计准则的顺序进行安排，对各类经济业务和会计科目都按新准则的规定进行阐述。二是各项经济业务的确认和计量方法新，充分依据市场经济条件下的公允价值进行确认和计量。三是结构新，突破了银行业之间往来核算的传统模式，将原来的银行往来、同业往来，统一归纳为系统内、系统外两种资金往来。四是顺应金融企业之间由"分业经营、分业监管"向混业经营转变的大趋势，新增加了代理证券、代理发行、代理国库、代理政策性银行、代理保险、代理投资及衍生金融工具等业务内容的会计核算。五是在编写上注重开拓性、前瞻性，删除了过去传统的手工记账的联行往来处理的方法，在举例核算上已列举到 2008 年的业务。

本书编写中力求准确、翔实和通俗易懂。准确即对理论、概念、定义的表述不模棱两可，不留疑问，用词恰当；翔实即表述认真、全面、层次清晰、寓意明确、举例切中题意；通俗易懂即融理论阐述、实际操作、举例说明于一体，深入浅出，既理解理论，又会动手操作，便于掌握和记忆。

本书由天津财经大学张凤卫任主编并负责组织和统稿，分 4 篇，共 19 章。具体编写分工如下：张凤卫第 1 章，巴珊第 2、8、9 章，赵燕华第 3、7 章，吕钊第 4、5、6 章，卢紫君第 10、18、19 章，刘炜第 11、12、13、16 章，刘志芳第 14、15 章，高霞第 17 章。

为方便教师教学，本书配有课学课件及丰富的练习题，有需求者可从北京交通大学出版社网站（http：//press.bjtu.edu.cn）下载，或发邮件至 cbswce@jg.bjtu.edu.cn 索取。

本书适合作为会计学专业、金融学专业、管理学专业、外贸专业的本专科教材。本书深入浅出，内容与现行的金融企业的业务联系紧密，适合金融企业员工自学。本书在编写的过程中，广泛阅读和参考了同类教材，并得到了一些学友和研究生的大力支持，在此一并表示感谢。

由于编者水平有限，在编写过程中，疏漏与错误之处在所难免，敬请广大读者和专家批评指正。

张凤卫
2008年5月

目 录

第1篇 金融会计基本理论

第1章 总论 (2)
1.1 金融企业会计的特点 (2)
1.2 金融企业的资金循环 (4)
1.3 金融会计的核算内容 (9)
复习思考题 (13)

第2篇 银行业务的会计核算

第2章 银行会计核算的基本方法 (16)
2.1 会计科目 (16)
2.2 记账方法的应用 (19)
2.3 会计凭证 (23)
2.4 账簿及账务组织 (27)
复习思考题 (34)
计算题 (35)

第3章 存款业务的核算 (36)
3.1 存款业务概述 (36)
3.2 单位存款业务的核算 (38)
3.3 储蓄存款的核算 (43)
3.4 存款利息的计算 (49)
复习思考题 (55)
计算题 (55)

第4章 贷款业务的核算 (56)
4.1 贷款业务核算概述 (56)
4.2 贷款业务的处理 (58)
4.3 票据贴现的核算 (63)
4.4 贷款损失准备的核算 (67)
4.5 贷款利息计算的核算 (69)
复习思考题 (71)
计算题 (71)

第5章 支付结算业务的核算 (72)
5.1 支付结算业务概述 (72)

I

5.2 支票结算的核算 …………………………………… (75)
5.3 银行本票的核算 …………………………………… (79)
5.4 银行汇票的核算 …………………………………… (82)
5.5 商业汇票的核算 …………………………………… (87)
5.6 汇兑业务的核算 …………………………………… (93)
5.7 托收承付和委托收款结算的核算 ………………… (97)
5.8 信用卡业务的核算 ………………………………… (102)
复习思考题 ………………………………………… (107)

第6章 外汇业务的核算 …………………………… (108)
6.1 外汇业务的核算概述 ……………………………… (108)
6.2 外汇买卖业务的核算 ……………………………… (110)
6.3 外汇存款业务的核算 ……………………………… (116)
6.4 国际结算业务的核算 ……………………………… (119)
6.5 外汇资金清算的核算 ……………………………… (128)
复习思考题 ………………………………………… (134)

第7章 现金业务的核算 …………………………… (135)
7.1 现金业务核算概述 ………………………………… (135)
7.2 现金收入、付出业务的核算 ……………………… (137)
7.3 库房管理及款项运送业务的核算 ………………… (141)
复习思考题 ………………………………………… (142)

第8章 系统内联行往来业务的核算 ……………… (143)
8.1 系统内联行往来业务核算概述 …………………… (143)
8.2 资金及电子汇划清算业务的核算 ………………… (147)
8.3 系统内资金调拨的核算 …………………………… (152)
复习思考题 ………………………………………… (154)

第9章 跨系统银行资金往来业务的核算 ………… (155)
9.1 跨系统银行资金往来业务核算概述 ……………… (155)
9.2 与中国人民银行资金往来的核算 ………………… (156)
9.3 商业银行间资金往来的核算 ……………………… (160)
9.4 票据交换业务的核算 ……………………………… (165)
复习思考题 ………………………………………… (168)
计算题 ……………………………………………… (169)

第10章 代理业务的核算 …………………………… (170)
10.1 代理业务核算概述 ………………………………… (170)
10.2 代理中国人民银行业务的核算 …………………… (171)
10.3 代理其他金融机构业务的核算 …………………… (184)
10.4 代理客户服务业务的核算 ………………………… (188)
复习思考题 ………………………………………… (191)

第3篇　其他金融业务会计核算

第11章　金融衍生业务的核算 (194)
11.1　金融衍生业务核算概述 (194)
11.2　金融期货业务的核算 (197)
11.3　金融期权业务的核算 (203)
11.4　金融互换业务的核算 (207)
11.5　金融远期业务的核算 (209)
复习思考题 (212)
计算题 (213)

第12章　信托与投资业务的核算 (214)
12.1　信托与投资业务核算概述 (214)
12.2　信托业务的核算 (215)
12.3　投资业务的核算 (221)
复习思考题 (228)

第13章　证券业务的核算 (229)
13.1　证券业务核算概述 (229)
13.2　自营证券业务的核算 (233)
13.3　证券承销业务的核算 (235)
13.4　代理买卖证券业务的核算 (237)
13.5　回购证券业务的核算 (241)
复习思考题 (242)

第14章　保险业务的核算 (243)
14.1　保险业务核算概述 (243)
14.2　财产保险业务的核算 (244)
14.3　人身保险业务的核算 (247)
14.4　再保险业务的核算 (250)
14.5　保险准备金的核算 (259)
复习思考题 (263)

第15章　租赁业务的核算 (264)
15.1　租赁业务核算概述 (264)
15.2　融资租赁业务的核算 (269)
15.3　经营租赁业务的核算 (274)
复习思考题 (277)
计算题 (278)

第16章　投资基金业务的核算 (279)
16.1　投资基金业务核算概述 (279)
16.2　投资基金资产的核算 (283)
16.3　买入返售及卖出回购证券的核算 (287)

16.4 投资基金发行与赎回业务的核算 ……………………………………… (289)
复习思考题 ………………………………………………………………… (293)
计算题 ……………………………………………………………………… (293)

第 4 篇　内部管理与核算

第 17 章　固定资产、无形资产的核算 …………………………………… (296)
17.1 固定资产、无形资产的核算概述 ……………………………………… (296)
17.2 固定资产业务的核算 …………………………………………………… (298)
17.3 无形资产业务的核算 …………………………………………………… (311)
复习思考题 ………………………………………………………………… (313)

第 18 章　财务损益的核算 ………………………………………………… (314)
18.1 财务损益的核算概述 …………………………………………………… (314)
18.2 财务收入的核算 ………………………………………………………… (315)
18.3 费用支出的核算 ………………………………………………………… (328)
18.4 利润的核算 ……………………………………………………………… (332)
复习思考题 ………………………………………………………………… (337)

第 19 章　年度决算与财务报告 …………………………………………… (338)
19.1 年度决算概述 …………………………………………………………… (338)
19.2 年度决算的基本内容 …………………………………………………… (340)
19.3 财务报告 ………………………………………………………………… (343)
复习思考题 ………………………………………………………………… (362)

参考文献 ……………………………………………………………………… (363)

金融会计基本理论

1 ❖ 总论

第 1 章

总　　论

1.1　金融企业会计的特点

1.1.1　金融企业会计的意义

会计就是确认、计量、传输经济信息，使信息的使用者据此做出判断和决策的过程。这种经济信息是以货币表示的财务信息。会计计量、传输这种信息，目的是使管理者了解如何使用其有限的资源。传统的会计也称簿记，只是记账、算账、结账的过程。而社会发展至今，会计不仅仅只是记账、算账、结账，还包括分析和说明财务信息、编制财务报告、设置会计体系、进行专项经营和财务研究，并作出预测、决策及提供税务服务。从这个意义上看，会计已经完全是一个经济管理学科，其核算的目的不仅是经过核算达到账平表符，还是管理企业经济的一项重要内容。会计核算的目标是向财务会计报告的使用者，包括投资者、债权人、政府及其有关部门和社会公众，提供与企业财务状况、经营成果和现金流量等有关的信息资料，反映企业管理层受托责任的履行情况，有助于会计信息的使用者进行分析、判断，有利于为企业的发展做出正确的经营决策。为此，会计必须按规定的期限及时向信息的使用者报告会计信息。

金融会计也不例外，它是以货币为计量单位，运用规定的专门方法，对金融企业的各项资金进行归类、确认、登记、反映和分析，按照国家财经政策、法律法规及企业的有关规定，监督企业的各项业务活动，反映社会资金的运用，即为信息的使用者提供分析、考核、预测、决策所需的信息资料。

金融企业是社会的综合部门，与国民经济各部门有着密切的联系，而金融会计的营业部门又是企业与社会联系的窗口，因此，金融部门做好会计核算，不仅是完成金融部门的核算工作，而且对于服务社会、加速社会资金的周转、支持社会的商品流通，以及企业的经营等都有重要的意义。

1.1.2　金融会计的特征

由于金融企业与其他企业在社会中的地位、作用不同，与其他企业的会计相比有相同的一面，也有不同的一面。其相同的一面是金融会计与其他会计一样，都可为信息的使用者提供所需的会计资料，而这些会计资料都可以作为分析、预测、决策所需的重要资料。但是金融会计与其他会计相比也有不同的地方，构成了金融会计的特征，主要有以下几点。

1. 业务处理、会计核算的统一性

金融业尽管包括银行、保险、证券、信托等不同的行业，办理的业务不尽相同，但金融会计核算的内容就是金融业的经营内容，如银行业的存款、贷款；保险业的企财险、人寿保险完成情况的保费收取与赔付；信托业的信托存款、信托贷款等都通过会计来实现。例如，金融业中最大的银行业，会计部门实现着银行所有的业务，银行所有业务的信息资料都由会计提供，借助于会计提供的资料，就可以分析银行的经营状况。在金融业，会计人员既是会计核算员，又是业务处理员，两者是统一的。而其他会计就没有这一特征，其他行业的会计只进行会计核算，如每一个生产单位原材料的采购、产品的推销等，都由单位配备有经验的业务员去完成，业务员采购完毕，材料验收入库，会计开始核算，任何一个单位的会计与业务都是分开的，只有金融部门的会计员，既完成金融业的核算工作，又实现各项业务。所以金融会计具有业务处理、会计核算的统一性特征。

2. 反映社会资金活动的综合性

金融业与国民经济各部门、各单位都有着密切的联系，如银行业，国家要求各单位、各部门只要经营必须将其货币资金存入银行，需要的时候再到银行支取，国家的要求使银行集中了社会上所有的货币款项，而单位间的结算清偿，也必须通过银行办理转账结算，这就使银行与社会上所有单位都有极密切的联系。再如保险业，社会各单位要保障切身利益，需要按规定参加不同的保险，如财产险、人身险、医疗险、健康险等，也使保险行业与国民经济的单位和个人有着密切的联系。金融会计通过会计账簿报表，反映的是社会的资金活动、资金变化、资金融通，由于金融业的会计资料综合反映了社会资金活动，国家可以借助于金融业的会计资料，有效地分析国民经济发展的资金状况。而其他行业的会计则没有这一特征。任何单位的会计，核算的只是本单位经营活动中的资金收付，与其他单位无关，即使有关联，如某单位销货未收到货款，设有一本"应收账款"账簿，这本账中所反映的是该单位所发生的债权，并不是其他单位资金变化情况，何况一个单位不可能与所有单位都有联系。只有金融业，由于其在社会中的地位、作用，决定着金融会计能综合反映国民经济资金活动。

3. 提供信息资料的及时性

由于金融会计所反映的资料比较全面，既有金融业务经营状况的资料，又有反映社会上资金活动情况的资料，其信息资料的准确性尤为重要。并且金融业每天所办理的业务，除按规定有一定的创新外，绝大部分的业务是相同的，因此金融业的会计核算资料必须正确无误，才能使金融业按规定时间及时将信息提供给信息使用者。例如，银行业的会计核算，每天的账务必须账平表符，每一个营业部门的业务核算的信息，直接以电子计算机网络传输到各总行的计算机室，以使总行的管理部门及时分析银行业的经营状况。而其他企业没有这一特征，绝大部分单位结账时间为月末日，也有的单位以生产周期为结账期，只要结账日按规定正确结账即可，远没有金融业的结账要求高。只有金融业，由于众多的信息使用者的要求，必须及时提供准确的信息资料，才能适应社会对金融业发展的需要。

4. 服务与监督的双重性

金融部门是国民经济的综合部门，在社会经济活动中，担负着服务与监督的双重任务。金融部门作为社会资金活动的总枢纽，为各单位办理资金的清算与融通、资财及人身的保障等，是一项重要的服务性工作。只有搞好这项服务性工作，才能完成社会赋予金融部门的职责，支持社会经济的发展，促进商品流通与市场深入发展。也只有搞好金融服务，才能提高金融业的效益，才能使金融业在竞争的市场中站稳脚跟，立于不败之地。与此同时，金融部门可以利用自身的有利环境，利用会计这一窗口进行监督。首先，金融会计的核算必须认真按照会计准则、会计法规及内部的有关规定，监督金融会计的核算，实现会计作为监督的手段，监督金融业的经营管理水平，保证金融业的工作符合国家要求的标准。其次，金融会计可以利用与社会联系面广的有利条件，代替国家对国民经济进行监督，如现金管理监督、工资基金管理监督、票据监督、支付结算监督、信贷监督、外汇收支监督等，以保障国家的政策、法规及金融内部的有关规定的落实。服务与监督的双重性是金融会计的一大特征，只有在监督中搞好服务，在服务中加强监督，才能促进金融各界真正成为社会资金活动的总枢纽，发挥金融在国民经济中的作用。而其他会计没有这一特征，任何会计面对的只是本单位，在会计中都只有"核算、监督"职能，即在核算中，按会计法律法规、内部规定进行监督，没有服务的职能，况且一个单位只有一个会计科室，对于核算工作来说，无所谓服务不服务这一问题，只有面对社会的金融部门，其会计才必须注重服务与监督的双重性，才能搞好本职工作。

1.1.3 会计信息质量的要求

会计既然是为信息的使用者提供有用信息资料的部门，会计信息资料的质量直接影响着企业的经营成果和持续经营，影响着决策者们对企业发展作出正确决策。为此，新会计准则对会计信息的质量专章提出了以下具体要求。

（1）企业应当以实际发生的交易或事项为依据进行会计确认、计量和报告，如实反映符合确认和计量要求的各项会计要素及其他相关信息，保证会计信息真实可靠、内容完整。

（2）企业提供的会计信息应当与财务报告使用者的经济决策需要相关，有助于财务报告使用者对企业的过去、现在或未来的情况作出评价或者预测。

（3）企业提供的会计信息应当明了，便于财务报告使用者理解和使用。

（4）企业提供的会计信息应当具有可比性。同一企业不同时期发生的相同或者相似的交易或事项，应当采用一致的会计政策，不得随意变更，需要变更的，应在附注中说明。不同企业发生的相同或者相似的交易或事项，应当采用规定的会计政策，确保会计信息口径的一致、相互可比。

（5）企业提供的会计信息应当反映与企业财务状况、经营成果和现金流量等有关的所有重要交易或事项。

（6）企业对交易或事项进行确认、计量和报告，应当保持应有的谨慎，不应高估资产或收益，低估负债或费用。

（7）对于已经发生的交易或事项，应当及时进行会计确认、计量和报告，不得提前或延后。

1.2 金融企业的资金循环

金融企业在社会经济中，不是以经营产品为对象，而是以货币为经营对象的特殊企业，其资金在经营中的运动，与其他部门相比有着相同性和不同性。按照资金在开发经营活动过程中的形式和作用，金融企业与其他单位一样，可以分为资金投入、资金运动和资金退出，但在具体内容上有很大的不同。

1.2.1 资金的投入

金融企业进行经营时必须要有一定的资金，企业资金投入时，一般有以下两种情况。一种是企业所有者投入的资本；另一种是企业举借债务，即企业资金不足时，可向银行、金融企业、其他企事业单位、职工或个人借款。

1. 企业所有者投入的资本

资本是金融企业从事经营活动的基础，也是衡量企业的经营实力和承受风险能力的主要指标。资本基础越厚，金融企业承受损失的能力越强。根据我国法律及有关规定，企业在设立时必须要有法定的资本金，所谓的法定资本金，又称法定最低资本金，是指国家规定的开办企业时所筹集的最低资本金的数额，即企业设立时必须要有最低限额的注册资本，否则企业不能设立。资本金按投资主体分为国家资本金、法人资本金、个人资本金及外商资本金等。例如，《商业银行法》第十三条规定，"设立全国性商业银行的注册资本最低限额为十亿元人民币。设立城市商业银行的注册资本最低限额为一亿元人民币，设立农村商业银行的注册资本最低限额为五千万元人民币。注册资本应当是实缴资本。"再如，《保险法》第六十九条规定，"设立保险公司，其注册资本的最低限额为人民币二亿元。保险公司注册资本最低限额必须为实缴货币资本。金融监督管理部门根据保险公司业务范围、经营规模，可以调整其注册资本的最低限额。但是不得低于第一款规定的限额。"而《保险公司管理规定》第七条第三款进一步规定，设立保险公司，应当向中国保监会提出筹建申请，并符合"投资人承诺出资或者认购股份，拟注册资本不低于人民币 2 亿元，且必须为实缴货币资本"。资本金是金融企业的立身之本、安全的保障，是维护金融部门客户利益和增强社会对金融企业的信心、满足金融企业经营的必备资金。

2. 企业举借债务

企业举借债务又称负债。负债是金融企业经营活动的起点，是开展各项业务的基础。金融企业通过举借债务，如吸收存款、发行债券、同业拆借等，可以广泛地筹集资金，扩大资金来源，使金融业从事资产业务能有资金的保证，各项业务才有可能发展。没有负债，就不可能有资金的运用。负债越多，企业的经营规模越大，其竞争能力越强，就能更好地为经济建设服务。当然，负债的规模越大，其成本（利息）也会增大，会在一定程度上制约金融企业的收益。为此，金融企业在扩大负债的同时，必须掌握适度的负债规模，这是经营业务顺利进行的重要保证。

3. 企业的资产、负债、资本间的关系

当企业收到投资者的资本金和举借的款项时，就形成了资金进入企业的经营活动。在会计上，企业所有者投入的资本称所有者权益，而企业举借的债务称企业债权人权益。所有者权益和债权人权益统称"权益"，它是企业资产提供者对这些资金所拥有的要求权，所有者投入资本是为了获取利润，而债权人投入资金是为了取得利息。无论是所有者投入的资本，还是债权人投入的资金，都是企业全部资产的一部分。企业的资产不是属于所有者，便是属于债权人，因此可用公式表示为：

$$资产 = 权益$$

$$资产 = 债权人权益 + 所有者权益$$

$$资产 = 负债 + 所有者权益$$

上述等式称作"会计等式",由此可以看出企业的全部资产取决于负债和所有者权益的数量,而最终该数量的规模,又取决于金融管理者的经营决策,衡量着经营管理者的管理水平。该等式反映资产的归属关系,是会计对象的公式化,其经济内容和数学上的等量关系,既是资金平衡的理论依据,也是设置账户、复式记账和编制资产负债表的理论依据。因此,会计上又称为基本会计等式,在会计核算体系中有着举足轻重的地位。资产和权益在任何时候都是相等的,不论企业发生多么复杂的经营内容,都不会破坏这一平衡关系。经营者也是依据这一平衡关系合理安排资金,确定某项业务的规模数量。因为这一平衡关系充分表明了企业在某一时期某个时点所拥有的资金状况。资产、负债、所有者权益三者之间的关系,是资产负债表反映的重要内容,也是会计核算的重要理论依据。

资产、负债、所有者权益3个要素是资产负债表的会计要素。

1.2.2 资金的运动与退出

1. 资金的运动

资金的运动也称为资金的循环和周转。对于资金的运动,一般生产企业可以分为供应、生产、销售3个阶段。在供应阶段,企业要购买材料、设备等劳动资料,会与供应单位发生货款的结算关系;在生产阶段,企业将材料投入生产,形成产品,会发生产品的成本和费用的清偿;在销售阶段,企业生产的产品销售或租赁出去,会发生收回货款交纳税金等业务,与有关单位和个人发生资金结算的清算,同税务机关发生税收结算关系。在财务成果计算后,还要按规定提取盈余公积并向所有者分配利润。在整个经营活动中,资金从货币开始,经过供应、生产和销售租赁3个阶段,最后又回到货币资金,形成资金的循环。

金融部门是经营货币资金的特殊部门,它的资金运动除了向税务部门缴纳税款和分配利润与一般企业相同外,其主要资金运动规则是:

$$社会货币资金 \longrightarrow 金融业的货币资金 \longrightarrow 社会货币资金$$

金融企业的主营业务是信用业务。就银行来说,其内容是以信用的方式集中资金,再以信用的方式分配资金,即社会各单位、各部门将其货币资金存入银行,由银行对集中的资金以贷款的方式进行再分配,货币资金由银行流向社会,企业用银行的贷款从事生产经营后,获取了收益,到银行偿还贷款,则货币资金又回归银行,如此反复周转。金融企业的资金绝大部分来源于社会,应用于社会。在这种特殊的资金运动过程中,会发生费用的支出,如利息的支付、酬金的支出、业务费的支出等,也会产生各项收入,如结算手续费及佣金的收入、贷款利息的收入、代保管费的收入、保费的收入、投资收益等。金融企业这个特殊的部门,其资金从货币资金开始,经过社会资金回到货币资金,形成资金的循环。资金的不断循环,周而复始。

资金在运动过程中,不管发生哪些业务,都会产生很多收入与费用,但资产的总量保持不变。金融企业以收入资金抵补支出费用后,即可计算出经营损益,就是企业的利润或亏损。企业资金运动在一定期间内的经营成果与相应期间的收入与费用之间的关系,可以用以下公式表明:

$$收入 - 费用 = 利润(或亏损)$$

企业的经营成果最终会影响到企业的财务状况。企业经营业务发生收入时,可以增加资产;支付费用和补偿成本时,要减少资产;实现利润时,将使企业资产增加或负债减少;企业发生亏损时,将使资产减少或负债增加。因此,收入和费用的发生不仅影响企业的所有者权益,也会影响企业的财务状况。因此收入、费用和利润是利润表(损益表)的主要内容,也是利润表的会计要素。

在资金运用过程中,除了资产总量会发生增加或减少的情况,在权益内部也会发生变化。在经营中,负债种类的变化将会影响负债的总量,而利润的实现表明所有者权益的增加;反之,企业的亏损表明所有者权益的减少。

2. 资金的退出

资金退出是指金融企业在经营中,用其收益偿还各种债务,上交各种税金,向所有者分配利润等,使得这部分资金退出本企业的资金循环与周转的过程。

1.2.3 资金活动中会计要素间的关系

资产负债表和利润表中包含各基本要素,尽管两表中的内容不同但又是互相联系的。收入大于费用形成一定期间的利润,利润则表明企业的所得大于费用,体现资产总额和净资产的增加,因此利润的实现总是表现为所有者权益的增加。假定本期所有者权益中的项目未发生任何变动,则期末资产负债表和利润表中各要素之间的关系如下:

资产=负债+(期初所有者权益+本期利润)

资产=负债+(期初所有者权益+本期收入-本期费用)

资产=负债+所有者权益+(本期收入-本期费用)

上述等式称之为扩展的会计等式。该等式表明了企业财务状况与经营成果之间的关系。财务状况反映某一时点的资产、负债和所有者权益的存量情况,而经营成果则反映一定期间的收入、费用,以及收入费用配比后的利润情况。企业盈利则表明资产存量增加或负债减少,同时使所有者权益相应增加;反之,企业亏损则表明资产存量减少或负债增加,同时使所有者权益相应减少。

无论企业发生什么经济业务都会对该等式产生影响,而等式的平衡关系永远不会被打破。

(1)企业收入的取得,或者表现为资产要素和收入要素的同时、同等金额的增加,或者表现为收入要素的增加和负债要素同等金额的减少,结果等式仍然保持平衡。

(2)企业费用的发生,或者表现为负债要素和费用要素的同时、同等金额的增加,或者表现为费用要素的增加和资产要素同等金额的减少,结果等式仍然保持平衡。

(3)在会计期末,将收入与费用相减得出企业的利润。利润在按规定程序进行分配以后,留存企业的部分(包括盈余公积金和未分配利润)转化为所有者权益增加(或减少);同时,要么是资产要素相应增加(或减少),要么是负债要素相应减少(或增加),结果等式仍然保持平衡。

以上分析说明,资产、负债、所有者权益、收入、费用和利润这六大会计要素之间存在着一种恒等关系。会计等式反映了这种恒等关系,因而,它始终成立,任何经济业务的发生都不会破坏会计等式的平衡关系。下面以银行会计为例说明该等式的恒等性。

例 1-1 某银行 2017 年 12 月 31 日其财务状况可用资产负债表反映资产、负债、所有者权益间的平衡关系,见表1-1。

表1-1 资产负债表

2017年12月31日　　　　　　　　　　　　　　　　　　　　　　　单位:万元

资产		负债及所有者权益	
库存现金及存放中央银行款项	180	向中央银行借款	125
存放同业款项	31	吸收存款	823
应收利息	18	应付利息	15
贵金属	5	拆入资金	50
拆出资金	692		
固定资产	446	实收资本	150
		资本公积	110
其他项目合计	1 123	其他项目合计	1 227
合计	2 500	合计	2 500

上例中,资产总额等于负债及所有者权益总额,反映单位某一会计时点各要素之间的平衡关系。这是一种静态关系。

当企业在继续经营时,发生的经济业务会引起各个会计要素金额上增减变化,这些变化归纳起来,不外乎以下四种类型(具体可以划分为九类)。

(1) 资产和权益等额增加,即资产增加,负债及所有者权益增加,会计等式保持平衡。

例1-2 承例1-1。该银行2018年1月10日发放贷款800万元,款项已转入借款企业存款账户。这项经济业务对会计等式的影响为:

资产+拆出资金增加=(负债+所有者权益)+吸收存款增加

2 500万元+800万元=2 500万元+800万元

资产3 300万元=(负债+所有者权益)3 300万元

可以看出,会计等式两方等额增加800万元,等式保持平衡。

(2) 资产和权益等额减少:即资产减少,负债及所有者权益减少,会计等式保持平衡。

例1-3 承例1-1。该银行2018年1月16日收回短期贷款100万元。(暂不考虑利息问题)该经济业务对会计等式的影响为:

资产-拆出资金减少额=(负债+所有者权益)-吸收存款减少额

3 300万元-100万元=3 300万元-100万元

资产3 200万元=(负债+所有者权益)3 200万元

可以看出,会计等式两方等额减少100万元,等式保持平衡。

(3) 资产结构变化:一种资产项目增加,另一种资产项目等额减少,会计等式保持平衡。

例1-4 承例1-1。2018年1月20日收兑黄金一份,支付现金3 000元。该项经济业务对会计等式的影响为:

资产+贵金属金增加额-库存现金减少额=负债+所有者权益

3 200万元+0.3万元-0.3万元=3 200万元

资产3 200万元=(负债+所有者权益)3 200万元

可以看出，该银行一种资产项目增加0.3万元，另一种资产项目等额减少，等式左方总额没有变化，等式保持平衡。

（4）权益结构变化：一种权益项目增加，另一种权益项目等额减少，即负债类内部项目之间、所有者权益类内部项目之间或者负债类项目与所有者权益类项目之间此增彼减，会计等式也保持平衡。

例 1-5　承例 1-1。2018年1月25日经批准将资本公积50万元转增资本金。该项经济业务对会计等式影响为：

$$资产 = 负债 + 所有者权益 - 资本公积减少 + 实收资本增加$$
$$3\,200\,万元 = 3\,200\,万元 - 50\,万元 + 50\,万元$$
$$资产\,3\,200\,万元 = （负债 + 所有者权益）\,3\,200\,万元$$

可以看出，该银行的所有者权益类项目减少50万元，所有者权益类项目增加50万元，等式右方总额没有变化，等式保持平衡。

经过上述变化后的该银行2018年1月份资产负债如表1-2所示。

表 1-2　资产负债表

2018年1月31日　　　　　　　　　　　　　　　　　　　　　　　单位：万元

资产		负债及所有责权益	
库存现金及存放中央银行款项	179.7	向中央银行及借款	125
存放同业款项	31	吸收存款	1 523
应收利息	18	应付利息	15
贵金属	5.3		
拆出资金	1 397	拆入资金	50
		实收资本	200
固定资产	446	资本公积	60
其他项目合计	1 123	其他项目合计	1 227
合计	3 200	合计	3 200

金融会计就是用一定的科学方法，确认、计量和反映资金在循环过程中的资产、负债、所有者权益、收入、费用、利润等会计要素的变化，为信息的使用者提供所需的重要信息资料。

1.3　金融会计的核算内容

会计的核算内容也称会计要素。会计对象是指会计经过核算所要反映和监督的内容。会计要素是对会计核算对象的基本分类，是会计用以反映企业财务状况和确定企业经营成果的基本元素。从反映企业的财务状况来看，就是企业在某一时期的某一时点各种经济资源的占用及其权益分布情况，可以用资产、负债和所有者权益3个要素表示。而从企业的经营成果来看，就是企业的经营效益，即用某一时期的企业收入减去费用以后的结果表示，可用收入、费用和利润3个要素表示。企业的会计要素是企业在经营活动中形成的。

会计核算的具体内容就金融企业来说，无非就是资金和资金的运动。资金的运动包括资金来源和资金运用。下面结合会计核算，分析企业的资金运动。

1.3.1 金融业的资金来源

金融业的资金来源由负债、所有者权益、收入3个部分组成。

1. 负债

企业的负债是由债权人投入资金形成的，是指由于过去的交易或事项形成的、预期会导致经济利益流出的现实义务。所谓现实义务，是指企业在现实条件下已经承担的义务，如短期借款、应付款项、活期存款等。该义务需要企业在将来转移资产或提供劳务加以偿还，从而引起未来经济利益流出企业。

对于确认一项资金为负债，是有严格的条件的。按会计准则的规定，确认负债的条件有两个：一个是与该义务有关的经济利益很可能流出企业；另一个是未来流出企业的经济利益的金额能够可靠地计量。只有符合负债定义和确认条件的项目，才能定为负债，列入资产负债表。按流动性划分，企业的负债可分为流动负债和非流动负债。

1）流动负债

流动负债是指预计在一个正常营业周期中偿还的债务，该负债主要是为交易日而持有的、并且在资产负债表日起一年内到期予以清偿的债务，而且企业无权自主地将清偿推迟至资产负债表日后一年以上的债务。例如，短期借款（如金融部门向人民银行借入的短期贷款），各种应付款项（如应付账款、应付税金、其他应付款、预提费用等）。

2）非流动负债

非流动负债是指不属于流动负债的项目。例如，长期负债（指偿还期在一年或超过一年的一个营业周期以上的债务）、长期借款、应付债券等。

对于银行与信托业会计的负债按来源划分，可分为吸收资金、借入资金、发行债券、结算资金，以及其他负债资金。

2. 所有者权益

所有者权益也称净权益，是指企业投资者对企业净资产的要求权，是企业所有资产减去负债后的余额，对金融公司而言也称股东权益。所有者权益按来源可划分为所有者投入的资本、直接计入所有者权益的利得和损失、留存收益3种。

1）所有者投入的资本

所有者投入的资本也称实收资金（或资本金），是投资者实际缴付的投资额。国有企业的资本金是由有权代表国家投资的机构以国有资产投入企业而形成的，有限责任公司的资本金是由有权代表国家投资的机构、其他法人单位、社会个人等股东，通过认购公司的股份形成的。这些有权代表国家投资机构、其他法人单位、社会个人等投资者以所有者身份投入企业、供企业长期使用的资本金，在会计上叫实收资本，在股份有限公司叫作"股本"。

2）直接计入所有者权益的利得和损失

直接计入所有者权益的利得和损失是指不计入当期损益、会导致所有者权益增减变化的、与所有者投入资本或向所有者分配利润无关的利得和损失。

其中，利得是指由企业非日常活动所发生的、会导致所有者权益增加的、与所有者投入资本无关的经济利益的流入，如企业在经营中，由于资本溢价、接受捐赠、拨款转入等原因所形成的公积金,会计上称为资本公积。

而损失则是指由企业非日常活动所发生的、会导致所有者权益减少的、与所有者分配利润无关的经济利益的流出,如企业公益活动的资金支付(社会的捐助资金)等。

3)留存收益

留存收益是指企业按规定从净利润中提取的盈余公积金,以及未分配的利润。盈余公积金是指企业按规定从净利润中提取的、有特定用途的企业公积金,包括法定盈余公积、法定公益金、任意盈余公积金等;未分配利润是指企业留待以后年度分配的利润或未指定特定用途的利润。

利润是企业在一定期间内经营活动的最终成果,属于所有者权益范畴。利润包括收入减去费用后的净额、直接计入当期利润的利得和损失等。收入减去费用后的净额比较好理解。直接计入当期利润的利得和损失则是指应当计入当期损益、会导致所有者权益发生增减变动的、与所有者投入资本或向所有者分配利润无关的利得或者损失,如资产的溢价、跌价。

利润的金额取决于收入和费用、直接计入当期利润的利得和损失金额的计量。利润项目应当列入利润表。利润表中的利润项目有营业利润、利润总额、净利润3项。

营业利润是指企业营业收入与其他业务收入之和减去营业成本、管理及财务费用、资产减值损失加公允价值变动收益、投资收益后的金额。

利润总额是指营业利润加营业外收入、减营业外支出后的余额。

净利润是指利润总额支付所得税费用后的结果。

最后,再按规定的分配程序对利润进行分配。

在会计核算中,所有者权益分为实收资本、资本公积、盈余公积、未分配利润4个会计科目。所有者权益的金额取决于资产和负债的计量,其项目应列入资产负债表。

3. 收入

收入是指企业在日常活动中形成的、会导致所有者权益增加的、与投资者投入资本无关的经济利益的总流入。稳定的收入来源是企业正常经营的前提条件。只有取得稳定的收入,才能补偿开发经营过程中的各种耗费,并给企业带来利润。收入按性质划分,可分为销售商品收入、提供劳务收入和让渡资产使用权收入3种。以下按新会计准则的要求逐一进行说明。

1)销售商品收入

销售商品收入是指以取得货币资产方式的商品销售及正常情况下的以商品抵偿债务的交易。例如,银行发放贷款的利息收入、保险公司的保费收入等。

2)提供劳务收入

提供劳务收入主要是金融机构办理咨询、培训、服务等取得的收入。例如,手续费及佣金收入、咨询费收入等。

3)让渡资产使用权收入

让渡资产使用权收入通常包括让渡现金使用权而形成的利息收入(如银行存款利息收入)、转让无形资产使用权的收入、出租固定资产的租金收入、债权投资的利息收入,以及股权投资的股金收入等。

按照规定,企业的收入只有在经济利益可能流入从而导致资产的增加或负债的减少,而且只能在经济利益的流入额能可靠计量时才予以确认。符合收入定义和确认条件的项目应当列入利润表。

1.3.2 金融业的资金运用

金融业的资金运用由资产、费用两部分组成。

1. 资产

资产是过去的交易和事项形成,并由企业所拥有或控制的、预期会给企业带来经济利益的资源,表现为各种财产和权利。其中,过去的交易和事项包括企业购买、建造行为,或者其他交易或事项,如固定资产、电子设备等。由企业所拥有或控制是指企业享有某项资源的所有权,或者虽不享有某项资源的所有权,但企业能控制该资源,如发放的贷款、金融工具(指形成一项金融资产,并形成其他单位的金融负债或权益工具的合同)、租入的固定资产等。预期会给企业带来经济利益是指直接或间接导致现金和现金等价物流入的潜力。现金指的是库存现金及可以随时支付的存款;现金等价物是指企业的期限短、流动性强、易于转换成已知金额现金、价值变动风险小的投资,如期限在3个月内的债权投资。

按会计准则的规定,资产按流动性划分,可分为流动资产和非流动资产两类。

1) 流动资产

流动资产是指预计在一个正常营业周期内变现、出售或耗用的资产。该项资产主要是为交易目的而持有的且预计在资产负债日起一年内变现、交换其他资产或偿付负债的,能力不受限制的现金或现金等价物。例如,货币资金(库存现金、银行存款等其他货币资金),短期投资(能随时变现,且持有时间不超过1年的各种股票、债券、基金等),存货(金融企业的一年期内的贷款、保险产品等,结算中形成的各项应收款项和预付款项等)。

2) 非流动资产

非流动资产是指不属于流动资产的其他资产,包括有形资产和无形资产。例如,长期投资(指企业超过1年的对外投资,包括长期股权投资、长期债权投资和其他长期投资等),固定资产(指能够被企业所使用,且产生可归于企业的经济利益,并能可靠计量的物品,包括开发经营用房屋及建筑物、机械、设备、运输车辆、工具、器具等),无形资产[指企业拥有或控制的没有实物形态的非货币性资产,如专利权、非专利技术、商标权、土地使用权、商誉(不含企业自创商誉及内部产生的品牌)等],长期待摊费用(指企业发生的不计入当期成本、费用,需要在以后各个会计期间分摊的各项费用,如开办费、摊销期在一年以上的其他长期待摊费用)。

对于银行与信托业会计的资产按运用状况划分,又可分为贷出资金(各项贷款与贴现资金等),各种投资(长短期债券投资、股权投资等),备付金(库存现金、各种准备金等),各项占款(固定资产、贵金属、外币等有形物品占用的资金),其他资产(或有资产、诉讼中的财产、冻结的存款等)。

资产确认的条件为:与该资源有关的经济利益很可能流入企业;该资源的成本或者价值能够可靠地计量。只有符合资产定义和确认条件的项目,才能列入资产负债表。

2. 费用

费用是企业日常经营活动中所发生的、会导致所有者权益减少、与所有者分配利润无关的经济利益的总流出。费用是企业日常经营活动中发生的各种耗费,该费用直接影响企业的经营成果,必须严格按规定核算与控制。按会计准则规定,费用由成本费用、税费2项组成。

1) 成本费用

成本费用是企业在经营中具有补偿性质的垫付性支出。成本费用包括营业支出和其他营业支出两种。其中，营业支出是企业在日常经营活动中所发生的各项费用支出，如利息支出、借款费用支出、手续费支出，以及企业在办理外汇业务中发生的汇兑损失；其他营业支出是企业在日常经营活动中所发生的与经营有关的其他费用支出，如按规定计提的各项准备金、业务招待费、业务宣传费、培训费、差旅费、固定资产折旧费、业务管理费等。

2) 税费

税费是企业按国家规定缴纳的税款，包括增值税、所得税及各种附加。

按照规定，金融企业的费用只有在经济利益可能流出从而导致资产的减少或负债的增加，而且经济利益的流出额能可靠计量时才予以确认。符合费用定义和确认条件的项目，应当列入利润表。

以上资产、负债、所有者权益、收入、费用、利润等6项会计要素，是会计核算的主要内容，也是资产负债表、利润表列示的主要项目。从资金运动的角度分析，资金来源是由负债、所有者权益、收入组成，资金运用由资产、费用组成。经过企业的资金周转循环、运用，不断促进企业的持续经营和发展。企业资金进行营运的目的是获取经营成果，取得最大的利润。会计就是用科学的方法，将企业发生的资金变化，按规定的要求对各会计的基本要素进行确认、计量、计算、分析，为信息的使用者提供改善经营管理及经营决策的准确信息资料。

综上所述，企业经营过程中的资金运动，从会计核算的角度，就是企业会计要素增减变动的过程，也是其经营成果形成的过程。因此，企业会计核算的内容具体包括：以货币为计量单位核算与反映资产的构成及其增减变动情况，企业负债的形成及其偿还情况，所有者权益的构成及其增减变动情况，项目成本的形成及经营费用的支出情况，企业的经营收入、利润的形成及其分配情况。

复习思考题

1. 金融企业会计有哪些特征？
2. 金融企业会计核算对象有哪些？它们之间有什么联系？
3. 金融企业会计核算对象的具体内容有哪些？
4. 金融企业会计核算的内容对金融业的经营活动有什么影响？
5. 对金融企业会计核算的质量有什么要求？
6. 简述金融企业会计核算的重要性。

第2篇 银行业务的会计核算

✤ 银行会计核算的基本方法
✤ 存款业务的核算
✤ 贷款业务的核算
✤ 支付结算业务的核算
✤ 外汇业务的核算
✤ 现金业务的核算
✤ 系统内联行往来业务的核算
✤ 跨系统银行资金往来业务的核算
✤ 代理业务的核算

第 2 章 银行会计核算的基本方法

银行是典型的国民经济综合部门,是社会资金活动的总枢纽,与社会联系最为密切。根据相关的规定,任何单位,只要经营就必须将其货币资金存入银行,需要时再到银行支取;单位经营中出现资金的困难,也要到银行借款;对于居民个人暂时不用的款项,也可存入银行。国家的这一规定使银行每天不仅业务量很大,而且内容繁多,不仅有传统的存款、贷款、现金出纳、支付结算、外汇、储蓄存款等业务,还有许多代理业务,如代理证券、代理保险、代理国库、代客户服务、衍生金融工具业务等,如此多的业务,每天都要完成会计核算,靠的是银行会计核算的基本方法。这套基本方法从资金的分类(科目)、凭证的设置、记账方法的应用,直至账簿和账务组织、会计报表等,都与其他企业有较大的不同。

2.1 会计科目

2.1.1 会计科目的作用

会计科目是指对会计要素的具体内容所做的分类。会计科目是设置账户、进行会计核算的基础和依据。设置会计科目是正确组织会计核算的重要保证。2006年企业会计准则体系中将银行会计科目纳入了全国企业会计科目的范畴,不仅使国家能进一步了解包括银行在内的全国企业的资金状况,而且对银行进一步拓展业务发挥着重要作用。

1. 会计科目是会计核算工作的基础,连接核算方法的纽带

会计科目是会计核算工作的基础,它按会计要素的具体内容分类,使资产负债表、利润表列示的项目成为具体的会计核算内容。如果不设置会计科目,会计核算工作就会变得杂乱无章以致无法进行。此外,会计科目是设置账户的依据,并且贯穿整个核算过程的始终,无论是复式记账法下的填制会计凭证、登记会计账簿、查阅会计账目,还是运用会计软件系统,都会涉及会计科目的设置和使用。因此,会计科目是核算方法内部相互连接的纽带,使会计核算工作能够有序进行。

2. 会计科目为信息使用者获取会计资料提供重要保证

随着银行业对外开放和混业经营步伐的加快,加上银行业本身业务活动的复杂性,使会计信息资料的取得、确认与分析成为会计信息使用者的一项难题。会计科目的合理设置,会使纷繁复杂的经济业务各自归类成为容易识别的会计信息。这不仅为银行会计核算、会计分析与监督打下基础,也为会计信息使用者,包括银行管理者、投资者和国家了解银行财务状况提供了便利,满足各类投资者与管理者的需求。

3. 会计科目为经营管理提供口径一致的核算标准

每一个会计科目名称都有自己的编号,代表各自具体的核算内容。2006年颁布的《企业会计准则应用指南——会计科目和主要账务处理》对银行的专用科目和金融企业的共用科目做了特别说明。它允许企业在不违反统一规定的前提下，可结合实际情况自行增设、分拆、合并会计科目，但是企业必须按照规定设置会计科目，并使用统一的会计核算指标和口径。这样，银行在经营过程中，可以在规定范围内根据自身业务情况变动会计科目，为内部核算和管理提供了保证，而在上报资料与会计信息披露时，必须按照统一的指标与口径将银行以金融企业纳入全国企业的范畴，对分析国家企业的全部情况提供了可靠的分析数据。

2.1.2 会计科目设置的特点

设置和使用会计科目是会计核算的前提，银行会计核算就是在会计科目的基础上编制会计凭证、登记账簿、填制会计报表。借助于会计科目，银行可以将社会错综复杂的资金分门别类，全面、系统、连续地加以反映与计算，不仅使会计资料系统化、明晰化，而且为使用者提供所需的信息资料，具有很重要的意义。

为此，银行的会计科目设置必须符合国家会计准则的规定，具有合法性、国际性、统一性和相关性，同时还要便于核算和使用，在不违反会计准则中确认、计量和报告规定的前提下，可以根据实际情况自行增设、分拆、合并会计科目，各银行可根据自身实际情况设置专用会计科目，以符合银行业务发展的需要和国际惯例的要求。总之，银行的会计科目在设置上除按照会计准则设置外，还要根据资金的性质、业务特征、经营管理及核算的要求，设置和使用会计科目。

2.1.3 会计科目的分类

会计科目是指对会计要素的具体内容进行分类的项目。在经济业务发生后，为了准确合理地对其进行记录，使核算工作能够顺利进行，还需要对设置好的会计科目进行科学分类。

1. 按反映的经济内容分类

银行会计科目按经济内容分为资产类、负债类、资产负债共同类、所有者权益类和损益类。资产类科目反映银行全部资金的分布及变动情况，如现金、贵金属、拆出资金、存放同业、贷款、贴现资产、贷款损失准备、应收利息、坏账准备等科目；负债类科目反映银行债务资金的情况，如各项存款、结算保证金、应付利息、各种借款、代理承销证券款、代理兑付证券款等科目；资产负债共同类科目为银行特有的会计科目，属于资产负债双重性科目，反映银行往来业务的资金情况，如清算资金往来、货币兑换等科目；所有者权益类科目为反映投资者对银行净资产的权益的科目，如实收资本、资本公积、盈余公积、一般风险准备、本年利润、利润分配等科目；损益类科目为反映银行经营过程中收入、费用和利润组成情况的会计科目，如利息收入、手续费及佣金收入、其他业务收入、汇兑损益、投资收益、营业外收入、营业税金及附加、利息支出等科目。

2. 按提供信息的详细程度及统驭关系分类

银行会计科目按其所提供信息的详细程度及其统驭关系不同，分为总分类科目和明细分类科目。总分类科目是对会计要素内容进行总括分类的会计科目；明细分类科目是在总分类科目下进一步分类，提供更详细具体信息的科目。总分类科目相当于一级科目，当总分类科目下需要设置的明细科目数量过多时，银行就在总分类科目和明细科目之间增设二级科目，并由各银行总行对各级科目统一编号。例如,为反映银行吸收社会资金情况,设置"吸收存款"总分类科目;为反映银行吸收社会资金的详细情况,又在"吸收存款"科目下,设置"吸收存款——活期存款"和"吸收存款——活期储蓄存款"等二级科目;以及"吸收存款——某活期存款户"和"吸收存款——某活期储蓄存款户"等明细科目。

3. 按与资金平衡关系分类

银行会计科目按资金平衡关系分为表内科目与表外科目。表内科目顾名思义,就是纳入资产负债表,进行资金平衡的会计科目,如资产类、负债类、资产负债共同类、所有者权益类和损益类科目都属于表内科目,在资产负债表中按流动性的顺序排列;表外科目则反映或有事项和需要备查的业务事实。凡是银行不涉及资金增减变化或还未涉及资金增减变化的业务事实都应列入表外科目,如有价单证、保管箱、重要空白凭证等,这类科目不纳入资产负债表进行资金平衡,但是属于银行需要备查的业务,为了便于管理和内部监督,一般要设立登记簿与其相配套。

由于业务处理的方法不同,银行可在准则统一会计科目基础上,根据实际需要设置行内会计科目,但是在编制会计报表时,必须将这些会计科目归类到统一会计科目中去。新会计准则颁布的银行企业会计科目如表2-1所示。

表2-1 银行企业会计科目

顺序号	编号	会计科目名称	顺序号	编号	会计科目名称
		一、资产类	42	1502	持有至到期投资减值准备
1	1001	库存现金	43	1503	可供出售金融资产
2	1002	银行存款	44	1511	长期股权投资
3	1003	存放中央银行款项	45	1512	长期股权投资减值准备
4	1011	存放同业	50	1601	固定资产
7	1031	存出保证金	51	1602	累计折旧
8	1101	交易性金融资产	52	1603	固定资产减值准备
9	1111	买入返售金融资产	55	1606	固定资产清理
14	1132	应收利息	62	1701	无形资产
18	1221	其他应收款	63	1702	累计摊销
19	1231	坏账准备	64	1703	无形资产减值准备
20	1301	贴现资金	65	1711	商誉
21	1302	拆出资金	66	1801	长期待摊费用
22	1303	贷款	67	1811	递延所得税资产
23	1304	贷款损失准备	69	1901	待处理财产损溢
24	1311	代理兑付证券			二、负债类
25	1321	代理业务资产	71	2002	存入保证金
36	1431	贵金属	72	2003	拆入资金
39	1461	融资租赁资产	73	2004	向中央银行借款
41	1501	持有至到期投资	74	2011	吸收存款

续表

顺序号	编号	会计科目名称	顺序号	编号	会计科目名称
75	2012	同业存放	111	4002	资本公积
76	2021	贴现负债	112	4101	盈余公积
77	2101	交易性金融负债	113	4102	一般风险准备金
78	2111	卖出回购金融资产款	114	4103	本年利润
82	2211	应付职工薪酬	115	4104	利润分配
83	2221	应交税费	116	4201	库存股
84	2231	应付利息	五、成本类（略）		
85	2232	应付股利	六、损益类		
86	2241	其他应付款	125	6011	利息收入
89	2311	代理买卖证券款	126	6021	手续费及佣金收入
90	2312	代理承销证券款	129	6051	其他业务收入
91	2313	代理兑付证券款	130	6061	汇兑收益
92	2314	代理业务负债	131	6101	公允价值变动损益
93	2401	递延收益	132	6111	投资收益
103	2801	预计负债	136	6301	营业外收入
104	2901	递延所得税负债	139	6403	税金及附加
三、共同类			140	6411	利息支出
105	3001	清算资金往来	141	6421	手续费及佣金支出
106	3002	货币兑换	150	6602	管理费用
107	3101	衍生工具	151	6603	财务费用
108	3201	套期工具	153	6701	资产减值损失
109	3202	被套期工具	154	6711	营业外支出
四、所有者权益			155	6801	所得税费用
110	4001	实收资本	156	6901	以前年度损益调整

2.2 记账方法的应用

记账方法是按照一定的记账规则，使用一定的记账符号，反映资金增减变化及其结果的一种专门方法。银行使用的记账方法有借贷记账法和收付单式记账法。银行的表内科目采用借贷记账法，表外科目采用收付单式记账法。

借贷记账法是一种国际通用的复式记账方法。所谓复式记账，就是对银行发生的每一笔经济业务，都要以相等的金额，同时记入两个或两个以上相互关联的账户。以下主要介绍银行借贷记账法的应用。

2.2.1 借贷记账法

1. 账户及其结构

账户是以会计科目为基础反映资金增减变化及其结果的工具。对于资金,账户反映的主要内容是4个基本要素:期初余额、增加额、减少额和期末余额。借贷记账法以"借""贷"为记账符号,对不同性质资金的账户以不同的记账符号反映。对于资产类、损益类的支出账户的借方反映增加额,贷方反映减少额,余额则以借方反映;对于负债类、所有者权益类、损益类的收入账户的贷方反映增加额,借方反映减少额,余额则以贷方反映。银行的资金运动虽然变化复杂,但是资金运动方向和记账方向可以归纳如下(见表2-2)。

表2-2 资金运动方向和记账方向

借 方	贷 方
资产增加	资产减少
费用增加	费用减少
负债减少	负债增加
所有者权益减少	所有者权益增加
收益减少	收益增加
资产及损益类支出科目	负债、所有者权益及损益类收入科目
账户余额	账户余额

2. 记账规则

借贷记账法是一种复式记账法。所谓复式记账,就是一笔经济业务发生,必须同时记入两个或两个以上相互关联的账户。一借一贷,一借多贷,多借一贷,多借多贷,记入的借方数和贷方数是相等的。借贷记账法的记账规则为"有借必有贷,借贷必相等"。

现以某商业银行2018年1月31日发生的经济业务为例,说明借贷记账法的记账规则应用。

例2-1 银行将其现金500 000元交存当地中国人民银行。

会计分录为:

借:存放中央银行款项　　　　　　　　　　　　500 000(资产增加)
　　贷:库存现金　　　　　　　　　　　　　　500 000(资产减少)

这笔业务涉及"存放中央银行款项"和"库存现金"两个相互关联的账户,都属于资产类科目。商业银行将现款存入中国人民银行,表明商业银行的现金减少,同时表明银行存入中央银行的款项增加。因此,记账时要以同等的金额,记入"存放中央银行款项"科目账户的借方和"库存现金"科目账户的贷方。

例2-2 某商场以转账支票支付某工厂购货款124 000元。

会计分录为:

借:吸收存款——某商场活期存款户　　　　　　124 000(负债减少)
　　贷:吸收存款——某工厂活期存款户　　　　124 000(负债增加)

这笔业务涉及"吸收存款"科目的两个明细账户,都属于负债类科目。某商场以转账支票支付某工厂124 000元,表明该商场在银行的存款减少,而某工厂在银行的存款增加。因此,记账时要以同等的金额,记入某商场存款账户的借方和某工厂存款账户的贷方。

例 2-3 某工业企业开出转账支票归还银行到期流动资金贷款 200 000 元（暂不考虑贷款利息金额）。

会计分录为：

借：吸收存款——某工厂活期存款户　　　　　　　　　　200 000（负债减少）
　　贷：贷款——某工厂短期贷款户　　　　　　　　　　200 000（资产减少）

这笔业务涉及"吸收存款"和"贷款"科目账户，"吸收存款"科目属于负债类科目，贷款属于资产类科目。某工厂用存款偿还到期贷款，使该工厂在银行的存款减少，而银行收回了贷款也使银行的贷款减少。因此，记账时要以同等的金额，记入某工厂存款账户的借方和银行贷款账户的贷方。

例 2-4 经批准，银行发放给某商场临时贷款一笔，金额为 400 000 元，转入该商场的活期存款户。

会计分录为：

借：贷款——某商场短期贷款户　　　　　　　　　　400 000（资产增加）
　　贷：吸收存款——某商场活期存款户　　　　　　　　400 000（负债增加）

这笔业务涉及"贷款"和"吸收存款"科目账户，吸收存款属于负债类科目，贷款属于资产类科目。银行发放贷款并将贷款转入该商场存款户，使商场的贷款增加，同时也使商场的存款增加。因此，记账时要以同等的金额，记入"单位贷款"账户的借方和"单位活期存款"账户的贷方。

例 2-5 经批准将银行的盈余公积金额 100 000 元转增资本。

会计分录为：

借：盈余公积　　　　　　　　　　　　　　100 000（所有者权益减少）
　　贷：实收资本　　　　　　　　　　　　100 000（所有者权益增加）

该项经济业务涉及所有者权益会计科目内部的变化。将盈余公积转增实收资本，使盈余公积金减少，而使实收资本金增加。因此，记账时要以同等的金额，记入"盈余公积"账户的借方和"实收资本"账户的贷方。

例 2-6 计提某工业企业流动资金贷款利息 14 200 元。

会计分录为：

借：应收利息——工业短期贷款利息户　　　　　　14 200（资产增加）
　　贷：利息收入——工业短期贷款利息户　　　　　14 200（损益类收入增加）

这笔业务涉及"应收利息"和"利息收入"科目账户，利息收入属于损益类收入账户，应收利息属于资产类账户。从应收利息中确认贷款利息收入，使银行利息收入增加，应收利息也增加。因此记账时要以同等的金额，记入"应收利息"科目账户的借方和"利息收入"账户的贷方。

例 2-7 确认本行活期存款利息金额为 5 000 元。

会计分录为：

借：利息支出——活期存款利息支出户　　　　　　5 000（损益类支出增加）
　　贷：应付利息——活期存款利息支出户　　　　　5 000（负债增加）

这笔业务涉及"利息支出"和"应付利息"科目账户，利息支出属于损益类支出科目，应付利息属于负债类科目。从利息支出中提取应付利息，使银行的存款费用增加，而该费用因时间原因并没支付给存款人，又使银行增加了负债。因此记账时要以同等的金额，记入"利息支出"科目账户的借方和"应付利息"科目账户的贷方。

除此之外，对于共同性科目，其余额有可能是借方，也有可能是贷方，而且余额的借贷方向也会随业务的变化而转变，其发生额借贷方向要按银行业务处理要求确定，而其余额的结计如下：

若为上日借方余额：上日借方余额+本日借方发生额-本日贷方发生额=本日借方余额

若为上日贷方余额：上日贷方余额+本日贷方发生额-本日借方发生额=本日贷方余额

3. 试算平衡

由于借贷记账法是一种复式记账的方法，每发生一笔经济业务都会根据"资产=负债+所有者权益"平衡原理，"有借必有贷，借贷必相等"的记账规则，登记相互关联的账户，因此无论银行每天发生多少业务，将各账户的借方发生额和贷方发生额分别相加，其数额应是相等的，由此每一时期的借方和贷方余额也应当相等。其平衡公式为：

各科目本期借方发生额合计=各科目本期贷方发生额合计

各科目本期借方余额合计=各科目本期贷方余额合计

根据4月6日某银行发生的经济业务，做以下试算平衡表（见表2-3）。

表2-3　某银行经济业务试算平衡表

2018年1月31日　　　　　　　　　　　　　　　　　　　　　单位：元

会计科目	上日余额（假定）		本日发生额		本日余额	
	借方	贷方	借方	贷方	借方	贷方
现金	564 000			500 000	64 000	
存放中央银行款项	560 000		500 000		1 060 000	
贷款	1 000 000		400 000	200 000	1 200 000	
应收利息	12 000		14 200		26 200	
吸收存款		696 400	324 000	524 000		896 400
应付利息		30 000		5 000		35 000
盈余公积		185 000	100 000			85 000
实收资本		1 200 000		100 000		1 300 000
利息收入		37 000		14 200		51 200
利息支出	12 400		5 000		17 400	
合计	2 148 400	2 148 400	1 343 200	1 343 200	2 367 600	2 367 600

2.2.2　收付单式记账方法

单式记账方法与复式记账方法相对，是对每笔经济业务一般只在一个账户进行登记的一种记账方法。银行的表外业务是根据业务处理需要来设置的，如未发行的国家债券、重要空白凭证、代保管的有价值物品及托收款项。这类业务发生数量不多，往往不涉及资金增减变化，但须承担一定经济责任。因此，银行对这类经济业务采用单式记账方法，也称表外科目记账方法。这种记账方法以"收入"和"付出"作为记账符号，账页上资金栏设置"收入""付出""余额"3项。当表外业务增加时记收入，减少或销记时记付出，余额表示结存或尚未结清的业务事项。表外科目只涉及自身业务事实增减变化，与其他科目不存在平衡关系。为了便于监督，在核算上表外科目一般要设立相关的各种登记簿与其匹配。

2.3 会计凭证

2.3.1 会计凭证的意义和种类

银行的会计凭证是记录经济业务发生和完成情况，明确经济责任，作为登账依据的具有法律效力的书面证明。以凭证为依据进行会计核算，是会计处理的重要特征和基本原则。因此，认真编制和审核会计凭证，是会计核算的起点，做好此项工作具有十分重要的作用。会计凭证可以如实反映银行的经济业务内容，是记账的重要依据；既可以检查各项业务的合法性、合规性，为信息的使用者提供信息资料；又可以组织会计核算的有序进行，保证会计核算的质量；还可以贯彻国家的政策，保障国家资财的安全。

银行的会计凭证种类繁多，既有内部编制的凭证，又有外来的凭证，其种类可以从不同的角度和内容划分，主要有以下几种。

1. 按用途分为原始凭证和记账凭证

原始凭证指经济业务发生时，直接取得或编制的最初书面证明，它是会计核算的基础资料。按来源划分，原始凭证又可分为外来原始凭证（如银行购物商场开的发货票、单位办理业务交来的各种结算凭证等）和自制原始凭证（如银行向客户支付利息时编制的利息清单）。

记账凭证是银行根据审核无误的原始凭证编制的能够记账的凭证。记账凭证按来源划分，又可分为外来记账凭证（如单位办理业务交来的各种结算凭证等）和自制记账凭证（如银行根据利息清单编制的利息支出科目的现金付出传票或转账传票等）。

由于银行业务量大，为便于及时准确记账，银行临柜业务大量采用银行统一印制的具备记账条件的原始凭证（单位办理业务交来的各种结算凭证）代替记账凭证登记账簿。

2. 按反映的业务内容分为复式凭证和单式凭证

复式凭证是指银行业务发生时，将全部业务内容（借贷方向）填写在一张凭证上。这一张凭证反映的内容全面，能借助凭证了解业务的全貌。银行的现金业务采用这种凭证。

单式凭证是指银行业务发生时，将全部业务内容（借贷方向）填写在两张或两张以上的凭证上。这种凭证是由数联或两种凭证组成的，如商业汇票由一式三联组成，而单位转存支票时就要提供进账单和转账支票两种凭证。这样的会计凭证有利于银行的传递、整理、装订和保管。银行的转账业务采用这种凭证。

3. 按格式和使用范围分为基本凭证和特定凭证

基本凭证又称通用凭证，是指银行根据原始凭证或有关业务事实自行编制的会计凭证。这种凭证格式简单，一般用于银行内部。按格式和内容又分为：现金收入传票（见表2-4）、现金付出传票、转账借方凭证（见表2-5）、转账贷方凭证、特种转账借方凭证、特种转账贷方凭证（见表2-6）、表外科目收入传票（见表2-7）、表外科目付出传票、外汇买卖借方凭证（见表2-8）、外汇买卖贷方凭证等共10种。

表 2-4　现金收入传票　　　　　　总字第　　号

对方科目：　　　　　　　　年　月　日　　　　　　　　　字第　　号

户名或账号	摘要	金额										
		十	亿	千	百	十	万	千	百	十	元	角	分
合　计													

会计　　　　　复核　　　　　　　　记账　　　　　　　制票

表 2-5　转账借方凭证　　　　　　总字第　　号

对方科目：　　　　　　　　年　月　日　　　　　　　　　字第　　号

户名或账号	摘要	金额										
		十	亿	千	百	十	万	千	百	十	元	角	分
合　计													

会计　　　　　复核　　　　　　　　记账　　　　　　　制票

表 2-6　特种转账贷方凭证　　　　总字第　　号

年　月　日　　　　　　　　　字第　　号

付款单位	全　称		收款单位	全　称	
	账号或地址			账号或地址	
	开户银行	行号		开户银行	行号
金额	人民币（大写）		亿 千 百 十 万 千 百 十 元 角 分		
原凭证金额		赔偿金	科目（借）		
原凭证名称		号码	对方科目（贷）		
转账原因		银行盖章	会计　　复核　　记账		

表 2-7　表外科目收入传票　　　　总字第　　号

表外科目（收）　　　　　　年　月　日　　　　　　　　　字第　　号

账号或户名	摘要	金额（位数）										
		亿	千	百	十	万	千	百	十	元	角	分
合　计												

会计　　　　　复核　　　　　　　　记账　　　　　　　制票

表 2-8　外汇买卖借方凭证

年　　月　　日

外币金额	汇　　率	人民币金额
摘要：	制单　　　　　　　　记账　　　　　　　　复核	

注：将外汇买卖借方传票列为基本凭证，是由于不管银行买卖什么外汇，均适用此凭证。

特定凭证又称为专用凭证，是银行根据特定业务的需要而制定的具有专门用途的凭证。这种凭证由银行统一印制，客户在办理业务时填写后交到银行，如转账支票、商业承兑汇票、电汇凭证等。这种凭证的内容比较复杂，每种凭证都有不同的内容，既有用于银行内部的凭证（如联行报单），又有能在社会上流通转让的凭证（如转账支票、商业承兑汇票等）。

2.3.2　会计凭证的基本内容

会计凭证的内容是构成合法正确凭证所具备的基本要素。尽管会计凭证的种类繁多、内容各异，但都必须具备一些相同的内容。根据银行核算内容的要求，会计凭证应具备以下基本要素。

（1）年、月、日（凭证编制及转账日期）。
（2）收、付款人的户名和账号。
（3）收、付款人开户行的名称和行号。
（4）人民币或外币符号和大、小写金额。
（5）款项来源、用途、经济业务摘要及附件张数。
（6）单位按有关规定加盖的印章。
（7）银行经办人员和有关人员的盖章。
（8）会计分录及凭证编号。

2.3.3　会计凭证的处理

会计凭证的处理是指银行从编制或受理凭证开始，经过审核、传递、登记账簿直至装订、保管为止的全部过程。会计凭证的处理是进行会计核算的重要保证，对于及时准确地办理各项业务，加快资金周转，充分发挥银行会计的作用具有十分重要的意义。

1. 会计凭证的编制

编制凭证是会计工作的起点。会计凭证编制的好坏关系到会计核算的质量，因此编制会计凭证除了做到要素齐全外，还要做到以下几点。

（1）根据经济业务的需要，选择相应的会计凭证种类。
（2）正确运用会计科目，准确对应关系。
（3）填写会计凭证要内容真实、字迹清晰、数字正确、摘要简明。
（4）金额前要有货币符号，大、小写金额要一致。
（5）单联式的基本凭证可分别填写，多联式的专用凭证要一式套写，不得分张单写。

(6) 凭证的金额错误不得涂改,若填写有误要作废重填;对其他内容若填写错误,可由原记载人按规定的方式进行更改,更改后由更改人在更改处盖章证明。

(7) 项目填列齐全,责任分工明确。

2. 会计凭证的审核

为保证会计凭证的真实完整、符合要求,银行对自编或从外部受理的会计凭证要进行严格的审核,只有审查合格的会计凭证才能作为记账的依据。银行应当从凭证的合法性、完整性、真实性和正确性进行审查。审查的具体内容如下。

(1) 是否为本行受理的凭证,凭证是否合法有效按规定日期提供。

(2) 凭证种类是否符合业务要求,凭证的内容、联数及附件是否完整和齐全。

(3) 账号、户名是否相符,与客户的基本资料是否一致。

(4) 款项来源、用途是否符合规定,支取的款项是否超过存款余额、贷款额度或拨款限额。

(5) 货币符号,大、小写金额是否相符,字迹有无涂改。

(6) 利息、收费、赔偿金、本外币折算等金额的计算是否正确。

(7) 密押、印鉴是否真实与齐全。

对审核无误的会计凭证要及时进行账务处理,对于审查不合格的外来凭证要拒绝受理,对内容不全或不符合要求的凭证,应予退回,待补全改正后再行处理。若发现有伪造或变造凭证的,要依法追究责任,严肃处理。

3. 会计凭证的传递

凭证的传递是指会计凭证按规定的程序在银行内部各柜组或银行间的流转。科学组织好凭证的传递,不仅可以迅速完成会计核算任务,而且对于加速资金周转,维护业务当事者(包括银行、收款人、付款人)的正当权益具有重要意义。因此,银行应根据业务的特点,科学、合理、严密、及时、谨慎地组织好凭证的传递,做到"先外后内、先急后缓",方便客户,并且避免无人负责的现象,除有特殊规定外,凭证一律由银行内部传递,不能交由银行外部人员代为传递。同时还应注意以下几点:必须适应银行业务的需要和会计核算的要求;对于现金收入凭证,应先收款后记账,保证账款一致;现金付出凭证,应先记账后付款,防止发生透支;对于转账凭证,应先记付款人账户再记收款人账户;代收他行的凭证收妥进账,贯彻银行不垫款的原则。

4. 会计凭证的装订与管理

会计凭证是重要的会计档案资料,为保证其完整性、科学性和安全性,必须按规定将凭证进行认真整理、装订和保管,以便事后查考。

每日营业终了,要将会计凭证按科目归类整理。对表内科目,将属同一科目的凭证按现金借方、现金贷方、转账借方、转账贷方顺序整理,再按科目大小排列,并装订成册。对表外科目,按收入、付出凭证顺序整理加以装订。会计凭证一般按日期装订,对业务量较小的银行可按数量装订,随日常业务的办理,当凭证积累到一定数量时再装订成册,但是不能随意积压、散放、丢失。

装订好的会计凭证应按保管年限固定地点,及时入库保管,并登记"会计档案登记簿"。日后如需查证和调阅已入库的凭证,必须严格按规定的手续办理,未经批准不得外借和摘录。对超过保管年限的会计凭证,经批准后方可进行销毁。

2.4 账簿及账务组织

2.4.1 会计账簿的种类

会计账簿是由许多具有一定格式的账页组成，以会计凭证为依据，用于全面、连续、分类记录经济业务发生过程中的各项资金增减变动情况的簿记。依据会计凭证登记账簿是汇总会计信息，全面、系统、连续地进行会计核算的重要方法，也是登记报表的主要依据，必须科学地设置和正确地登记账簿。

银行会计账簿的种类是按账簿用途和外表形式两种方法划分的。

1. 按用途分为分类账、序时账和备查账簿

分类账是以科目为基础，完整、系统地对货币收支和资金循环进行分类记载的账簿。按类别的不同，分类账又包括明细分类账和总分类账。明细分类账是按科目下的分账户设置和登记的账簿，反映科目资金详细变化情况及结果，如银行为客户设置的分户账，为损益类科目设立的明细分户账。总分类账是按会计科目设置和登记的账簿，反映科目资金总括变化情况及结果，如各科目的总账。

序时账又称为日记账，是银行按收到凭证的先后顺序进行登记的账簿，如用于反映每日银行现金流量变化的现金收入日记簿和现金付出日记簿，反映银行财务的银行存款日记簿。

备查账簿主要是为不必记载序时账和分类账，而又需查考的业务事实设立的账簿。其形式为各种登记簿，记载的内容是银行备查和经营管理所需的重要资料，如存款挂失登记簿、开销户登记簿、重要空白单证登记簿等。

2. 按外表形式分为订本账、活页账和卡片账

订本账是将具有一定格式的账页装订成册进行记载的账簿，一般用于银行不经常发生资金变化，如银行的备查账、固定资产的明细账等。这种账簿易于保管，不易丢失。但在记载上不灵活方便，不便于分工记账。

活页账是将具有一定格式的账页分散进行记载的账簿，即在记账时将账簿一页一页地登记，银行大部分的分类账和序时账都使用这种账簿，如分户账、总账、现金收入日记簿等。这种账簿记载上较为灵活，便于银行内部的分工记账，但随意性强，不便于保管，必须有专人负责保管。对明细分类账记载的活页账每月月末须装订成册进行入库保管，以防弊端。

卡片账是由一定格式的单证组成的账簿，日常编制单证就是记账的过程，如联行业务的凭证、邮划借方报单、邮划贷方报单、电划补充报单中的有关联次就代替了账簿。这种账簿的优缺点与活页账相同，银行在使用卡片账时须注重对凭证的编号，并将其放入卡片箱，由专人严格保管。

2.4.2 会计账务组织

账务组织是指账簿设置、记账程序和账务核对方法的有机结合。根据银行核算的特点，在账务组织上设置了明细核算和综合核算两个系统。明细核算是对科目下的分账户进行核算，反映具体单位、具体项目资金增减变化及其结果的账务组织系统。而综合核算是以科目为基础进行核算，反映每个科目、每项资金增减变化及其结果的账务组织系统。两个系统尽管设置的账簿不同，记账程序也不同，但双方都是根据同一张凭证用不同的方法进行记载，它们之间是相互配合、相互补充、相互制约、相互核对的关系，其数据是完全相等的，共同构成银行完整的账务组织系统，对银行会计核算起着重要的作用。

1. 明细核算系统

明细核算系统各科目的详细记录，由分户账、登记簿、余额表、现金收入（付出）日记簿组成。

1) 分户账

分户账是明细核算的主要形式，按会计科目的具体单位、具体资金设立，对单位设置的分户账是银行同单位核对账务的主要依据，也是单位办理各项业务的主要工具。其格式根据业务的需要设定，主要有以下 4 种。

（1）甲种账。甲种账设有借方、贷方、余额三栏式，适用于不计息的账户或用余额表计息的账户，以及银行内部的资金账户（见表 2-9）。

表 2-9 甲种账

中国××银行

| 户名： | 账号： | 领用凭证记录： | 利率： | | 本账户总页数 | |
| | | | | | 本户页数 | |

日期	摘要	凭证号码	对方科目	借方	贷方	借或贷	余额	复核盖章

会计　　　　　　　　　　　　记账　　　　　　　　　　　　复核

（2）乙种账。乙种账设有借方、贷方、余额、积数四栏式，适用于在账簿上结计积数计算利息的单位及个人开立的账户（见表 2-10）。

表 2-10 乙种账

中国××银行

| 户名： | 账号： | 领用凭证记录： | 利率： | | 本账户总页数 | |
| | | | | | 本户页数 | |

日期	摘要	凭证号码	对方科目	借方	贷方	借或贷	余额	日数	积数

会计　　　　　　　　　　　　记账　　　　　　　　　　　　复核

（3）丙种账。丙种账设有借方发生额、贷方发生额、借方余额、贷方余额四栏式，适用于同时反映借贷双方余额的共同性科目账户（见表 2-11）。

表 2-11 丙种账

中国××银行

								本账户总页数	
								本户页数	

户名：　　　账号：　　　领用凭证记录：　　　利率：

日期	摘要	凭证号码	对方科目	发生额		余额		复核签章
				借方	贷方	借方	贷方	

会计　　　　　　　　　记账　　　　　　　　　复核

(4) 丁种账。丁种账设有借方、贷方、余额、销账四栏式，适用于逐笔登记、逐笔销账的一次性业务（见表 2-12）。

表 2-12 丁种账

中国××银行

							本账户总页数	
							本户页数	

户名：　　　账号：　　　领用凭证记录：　　　利率：

日期	摘要	起息日	凭证号码	借方	销账日期	贷方	借或贷	余额	复核签章

会计　　　　　　　　　记账　　　　　　　　　复核

2) 登记簿

登记簿是明细核算的另一种形式，是对某些业务备忘、控制、管理而分户设置的一种辅助性账簿或账卡。为了进行控制管理，有些登记簿与表外科目相配备设置，如"有价单证"表外科目设置了有价单证登记簿，"重要空白凭证"表外科目设置了重要空白凭证登记簿，而有些登记簿只反映需要备查的业务事实，如开销户登记簿、发出托收凭证登记簿等。登记簿格式除了专用格式外，一般采用收入、付出、余额三栏的通用格式。

3) 余额表

余额表是反映科目余额详细组成情况的专门表式，是明细核算的特殊形式，其内容是营业终了按单位分户账余额抄录组成。按用途分为一般余额表和计息余额表。一般余额表是核对账务的工具，适用于不计息科目，汇总其明细分户账余额，与对应科目总账的余额核对。计息余额表除对账功能与一般余额表相同外，还可利用其内容计算单位计息积数，是计算单位利息的重要依据。

4) 现金收付日记簿

现金收付日记簿是银行按日反映现金流量变化的账簿，包括现金收入日记簿（见表 2-13）和现金付出日记簿两种，是银行的一种序时账。现金收付日记簿虽然不是以科目为基础反映资金变化情况，但是它能详细地反映银行重要业务——现金的变化状况，因此也属于明细核算的范畴。每日银行发生现金业务时,都要根据现金业务到达的先后按规定的要求逐笔记载:当客户交存现金时,按"先收款后记账"的原则,登记现金收入日记簿,再登记单位的分户账;当客户支取现金时,按"先记账后付款"的原则,先登记单位的分户账,将现款交客户时再登记现金付出日记簿。

表 2-13 现金收入日记簿

中国××银行现金收入日记簿
年　月　日

顺序号	科目及账号	金额
合计		

明细核算的处理程序为:银行发生业务时,首先编制会计凭证,对有关的业务事实登记相关登记簿。对转账业务的凭证按"先记借后记贷"的要求,逐笔登记有关科目的分户账;对现金收入凭证,点收现金无误后,先登记现金收入日记簿,再登记单位的分户账;对现金付出凭证,先登记单位的分户账,由出纳人员点款,交客户时登记现金付出日记簿。每日营业终了,根据分户账余额抄录有关科目余额表,并结计合计数;依据现金收付日记簿的合计笔数及金额,登记现金库存簿。

2. 综合核算系统

综合核算是以会计科目核算为基础,总括反映和记录银行资金增减变化及其结果的组织形式,其综合反映了银行资金运动状况,为分析、预测银行经营成果和考核计划执行情况提供可靠的信息资料。综合核算由科目日结单、总账、日计表组成。

1) 科目日结单

科目日结单也称科目汇总传票(见表 2-14),是每日每个会计科目借贷方发生额和凭证张数的汇总记录,是登记总账的依据,也是轧平当日发生额的工具。其记载方法是每日营业终了,将同一会计凭证,按现金借方、现金贷方、转账借方和转账贷方分别加总,填入科目日结单相应的栏目,并按借方、贷方分别加计合计金额。对于现金科目日结单,由于现金凭证是复式凭证,该凭证已汇至其他相关的科目日结单中,对库存现金科目日结单,其结计的原理是根据其他科目日结单中的现金借方、现金贷方分别合计数的反方向填入。

表 2-14 科目日结单

科目日结单
年　月　日　　　　　　　　　　　　　　币种:

借方		贷方	
传票张数	金额	传票张数	金额
现金　　张		现金　　张	
转账　　张		转账　　张	
合计　　张		合计　　张	

会计　　　　　　　　　　复核　　　　　　　　　　经办

为验证科目日结单的正确性,将所有科目日结单的借、贷合计金额分别加总,其数额应是相等的,即各科目借方发生额合计=各科目贷方发生额合计,表明银行当天发生业务所有资金的正确无误。

2) 总账

总账是综合核算系统的主要账簿(见表2-15)。总账按科目分月设置,是核算综合核算与明细核算核对账务及统驭明细分户账的主要工具,也是编制各种报表的重要依据。其记载的方法是每日营业终了,根据各科目日结单的借、贷方发生额合计金额登记各科目总账,并结出当日余额,月末结出当月余额,每月需更换账页。

表 2-15 总账

××银行总账

科目名称:　　　　　　　　　科目代号:　　　　　　　　　币种:

年　　　月	借　方	贷　方
上年底余额		
本年度累计发生额		
上月底余额		

日期	发　生　额		余　额		复核签章
	借方	贷方	借方	贷方	
1 ⋮					
10天小计					
11 ⋮					
20天小计					
21 ⋮					
月末合计					
自年初累计					
本期累计计息积数					
本月末累计计息积数					

会计　　　　　　　　　　　记账　　　　　　　　　　　复核

3) 日计表

日计表是银行每日编制的资金平衡表(见表2-16),是反映每日银行经营业务的资金活动情况及结果和轧平账务的主要工具。其记载的方法是每日营业终了,根据当日各科目总账的发生额和余额填入,并加计合计金额。其借、贷方发生额分别合计和借、贷余额分别合计数必须各自平衡,表明当日会计核算的正确无误。

综合核算的处理程序是每日营业终了,将纳入当天核算的会计凭证,按科目汇总凭证填写各科目日结单,根据科目日结单登记各科目总账,然后根据各科目总账编制当天日计表。

表 2-16　日计表

币种：	×× 银行　日计表　　　　　　　　　　共　页						
			年　月　日				第　页
科目代号	科目名称	本日发生额		余　额		科目代号
		借方（位数）	贷方（位数）	借方（位数）	贷方（位数）	
	合　计					
会计　　　　　　　　复核　　　　　　　　制表						

2.4.3　账务核对

账务核对是指为防止会计核算中出现错误，保证核算质量的核对查实工作。银行的账务核对分为每日核对与定期核对。通过账务核对达到账账相符、账实相符、账款相符、账据相符、账表相符，以及内外账务相符。

1. 每日核对

每日核对是指银行每日营业终了所进行的核对工作。其主要内容有以下几点。

（1）各科目总账余额应与该科目分户账或余额表的余额合计核对相符。

（2）现金收付日记簿的合计应与现金科目总账借、贷发生额核对相符；现金库存簿结存与实际现款和现金科目总账余额核对相符。

（3）表外科目的余额应与有关的登记簿核对相符。

（4）使用计算机作业，根据凭证输入后自动生成分户账、科目日结单、总账、日计表的发生额和余额，由于数据共享，为保证账务的准确，应由手工核打凭证与科目日结单的发生额核对相符。配备事后复核的银行应按规定由专人复核。

2. 定期核对

定期核对是指银行对未纳入每日核对的账务定期进行的核对工作。其主要内容有以下几点。

（1）各贷款科目账户余额与各种借据或借款合同的核对。

（2）各种储蓄账户余额与储蓄卡片金额合计的核对。

（3）各种贵金属与有关登记簿的核对。

（4）各种固定资产与固定资产账（卡）及财产实物的核对。

（5）银行内外账务，如各种存款、贷款、银行间往来款项等账务的核对。

2.4.4　银行表内科目账务组织、处理程序及账务核对汇总图（手工）

银行表内科目账务组织、处理程序及账务核对汇总图如图 2-1 所示。

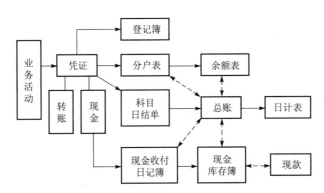

图 2-1　银行表内科目账务组织、处理程序及账务核对汇总图

尽管银行目前都已使用计算机进行账务处理，但作为银行的经营者来讲，只有了解账务的手工记账的组织程序，明了银行账务的来龙去脉，才能更好地进行会计核算的监督，避免或减少账务处理中的差错。

2.4.5　记账规则与错账冲正

1. 记账规则

1）手工记账规则

银行手工记账的内容有表外业务及银行需备查的业务事实。这些内容尽管不纳入每日电子计算机账务处理的范畴，但其正确与否，对银行也有着至关重要的作用。记账时必须遵循下列规则。

（1）账簿必须根据审查合格的凭证记载（其中票据的金额、日期、收款人名称更改的为无效凭证），做到数字准确、字迹清晰、摘要简明。发现凭证内容不全或有错误，必须由制票人更正、补充或者更换后再记账。支付的款项不得超过存款的余额、贷款的限额或拨款的限额。

（2）记账必须使用蓝黑墨水钢笔书写，红墨水、红圆珠笔、红色复写纸只用于划线和错误冲正，以及规定用红字批注的文字说明。

（3）账簿上的一切记录不得涂改、挖补、刀刮、橡皮擦和用药水销蚀，发现错误按规定的方法更正。

2）计算机记账规则

计算机记账规则除按上述手工记账规则中第（1）项的方式办理外，还要注意以下几点。

（1）数据输入必须由银行指定的操作员办理，非操作员不得输入任何数据。

（2）操作员不得自制凭证上机处理，更不准无凭证进行数据输入。

（3）操作员完成数据输入后，将姓名与工作代码打印到分户账上，并按要求将数据备份。

2. 错账更正

错账更正是指调整由于手工处理、计算机系统运行差错或操作员操作失误等原因造成的账务数据记录错误的行为。银行的会计人员应按照相关规定处理和记录业务事项，定期核对数据，发现错误要及时更正，不能更正的按照规定要求进行处理。

1) 当日差错的冲正方法

当日手工记账发生错误时采用红线更正法,即用一条红线将错误划掉,在上面写上正确金额,并由记账员在红线左端盖章证明。如果红线划错,需在红线两端各画"×"符号,销去先前红线,并由记账员在右端盖章证明。如果发现凭证和账簿都有错误,则按照先凭证后账簿的顺序运用红线更正法冲正错账。

计算机操作失误造成数据差错时,应由操作员凭会计主管人员的书面通知书冲正原录入错误数据,并打印冲账代码,然后再输入正确的数据。

2) 以前差错的冲正方法

(1) 次日或以前年度发现手工记账的差错采用红蓝字冲正法。

若凭证正确,仅记账串户时,应填制同方向红蓝字传票各一张,用红字传票冲销错误的账户,蓝字冲正凭证补记正确账户。若凭证填写错误,造成账簿记录随之错误的,应按错误凭证填制红字借贷凭证各一张冲销错账,再用正确内容编制蓝字借贷凭证各一张补记账户。

手工记账发现上年度差错的采用蓝字反方向冲正法,即按原错账编制反方向的蓝字凭证予以冲销。若冲正金额大于错误金额而发生反方向余额,则在该余额数前加"-"号或直接用红字表示。

(2) 计算机输入发生错误的,次日或之前的错误应填制冲账凭证进行更改。

(3) 不得进行冲正的错账处理。

账页无法更改的,则在原账页上划交叉红线进行注销,经主管人员盖章同意后更换新账页,注销账页则作为附件附在新账页背面。

已经发生实际交易,造成收付款项错误的,不得立即进行错账冲正,应当在收回和支付正确后再进行相关的账务调整。

由于计算机系统故障造成错账的,按照行内具体规定进行处理。

上述各错误造成利息收入和利息支出发生错误的,应计算应加(减)积数,以调整利息收支款项的错误。对错误冲正的日期、金额应予以登记,对涉及重大差错的还要调整会计报表,保证记录的准确性。

复习思考题

1. 什么是会计科目?简述会计科目的分类及其作用。
2. 借贷记账法的主要内容有哪些?
3. 会计凭证的特点是什么?为什么具有这些特点?
4. 银行会计凭证的内容有哪些?为什么要规定这些内容?如何组织凭证的传递?
5. 什么是账务组织?账务组织由哪些内容组成?它们之间的关系是什么?

计 算 题

（练习借贷记账法的应用）

1. 某银行基层所 4 月 16 日发生以下业务。
(1) 经批准发放给棉纺厂临时贷款 200 000 元，转入该厂的存款账户。
(2) 百货商场交来棉纺厂签发的转账支票一张，金额为 25 000 元，经审核无误予以处理。
(3) 收兑黄金一份，经审验计付现金 5 100 元。
(4) 百货商场交来销货现金 165 800 元。
(5) 棉纺厂交来现金支票一张，支取备用金 1 500 元。
(6) 向中国人民银行借入款项 278 000 元。
(7) 客户李某来银行支取到期存款 42 000 元，银行代收个税 200 元后，支付利息 1 800 元，该利息总额中含已提应付利息 1 580 元。
(8) 百货商场归还到期贷款 500 000 元，银行同时收入利息 4 800 元，该利息中含已提应收利息 4 500 元。
(9) 开出转账支票一张，支付购买办公用品费用 5 500 元。
(10) 为客户张某办理活期存款 5 000 元转为定期存款（一年期）业务。
(11) 机床厂交来汇票委托书一份，申请签发面额为 24 000 元的汇票去广州购物，经审核无误予以办理。
(12) 归还中国人民银行借款 120 000 元，银行同时支付利息 1 400 元。
(13) 结息日为百货商场结计存款利息 5 680 元，其中包括已提应付利息 5 200 元，列入当期损益 480 元。

2. 该银行 4 月 15 日有关科目余额如表 2-17 所示。

表 2-17 某银行 4 月 15 日有关科目余额

1001	库存现金	115 000	1303	贷款	950 000
1431	贵金属	65 000	1003	存放中央银行款项	85 000
1002	银行存款	40 000	6411	利息支出	12 000
6603	业务及管理费用	14 500	2002	存入保证金	80 000
2011	吸收存款	920 000	2004	向人民银行借款	200 000
6011	利息收入	85 100	2231	应付利息	16 400
1132	应收利息	20 000			

3. 要求如下。
(1) 根据资料 1，写出各业务的会计分录。
(2) 根据资料 2 的余额，为各科目开立丁字账户。
(3) 将资料 1 的各项业务，登记丁字账户，并结出余额。
(4) 编制 4 月 16 日的资金平衡表，平衡当日账务。

第3章

存款业务的核算

3.1 存款业务概述

存款是社会公众包括企业或个人存放在银行或其他金融机构的暂时闲置的货币资金。而存款业务则是商业银行以信用方式吸收社会存款的活动。通过存款业务银行将社会暂时闲置的资金吸收进来，形成银行信贷资金，这也是银行负债业务的重要组成部分。存款的规模制约着贷款的发放和规模的扩大，同时也影响着银行的利润水平。因此，银行的存款业务对我国社会主义市场经济的发展和稳定金融市场起着举足轻重的作用。

3.1.1 存款的种类

存款按不同的标准分为以下几种类型。

（1）按存款对象划分，可分为单位存款（对公存款）和储蓄存款（个人存款）。单位存款是银行吸收各类企事业单位和社团组织的存款。储蓄存款（个人存款）是银行吸收的城乡居民闲置的现金所形成的存款。

（2）按存款期限划分，可分为定期存款和活期存款。定期存款是存入约定期限，到期才能支取的存款，包括单位定期存款和个人储蓄定期存款。活期存款是存入时不确定期限，可以随时存取的存款，包括单位活期存款和个人储蓄活期存款。

（3）按资金成本划分，可分为低成本存款和高成本存款。低成本存款是活期存款、存期较短的定期存款。高成本存款是存期较长的定期存款。

（4）按存款的币种划分，可分为人民币存款和外币存款。人民币存款是单位或城乡居民等存入人民币款项所形成的存款。外币存款是单位或城乡居民等存入外币款项所形成的存款。

（5）按存款产生的来源划分，可分为原始存款和派生存款。原始存款是单位或个人将现金或支票送存银行而形成的存款。派生存款是由原始存款通过银行系统的资产业务所创造出的更多的银行存款。

（6）按照存款单位的特殊要求划分，可分为通知存款和协定存款。

通知存款，是客户按银行的起点金额（一般起点为1 000元），将暂时不用的资金，一次存入、不定期限，由银行签发存折，存款人凭折一次或分次提取的存款。主要针对个人储蓄存款。

协定存款是指客户通过与银行签订《协定存款合同》，约定期限、商定客户基本存款需要保留的存款额度，由银行在基本存款以外办理的存款。

3.1.2 存款的账户及其管理

1. 存款的账户种类

存款的账户又称人民币结算账户，是指银行为存款人开立的办理资金收付结算的人民币活期账户，按存款对象分为单位银行结算账户和个人银行结算账户。

1) 单位银行结算账户

单位银行结算账户按其用途分为基本存款账户、一般存款账户、临时存款账户和专用存款账户 4 种。个体工商户凭营业执照开立的银行结算账户纳入单位银行结算账户管理。

（1）基本存款账户。这是存款人的主办账户，存款人日常经营活动的资金收付及其工资、奖金和现金支付，必须通过该账户办理。按照规定，凡是独立核算的单位，均可自主选择一家商业银行的一个营业机构开立一个基本存款账户。

（2）一般存款账户。这是存款人因借款或其他结算需要，在基本账户开户行以外的银行开立的结算账户，用于办理存款人借款转存、归还借款款项转入和其他结算的资金收付。该账户可以办理现金缴存，但不得办理现金支取。

（3）临时存款账户。这是存款人因临时需要并在规定期限内使用而开立的账户，用于办理临时机构及存款人临时经营活动发生的资金收付，该账户开立时可按规定或所需确定其有效期，该有效期可以展期，但最长不得超过 2 年。需从该账户支取现金的应按现金管理的规定办理。

（4）专用存款账户。这是存款人按照法律、行政法规和规章，对其特定用途资金进行专项管理和使用而开立的账户，用于办理各项专用资金的收付。该账户可以办理现金的缴存，但原则上不能办理现金的支取。对于基本建设资金、更新改造资金、政策性房地产开发资金，以及金融机构存放同业资金等开立的专用账户，需支取现金的应报当地中国人民银行批准，按现金管理的规定办理；粮、棉、油收购资金，社会保障基金，住房公积金等专用账户支取现金时，按现金管理的规定办理（不用中国人民银行批准）。

对于单位开立的协定存款账户，属非独立存款账户，是在原来单位结算存款账户基础上延伸出来的，客户可以通过该账户办理日常结算业务。该账户的最低约定额度为人民币 10 万元，客户可根据实际情况与银行约定具体的基本额度，不得透支。协定存款账户月均余额两年或两年以上低于最低约定额度的，将利息结清后，转基本存款账户或一般存款账户处理，不再享受协定存款利率。该账户的合同期限最长为一年（含一年），到期任何一方如未提出终止或修改，则自动延期。中途如需清户，必须提出书面声明，银行审核无误后，方可办理。

此外，存款账户按存取款手续可分为支票存款户和存折存款户。支票存款户适用于独立核算、经营管理好、财务制度健全的企事业单位。存折存款户适用于生产规模较小、财务制度不健全、存取款次数较少的企事业单位。

2) 个人银行结算账户

个人银行结算账户是自然人因办理个人转账收付和现金支取而开立的账户。用于办理个人工资、奖金收入，稿费收入，债券、期货、信托等投资的本金收入和收益，个人债权或产权转让收入，个人贷款转存，证券交易结算资金和期货交易保证金，继承、赠予款项，保险理赔、保费退还等款项，纳税退还，农、副、矿产品销售收入，以及其他合法款项。

根据《中国人民银行办公厅关于发布〈全国集中银行账户管理系统接入接口规范——个人银行账户部分〉的通知》(银办发〔2016〕168号) 要求，个人账户分为3类。

第一类（Ⅰ类）：全功能银行结算账户。存款人可以办理存款、购买投资理财产品、支取现金、转账、消费及缴费支付等。

第二类（Ⅱ类）：可电子划账、买理财产品。Ⅱ类户可以通过电子方式办理资金划转、购买投资理财产品、办理限定金额的消费和缴费支付等。该账户不能存取现金、不能向非绑定账户转账。每日日支付限额10 000元。

第三类（Ⅲ类）：专注小额快捷、免密支付。Ⅲ类账户仅能办理小额消费及缴费支付业务，不得办理其他业务，每日日支付限额1 000元。

2. 账户的管理

账户的管理权集中在中国人民银行。中国人民银行负责监督和检查，并实施监控和管理各开户行对开立账户的管理与使用，负责开户许可证的核发和管理。各商业银行负责对账户的开立和注销进行审查，准确办理开户的相关手续，并按要求在规定的时间内对开立、注销的账户及时上报中国人民银行。

1) 对单位账户管理

（1）开立基本账户、临时存款账户，以及预算外资金专用账户需经中国人民银行核准，防止违规开户。开立一般存款账户、专用存款账户则需向中国人民银行备案。

（2）开立一般存款账户、专用存款账户、临时存款账户要在基本存款账户开户行记录存款人的账户信息，以利于债权银行和司法机关的检查监督。

（3）对不同存款人开立的各类账户需进行认真审核，确保存款人实名开户。

（4）加强对单位结算账户转个人账户结转资金的管理，认真审查单位转账给个人款项的合法付款凭证。

（5）严格现金支付的管理。

2) 对个人账户管理

对个人账户全面推进分类管理。

（1）个人银行结算账户。银行为个人开立银行结算账户的，同一个人在同一家银行（以法人为单位，下同）只能开立一个Ⅰ类户，已开立Ⅰ类户，再新开户的，应当开立Ⅱ类户或Ⅲ类户。此外，同一银行法人为同一人开立Ⅱ、Ⅲ类户的数量原则上分别不超过5个。银行对本银行行内异地存取现、转账等业务，免收异地手续费。

（2）个人支付账户。非银行支付机构（以下简称支付机构）为个人开立支付账户的，同一个人在同一家支付机构只能开立一个Ⅲ类账户。

3.2 单位存款业务的核算

3.2.1 单位存款账户的开立

存款人办理存款时，必须在银行开立存款账户。存款人开立存款账户时应向银行提交开户申请书、相关的证明文件，以及盖有单位印章的印鉴卡片。对申请开立基本存款账户和临时存款户的，应向开户行出示中国人民银行核发的开户许可证；申请开立一般存款账户的，应向开户行出具开立基本存款账户规定的证明文件、基本存款账户登记证和借款合同证明之一；申请开立专用存款账户的，应出具开立基本存款账户规定的证明、基本存款账户登记证和经有关部门批准立项的文件或批文；申请开立临时存款账户的，还应出具工商行政管理机关核发的营业执照、临时执照或有关部门同意设立临时机构的批文。经开户行同意开立账户后，开户行审核无误即可开户。对开支票存款户的由银行向单位发售各种专用凭证；对开立存折存款户的，在第一次存入款项开立账户时，发给存款人存折。

银行办理存款业务时设置了"吸收存款"科目账户进行核算。该账户是负债类账户，用以核算银行吸收的除同业存放款以外的其他各种存款。银行存款时，记入贷方；支取款项时，记入借方；余额在贷方。表示银行期末尚存的存款数额，该账户应按存款人的存款种类进行明细分类核算。

3.2.2 单位活期存款的核算

单位活期存款是单位凭支票或其他有关凭证或存折随时存取的存款。按其存取方式的不同可分为现金存取和转账存取。

1. 现金存取的核算

单位存入现金时，应填写一式三联的现金缴款单（见表3-1），连同现金一起送交其开户银行的出纳部门。出纳部门应根据"现金收入业务，先收款后记账"的原则，审查凭证，点收现金，登记"现金收入日记簿"，并复核签章。将第一联加盖"现金收讫"章后作为回单退交存款单位，第二联送会计部门凭以代现金收入传票登记单位存款分户账，第三联由出纳部门保存。

表3-1 现金缴款单

中国××银行现金缴款单																分号	
对方科目			缴款日期			年		月		日							
收款单位名称						开户银行科目账号											
收款来源									金				额				
								百	十	万	千	百	十	元	角	分	
人民币（大写）																	
券别\数额	100元	50元	十元	五元	二元	一元	五角	二角	一角	五分	二分	一分	合计金额	收款银行盖章			
整把券																	
零张券																	

会计分录为：
借：库存现金
　　贷：吸收存款——××单位活期存款户

单位支取现金时，应签发现金支票，并在现金支票上加盖预留银行印鉴，由取款人背书后交银行会计部门。银行受理后，应根据"现金付出业务，先记账后付款"的原则，按规定对支票及其内容进行严格审查，如是否合法、是否在有效期内，大、小写金额是否一致，大额现金支付是否经有权人审批、签章等。经审查无误后，将出纳对号单交给取款人，凭此到出纳部门取款。同时，以现金支票代现金付出传票，登记取款单位的分户账。

会计分录为：

借：吸收存款——××单位活期存款户
    贷：库存现金

会计人员签章、复核，出纳人员在现金支票上加盖"现金付讫"及私章，并登记"现金付出日记簿"，配款复核后，凭对号单向取款人支付现金。

2. 转账存取的核算

转账存取是存款人利用双方在银行开立的账户用划账的方式完成存取款业务，包括转账存入和转账支取两种。按交易双方所处的位置不同，分为交易双方在同一银行开户和交易双方不在同一银行开户的处理。

1) 交易双方在同一银行开户的处理

存款人存取款项时，应向银行提交存取款凭证，其中存款凭证为一式两联的进账单（见表3-2）（单位存款时应根据转账支票填制进账单），取款凭证为转账支票等有关的支取凭证（若为支票取款应根据支票填制一式三联的进账单）。银行经审核无误后，即可办理账务处理，以转账支票为借方传票，进账单为贷方传票进行转账。

会计分录为：

借：吸收存款——付款人户
    贷：吸收存款——存款人户

转账后将进账单回单联分别交给存款人和取款人。

表3-2 银行进账单

××银行进账单（贷方传票）														
缴款日期			年	月	日				第			号		
付款人	全称				收款人	全称								
	账号					账号								
	开户银行					开户银行								
人民币（大写）						千	百	十	万	千	百	十	元	角	分
票据种类					科目（贷）									
票据张数					对方科目									
备注					转账日期		年	月	日					
					复核			记账						

2) 交易双方不在同一银行开户的处理

交易双方不在同一银行开户的存取款处理，涉及同城或异地的两个银行的资金清算，其账务处理参见第5章支付结算业务的核算。

3. 对账及销户

由于单位活期存款不受时间制约，存取款手续简便，所以在企事业单位的经营中，用此账户进行资金收付较频繁，为保证双方账务的一致性和国家资金的安全，银行通过随时对账和定期对账，解决由于双方记账时间的不同，以及技术性差错而引起的双方账务不符的问题。

1）随时对账

支票存款户的账务记载后，应随时将账页的对账单（打印联）交给存款人。存款人则根据该对账单与本单位的银行往来账项逐笔勾对，发现问题，及时查找予以更正。

存折存款户在办理存取款手续时，是凭存折办理的，银行在账务记载的同时在存折中也有记载，坚持账折见面，随时核对存折和银行的存款账，发现错误，当面更正。

2）定期对账

定期对账主要是指支票存款户而言。银行除随时对账外，应于每季末和年终，向存款人逐户填发余额对账单交单位进行账务核对，单位收到对账单后应及时进行核对，如有不符，应在回单联注明未达账项金额，以便双方及时查找；如果相符，应将对账回单加盖预留银行印鉴送回银行。

3）销户

存款单位因为迁移、合并、停产等原因不再使用原账户，应及时到银行办理销户手续。银行办理销户时，应首先与销户单位核对存款账户余额，相符后，对应计算利息的存款账户，要结清利息。对支票存款户，应收回所有空白支票；对存折存款户，应收回存折注销。然后将存款账户的余额转入其他存款账户或其他地区金融机构。撤销后的账户应停止使用。

3.2.3　单位定期存款的核算

单位定期存款是存款人将本金一次性存入银行，约定存期，到期一次性支取本息的存款业务。定期存款的金额起点为1万元，多存不限，存入时银行发给存单。存期有3个月、6个月、1年3个档次，起存金额为1万元，多存不限。同时为了加强对定期存款的监督与管理，对单位的定期存款一律采取账户管理（大额可转让定期存单除外），即为存款人开立定期存款账户。

1. 存入存款的核算

存款人向银行办理定期存款时，应根据存款金额签发转账支票交银行会计部门。会计部门审核无误后，以转账支票代转账借方传票登记单位活期存款分户账，并据以填写一式三联定期存款证实书。经复核后，第一联代定期存款转账贷方传票登记单位定期存款账，第二联加盖银行业务公章和经办人签章后，作为定期存款证实书交存款人，第三联代定期存款卡片账，并据此登记"开销户登记簿"，按顺序专夹保管。

会计分录为：

借：吸收存款——××单位活期存款户
　　贷：吸收存款——××单位定期存款户

2. 计提应付利息的处理

对于定期存款银行应按权责发生制的原则计提应付利息。计提应付利息的时间与方法是：每月月末日按不同档次定期存款月度计息积数乘以日利率。

例 3-1 某企业 2018 年 4 月 7 日存入 1 年期定期存款 200 000 元，年利率为 3.15%，该单位 4 月末计息积数若为 4 800 000 元，则该单位 4 月份应付利息额为：

$$4\ 800\ 000 \times 3.15\% / 360 = 420(元)$$

会计分录为：

借：利息支出——××档次定期存款　　　　　　　　　　　　　　420
　　贷：应付利息——××档次定期存款　　　　　　　　　　　　　420

3. 支取存款的核算

1）到期全额支取的处理

存款到期，单位持定期存单向银行支取本息，银行按照单位的要求进行不同的账务处理。如果单位将此定期存款续存，银行则按开户手续另开新存单；如果不续存，银行应计算出该存单的利息，填制利息清单，并在存单上加盖"结清"戳记。以收回的存单作借方传票附件，卡片账作附件，计算单位利息时填制两借一贷特种转账传票，一联代利息支出科目转账借方传票，一联代应付利息账户转账借方传票，另一联将利息总额计入存款人账户。支付本利合时再编制借贷特种转账传票各一张，办理转账。

会计分录为：

计算单位利息时，借：应付利息——××档次定期存款　已提应付利息额
　　　　　　　　　　利息支出——××档次定期存款　未提应付利息额
　　　　　　　　贷：吸收存款——××单位定期存款户　利息总额
支付本利时，借：吸收存款——××单位定期存款户　本利合
　　　　　　贷：吸收存款——××单位活期存款户　本利合

2）提前支取的处理

单位存入定期存款后，若有急需可提前支取。单位提前支取分为全额提前支取和部分提前支取两种。

对单位全额提前支取的，由于存款人违约，银行应按规定以支取日挂牌公告的活期利率计息。并将利息计入单位定期存款账户后，再予以支付。

会计分录为：

计算单位利息时，借：利息支出——××档次定期存款提前利息
　　　　　　　　贷：吸收存款——××单位定期存款户
支付单位本息时，借：吸收存款——××单位定期存款户　本利合
　　　　　　　　贷：吸收存款——××单位活期存款户　本利合

对单位部分提前支取的，按照银行规定，若提前支取后所剩款项不低于起存金额时，则部分提前支取的金额，按当日挂牌公告的活期利率计息，并将剩余款项另开与起存日期相同的新存单；若提前支取后所剩款项低于起存金额时，银行则按当日挂牌公告的活期利率计息，并对该存款予以清户。其会计分录与全额提前支取相同。

3.2.4 单位通知存款的核算

通知存款是指存款人在存入款项时，不约定存期，支取时需提前通知银行，约定支取存款日期和金额后方能支取的存款。按规定该存款的最低起存金额为 50 万元，存入的方式可以是现金，也可以是转账；通知存款的品种按提前通知的期限分为 1 天通知存款和 7 天通知存款两种；其支取可一次或分次进行，最低支取金额为 5 万元，支取时利随本清，其本息转

入其活期存款账户,不得取现。

1. 通知存款存入的处理

单位来银行办理通知存款时,其处理手续与单位定期存款手续相同,只是办理时在"单位定期存款证实书"上注明"通知存款"字样及通知品种,但不注明存款利率,证实书只能作为存款证明,不得作为质押的权利凭证。

会计分录为:

借:吸收存款——××单位活期存款户
　　贷:吸收存款——××单位通知存款户

2. 通知与支付存款的处理

1) 存款通知的处理

存款人按约定来银行办理存款通知时,应向银行提交"单位通知存款取款通知书",在通知书中应注明存款的种类、取款的期限等。银行经审核无误后,登记单位通知存款支取提前通知登记簿。

若单位办理通知后因故取消通知时,则由存款人向银行提交单位通知存款取消通知书,银行经审核无误后,便可对存款人的通知进行注销。

2) 存款支取的处理

存款人按约定的期限来银行支取存款时,应依照单位通知存款证实书,填写一式三联的单位通知存款支取凭证,连同存款证实书一并交存银行。

银行收到后应按规定认真审查:存款证实书是否本行签发,凭证内容是否齐全、有无涂改,支付凭证填写内容是否正确,大、小写金额是否相符,预留银行印鉴是否清楚、真实等,经审核无误后,即可办理支付手续。并按规定的利率计算利息,打印利息凭证,注销存款证实书,并以支付凭证为借方传票进行转账。

会计分录为:

计算利息时,借:应付利息——通知存款利息
　　　　　　　　利息支出——通知存款利息
　　　　　　　　　贷:吸收存款——××单位通知存款户

支付存款时,借:吸收存款——××单位通知存款户
　　　　　　　　贷:吸收存款——××单位活期存款户

对于单位通知存款部分支取后的处理与整存整取部分支取的处理相同。

3.3　储蓄存款的核算

储蓄存款是金融企业通过信用方式动员和吸收城乡居民暂时闲置和节余货币资金的一种存款业务,是扩大信贷资金来源的重要手段。积极开展储蓄存款业务,不仅可以为国家积累大量的建设资金,还可以引导城乡居民投资与消费,对于调控市场经济、稳定金融物价、促进国民经济的发展具有重要意义。"存款自愿、取款自由,存款有息,为储户保密"的储蓄原则不仅是国家对储户实行的鼓励和保护政策,也是金融法的一项重要内容,银行必须依法办事,认真执行,维护存款人的正当权益。与此同时,为加强储蓄存款的管理与监督,对储蓄存款必须实行实名制。

3.3.1 储蓄存款的种类及利息税的规定

储蓄存款的种类如图 3-1 所示。

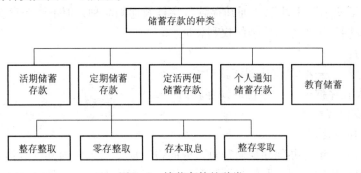

图 3-1 储蓄存款的种类

储蓄存款利息税是国家为配合宏观调控政策的需要，从 1999 年 10 月 31 日由国家税务总局规定向储蓄个人征收的税目，其税率随国家经济的变化而变化。其具体规定为：储蓄存款在 1999 年 10 月 31 日前孳生的利息所得，不征收个人所得税；储蓄存款在 1999 年 11 月 1 日至 2007 年 8 月 14 日孳生的利息所得，按照 20%的比例税率征收个人所得税；储蓄存款在 2007 年 8 月 15 日至 2008 年 10 月 8 日孳生的利息所得，按照 5%的比例税率征收个人所得税；储蓄存款在 2008 年 10 月 9 日后（含 10 月 9 日）孳生的利息所得，暂免征收个人所得税。

3.3.2 活期储蓄存款的核算

活期储蓄存款起存金额为 1 元，多存不限，是一种不限存期，凭银行卡或存折及预留密码可在银行营业时间内通过柜面或银行自助设备随时存取现金的业务。

1. 存入存款的处理

储户第一次存入活期储蓄存款时，应由储户填写"活期储蓄存款凭条"，连同现金、身份证一并交由银行的经办人员。经办人员审查凭条、身份证、清点现金无误后，登记"活期储蓄开销户登记簿"，编列账号，开立"活期储蓄存款分户账"并由计算机生成银行卡或"活期储蓄存折"。记入存款金额，结出余额。经过复核，在存款凭条上加盖"现金收讫"章和名章后留存，存折加盖业务公章及名章后交储户。以存款凭条代现金收入传票进行转账。

会计分录为：

借：库存现金
　　贷：吸收存款——××活期储蓄户

储户来银行续存时，应填写"活期储蓄存款凭条"，连同现金、存折一并交接柜人员，经审核无误后，除不再另开账户外，其余手续均与开户相同。

2. 支取存款的处理

储户来银行支取存款时，应填写"活期储蓄取款凭条"，连同银行卡或存折一并交银行接柜人员，经核对银行卡、存折、账户及密码相符后，以取款凭条代现金付出传票，登记分户账和存折，并结出余额。

会计分录为：

借：吸收存款——××活期储蓄户
    贷：库存现金

经复核审查无误后，按客户要求配款，并在取款凭条上加盖"现金付讫"及名章后，将现金及存折交储户。

3. 存款销户的处理

储户来银行销户时，储户应根据存款余额填写"活期储蓄取款凭条"，连同银行卡、存折一并交接柜人员，银行除按正常的取款手续办理外，还应计算储户的存款利息，并填两联的利息清单，留存一联，于营业终了，据以汇总编制利息支出科目传票，另一联连同本息交给储户。

会计分录为：

计算利息时，借：应付利息——活期利息
            利息支出——活期利息
                贷：吸收存款——××活期储蓄户

支付本息时，借：吸收存款——××活期储蓄户 本利合
                贷：库存现金 本利合

储户销户时，银行还应在取款凭条、分户账及银行卡、存折上加盖"结清"戳记，收回银行卡、存折，销记"活期储蓄开销户登记簿"，账页另行保管。

3.3.3 定期储蓄存款的核算

定期储蓄存款是指在存款时约定存期，一次或分次存入本金，到期一次或分次支取本金和利息的一种储蓄存款。

1. 整存整取的核算

整存整取储蓄存款存期分为 3 个月、半年、1 年、2 年、3 年和 5 年等档次，起存金额为 50 元，多存不限，由储蓄机构发给存单，到期一次支取本息。

1）开户

储户办理整存整取储蓄存款时，应填写开户申请书，连同现金一并交银行。银行经办人员经审核并点收现金无误后，开具一式三联"整存整取定期储蓄证实书"，将第二联作存单，交储户作为取款依据，第三联为卡片账。如储户要求凭印鉴或密码支取，应在各联加盖"凭印鉴或密码支取"戳记，并在第三联卡片账上预留印鉴。然后登记"定期储蓄存款开销户登记簿"，以存单第一联代现金收入传票，并加盖"现金收讫"戳记进行转账。

会计分录为：

借：库存现金
    贷：吸收存款——××整存整取储蓄户

2）计提应付利息

每月月末应分档次对定期储蓄存款提取应付利息。其处理方法同 3.2.3 节。

3）到期和过期支取本金

储户持存单来银行取款时，经办人员须审核无误后才能办理，凭印鉴密码支取的，还需核对预留印鉴密码。然后按规定计算利息，在存单和卡片账上分别填记利息金额，加盖支付日期和"结清"戳记，销记"定期储蓄存款开销户登记簿"。并填制两联利息清单，以存单

代现金付出传票,连同一联利息清单以支付存款本息,另一联利息清单连同现金交储户当面点清。同时,对符合纳税规定的,要按规定代扣储蓄利息所得税。

会计分录为:

计算利息时,借:应付利息——定期利息
　　　　　　　　利息支出——定期利息
　　　　　　　　贷:吸收存款——××定期储蓄户

支付本息时,借:吸收存款——××定期储蓄户　本利合
　　　　　　　贷:库存现金　本利合

对于过期支取的存款,其利息计算为:在存期内按原存利率计息,过期部分按当日公告的活期利率计息。

会计分录为:

计算利息时,借:应付利息——定期存款利息
　　　　　　　　利息支出——定期存款利息
　　　　　　　　利息支出——活期利息(过期利息)
　　　　　　　　贷:吸收存款——××定期储蓄户

支付本息时,会计分录与到期支取相同。

4) 提前支取和部分提前支取本金

储户要求提前支取存款时,应向银行提交证明其身份的证件,经办人员须验证无误后方可办理。在存单及卡片账上加盖"提前支取"戳记,按提前支取规定计算应支付的利息。若储户要求提前支取一部分存款时,应按照满付实收、更换新存单的做法,即将原存单本金视同一次付出,按规定利率(当日公告的活期利率)计算提前支取利息,并按规定代扣储蓄利息所得税;对未支出的款项按原定存期、到期日、利率等内容另开存单(存单及卡片账上注明"部分提前支取××元",新存单上注明"由××号存单部分转存"字样)。同时在"定期储蓄存款开销户登记簿"上注明。

会计分录为:

计算提前支取的利息时,借:利息支出——定期储蓄提前支取的利息
　　　　　　　　　　　　　贷:吸收存款——××整存整取定期存款户

支付提前支取本息时,借:吸收存款——××整存整取定期存款户　本利合
　　　　　　　　　　　贷:吸收存款——××整存整取定期存款户　未支取本金
　　　　　　　　　　　　　库存现金　提前支取的本利合

2. 零存整取的核算

零存整取定期储蓄存款是指每月存入固定数额的款项,约定存期,到期一次支取本息的储蓄存款。该存款起存点为5元,存期分为1年、3年、5年3个档次,存款金额由储户自定,每月存入一次,中途如有漏存,可在次月补齐,未补存者,到期支取时按实存金额和实际存期计算。

1) 开户

储户第一次存入款项时,应填写"定期零存整取储蓄存款凭条",连同现金一起交经办人员。经办人员审查存款凭条和现金无误后,登记"定期储蓄存款开销户登记簿",开立零存整取分户账,并填写存折。如凭密码支取,应在分户账上预留密码。经复核无误后,存折

加盖公章后交储户，存款凭条代现金收入传票办理转账。

会计分录为：

借：库存现金
　　贷：吸收存款——××零存整取定期存款户

2）续存

储户按照约定的数额续存时，应填写"定期零存整取储蓄存款凭条"，与存折、现金一并交经办人员，经办人员以分户账与存折核对并点收现金无误后，登记分户账、存折，手续与开户相同。

3）到期支取本金

储户到期支取时，应将存折交经办人员，经办人员审核无误后，计算应付利息并代扣利息税，然后注销存折、登记分户账及销记"定期储蓄存款开销户登记簿"，将本息交储户，以存折代现金付出传票进行账务处理。其会计处理与整存整取到期支取相同。

4）过期与提前支取本金

若储户过期支取存款，除计算存期内的利息外，还应按照活期利率计算过期利息，并代扣利息税。若储户提前支取存款，应交验本人身份证件，经办人员审核无误后，办理提前支取手续。对于提前支取必须全额支取，按活期利率计算利息并代扣利息税后，将本息交储户。其处理手续与整存整取过期（提前）支取相同。

3. 存本取息的核算

存本取息储蓄存款是一次存入本金，分期支取利息，到期归还本金的一种储蓄业务。起存金额为5 000元，存期有1年、3年、5年3个档次。利息凭存单分期支取，可以一个月或几个月取息一次。如到取息日未取息，以后可随时取息，但不计复利。

1）开户

储户在开户时应向银行填交开户书，注明姓名、存期及每次取息的日期。经办人员审核无误后，开具一式三联的"定期存本取息储蓄存款存单"，以第一联代收入传票，第二联为储户存单，第三联登记分户账，其余手续与整存整取相同。

会计分录为：

借：库存现金
　　贷：吸收存款——××存本取息储蓄户

2）分期支取利息

储户按约定日期持存单来银行支取利息时，经办人员将存单与账卡核对无误后，按应支取的利息填制"定期存本取息储蓄取息凭条"，凭此登记账卡、存单，代扣利息税后将利息付给储户，存单退还储户。

会计分录为：

计算每期利息时，借：应付利息——分期支取的利息
　　　　　　　　　　利息支出——分期支取的利息
　　　　　　　　　　　　贷：吸收存款——××存本取息储蓄户

支付每期利息时，借：吸收存款——××存本取息储蓄户支取的利息
　　　　　　　　　　　　贷：库存现金

3) 到期支取本金

存单到期，储户来银行支取存款时，银行以存单代现金付出传票，同时计算最后一期的利息，其会计处理与整存整取到期支取手续相同。

4) 提前和过期支取本金

若储户要求提前支取本金，可凭有关身份证件来银行办理。对于存本取息存款的提前支取必须全额提前支取，其利息按当日挂牌公告的活期利率计算，对于符合纳税规定的客户，还应代扣利息税。对于已经支取的利息，用红字冲回，即编制红字现金付出传票记账。

会计分录为：

借：应付利息——分期支取的利息（红字）
　　利息支出——分期支取的利息（红字）
　　　贷：吸收存款——存本取息储蓄——××户（红字）
借：吸收存款——存本取息储蓄——××户（红字）
　　　贷：库存现金（红字）

冲账后再按提前支取计息规定计算应付利息，对于已支付利息应从本金中扣除后，办理付款手续。

会计分录为：

借：利息支出——定期储蓄利息支出户
　　　贷：吸收存款——××存本取息储蓄户
借：吸收存款——××存本取息储蓄户　本利合
　　应付利息——××期利息（已支付的利息）
　　　贷：库存现金（本利合+未支付的利息）

4. 整存零取的核算

整存零取定期储蓄存款是一次存入本金，在存期内分次、等额支取本金，到期一次交付利息的储蓄存款。起存金额为 1 000 元，存期有 1 年、3 年、5 年 3 个档次。由储蓄银行发给存单，储户凭存单分期支取本金，支取期分 1 个月、3 个月、半年 3 种。

1) 开户

储户到银行开户时，银行经办人员开具一式三联的"定期整存零取储蓄存单"，存单中填明储户姓名、存入金额、期限、支取的次数和间隔时间。以存单第一联代贷方传票，第二联为存单，第三联为卡片账。存入手续与整存整取相同。

会计分录为：

借：库存现金
　　　贷：吸收存款——××整存零取储蓄户

2) 分期支取本金

储户按约定的期限支取款项时，应填写"定期整存零取储蓄取款凭条"，连同存单交银行经办人员，经办人员审核无误后，登记存单和账户，以取款凭条代现金付出传票。

会计分录为：

借：吸收存款——××整存零取储蓄户
　　　贷：库存现金

然后将存单、账卡和取款凭条交出纳员复核无误后予以付款。

3) 提前支取本金

客户提前支取整存零取存款时,要审验储户的身份证件无误后方可办理。若全部提前支取,按照整存整取提前支取办理手续处理;若部分提前支取,按规定只能提前支取1～2次,并在以后期限内停取相应的提前支取次数,其处理手续与整存整取提前支取手续相同。

4) 最后一次取款结清的处理

储户于存款期满最后一次取款时,除按分次取款手续办理外,还要计算利息,并在原存单上加盖"结清"戳记作为取款凭条附件。如是过期支取,按规定利率加付过期利息。

3.3.4 定活两便储蓄存款

定活两便储蓄存款是储户一次性存入本金,不约定期限,可随时支取本息,其利率随存期长短变动的一种存款。该存款起存金额为50元,银行开立存单,客户凭存单支取。按存单是否记名分为记名存单和不记名存单两种,记名存单可挂失,不记名存单不能挂失。定活两便储蓄存款既具有活期储蓄随时可支取的灵活性,又能享有接近于定期储蓄存款利率的优惠。其账务处理与整存整取相同。

3.3.5 个人通知储蓄存款及教育储蓄存款

1. 个人通知储蓄存款

个人通知储蓄存款是储户在存款时不约定存期,支取时需提前通知银行,约定取款日期和金额后方能支取的一种存款。起存金额为5万元,最低支取金额为5万元。无论存期长短,按存款人提前通知的期限不同分为1天和7天2个档次。客户办理该存款时由银行发给存单,到期凭存单支取,利息按一年以内定期整存整取同档次利率的6折计算。其处理手续与单位通知存款相同。

2. 教育储蓄存款

教育储蓄存款是居民为其子女接受非义务性教育,每月固定存入一定的款项,到期一次性支取本息的储蓄存款。该存款最低起存金额为50元,本金合计最高限额为2万元;存期分为1年、3年、6年3个档次。客户存款时由银行发给存折,凭折存取。按照规定,客户须每月存入固定金额,中途如有漏存,应在次月补齐,未补存者,视同违约,违约后存入的款项,按活期利率计息。

3.4 存款利息的计算

存款有息是国家的政策,它既是维护存款人正当权益的具体体现,也是保护银行合法利益的重要内容,银行必须按规定和既定的计息方法准确计息。

3.4.1 存款计息的范围、时间及有关规定

1. 存款计息的范围、时间

(1) 计息的范围。各类存款除财政金库存款、临时采购存款,以及存款账户中冻结户被法院判为赃款的不计息外,其余都应计算利息。

（2）计息的时间。计息的时间包括确认利息与结算利息两项。确认利息是银行按权责发生制原则，确认利息的实现，每月月末日为确认利息的时间；结算利息是银行在规定的时间为客户结算利息的过程，每季季末（或月末）20日为结息日。

2. 计息的有关规定

（1）计息本金以元为单位，元以下不计息；利息计算到厘位，保留至分位。

（2）对活期存款，其利率按计息日挂牌公告的活期利率计算。

（3）单位及个人的定期存款，其利息按存款的不同档次，与存款到期日利随本清。其利率按以下规定处理。

① 对定期存款，在存期内按存入日的公允利率计息，中途如遇利率调整不分段计息，到期日如遇节假日，可在节假日前一天为到期日，节假日后支取按过期支取处理。

② 对提前支取的定期存款，其利息按支取日挂牌公告的活期利率计算；过期支取的，在存期内按存入日的公允利率计息，过期部分按支取日挂牌公告的活期利率计算。

③ 单位的存款利息一律转入其活期存款账户，不得支取现金；个人存款利息可以支付现金，也可以转入其存款账户。

3.4.2 计息的方法

对确认利息的处理参见3.2.3节单位定期存款"计提应付利息的处理"。

1. 活期存款结息的计算方法

由于活期存款可以随时存取，其余额会经常发生变化，因此利息计算可采用积数法。计算公式为：

$$利息 = 计息积数 \times 日利率$$

利率是计息的标准，而计息积数是存款人计息期间每日存款余额之和，计息时可将计息积数看作是一天的存款，所以使用日利率。

采用积数法计息，利息的准确性取决于积数。目前银行计算积数的方法分为使用余额表和分户账页两种。

1）使用余额表计算积数的计息方法

此方法主要用于对单位活期存款利息的计算。余额表是明细核算系统反映科目余额详细组成的专门表式，其数据是银行每日营业终了根据各科目分户账余额抄录的。余额表中列示了10天小计、20天小计、月末合计等数额，计息时便可利用这些数额计算出一定时期的计息积数。若在日常核算中遇错账冲正，要调整积数，计算应加或应减积数。

例3-2 2018年6月12日经审查发现，同年6月2日机床厂交存销货取得的转账支票一张，金额为15 000元，误记入其他单位账户。

这笔错误不仅使机床厂账户6月2日少收入15 000元，也使其计息积数发生了错误。因此6月12日发现该错误除冲正错账外，还要调整积数。由于单位账户少收入款项，要计算6月2日—6月12日（算头不算尾）共计10天的应加积数15 000×10=150 000元（见表3-3中"应加积数"栏）；反之如果其账户中少支付款项，则计算应减积数。

如果结息月份发现上月份的错误，由于银行每月月末日计提应付利息，在计算应加（减）积数时，还要区分出列为应付利息及利息支出的积数，即该错误上月份的应加（减）积数列为应付利息的积数，而结息月份的则列为当期损益。

例 3-3　2018 年 6 月 15 日经审查发现，同年 5 月 25 日银行为机床厂支付商业承兑汇票款一份，金额为 100 000 元，误记入其他单位账户。

这笔错误由于银行原因没有从机床厂账户中支付款项，使其账户从 5 月 25 日起至 6 月 15 日冲正前止，每日余额多 100 000 元，因而要计算应减积数，即

列为应付利息的应减积数为 5 月 25 日—5 月 31 日共计 7 天（算头又算尾）：

$$100\ 000\ 元 \times 7\ 天 = 700\ 000\ 元（见表 3-3 中"应减积数"栏①）$$

列为利息支出的应减积数为 6 月 1 日—6 月 15 日共计 14 天（算头不算尾）：

$$100\ 000\ 元 \times 14\ 天 = 1\ 400\ 000\ 元（见表 3-3 中"应减积数"栏②）$$

综上所述，银行在结息时，计息积数的计算应分以下两部分：

列为应付利息的计息积数 = 上月底累计积数 + 以前月份的应加积数 - 以前月份的应减积数

列为利息支出的计息积数 = 20 天小计 + 当月的应加积数 - 当月的应减积数

例 3-4　以表 3-3 的资料为例计算利息。

表 3-3　银行余额表资料

银行余额表

科目：2011　　　　　　2018 年 6 月份　　　　　利率年 0.3%　　　　　币种：人民币

日期	账号户名	20114544 机床厂		
上月底累计积数		6 957 863.56		
1		126 102.88		
2		101 345.20		
3		98 674.00		
10 天小计		862 938.59		
11		19 288.00		
20 天小计		2 028 765.99		
31				
月末合计				
应加积数		150 000		
应减积数		①　　700 000 ②　1 400 000		
计息积数（总）		7 036 629.55		

列为应付利息的利息额 = (6 957 863 - 700 000) × 0.3%/360 = 52.15(元)

列为利息支出的利息额 = (2 028 766 + 150 000 - 1 400 000) × 0.3%/360 = 6.49(元)

注：20 天小计应为 2 028 765 元，之所以是 2 028 766 元是由于上月底累计积数舍去的 0.56 元与 20 天小计的 0.99 元合计为 1.55 元，已够起息金额，将 1 元钱加入所致。

根据计算的利息额编制转账传票进行账务处理。

会计分录为：

借：应付利息——单位活期利息　　　　　　　　　　　　　52.15
　　利息支出——单位活期利息　　　　　　　　　　　　　6.49
　　　贷：吸收存款——机床厂活期户　　　　　　　　　　58.64

检验：7 036 629×0.3%/360=58.64 与记入单位账户的利息相同。

2）使用分户账计算积数的计息方法

此种方法适用于存取款次数不多的单位或个人的存款户。利用这种方法，银行在登记客户分户账结出存款余额时，就要计算该余额变动前的积数。该积数是以本次变动前的存款余额与该余额的存期相乘，因而计息前需将每次结出的余额存期（即日数）准确确定后，再计算各存款余额的计息积数。

例 3-5　某企业分户账如表 3-4 所示。

表 3-4　某企业银行分户账

××银行分户账

页码：×××

账号：20112251　　户名：某企业　　地址：××　　利率：年0.3%

日期	摘要	借方	贷方	借或贷	余额	日数	积数
3.21	一季利息		48.25	贷	56 287.80	7	394 014.60
3.28	转收		5 000.00	贷	61 287.80	18	1 103 180.40
4.15	电汇	1 500.00		贷	59 787.80	27	1 614 270.60
5.12	转支×××	2 800.00		贷	56 987.80	13	740 841.40
5.25	现支×××	1 000.00		贷	55 987.80	7	391 914.60
						8	447 902.40
6.9	转收		20 000.00	贷	75 987.80	12	911 853.60
						92	5 603 977.60
6.21	二季利息		326.90	贷	76 314.70		

该单位的利息计算过程如下。

　　　记入应付利息的计息积数=394 014.60+1 103 180.40+1 614 270.60+
　　　　　　　　　　　　　　740 841.40+391 914.60
　　　　　　　　　　　　　=4 244 221.60（元）
　　　则应付利息额=4 244 221×0.3%/360=35.39（元）
　　　记入利息支出的计息积数=447 902.40+911 853.60=1 359 756（元）
　　　则利息支出额=1 359 756×0.3%/360=11.33（元）

根据以上计算结果编制转账传票办理转账。

会计分录为：

借：应付利息——单位活期利息　　　　　　　　　　　　　35.39
　　利息支出——单位活期利息　　　　　　　　　　　　　11.33
　　　贷：吸收存款——某企业活期户　　　　　　　　　　46.72

检验：5 603 977×0.3%/360=46.72 与记入单位账户的利息相同。

2. 定期存款利息的计算

按新会计准则的规定，对于金融负债之一的定期存款，其利息计算应当采用实际利率法。实际利率法是指按照金融负债的实际利率计算其摊余成本及各期费用的方法。所谓摊余成本，是指该金融负债的初始确认金额经下列调整后的结果：扣除已偿还的本金，加上或减去采用实际利率法将该初始确认金额与到期日金额之间的差额进行摊销形成的累积摊销额。

对于定期存款的利息按存款金额和存款利率计算应付利息，贷记"应付利息"科目，按摊余成本和实际利率计算确认利息支出，借记"利息支出"科目，按其差额，借记或贷记"吸收存款——利息调整"等科目。下面举例加以说明。

例3-6 2018年3月22日存入1年期存款200 000元，公允年利率为1.75%，于2019年3月22日到期，利息总额共计3 500元。

该项存款各资产负债表日的会计核算如下。

（1）2018年3月31日确认计算利息（3月22日至3月31日 共计9天）

按公允利率计算　　应付利息=200 000×9×1.75%/360=87.50（元）

按实际利率计算　　利息支出=200 000×9×1.5%/360=75（元）

　　　　　　　　　折余金额=87.5-75=12.50（元）

（折余金额是应付利息与利息支出的差额，若为正数则从本金中减去，反之则加入本金）

会计分录为：

借：利息支出——一年期单位定期存款利息　　　　　　　　　　　　　75
　　吸收存款——一年期单位定期存款利息调整　　　　　　　　　　　12.50
　　贷：应付利息——××单位定期存款利息　　　　　　　　　　　　87.50
借：应付利息——××单位定期存款利息　　　　　　　　　　　　　　87.50
　　贷：吸收存款——××单位定期存款　　　　　　　　　　　　　　87.50

（2）2018年4月30日确认计算利息

按公允利率计算　　应付利息=200 000×1.75%/12=291.67（元）

按实际利率计算　　利息支出=200 000×1.5%/12=250（元）

　　　　　　　　　折余金额=291.67-250=41.67（元）

会计分录为：

借：利息支出——一年期单位定期存款利息　　　　　　　　　　　　　250
　　吸收存款——一年期单位定期存款利息调整　　　　　　　　　　　41.67
　　贷：应付利息——××单位定期存款利息　　　　　　　　　　　　291.67
借：应付利息——××单位定期存款利息　　　　　　　　　　　　　　291.67
　　贷：吸收存款——××单位定期存款利息　　　　　　　　　　　　291.67

（3）由于利率没有发生变化，因此2018年5月至2019年11月底共7个月的利息计算与4月份计算相同，同时各月作相同的会计分录。

（4）每年银行年底都要结转损益，结转期为年末的12月20日，由于该客户的存款是跨年的，年内的利息也要纳入当年的损益，12月20日计算该项存款的利息如下。

计算12月1日至12月20日的利息。利息的期限共21天（算头又算尾）

按公允利率计算　　应付利息=200 000×21×1.75%/360=204.17（元）

按实际利率计算　　利息支出=200 000×21×1.5%/360=175（元）

折余金额＝204.17-175＝29.17（元）

会计分录为：

借：利息支出———一年期单位定期存款利息　　　　　　　　　　175
　　吸收存款———一年期单位定期存款利息调整　　　　　　　29.17
　　　贷：应付利息———××单位定期存款利息　　　　　　　　204.17
借：应付利息———××单位定期存款利息　　　　　　　　　　204.17
　　　贷：吸收存款———××单位定期存款利息　　　　　　　　204.17

年内该客户的利息支出总额＝75+250×8+175＝2 250（元）
年内该项存款折余金额＝12.50+41.67×8+29.17＝375.03（元）
年内该项存款公允应付利息＝87.50+291.67×8+204.17＝2 625.03（元）

结转年内该项存款的损益，会计分录为：

借：损益———一年期单位定期存款利息　　　　　　　　　　　2 250
　　　贷：利息支出———一年期单位定期存款利息　　　　　　　2 250

（5）确认2018年12月的利息（12月20日至12月31日利息）

按公允利率计算　　应付利息＝200 000×11×1.75%/360＝106.94（元）
按实际利率计算　　利息支出＝200 000×11×1.5%/360＝91.67（元）
　　　　　　　　　折余金额＝106.94-91.67＝15.27（元）

会计分录与（2）相同。

（6）确认2019年1、2两个月的该项存款的月末利息（1月1日至2月底利息）
计算的方法及会计分录与2018年4月30日方法相同。

3. 存款到期支付存款本金的处理

存款到期支付存款本息的处理仍按例3-6加以说明。

2019年3月22日单位支取到期存款时，银行按以下方法处理。

（1）按公允价格清算单位的利息额

该项存款公允利息总额为200 000×1.75%＝3 500（元）

2018年年内已付应付利息为2 625.03+106.94＝2 731.97（元）

2019年1、2月份已付应付利息291.67×2＝583.34（元）

到期支取时尚欠客户应付利息额3 500-2 731.97-583.34＝184.69（元）

（2）按实际价格计算银行的利息支出

由于2018年年末该项存款已结转损益，2019年1—2月份也已经结转，这里只计算2019年3月1日至3月22日的即可。

该项存款利息支出总额为200 000×1.5%＝3 000（元）

2018年年内已结转利息2 250元，未结转利息91.67元。

2019年1、2月份利息支出为250×2＝500（元）

到期未纳入损益的利息3 000-2 250-91.67-500＝158.36（元）

会计分录为：

借：利息支出———一年期单位定期存款利息　　　　　　　　　158.36
　　吸收存款———一年期单位定期存款利息调整　　　　　　　26.33
　　　贷：应付利息———××单位定期存款利息　　　　　　　　184.69

（3）结转折余金额

该项存款折余金额总额为 3 500-3 000=500（元）

会计分录为：

借：吸收存款——××单位定期存款　　　　　　　　　　　　　　500
　　贷：吸收存款——一年期单位定期存款利息调整　　　　　　　500

结转利息会计分录为：

借：应付利息——××单位定期存款利息　　　　　　　　　　　184.69
　　贷：吸收存款——××单位定期存款户　　　　　　　　　　　184.69
　　　　该单位定期存款户中的金额=200 000-500+184.39=199 684.69（元）

会计分录为：

借：吸收存款——××单位定期存款户　　　　　　　　　　　199 684.69
　　贷：吸收存款——××单位定期存款　　　　　　　　　　　199 684.69

复习思考题

1. 银行办理存款业务，为客户设置哪些账户？各核算什么内容？
2. 银行存款账户如何使用与管理？
3. 如何计算存款的利息？
4. 个人结算存款户为什么要分类核算与管理？

计 算 题

（练习单位活期存款利息的计算）

工商银行某支行百货商场二季度计息资料如下。

1. 该单位余额表资料：

至上月底累计积数　　　　38 866 965.65
　20天小计　　　　　　　2 989 674.19

2. 经过核对，发现以下问题。

（1）6月19日曾发现，该单位6月12日通过交换转来该单位的转账支票一张，金额为35 000元，误记入其他单位账户。

（2）6月15日曾发现，该单位6月2日转收款项一笔，金额为12 000元，漏记。

根据以上资料，试调整计息积数，计算该单位的利息，并写出会计分录。银行年利率为3.15%，要求写出计算过程。

第4章 贷款业务的核算

4.1 贷款业务核算概述

4.1.1 贷款业务核算的意义

贷款是指银行作为债权人，将资金以一定的贷款利率贷给有需求的借款人，并且约定在一定期限后收回本金和利息的放款行为。贷款是商业银行的主要资产业务，也是银行运用自身资金盈利获得收入的主要途径。贷款业务核算是以既定的方法，按照有关规定确认、计量、记录和反映银行贷款发放和收回的账务处理，为银行经营成果的分析、预测提供信息资料，也是一项服务性工作。做好此项核算工作，不仅能满足单位和个体经营者扩大生产规模、提高生产能力和增强科学技术含量的资金需要，而且，对于促进银行改善经营管理，合理节约资金，增强盈利能力等有重要意义。

4.1.2 贷款业务核算的方式

1. 银行贷款的种类

银行贷款按不同的分类标准，有着多种不同的分类方法，按贷款期限分为短期贷款[期限在1年以内（含1年）的贷款，主要有6个月、1年期两个档次]和中长期贷款（期限在1年以上5年以下的贷款，主要是固定资产贷款）。按贷款方式分为信用担保贷款（以借款人资信状况为担保发放的贷款）、抵（质）押担保贷款（借款人向银行提供一定抵（质）押物而发放的贷款和票据贴现（银行以购买借款人未到期商业票据的方式发放的贷款）。按贷款风险分为5种：正常贷款（借款人能履行合同，按时足额偿付本息的贷款）、关注贷款（借款人尚能偿还本息，但存在可能对偿还不利因素的贷款）、次级贷款（借款人的正常收入无法保证偿还本息的贷款）、可疑贷款（借款人无足额偿还本息，使银行造成部分损失的贷款）和损失贷款（指在采取必要措施和法律程序后，仍无法收回本息的贷款）。按资产质量分为应计贷款（除非应计贷款以外的贷款）和非应计贷款（贷款本金和表内利息逾期90天没收回的贷款）两种。

2. 贷款的核算方式

贷款的核算方式主要有4种：逐笔核贷、存贷合一、定期调整和下贷上转。

1) 逐笔核贷

逐笔核贷是指借款人根据借款合同，逐笔填写借据，经银行信贷部门逐笔审核，一次发放，约定期限，到期一次或分次归还的贷款方式。逐笔核贷是目前各商业银行的主要贷款核算方式。本章介绍的各种贷款的核算如无明确声明，均使用逐笔核贷的贷款核算方式。

2) 存贷合一

存贷合一产生于计划经济体制下，当时主要运用于国营商业部门按规定在银行开立存款和贷款统一账户，由银行为单位核定贷款限额。单位进货由贷款支付货款，销货资金偿还贷款。账户内既核算存款的增加和减少，也核算贷款的发放和收回。这种核算方式适应计划经济的需要，简化了核算手续，但不利于银行对资金的管理。目前，只有信用卡业务实行存贷合一的账户管理，即持卡人可以在银行规定的时间和额度内，超过信用卡内的存款余额透支消费。

3) 定期调整

定期调整是为办理异地托收承付结算的结算贷款而设置的。企业办理托收承付的结算向异地发货时，由于在途资金的占用，造成企业经营资金的困难，为了不影响企业资金正常运转，银行以企业的托收金额为贷款保证向单位发放贷款，并随时根据在途资金的增减变化，主动调整贷款金额。目前，此种贷款已改为临时（短期）贷款。

4) 下贷上转

下贷上转主要是对非独立核算的单位在农副产品收购季节用款需要设置的。借款人为上级主管部门。由银行、主管部门根据采购单位的采购任务核定贷款额度，直接在采购地用款放贷，并将贷款逐级上划上级主管部门。适用于单位与主管部门不在同一地区，其贷款期限多为短期。

4.1.3 贷款业务核算的要求

1. 严格遵守信贷政策和原则

信贷政策一般是国家根据一定时期经济发展的需要，确定的贷款投向和规模、贷款支持和限制对象及利率标准等，是商业银行办理信贷业务的重要依据。信贷原则是贷款行为的基本准则，尽管对贷款的管理主要由信贷部门掌握并审查，但是贷款实际发放与收回则由会计部门办理。因此，会计部门也必须注意贷款政策和原则的贯彻。凡风险大、额度大的贷款，原则上要有公证机关证明。会计部门在办理贷款发放手续时，应根据经信贷部门审查批准的借款凭证办理，如有疑问，应及时与信贷部门联系；要根据信贷部门批准的额度转账，不能任意增减；对贷款一般都先转入存款账户再行支用；对到期贷款应及时收回，如不能及时收回，应按规定处理，并及时向信贷部门反映催收；如需对借款单位进行信贷制裁，应认真执行，从而发挥会计的管理职能。

2. 加强监督管理，严密贷款手续

贷款从发放到使用，到最后收回，都是通过会计部门实现的。申请贷款时，借款方必须提交"借款申请书"，经信贷部门审核同意后，双方签订"借款协议"，商定贷款的额度、期限、用途、利率等，如果是抵押贷款，在"借款协议"中还要标明商定抵押品的名称、价值、保管方式等，借款协议加盖印章后，连同抵押物清单及其登记证一并送银行，单位实际用款时，再签订"借款契约"，有权审批人和信贷员签章后填制借款凭证，连同契约一并交会计部门办理款项发放和账务处理。发放贷款时，会计部门要严格履行监督职责，手续要文件化，科目要正确化，记账要准确化；在放款转为存款后，通过柜面严格监督借款人按借款合同正确使用贷款，收付款单位对转关系是否正常，从而保证银行贷款的社会经济效益，降低贷款风险。对不能按期收回的贷款，应及时转为逾期贷款和催收贷款管理。对于借款人无正当理由未申请延期或申请延期未经同意的，应及时转入"逾期贷款"账户核算，并按逾期贷款计算利息。借款人变更登记、歇业、停业、拍卖其财产或被工商行政管理部门吊销营业执照时,银行要相应办理账户的变更、更换及销户手续。办理账户变更、更换手续时,要检验新的照营业执照。

4.2 贷款业务的处理

4.2.1 信用贷款的处理

信用贷款是指借款人无须提供担保,仅凭借款人资信状况而发放的贷款。目前,我国银行为了防范贷款风险,对发放信用贷款一般都持谨慎的态度,只对资信好、信用度高、有稳定现金流的大型企业发放信用贷款。对于个体经营者,借款人具备信用好、自有资金比例高,经营管理较强、购销范围固定、借款额度小,且有相应的物资保证条件的,可采用信用贷款。

1. 贷款的发放

借款人申请贷款时,首先向银行信贷部门提交贷款申请书,对于个体经营者还需提供必要证件(营业执照;生产经营符合国家规定、独立核算、自负盈亏,并有相对稳定的生产经营场地和必要的设施的证明;有生产经营能力和偿还贷款的能力的证明),经银行信贷部门审核批准后,双方商定贷款的具体条款(贷款额度、期限、用途和利率等),签订贷款合同,并且填制一式五联的"借款借据"。其中第一联为回单,第二联为借方传票,第三联为贷方传票,第四联为借据,第五联为借款记录。

银行会计部门收到上列借款凭证后,应严格审查凭证及相关资料的完整性、合规性、一致性,经审核无误后,以借据第二、第三联代转账传票办理转账。

会计分录为:

借:贷款——信用贷款
　　贷:吸收存款——××企业活期存款户(或其他有关科目)

转账后,以借据第一联回单加盖转讫章后交给借款人;第四联借据由会计部门留存,按到期日顺序排列保管,据以按到期日收回贷款;第五联借款记录加盖转讫章后,送信贷部门留存备查。

2. 计提应收利息

每月月末日,银行根据各不同档次的贷款,按合同规定的利率计提应收利息,确认利息的实现,并予以收回。

例 4-1 2018 年 5 月 18 日经批准发放给某企业短期贷款 50 万元,期限 6 个月,合同利率年 4.35%,若 5 月的实际利率与合同利率相同,则:

2018 年 5 月 31 日应提利息为:$500\,000 \times (4.35\%/360) \times 24 = 1\,450$(元)

会计分录为:

借:应收利息——某档次贷款利息　　　　　　　　　　　　　　　　　1 450
　　贷:利息收入——某档次贷款利息　　　　　　　　　　　　　　　　1 450
借:活期存款——某企业　　　　　　　　　　　　　　　　　　　　　1 450
　　贷:应收利息——某档次贷款利息　　　　　　　　　　　　　　　　1 450

对于6、7、8、9、10月月末日计提应收利息时利率则按月利率计算。

其各月应提利息=500 000×4.35%/12=1 812.50（元）　　会计分录同上。

3. 贷款的收回

银行会计部门应经常查看借款借据的到期情况，当有贷款快到期时，会计部门应告知信贷部门，再由信贷部门通知借款人及时准备资金以偿还贷款。

信用贷款的收回有借款人主动还贷和银行直接扣收贷款两种形式。

1）借款人主动还贷的处理

在银行开立存款账户的借款人，在贷款到期日或之前，归还到期或将要到期的贷款时，应签发转账支票及填制一式四联的还款凭证（第一联为支款凭证，第二联为收款凭证，第三联为还款记录，第四联为回单联）。会计部门收到借款人提交的还款凭证后，抽出原留存的"借款借据"进行核对，并核对支票印鉴，查看单位账户有无资金支付，经审核无误后，办理收回贷款账务处理。

若贷款为利随本清的方式，以转账支票为借方凭证，第一联还款凭证作为附件，以第二联作贷方凭证，进行转账。

会计分录为：

借：吸收存款——企业活期存款

　　贷：贷款——××信用贷款户

　　　　应收利息——信用贷款利息

　　　　利息收入——信用贷款利息

转账后，对一次全额还清贷款的要结清借据；对分次偿还的，还要在借据上注明"还款记录"，并结出欠款余额，继续保管。并将还款凭证第三联送信贷部门"核销"贷款记录，第四联回单加盖转讫章作为收账凭证退还借款人。

若贷款为定期结息的方式，则银行先计算贷款利息，再填制收回贷款的特种转账传票，办理转账。

例4-2　2018年11月8日某企业归还到期贷款50万元，该贷款借款日为2018年5月8日，合同年利率为4.35%，若11月的实际利率与合同利率相同。（由于该贷款前几个月的利息银行已经收回，还款时只计算还款月份的利息即可。）

应向单位收取的利息：计息的天数2018年5月1日—2018年5月8日（算头不算尾）共7天，利息=500 000×(4.35%/360)×7=422.92（元）

会计分录为：

借：活期存款——某企业　　　　　　　　　　　　　　　　500 422.92

　　贷：贷款——某档次贷款　　　　　　　　　　　　　　　500 000

　　　　利息收入——某档次贷款利息　　　　　　　　　　　422.92

2）银行直接扣收贷款的处理

银行直接扣收贷款是借款人与银行事先达成协议，在贷款到期时，若借款人存款账户中有足够还款资金，银行便可主动从其账户内扣款以收回贷款。其处理手续为：贷款到期，由信贷部门填制"贷款收回通知单"，加盖信贷部门业务公章交会计部门。会计凭此通知单，填制特种转账借方传票两联和特种转账贷方传票三联，其中一联借方传票作为付款通知，加盖转讫章后交给借款人，其余三联特种转账传票代借方和贷方转账凭证办理转账。

会计分录为：

借：吸收存款——企业活期存款
　　贷：贷款——信用贷款
　　　　利息收入——信用贷款利息（最后期限的利息）

4. 贷款展期的处理

贷款展期是指经借款人申请，银行信贷部门同意推迟偿还贷款期限的方法。按规定一笔贷款只能展期一次，短期贷款展期的期限不得超过原贷款的期限；中长期贷款展期的期限不得超过原贷款期限的一半，最长不得超过3年。同时对展期贷款利息，以展期日公告的贷款利率计算。

办理贷款展期手续为：借款人因故不能按期归还贷款要求展期，应在贷款到期日之前，向信贷部门提交一式三联的"贷款展期申请书"。经信贷部门审查同意后，交会计部门办理贷款展期手续。对保证担保贷款、抵押贷款和质押贷款申请展期的，还必须由保证人、抵押人和出质人出具同意贷款展期的书面证明。对于个体经营者申请贷款展期须征得债务关系人、保证人同意，并由债务关系人、保证人在贷款展期申请书上签字后，经银行审查同意，可办理延期手续。对于延期后仍不能按期归还贷款的，要由保证人代其归还贷款本息，或由银行处理抵押物品收回贷款本息。

会计部门接到"贷款展期申请书"后，无须办理转账手续，但需要对以下内容进行审查：该贷款是否为一次展期，展期时间是否符合规定，信贷部门是否批准并签章，展期利率的确定是否正确等。经审查无误后，在原借据联上注明展期后还款的日期及展期利率，一联申请书为借据附件，继续保管，将另一联申请书加盖业务公章交给借款人。

5. 逾期贷款的处理

逾期贷款是指贷款到期（含展期）后，借款人不能归还的贷款。对于逾期贷款银行应及时查明原因并组织催收。并于贷款到期日营业终了时，根据原借据，编制特种转账借方传票和特种转账贷方传票各两联，将未收回的贷款转入"逾期贷款"科目。

会计分录为：

借：贷款——××单位逾期贷款户
　　贷：贷款——××单位信用贷款户

转账后，在借据上注明"××年××月××日转入逾期贷款账户"的字样，按顺序排列保管。将无法收回的应收利息转为其他应收款，同时记入应收未收利息表外科目。

会计分录为：

借：其他应收款——信用逾期贷款利息
　　贷：应收利息——信用贷款利息

同时，收：应收未收表外科目——某单位信用贷款利息，登记"应收未收利息"登记簿。

待借款人存款账户有资金支付贷款时，银行可以一次或分次扣收逾期贷款。对逾期贷款利息应按规定计算逾期贷款复利，计息时限为从逾期之日起至款项还清前一日止。此外银行还应按实际逾期天数和中央银行规定的罚息率计收罚息。

银行扣收贷款时，如果借款人采取利随本清的还款方式，应编制特种转账借方传票和特种转账贷方传票各两联，以一联特种转账借方传票作为付款通知，在转账后交给借款单位，另外三联特种转账传票代转账凭证办理转账。

会计分录为：

借：吸收存款——企业活期存款

　　贷：贷款——××单位逾期贷款户

　　　　其他应收款——信用逾期贷款利息

　　　　利息收入——逾期贷款罚息收入

同时，付：应收未收表外科目——某单位信用贷款利息，销记"应收未收利息"登记簿。

4.2.2 抵（质）押贷款的核算

1. 抵（质）押贷款的概念及相关规定

抵押贷款是指以借款人或第三人的财产作为抵押而发放的贷款；质押贷款是指以借款人或第三人的动产或权利作为质物发放的贷款。抵（质）押贷款因为有抵（质）押物的存在，所以风险相对于信用贷款要小。在抵（质）押贷款中，抵（质）押物必须满足以下条件。首先，该抵（质）押物确为借款人或者第三人所有；其次，该抵（质）押物可以被估出价值；最后，在贷款无法收回时，该抵（质）押物可以变卖以其价款收回贷款。

在实际操作中，抵押物必须是易于保管存储、变卖的物品。可作为抵押物的包括：适用、适销、暂不使用或暂不销售的原材料、产成品和经营的商品；可供正常使用的房产和技术先进的机器设备、工具及运输车辆，以及大件高档耐用消费品等。对一些明令不可作为抵押物的物品，如国有企业自有资产，国有或集体所有的土地使用权，有价证券或贵金属，能够封存、不易贬值的流动资产，企业的自有外汇，以及其他可以流通、转让的物资或财产，归国家或集体所有的土地等自然资源、集体福利设施，以及所有权有争议的财产等是不能作为抵押物发放贷款的。而质押物包括：动产质物和权利质物。动产质物主要包括金银珠宝、字画等贵重物品；权利质物包括：汇票、支票、本票、债券、存款单、仓单和提单，以及依法可以转让的股份、股票、商标专用权、专利权和著作权中的财产权，依法可以质押的其他权利。

对抵押物的保管有银行直接保管和由银行指定的第三人代为保管两种。由银行直接保管的抵押物要办理过户手续；由银行指定或同意的仓库代为保管或委托借款人代为保管的，应当向中国人民保险公司办理足额保险，保险单交由银行保管。对质押物须交银行保管，但依法作为质物的股份和股票及商标专用权、专利权和著作权中的财产权，以及其他有关权利质物应向银行出示证券登记机构或有关部门办理出质登记证明，且已订立质押合同，要在合同约定的期限内将权利凭证交贷款银行。无论哪种保管方法，银行都应向借款人出具抵（质）押物或权利凭证的收据证明。

办理保险的抵（质）押物品，发生保险责任险后，借款人要及时通知银行和保险人，银行要从保险赔偿金中收回贷款本息；发生除外责任险或因其他原因保险人不负理赔责任时，由借款人用其他资金来源归还银行贷款本息。

抵（质）押贷款的发放与收回与信用贷款的会计处理相同。

2. 逾期贷款的处理

按照规定，抵（质）押贷款到期（不可以申请展期），借款人如不能归还贷款本息，银行将其转入"逾期贷款"科目，并按规定计息。

会计分录为：

借：贷款——××抵（质）押逾期贷款户
　　贷：贷款——××抵（质）押贷款户

将无法收回的应收利息转为其他应收款，同时记入应收未收利息表外科目。

会计分录为：

借：其他应收款——抵（质）押逾期贷款利息
　　贷：应收利息——××抵（质）押贷款利息

同时，收：应收未收表外科目——××抵（质）押贷款利息，登记"应收未收利息"登记簿。

按照规定，抵（质）押贷款逾期超过一个月，借款人仍无法偿还贷款本息，银行有权用作价入账和出售两种方法处理抵（质）押物，以取得的价款，在扣除银行处理抵（质）押物中发生的各种费用后，收回贷款本金和所欠利息。

1) 将抵（质）押物直接入账的处理

该种方法是银行处理抵（质）押品时，将抵押品直接收归到银行所有。进行这种处理时，应按抵（质）押贷款及应收利息之和作价入账。

会计分录为：

借：固定资产（或其他相关科目）——某物品
　　贷：贷款——××抵（质）押逾期贷款户
　　　　其他应收款——抵（质）押逾期贷款利息
　　　　累计折旧——物品

2) 出售抵（质）押品的处理

银行按合同规定，经有关部门公证出售抵（质）押物，先将价款计入"其他应付款"科目。

会计分录为：

借：有关科目
　　贷：其他应付款——待处理抵（质）押物价款

然后，将出售的价款扣除各种相关费用后，其剩余款项按不同情况作收回贷款本息的处理。

（1）若出售的剩余价款能够收回贷款的本息合计时，应编制特种转账传票做以下处理。

会计分录为：

借：其他应付款——待处理抵（质）押物价款
　　贷：贷款——××抵（质）押逾期贷款户
　　　　其他应收款——抵（质）押逾期贷款利息

（2）若出售的剩余价款不足以偿还贷款本息的，但能收回贷款本金，其利息经有关部门批准列为坏账损失。

会计分录为：

借：其他应付款——待处理抵（质）押物价款
　　贷：贷款——××抵（质）押逾期贷款户
借：资产减值损失——××抵（质）押贷款利息
　　贷：其他应收款——抵（质）押逾期贷款利息

（3）若出售的剩余价款只能偿还部分贷款本金，其不能收回的贷款本金，经有关部门批准列为呆账损失，其利息经批准列为坏账损失。

会计分录为：

借：其他应付款——待处理抵（质）押物价款
　　资产减值损失——××抵（质）押逾期贷款
　　　贷：贷款——抵（质）押逾期贷款
借：资产减值损失——××抵（质）押贷款利息
　　　贷：其他应收款——抵（质）押逾期贷款利息

不管以上哪种情况，都应付：应收未收表外科目——××抵（质）押贷款利息，同时，注销"应收未收利息"登记簿。

4.2.3 保证担保贷款

保证担保贷款是指以第三人承诺在借款人不能偿还贷款时，按约定承担一般保证责任或连带责任而发放的贷款。为了保证担保贷款资金安全，银行对经营风险较大、信用较差、大额贷款或因特殊情况经营项目较复杂的贷款，应要求借款申请人提供贷款保证人，当债务人不能偿还借款时，保证人应按照规定履行债务或者承担还款的责任。

商业银行发放保证担保贷款时，必须严格审查保证人的资格：保证人必须是具有代为清偿债务能力的法人、其他经济组织或者公民。对于国家机关、企业法人的分支机构、职能部门不得作为保证人，但企业法人的分支机构如有企业法人的书面授权，可以在授权范围内提供保证。除此之外，银行还要审查保证人的清偿能力，了解保证人的财务会计报表、经营情况、未来发展情况等。只有对于那些符合保证资格且确有担保偿债能力的保证人，才可以接受其提供的担保，以避免出现在借款人不能按期偿还贷款的同时，保证人也不能履行其保证责任的情况。

同一债务有两个以上保证人的，保证人应当按照保证合同约定的保证份额，承担保证责任，没有约定保证份额的，保证人承担连带责任，债权人可以要求任何一个保证人承担全部保证责任，保证人都负有保证全部债权实现的义务，履行了债务的保证人，有权向债务人追偿或要求其他承担连带责任的保证人偿付其应当承担的份额。

保证担保贷款的发放与收回的处理与抵押贷款的核算相同，所不同的是保证担保贷款在借款人不能偿还时，保证人按照规定履行债务或者承担责任。

4.3　票据贴现的核算

4.3.1 票据贴现的概念

票据贴现是指持票人以未到期的银行承兑汇票或商业承兑汇票向银行贴付一定的利息所作的转让。票据贴现对银行来说，是一项放款业务，对贴现申请人来说，是以贴付利息的方式，换取提前使用未到期票据上的资金。票据贴现后，票据的所有权属于银行，实现了债权人从原持票人向办理贴现银行的转移而成为债务人。票据到期后，银行凭票向票据的付款人收取票款，若付款人无款支付或者抗辩，银行有权向贴现申请人收回票款。因此，票据贴现与一般的贷款相比风险较小。票据贴现资金是信贷资金的一部分,虽然也属于贷款业务,但是相对于其他贷款业务,有其以下一些独特性。

(1) 贴现是短期的融资行为,而一般贷款有短期贷款也有中长期贷款。

(2) 贴现的票据具有流动性,当贴现银行在需要资金时,可通过再贴现或转贴现提前收回资金,而一般贷款只能到期时收回,不得提前收回,且没有流动性。

(3) 贴现利息是由银行从贴现金额中预先扣收,而贷款利息则是采取分期或者一次性偿还等方式收回。

(4) 贴现的偿还者包括出票人、承兑人、背书人、银行(有再贴现或转贴现的情况),而一般贷款只是涉及借款人和担保人。

(5) 贴现的对象是票据的持有人,贷款业务发生的基础是票据,而贷款以借款人为对象,业务发生的基础是借款人的信誉和抵(质)押物品。

4.3.2 银行受理票据贴现的处理

持票人持未到期的商业汇票向其开户行申请贴现时,应填制一式五联的贴现凭证(见表4-1),其中第一联代借方凭证,第二联代持票人账户贷方凭证,第三联代贴现利息收入贷方凭证,第四联为给持票人的收账通知,第五联为到期卡,连同商业承兑汇票或银行承兑汇票一并交开户行。

贴现银行收到持票人交来的贴现凭证和商业汇票,先由信贷部门按规定进行审查:贴现申请人是否在本行开户,贴现申请人所持汇票是否为合法票据、是否在有效期内,汇票联数是否完整、背书是否连续、贴现凭证填写与汇票内容是否一致等。同时银行要通过有关渠道了解汇票承兑人的信誉程度。信贷部门审查无误后,应在贴现凭证的"银行审批"栏签注"同意"字样并加盖有关人员名章后送交会计部门。

表 4-1 贴现凭证

贴现汇票	种类		号码:			持票人	名称									
	出票日		年	月	日		账号									
	到期日		年	月	日		开户行									
汇票承兑人		名称				账号		开户行								
汇票金额		人民币(大写)						千	百	十	万	千	百	十	元	角	分
贴现率		贴现利息	千	百	十	万	千	百	十	元	角	分	贴现实付金额	千	百	十	万	千	百	十	元	角	分
备注:							科目(贷) 对方科目(借) 复核 记账									

(表格中"贴现凭证(贷方传票)2" 申请日期 年 月 日 第 号)

会计部门收到贴现凭证和商业汇票后,经审核无误后,根据约定的贴现率计算贴现利息和实付贴现金额,按实付贴现金额向单位放款。贴现利息和实付贴现金额的计算公式为:

$$贴现利息 = 汇票面额 \times 贴现天数 \times (年贴现率/360)$$
$$实付贴现金额 = 汇票面额 - 贴现利息$$

其中，贴现天数为自贴现日起至票据到期日前一天为止的实际期限，对异地的汇票另加3天的划款期。

将贴现率、贴现利息和实付贴现金额填入贴现凭证，以贴现凭证第一联为借方凭证，贴现凭证的第二、第三联作为贷方凭证办理转账。

会计分录为：

借：贴现资金——商业（或银行）承兑汇票贴现
　　贷：吸收存款——××某企业活期存款户（或其他相关科目）
　　　　利息收入——贴现利息收入

记账后，将贴现凭证的第四联加盖转讫章转贴现申请人，第五联和贴现汇票按到期日顺序排列并专夹保管。

各资产负债表日，对贴现的利息应按权责发生制的规定，分摊到各成本期。

例4-3 2018年5月10日某工厂持面额为1 200 000元的商业承兑汇票申请贴现，该汇票2018年3月18日签发，期限为4个月，到期日为同年7月18日，承兑人为异地某企业，双方约定年贴现率为4.2%，则该工厂贴现利息及实付贴现金额为：

贴现天数 2018年5月10日—7月18日共计69+3=72(天)

$$贴现利息 = 1\,200\,000 \times 72 \times 4.2\%/360 = 10\,080(元)$$
$$实付贴现金额 = 1\,200\,000 - 10\,080 = 1\,189\,920(元)$$

会计分录为：

借：贴现资金——商业承兑汇票贴现	1 200 000
贷：吸收存款——××工厂活期存款户	1 189 920
利息收入——贴现利息收入	10 080

各资产负债表日分摊贴现利息（若实际利率与合同利率相同）如下：

① 5月10日至5月31日（算头又算尾）　1 200 000×(4.2%/360)×22=3 080（元）

会计分录为：

借：应收利息——某汇票5月贴现利息	3 080
贷：利息收入——某汇票5月贴现利息	3 080
借：利息收入——贴现利息收入	3 080
贷：应收利息——某汇票5月贴现利息	3 080

② 6月1日至6月30日　1 200 000×4.2%/12=4 200

③ 7月1日至7月18日（算头不算尾共17天）　1 200 000×(4.2%/360)×(17+3)=2 800（元），之所以加3天是因为该汇票为异地承兑的票据。

②③两段的会计分录与第一段的分录相同。

4.3.3　到期收回贴现款

银行应每天查看贴现票据的到期日，对到期的票据要及时收回贴现款。其处理手续为：对同城汇票应在汇票到期、异地汇票应匡计两地邮程提前编制委托收款结算凭证，办理款项收回的手续。贴现银行依委托收款结算凭证第二联登记"发出委托收款结算凭证登记簿"，将汇票连同委托收款结算凭证第三、第四、第五联寄送承兑人开户行。

1. 贴现票据为商业承兑汇票款收回的处理

（1）承兑人开户行收到委托收款凭证及汇票后，于汇票到期日或按银行规定日期将票款从承兑人存款账户中付出，划转给贴现银行。

会计分录为：

借：吸收存款——企业活期存款（或其他相关科目）

　　贷：清算资金往来或存放同业

如承兑人存款户不足支付票款或承兑人拒绝付款时，承兑人开户行将委托收款凭证、商业承兑汇票连同拒绝付款理由书（或者付款人未付款通知书）一并退回贴现银行。

（2）贴现银行在贴现票据款项划回后，做账务处理。

会计分录为：

借：清算资金往来或存放同业

　　贷：贴现资金——商业（或银行）承兑汇票贴现

如果贴现银行收到付款人开户行转来承兑人拒绝付款理由书（或者付款人未付款通知书）和退回的汇票，贴现银行有权从贴现申请人的存款账户收取已贴现的款项。收取款项时应填制两联特种转账借方传票，在"转账原因"栏内注明"未收回××号汇票款，贴现款已从你账户收回"，以一联特种转账借方传票代吸收存款科目借方传票，原留存的第五联贴现凭证代贴现资金科目贷方传票办理转账。

会计分录为：

借：吸收存款——贴现申请人户（或其他相关科目）

　　贷：贴现资金——商业（或银行）承兑汇票贴现

转账后，将另一联特种转账借方传票加盖业务公章随同商业承兑汇票、拒绝付款理由书（或者付款人未付款通知书）一并交给贴现申请人。

若贴现申请人存款账户亦不足支付票款，则贴现银行将不足部分转作逾期贷款。银行填制两联特种转账借方传票，以其中一联特种转账借方传票代逾期贷款科目借方传票，原留存的第五联贴现凭证代贴现资金贷方传票办理转账。

会计分录为：

借：吸收存款——企业活期存款（或其他相关科目）

　　贷款——贴现资金逾期户

　　贷：贴现资金——商业（或银行）承兑汇票贴现

转账后，以另一联特种转账借方传票加盖转讫章随同商业承兑汇票、拒绝付款理由书（或者付款人未付款通知书）一并交给贴现申请人。同时销记"发出委托收款结算凭证登记簿"。

2. 贴现票据为银行承兑汇票的处理

承兑银行收到汇票后，经审查无误后，于汇票到期日将票款划转贴现银行。

会计分录为：

借：其他应付款——××商业（或银行）承兑汇票款

　　贷：清算资金往来或存放同业

贴现银行在贴现票据款项划回后，做账务处理。

会计分录为：

借：清算资金往来或存放同业
　　贷：贴现资金——银行承兑汇票贴现

银行承兑汇票的贴现，若承兑银行抗辩付款时，贴现银行的处理与商业承兑汇票付款人退回汇票的处理相同。

4.4　贷款损失准备的核算

商业银行经营贷款业务，一定会面临贷款人无法偿还贷款的违约风险，一旦贷款人违约，造成的直接结果就是银行无法收回贷款，从而影响银行信贷资金的正常运转。为了加强银行对信贷资金的管理，增强银行抵御风险的能力，促进银行稳健经营和提高资产质量，应计提贷款损失准备。所谓贷款损失准备，是指银行按贷款余额的一定比例提取，用于补偿贷款损失的专项补偿基金。

4.4.1　提取贷款损失的有关规定

1. 贷款损失的客观证据

按照会计准则的规定，表明贷款发生损失的客观证据，是指银行贷款初始确认后实际发生的、对该贷款的预计未来现金流量有影响，且银行能够对该影响进行可靠计量的事项。由于贷款产生的损失，致使银行贷款减值，其客观证据有以下几项。

（1）借款人发生严重财务困难，贷款难以偿还。

（2）借款人违反了合同条款，如偿付利息或贷款本金发生违约或逾期，表明借款人有可能发生财务困难，致使贷款发生损失。

（3）借款人很可能倒闭或进行债务重组。

2. 提取贷款损失准备的范围

提取贷款损失准备的范围为承担风险和损失的资产，具体包括：贷款（抵押贷款、质押贷款、保证担保贷款和无担保贷款等）、银行卡透支、贴现、银行承兑汇票垫款、信用证垫款、担保垫款、进出口押汇和拆出资金等。对于银行转贷并承担对外还款责任的国外贷款（国际金融组织贷款、外国买方信贷、外国政府贷款等）也应当提取贷款损失准备。而对于银行所办理的委托贷款，不提取贷款损失准备。

3. 贷款损失准备的计提方法

对于贷款损失准备的提取，银行应该遵照谨慎性会计准则，合理地估计贷款发生损失的可能性及程度，及时提取贷款损失准备。根据有关规定，贷款损失准备包括一般准备金、专项准备金和特种准备金。

1）一般准备金

一般准备金是根据全部贷款余额的一定比例计提的贷款损失准备金，用于弥补尚未识别的可能损失准备。一般准备金按照全部贷款的 1‰ 计提，其提取额取决于贷款组合的总量，而与不良贷款内在的损失程度无关。我国自 1988 年就建立了一般准备金制度。

2）专项准备金

专项准备金是银行根据《贷款风险指导原则》对贷款进行分类后，对不同类别贷款给予不同比例计提的用于弥补专项损失的准备金。按照 2002 年实施的《贷款损失准备金计提指引》，商业银行在提取一般准备金之外，还应按照贷款 5 级分类的结果，根据每笔贷款损失的程度，逐笔提取相应的专项准备金。具体每类贷款的提取比例由各商业银行自行决定，其参考的比例为：对于关注类贷款，准备金的提取比例为 2%；对于次级类贷款，准备金的提取比例为 20%；对于可疑类贷款，准备金的提取比例为 50%；对于损失类贷款，准备金的提取比例为 100%。其中，次级类贷款和可疑类贷款的准备金提取比例可以根据贷款的潜在损失程度上下浮动 20%。专项准备金反映的是贷款的内在损失程度，提取的比例越大，说明该类贷款的质量越低。

3）特种准备金

特种准备金是针对某一国家、地区、行业，或者某种特殊风险而提取的准备金。具体的计提比例由银行根据贷款的风险程度和损失可能性，并结合历史经验自行合理确定。

银行应定期对贷款损失准备金提取的充足性进行评估，及时合理地提取贷款损失准备，使其与贷款可能的损失相适应，以增强银行抵御贷款风险的能力。银行不得设置秘密准备，如果有确凿的证据表明银行利用谨慎性原则设置秘密准备的，应当作为重大会计差错予以更正，并在会计报表附注中加以详细的说明，说明该会计差错的性质、调整金额，以及对银行经营状况和财务状况造成的影响。

4.4.2 提取贷款损失准备的核算

1. 一般准备金的提取

银行应该根据贷款年末余额计算一般准备金数额，与已提的一般准备金余额进行比较，若年末计算的一般准备金数额大于已提的一般准备金余额，其差额应调增准备金；反之，应调减准备金。

会计分录为：

如增加贷款损失准备时，借：利润分配——提取一般准备金
　　　　　　　　　　　　　　贷：贷款损失准备——一般准备金

如调减准备金时，借：贷款损失准备——一般准备金
　　　　　　　　　　贷：利润分配——提取一般准备金

2. 专项准备金的提取

每期期末，银行根据贷款 5 级分类的结果和准备金计提比例，计算本期的专项准备金数额，与实际已提准备金余额进行比较，若期末计算的专项准备金数额大于已提的专项准备金余额，其差额应调增准备金；反之，应调减准备金。

会计分录为：

如增加专项贷款损失准备时，借：资产减值损失——提取专项准备金
　　　　　　　　　　　　　　　　贷：贷款损失准备——专项准备金

如调减专项贷款损失准备时，借：贷款损失准备——专项准备金
　　　　　　　　　　　　　　　　贷：资产减值损失——提取专项准备金

3. 特种准备金的提取

每期期末，银行根据各项特种贷款的风险程度和损失可能性，核算本期的特种准备金应有余额，并与实际的已有余额进行比较，如果余额不足，则需要补提特种准备金，其会计处

理与专项准备金的处理相同。

4.4.3　贷款损失的核销

贷款银行对于确定无法收回的贷款，应当认真审查其是否符合核销的条件，并报请上级管辖行审核批准方可对贷款损失予以核销。

列为贷款损失核销的范围包括：借款人和担保人依法宣告破产，进行清偿后，未能还清的贷款；借款人死亡，或者依照民法通则的规定，宣告失踪或宣告死亡，以其财产或遗产清偿后，未能还清的贷款；借款人遭到重大自然灾害或意外事故，损失巨大且不能获得保险补偿，确实无力偿还的部分或全部贷款，或者以保险清偿后，未能还清的贷款；经国务院专案批准核销的贷款。

根据会计准则的规定，银行确定已发生了贷款损失，应先按损失的金额，编制特种转账传票进行以下账务处理。

会计分录为：
借：资产减值损失——贷款损失
　　贷：贷款——××短期（或中长期）贷款户

然后将损失的金额向上级部门报告，待批准予以核销时，再做账务处理。

会计分录为：
借：贷款损失准备——一般准备金
　　贷：资产减值损失——贷款损失

4.5　贷款利息计算的核算

4.5.1　贷款利息计算的基本规定

（1）发放贷款时确定的利率应参照中国人民银行规定的利率及浮动幅度。贷款期限在一年以内的，贷款期限内按合同利率计息，遇到利率调整不分段计息；贷款期限在一年以上的，遇到有利率调整的，从新年度按照调整后的利率计算。

（2）银行对企业、单位、个人发放的各种贷款，除国家有特殊规定和财政补贴外，均应按规定计收利息。贷款利息的计算，分为定期结息和利随本清两种。定期结息原则上按季计息，银行规定每季末月20日为结息日，基本结计方法为每日营业结束后，机器自动打印出余额表，每月各科目的余额累计计息积数应与该科目的总账累计积数核对相符。在规定计息日打印出调整积数清单与手工调整积数清单核对相符后，计算利息。利随本清也称逐笔结息方式。贷款到期，借款人还款时，应计算自放款之日起至还款之日前一天止的贷款天数，然后计算利息。在实际工作中，多采用定期结息的方法。

（3）定期结息计算利息积数按实际天数计算，算头不算尾。利随本清的起讫时间，算头不算尾，采用对年对月对日的方法计算，对年按360天、对月按30天计算，不满月的零头天数按实际天数计算。

（4）贷款到期为节假日的，如在节假日前一日归还，应扣除归还日至到期日的天数后，按合同利率计算利息；如在节假日后第一个工作日归还，应加收到期日至归还日的天数后，按合同利率计算利息；如在节假日后第一个工作日未归还，则应从节假日后第一个工作日按照逾期贷款处理。

4.5.2 贷款利息的计算

下面以一个例子具体介绍贷款利息的计算方法。

例 4-4 2018 年 1 月 5 日经批准发放给某单位一笔临时贷款，具体情况如下。

贷款本金：100 万元　　　公允利率：年 4.25%　　　利息总额：10 万元

贷款期限：10 个月（2018 年 1 月 5 日—2018 年 10 月 5 日）

1. 各报告期贷款利息计算如下（若银行实际贷款利率为年 4.35%）

（1）计算 2018 年 1 月 31 日该贷款的利息额（1 月 5 日至 3 月 31 日 共计 26 天）。

按公允利率计算　　应收利息 = 1 000 000×26×4.25%/360 = 3 069.44

按实际利率计算　　利息收入 = 1 000 000×26×4.35%/360 = 3 141.67

　　　　　　　　　折余金额 = 3 141.67 − 3 069.44 = 72.23

会计分录为：

借：应收利息——一年期单位定期贷款利息　　　　　　　　3 069.44
　　　贷款——一年期单位定期贷款利息调整　　　　　　　　72.23
　　贷：利息收入——某单位定期贷款利息　　　　　　　　　3 141.67

实际收入利息时，借：吸收存款——某单位活期存款　　　　3 069.44
　　　　　　　　　　贷：应收利息——一年期单位定期贷款利息　3 069.44

（2）计算 2018 年 2 月 28 日利息额。

按公允利率计算　　应收利息 = 1 000 000×4.25%/12 = 3 541.67

按实际利率计算　　利息收入 = 1 000 000×4.35%/12 = 3 625

　　　　　　　　　折余金额 = 3 625 − 3 541.67 = 83.33

会计分录与 1 月份分录相同。

（3）由于利率没有发生变化，因此 2018 年 3 月至 2018 年 9 月底共 7 个月的利息计算与 2 月份计算相同，同时各月作相同的会计分录。

2. 贷款到期收回贷款本息的处理

贷款到期收回贷款本息的处理仍该例 4-4 加以说明。

2018 年 10 月 5 日单位支取到期存款时，按银行按以下方法处理。

（1）按公允价格清算单位的利息额。

　　该项贷款公允利息总额为 1 000 000×10×4.25%/12 = 35 416.67（元）

　　2018 年 1 月至 9 月底已收应收利息 3 069.44 + 3 541.67×9 = 34 944.47（元）

　　2018 年 10 月 5 日还款时还欠利息额 35 416.67 − 34 944.47 = 472.20（元）

（2）按实际价格计算银行的利息收入。

　　该项贷款利息收入总额为 1 000 000×10×4.35%/12 = 36 250（元）

　　2018 年 1 月至 9 月利息收入 3 141.67 + 3 625×9 = 35 766.67（元）

　　2018 年 10 月 5 日还款时还有未入账的利息收入额 36 250 − 35 766.67 = 483.33（元）

（3）该项贷款公允利率与实际利率差额产生的折余金额总额为：

　　　　　36 250 − 35 416.67 = 833.33（元）

　　该贷款 2018 年 1 月至 9 月底贷款的折余总金额 72.23 + 83.33×9 = 822.20（元）

还差折余金额 833.33−822.20=11.13（元）未入账。
收取欠息的会计分录：
借：应收利息——一年期单位定期贷款利息　　　　　　　　　　472.20
　　贷款——一年期单位定期贷款利息调整　　　　　　　　　　11.13
　　贷：利息收入——某单位定期贷款利息　　　　　　　　　　488.33
清理折余资金的会计分录：
借：贷款——一年期单位定期贷款户　　　　　　　　　　　　833.33
　　贷：贷款——年期单位定期贷款利息调整　　　　　　　　　833.33
收取贷款本息的会计分录：
借：活期存款——某单位活期存款户　　　　　　　　　10 013 055.53
　　贷：贷款——一年期单位定期贷款户　　　　　　　　1 000 833.33
　　　　应收利息——某单位定期贷款利息　　　　　　　　　　472.20

复习思考题

1. 金融业现有哪几种贷款核算方式？
2. 逐笔核贷贷款方式的处理手续是什么？
3. 票据贴现与贷款有哪些区别？
4. 简述贷款利息的计算和账务处理。
5. 贷款损失准备如何进行核算？

计 算 题

（练习汇票贴现的计算）

2018年9月22日，化工厂持面额为2 100 000元的银行承兑汇票申请贴现，该汇票于2018年7月10日签发，期限为5个月，同年12月10日到期，承兑银行为上海某支行，贴现率为年5.04%。试计算该项业务的贴现天数、贴现利息、实付贴现金额，并写出会计分录。

第 5 章

支付结算业务的核算

5.1 支付结算业务概述

5.1.1 支付结算的意义

支付结算是指经营者、个人在社会经济活动中使用合法有效的票据或有关的结算工具进行货币给付及资金清算的行为。

在市场经济中，各经营者间的经济往来包括商品交易、劳务供给和资金调拨等不同形式，都必然伴随着货币作为中介的给付和清偿，这就是货币结算。货币结算可以是现金收付，也可以是转账收付。银行是社会经济活动中各项支付结算和资金清算的中介机构，在这项业务中可以不动用自己的资金，仅凭单位账户间的资金划拨，即可支持单位的经营活动，促进单位间债权、债务的清偿，又可为银行带来收益。我国每天通过银行办理支付结算的数量，多达几百万笔、数百亿元。银行按照法律、法规的规定，正确组织支付结算业务，准确、及时、正确地办理支付结算，对于促进国民经济的协调发展，加速资金周转，以及提高银行的盈利水平等都具有重要的意义。

5.1.2 支付结算的原则、纪律和责任

1. 支付结算的原则

支付结算的原则是银行和客户在办理结算时应该共同遵守的基本准则。为促进商品经济的发展，强化各单位的信用观念和承担资金清算责任，单位和个人在办理结算，以及银行在组织结算业务核算时，必须认真贯彻结算原则，以保证资金清算顺利进行。其支付结算的原则如下。

1) 恪守信用，履约付款

恪守信用，履约付款原则要求结算的当事人（包括收付款人、银行）都必须依法承担义务和行使权利，要严格遵守信用，认真履行义务。销货方应该按照合同向购货方提供货物，购货方则应按合同规定的时间和方式支付货款。双方都必须恪守信用，不得失约或违约，否则就要承担相应的后果。同时，由于银行处于支付结算的中介地位，受交易双方委托为其办理资金清算，为此，在组织和办理结算过程时，也应帮助单位选择适用的结算方式，准确、及时地传递凭证，并按规定及时处理支付结算中的问题，从而促使支付结算原则得以贯彻实施，维护正常的结算秩序。

2) 谁的钱进谁的账，由谁支配

银行办理的支付结算业务是一项服务性工作，银行接受了委托人的要求为其办理收款和

付款，就要保护委托人对存款的所有权和自主支配存款的合法权益。因此，在办理结算业务时，必须按照交易双方的账户和户名，准确、及时地为其付款收账，谁的钱进谁的账。同时，银行会计还必须依法为经营者的存款保密，除国家法律规定和国务院授权中国人民银行的监督项目之外，其他部门委托监督的项目均不予受理，也不应该代任何单位扣款，不得停止存款所有人对存款的正常支配。

3) 银行不垫款

银行办理结算业务是建立在信用和存款的基础上，受单位委托进行资金划拨的。银行是信用部门，其经营的业务资金大部分属于负债，不能为任何单位及个人垫款。因此，各单位只能在其存款余额内进行支付，而银行只有在付款人的款项付出之后才为收款单位收账。收款人必须在款项到账之后才能支用。会计部门在办理结算业务时必须严格遵守这一规定，从而划清银行和客户之间的资金界限。

商业银行结算的3项原则，既是各自独立、单独发挥作用，又是互相促进、互相制约、不可分割、相辅相成的一个有机整体。其中，恪守信用、履约付款是支付结算原则的核心和根本。只有坚持恪守信用、履约付款这一最基本的原则，才能做到谁的钱进谁的账、由谁支配和银行不垫款。而谁的钱进谁的账、由谁支配和银行不垫款，又是实现恪守信用、履约付款的前提条件。所以银行和客户都必须认真执行支付结算的原则。

2. 支付结算的纪律

支付结算纪律是国家财经纪律的重要组成部分，是维护结算秩序，促进结算业务正常运行的保证。因此，支付结算业务的参与者都必须严格执行《中华人民共和国票据法》和《支付结算办法》，并遵守支付结算纪律。

1) 单位和个人应该遵守的结算纪律

单位和个人必须按规定在银行开立和使用账户，不准利用多头开户转移资金、逃避债务，不准出租、出借账户；不准签发没有资金保证的票据（如空头支票、空头汇票）来套取银行资金；不准签发、取得和转让没有真实的商品交易或债务、债权关系的票据，套取他人和银行的资金；不准无理拒付，任意占用他人资金。

2) 银行应该遵守的结算纪律

各银行不准以任何理由压票、任意退票、截留挪用客户和他行资金、受理无理拒付、不扣少扣滞纳金；不准在结算制度之外规定附加条件，影响支付结算的进行；不准违反规定为单位和个人开立账户；不准放弃对单位违反结算纪律的制裁；不准拒绝受理、代理他行正常结算业务；不准违章承兑、贴现商业汇票和逃避承兑责任，不准拒绝支付已承兑的商业汇票票款；不准超额占用联行汇差资金、转嫁资金矛盾；不准逃避向中国人民银行转汇大额汇划款项和清算大额银行汇票资金。

3. 支付结算的责任

为了保证结算原则和结算纪律的执行，必须明确各方结算当事人的结算责任。结算当事人包括：出票人、背书人、承兑人、保证人、持票人、付款人、收款人、银行和邮电部门等。凡是未按相关法律、法规规定处理，而影响到他方利益的，均应承担相应的票据责任、民事责任、行政责任及刑事责任。

1) 单位和个人办理支付结算的责任

单位和个人办理结算，由于填写凭证有误而影响资金使用，或者因票据和印章丢失造成资金损失的,由其自行负责;单位和个人违反结算规定和纪律,银行可按规定予以经济处罚,情节严重的,应停止其使用有关结算工具。由此造成的后果,由客户自行负责。

2) 银行办理支付结算的责任

银行因工作差错,发生延误而影响客户和他行资金使用的,应向客户计付赔偿金;因违反结算制度的规定而发生延误、积压、挪用、截留结算资金,影响客户和他行资金使用的,按结算金额每天以万分之五计付赔偿金;因错付或冒领而造成资金损失的,要负责资金赔偿(谁造成的事故由谁赔偿)。

邮电部门在传递票据结算凭证和拍发电报中,因工作差错而发生积压、丢失、错投、错拍、漏拍、重拍等,造成结算延误,影响单位、个人和银行资金使用或造成资金损失的,由邮电部门负责。

5.1.3 支付结算的基本要求和结算种类

1. 支付结算的基本要求

银行、单位和个人办理支付结算时,必须遵守国家法律、行政法规和《支付结算办法》的各项规定,不得损害社会公共利益。其基本要点如下。

(1) 银行是办理支付结算的中介,未经中国人民银行批准的非银行金融机构和其他单位不得办理支付结算业务。

(2) 单位、个人和银行办理支付结算,必须使用中国人民银行统一规定的票据凭证和结算凭证,否则银行不予受理。

(3) 票据和结算凭证的金额、签发日期、收款人名称不得更改。更改的票据无效;更改的结算凭证,银行不予受理。对票据和结算凭证上的其他记载事项若填写有误,须由原记载人更改,更改时由原记载人在更改处签章证明。

(4) 票据和结算凭证金额以文字大写和阿拉伯数码同时记载,两者必须一致。两者不一致的票据无效;两者不一致的结算凭证,银行不予受理。

(5) 票据和结算凭证不得伪造、变造,票据和结算凭证上的签章和其他记载事项应当真实,不得伪造、变造。票据上有伪造、变造的签章,不影响票据上其他当事人真实签章的效力。

(6) 根据我国的规定,可以办理挂失止付的票据有:已承兑的商业汇票、支票、填明"现金"字样和代理付款人名称的银行汇票,以及现金本票。

2. 支付结算种类

我国目前采用的支付结算工具主要是用于国内结算的支付结算工具,由支付结算方式、票据和信用卡构成,形成了以票据为主体,多种结算方式互相补充的结算工具体系,可以较好地适应各种经济活动的需要。其中,票据包括银行汇票、商业汇票、银行本票和支票等;结算方式包括汇兑、委托收款和托收承付等。此外,支付工具还包括信用卡。各种结算工具按照区域划分种类,可以分为同城结算业务,有支票、银行本票;异地结算业务,有银行汇票、汇兑、托收承付;通用型结算业务,有商业汇票、委托收款、信用卡。

5.1.4 支付结算核算的基本程序

虽然不同的支付结算种类和处理方法各有不同,但这些结算工具的基本处理程序存在一定的共性。

第一步：受理业务，接受和审查凭证。

银行办理支付结算以客户提交的凭证为起点。银行收到凭证后，需要按规定对凭证进行审查，着重审查是否符合规定的适用范围，凭证内容是否完整和正确，款项的用途或来源是否符合规定等。银行经审查无误后，再进行会计处理。

第二步：办理收付款单位之间资金的转移。

这是支付结算业务的核心环节。在办理收款和付款单位之间资金转移的过程中，无论是同城结算还是异地结算，都必须坚持先记付款人账户再记收款人账户，以确保银行不垫款。

第三步：转账后及时通知收、付款人。

在支付结算业务中，银行是根据结算凭证为单位主动办理的资金转移，因此款项划转后就必须通知收款和付款单位，以使开户单位了解其账户内资金变化情况，不仅为客户正确使用、安排资金提供方便，也是银行和企业内外账务一致的重要保证。

5.2 支票结算的核算

5.2.1 支票的种类和基本规定

1. 支票的种类

支票（见表 5-1）是出票人签发的，委托办理支票业务的银行在见到支票时，无条件支付确定的金额给收款人或持票人的票据。用支票办理结算较为灵活、方便，既可签发支票到收款人处办理结算，也可将支票送交开户行把款项支付给收款人。一般适用于单位和个人在同一票据交换区域的各种款项的结算。若有条件（银行安装计算机影像设备）还可在异地使用。

表 5-1 支票

××银行转账支票存根	××银行转账支票											地 名	支票号码：
支票号码 科　目 对方科目 出票日期　年　月　日	出票日期（大写）　年　月　日 收款人：												付款行名称： 出票人账号：
	人民币	千	百	十	万	千	百	十	元	角	分		
收款人： 金额： 用途：	（大写）												
	用途　　　　　　　　　　科目（借）_____												
	上列款项请从　　　　　　对方科目（贷）_____												
	我账户内支付												
	转账日期　年　月　日												
	出票人签章　　　　　　　复核　　记账												
单位主管　　　会计	（使用清分机的，此区域供打印磁性字码）												

支票的种类分为现金支票、转账支票和普通支票 3 种。支票上注明"现金"字样的为现金支票。现金支票只能取现,不能转账。支票上注明"转账"字样的为转账支票。转账支票只能转账,不能取现。支票上没有注明"现金"或"转账"字样的为普通支票。普通支票既可取现又可转账,但在普通支票左上角划有两条平行线的支票(划线支票),只能转账,不能取现。

2. 支票的基本规定

(1) 支票的出票人为在银行开立存款账户的单位或个人,且该银行机构经中国人民银行当地分支行批准办理支票业务。

(2) 签发支票必须记载:表明"支票"的字样,无条件支付的委托,确定的金额,付款人名称,出票日期,出票人签章。否则支票无效。

(3) 支票的金额和收款人名称,可以由出票人授权补记,未补记前不得背书转让和提示付款。

(4) 支票的大、小写金额,日期和收款人不能更改,否则支票无效。对于支票上的其他记载事项,原记载人可以更改,但必须签章证明。

(5) 支票提示付款期限为 10 天(自出票之日算起,到期日为节假日顺延),超过付款提示期限的,收款人开户行不予受理,可在支票时效期内(自出票日起 6 个月)向付款人做出说明请求付款。

(6) 出票人签发空头支票、签章与预留银行签章不符的支票、使用支付密码错误的支票,银行皆予以退票,并按票面金额处以 5%但不低于 1 000 元的罚款。持票人有权要求出票人赔偿票面金额 2%的赔偿金。对于屡次签发的,根据情节给予警告、通报批评,直至停止其向收款人签发支票。

(7) 持票人可以委托银行收款,也可以直接向付款人提示付款,但对于支取现金的支票仅限于收款人向付款人提示付款。

5.2.2 转账支票业务的核算

转账支票的核算分为两种情况:一种是收款人开户行受理支票的处理;另一种是付款人受理支票的处理。对于交易双方在同一银行开户的处理很简单,只要将结算款从付款人账户转入收款人账户即可。这里只介绍交易双方不在同一银行开户的处理。

1. 付款人受理支票的处理

出票人以支票向付款银行提示付款时,应根据支票金额填写一式三联进账单,连同支票交其开户行。

银行收到支票后,按有关规定审查无误后,以转账支票作为借方凭证,进账单为贷方传票办理转账。

会计分录为:

借:吸收存款——出票人户
　　贷:存放中央银行款项

转账后,第一联进账单加盖转讫章作为回单交给出票人,第二、第三联进账单加盖业务公章,按票据交换的规定向收款人开户行提出交换。

收款人开户行收到交换来的第二联和第三联进账单,经审核无误后,以第二联进账单作为贷方凭证，办理转账。

会计分录为：

借：存放中央银行款项

　　贷：吸收存款——收款人户

收账后，第三联进账单加盖转讫章作为收账通知交给收款人。

2. 收款人开户行受理支票的处理

此种情况是出票人签发支票后，持支票到收款人处购物，由收款人将支票转存银行（实质是委托开户行代为收取支票款）。

1）收款人开户行的处理

收款人转存支票时应依据支票填写一式两联进账单，连同支票（须在支票背面加盖收款人印章）交其开户行。

（1）银行在收到持票人交来的支票和两联进账单后，应认真审查：支票是否在付款期限内，其背面有无收款人签章；支票上的收款人是否在本行开户，与进账单上填写的收款人名称是否一致。经审查无误后，在两联进账单上，加盖"收妥后入账"的戳记，将第一联进账单加盖转讫章作为收账通知交给持票人，第二联进账单暂存，编制特种转账传票进行账务处理。转账支票通过票据交换系统转付款人。

会计分录为：

借：存放中央银行款项

　　贷：其他应付款——持票人的支票款

（2）持票人开户行对提出交换的支票，如果超过票据抵用的时间（一般为提出票据的2个小时），没有收到出票人开户行退票的通知，持票人开户行便以第二联进账单作为贷方凭证入账。

会计分录为：

借：其他应付款——持票人的支票款

　　贷：吸收存款——持票人户

2）付款人的处理

付款人收到通过交换转来的支票，按规定对支票认真审核：支票是否在付款期限内；支票的出票人签章是否和预留银行印章一致，如果使用密码的，密码是否正确；支票的内容是否齐全，出票日期、金额、收款人名称是否有更改，支票的大、小写金额是否一致；背书转让的支票是否符合规定的转账范围，其背书是否连续。经审查无误后，以支票为借方凭证，以进账单第二联为贷方凭证办理转账。

会计分录为：

借：吸收存款——出票人户

　　贷：存放中央银行款项

3. 支票退票的处理

支票退票仅限收款人开户行受理的支票。收款人转存支票后，收款人开户行将支票通过票据交换系统将支票转付款人，经付款人审查支票发现问题，不能办理转账，而将支票退回原收款人开户行的处理。

1) 付款人退票的处理

付款人收到通过交换系统转来的支票,经审查发现支票不符合规定,如支票上签章与预留银行印章不符、使用支付密码的单位支付密码填写错误、出票人账户不足支付,以及支票上的出票人账号、户名不符等,立即电话通知收款人开户行退票;同时编制特种转账借方和贷方凭证办理转账。待下次清算交换时,将支票退回原收款人开户行。

会计分录为:

借:其他应收款——××单位支票退票户

　　贷:存放中央银行款项

按规定对于空头支票、签章与预留银行印章不符的支票,以及支付密码错误的支票,银行还要进行罚款。

例5-1　收到同城他行通过交换转来某工厂签发的转账支票一张,金额为15 000元,经审核发现其账户内资金不足支付。银行既要办理退票,又要计算罚款。

会计分录为:

办理退票,借:其他应收款——某工厂支票退票户　　　　　　　　15 000

　　　　　　贷:存放中央银行款项　　　　　　　　　　　　　　15 000

收取罚金,15 000×5%=750元(按规定不足1 000元按1 000元收取)。计算后编制特种转账传票办理转账。

会计分录为:

借:吸收存款——某工厂活期存款户　　　　　　　　　　　　　1 000

　　贷:营业外收入——支票罚款收入　　　　　　　　　　　　1 000

扣收赔偿金:若持票人在支票上注明要求赔偿金的,付款人还要代持票人扣收赔偿金。赔偿金为:15 000×2%=300元。计算后也编制特种转账传票办理转账。

会计分录为:

借:吸收存款——某工厂活期存款户　　　　　　　　　　　　　300

　　贷:其他应付款——代收某持票人赔偿金　　　　　　　　　300

等到下场票据交换,付款人通过票据交换系统退回支票时,再以特种转账传票冲销"其他应收款"科目账户,并将代收赔偿金也通过交换转收款人开户行。

会计分录为:

借:存放中央银行款项　　　　　　　　　　　　　　　　　　　15 000

　　贷:其他应收款——某工厂支票退票户　　　　　　　　　　15 000

借:其他应付款——代收某持票人赔偿金　　　　　　　　　　　300

　　贷:存放中央银行款项　　　　　　　　　　　　　　　　　300

2) 收款人开户行收到退回支票的处理

持票人开户行收到付款人退票的电话通知,则应编制特种转账贷方传票,做以下账务处理。

会计分录为:

借:其他应付款——持票人支票款

　　贷:其他应付款——持票人支票退票户

待收到付款人通过交换系统退回的支票时,再编制特种转账借方传票,冲销"其他应付款——持票人支票退票户"账户。

如果收到付款人通过交换转来代收款人收取的赔偿金时，同样要编制特种转账传票，将赔偿金收入存款人账户，并向收款人发出收账通知。

并在进账单的第二联上注明退票原因并盖章后，连同支票一起退还给持票人。交易纠纷由其自行解决。

例 5-2 收到同城他行通过交换系统退回本行开户的某企业转存的支票一张，金额 150 000 元，以及按企业要求转来支票退票赔偿金 3 000 元。

会计分录为：

借：其他应付款——某企业支票退票户　　　　　　　　　　　　150 000
　　贷：存放中央银行款项　　　　　　　　　　　　　　　　　150 000
借：存放中央银行款项　　　　　　　　　　　　　　　　　　　　3 000
　　贷：活期存款——某企业　　　　　　　　　　　　　　　　　3 000

5.3　银行本票的核算

5.3.1　银行本票的概念及有关规定

1. 银行本票的概念

银行本票是银行签发的，承诺银行自己在见到本票时无条件支付确定的金额给收款人或持票人的票据。与支票相比，本票不易发生空头。按照规定，单位申请签发本票时，必须将本票款缴存出票行，银行才能为其签发本票。

银行本票的种类可以划分为定额本票（见表 5-2）和不定额本票（见表 5-3）两种，均由商业银行签发和兑付。定额本票有 1 000 元、5 000 元、10 000 元和 50 000 元 4 种面额；不定额本票规定金额起点为 1 000 元。

表 5-2　定额本票

付款期限		××银行			
贰个月		本　票	地名	本票号码	
		出票日（大写）　年　月　日			
收款人：					
凭票即付人民币：		壹　仟　圆　整			
转账　　现金	1 000				
					出票行签章

2. 银行本票的有关规定

银行本票的出票人为经中国人民银行当地分支行批准办理银行本票业务的银行机构。签发银行本票必须记载：表明"银行本票"的字样，无条件支付的委托，确定的金额，收款人名称，出票日期，出票人签章。欠缺记载的，本票无效。本票的提示付款期自出票日起最长不超过两个月，超过提示付款期限的银行本票，代理付款行不予受理，可在本票时效期内（自出票日起两年）向付款人做出说明请求付款。银行本票可以用于转账，也可以用于支取现金。用于支取现金的本票必须注明"现金"字样,且其申请人和收款人都必须为个人;申请人或者收款人为单位的,不得签发现金本票;丧失的银行本票在提示付款期限届满后一个月,确未支付的,失票人凭人民法院出具的其享有票据权利的证明,可以向付款人请求付款或退款。

表5-3 不定额本票

付款期限 ×个月			××银行 本 票 2 出票日期 年 月 日 (大写)										本票号码 第 号	此联出票行结清本票时作借方凭证
收款人:														
凭票即付	人民币 (大写)			千	百	十	万	千	百	十	元	角	分	
转账	现金		科目(借)————————对方科目(贷)———————— 付款日期 年 月 日 出纳 复核 经办												
备注:														
		签章	出票行											
(使用清分机的,此区域供打印磁性字码)														

5.3.2 银行本票业务的核算

1. 本票相关凭证

本票相关凭证包括以下两套。一套为本票申请书,由一式三联组成,第一联申请人的存根,第二联借方传票,第三联贷方传票。以现金申请签发的,第一、第二联申请书自动注销。另一套为银行本票结算凭证,由定额本票(由存根和正票组成)、不定额本票(一式两联组成,第一联本票卡片,第二联本票)。

银行本票处理程序分为出票、付款、结清3个阶段。

2. 本票出票的处理

申请人申请签发银行本票时,应向银行填交一式三联的"银行本票申请书"(第一联为存根,第二联作为借方凭证,第三联作为贷方凭证)。如果申请人交现金办理银行本票的,第一、第二联予以注销。银行收到后经审核无误,即可办理出票。

以转账方式签发本票的,以第二、第三联申请书为借贷传票,办理转账。

会计分录为:

借:吸收存款——申请人户
　　贷:存入保证金——××本票户

以现金签发本票的,应将现金和申请书第三联交银行,经点收现金无误后,以第三联申请书作为贷方凭证进行记账。

会计分录为:

借:库存现金
　　贷:存入保证金——××本票户

出票行在办理转账或收妥现金后,签发不定额本票(一式两联,第一联为卡片联,第二联为本票联）或定额本票（由存根联和正联组成），在第二联或正联上加盖本票专用章并由授权的经办人签章后，用压数机压印金额后将本票交给申请人。第一联或存根联上加盖经办和复核章后留存，专夹保管。

3. 本票付款的处理

本票付款的处理分为交易双方在同一银行开户和不在同一银行开户。

1）持票人和申请人在同一银行开户

出票行受理本行签发的本票时，本票的付款与结清是同时完成的。持票人向银行提示票据请求付款时，应依据本票的金额填写一式两联的进账单连同本票交出票行。出票行收到后，经审核无误后，以本票为借方传票，进账单为贷方传票办理转账。

会计分录为：

借：存入保证金——××本票户

贷：吸收存款——持票人户

若持票人交来的是现金本票，出票行除对本票审核无误后，还应查验本票上填写的收款人和申请人是否均为个人，以及收款人的身份证件，并留存收款人身份证复印件备查。若收款人委托他人向出票行提示付款的，还必须查验收款人和被委托人的身份证、在银行本票背面是否有委托收款书，同时留存收款人和被委托人的身份证复印件备查。经审核无误后，以本票作为借方凭证，本票卡片或存根联作为附件，办理付款。

会计分录为：

借：存入保证金——××本票户

贷：库存现金

2）持票人和申请人不在同一银行开户

此种情况仅限转账本票。

代理付款行付款的处理。持票人向代理付款行提示付款时，根据本票金额填写一式两联的进账单连同本票交银行。银行收到后，按规定认真审查本票是否真实，本票上的收款人或持票人是否为该收款人，本票记载内容是否符合规定、有无涂改，提示付款期限是否超过，是否有压数机压印的金额，以及大、小写金额是否一致，与进账单上填写的是否一致，背书是否连续等。经审查无误后，以第二联进账单作为贷方凭证入账。

会计分录为：

借：存放中央银行款项

贷：吸收存款——持票人户

转账后，第一联进账单加盖转讫章作为收账通知交给持票人。本票加盖转讫章后通过票据交换系统转出票行。

4. 本票结清的处理

出票行在收到代理付款行交换过来的本票后，将本票与留存的本票卡片或存根进行核对。经审核无误后，以本票作为借方凭证（留存的本票卡片或存根为附件）进行转账。

会计分录为：

借：存入保证金——××本票户

贷：存放中央银行款项

5.3.3 超过付款期限付款的本票退款的处理

1. 申请人办理退款的处理

申请人办理退票应将本票交回出票行。若申请人为单位，应出具单位证明；若申请人为个人，应出具身份证明。银行受理后，与原存本票卡片或存根联核对无误后，在银行本票上注明"未用退票"字样，以银行本票作为借方凭证，本票卡片或存根联作为其附件，另编制特种转账传票办理退款手续。按照规定，对单位的退票只能将票款划入原申请人账户，只有现金本票和未在本行开户的个人才能退付现金。

会计分录为：

转账退票时，借：存入保证金——××本票户
　　　　　　　　贷：吸收存款——申请人户

现金退票时，借：存入保证金——××本票户
　　　　　　　　贷：库存现金

2. 持票人超过付款期限付款的处理

持票人对于未用或超过付款期限未获付款的可持有关证件及本票，到银行办理退款手续。对超过付款期限未获付款的本票，持票人应在票据权利时效期内，向银行说明原因请求付款，并将本票交银行。持票人为个人的还要向银行提供有效身份证件。经银行审核无误即可办理付款手续。

如果持票人在出票行开有存款账户，其办理退票的处理手续与申请人办理退票的手续相同。

如果持票人在同城他行开户，而到出票行请求付款，除将本票交给出票行外，还要根据本票金额填交一式三联进账单。出票行按相关规定审核无误后，以本票为借方传票结清本票。

会计分录为：

借：存入保证金——开出本票
　　贷：存放中央银行款项

转账后，第一联进账单加盖转讫章后交给持票人，第二、第三联进账单通过票据交换系统转持票人开户行。

持票人开户行收到通过交换转来的第二、第三联进账单，以第二联进账单作为贷方凭证入账。

会计分录为：

借：存放中央银行款项
　　贷：吸收存款——持票人户

收账后，将第三联进账单加盖转讫章后作为收账通知交给持票人。

5.4 银行汇票的核算

5.4.1 银行汇票的概念和基本规定

1. 银行汇票的概念

银行汇票是出票银行签发的，由其在见票时按实际结算金额无条件支付给收款人或持票

人的票据。银行汇票是目前使用最为普遍的结算工具。一般适用于单位和个人需要在异地支付或同一地区的各种款项的结算。

2. 银行汇票的基本规定

（1）银行汇票的签发和付款，全国范围仅限于参加"全国联行往来"的银行机构办理，同一地区仅限于参加票据交换的银行机构办理。

（2）签发银行汇票必须记载：表明"银行汇票"的字样，签发金额，付款人名称，收款人名称，出票日期，出票人签章。欠缺记载的，汇票无效。

（3）银行汇票的提示付款期自出票日起1个月，持票人超过付款期限提示付款的，代理付款人不予受理，可在汇票时效期（自出票日起两年）内向出票行作出说明请求付款。

（4）申请签发现金汇票的，其申请人和收款人必须均为个人，银行不能为单位签发现金汇票。

（5）银行汇票的实际结算金额不得超过签发金额，实际结算金额超过签发金额的汇票无效。汇票的实际结算金额不得更改，更改实际结算金额的汇票无效。但对汇票多余款项如果填写有误，可允许更改一次。

（6）丧失的银行汇票在提示付款期限届满后1个月，确定未付款的，失票人可凭法院出具的享有票据权利的证明，向出票行请求付款或退款。

5.4.2 银行汇票业务处理

1. 银行汇票的凭证

银行汇票的凭证有以下两套。一套为汇票申请书（见表5-4），由一式三联组成，第一联申请人的存根，第二联借方传票，第三联贷方传票。以现金申请签发的，第一、第二联汇票申请书自动注销。另一套为银行汇票结算凭证（见表5-5），由一式四联组成，第一联汇出汇款卡片，第二联汇票，第三联汇票解讫通知，第四联多余款项收账通知。

表 5-4 汇票申请书

××银行汇票申请书（借方传票）2												
委托日期　年　月　日									第　　号			
申请人			收款人									
账号或住址			账号或住址									
用途			代理付款行									
汇票金额	人民币（大写）			千	百	十	万	千	百	十	元	角	分
上列款项从我账户内支付。申请人签章			科目（借）对方科目（贷）转账日期　年　月　日复核　　　　记账									

表 5-5　银行汇票结算凭证

| 付款期限 壹个月 | 银行汇票 2 | 汇票号码 |

| 出票日期（大写）　年　月　日 | | 第　号 |

（表格内容：代理付款行：　行号：；收款人：　账号：；出票金额 人民币（大写）；实际结算金额 人民币（大写）　千百十万千百十元角分；申请人：_____；出票行：_____　行号：_____；备注：_____；凭票付款；出票行签章；账号或住址：_____；多余金额 千百十万千百十元角分；科目（借）_____；对方科目（贷）_____；兑付日期　年　月　日；复核　记账）

注：汇票号码前加印省别代号

银行汇票的程序包括出票、付款、结清 3 个步骤。

2. 汇票出票的处理

申请人申请签发汇票时，应向银行填交汇票申请书。银行收到汇票申请书后，按规定认真审查申请书内容是否填写齐全、清晰，签章是否与银行预留印鉴相符，汇票申请书金额大、小写是否一致；签发汇票现金的，申请人和收款人是否均为个人等。经审查无误后，按以下手续办理。

以转账方式签发汇票的，以申请书第二联为借方凭证，第三联为贷方凭证办理转账。

会计分录为：

借：吸收存款——申请人户
　　贷：存入保证金——××银行汇票款

以现金签发汇票的，以第三联"汇票申请书"作为贷方凭证。

会计分录为：

借：库存现金
　　贷：存入保证金——××银行汇票款

银行办理转账或收妥现金后，签发银行汇票。填写的汇票经复核无误后，在第二联汇票联上加盖汇票专用章和由授权的经办人签章，并用压数机压印汇票金额后，连同第三联解讫通知一并交给申请人。汇票第一联逐笔登记"汇出汇款登记簿"后，连同第四联多余款收账通知一并专夹保管。

3. 代理付款行付款的处理

申请人持银行签发的汇票，可到异地或同地区的销货方购物，也可直接到代理付款行支取现金,还可以背书转让。

1) 代理付款行受理转账汇票提示付款的处理

持票人来银行办理转账提示付款时,应根据汇票实际金额填写一式两联的进账单,连同汇票(汇票第二、第三联)一并交代理付款行。银行收到后,应认真审查银行汇票是否真实,银行汇票和解讫通知是否齐全,是否在提示付款期内,汇票填明的持票人名称是否为该持票人,与进账单上的户名是否相符,汇票记载的事项是否齐全,出票日期、出票金额、实际结算金额、收款人名称是否更改,其他更改的事项是否有原记载人的签章证明,使用密押的,密押是否正确,压数机压印的金额是否正确,汇票大、小写(金额)实际结算金额是否一致,多余金额计算是否准确,背书转让的汇票其背书是否连续,签章是否符合规定。经审查无误后,以第二联进账单作为贷方凭证办理转账。

会计分录为:

借:存放中央银行款项(同地区使用)
　　或存放同业(异地使用)
　　贷:吸收存款——持票人户

若持票人不在代理付款行开户,银行受理后,应编制特种转账传票将票款计入其他应付款账户。

会计分录为:

借:存放中央银行款项(同地区使用)
　　或存放同业(异地使用)
　　贷:其他应付款——持票人户

待下场交换再将进账单通过交换系统转持票人开户行。

会计分录为:

借:其他应付款——持票人户
　　贷:存放中央银行款项

转账后,将第一联进账单加盖转讫章作为收账通知交给持票人,解讫通知(汇票第三联)加盖转讫章异地通过联行(同城通过交换)转出票行。

2) 代理付款行受理现金汇票提示付款的处理

代理付款行收到持票人交来的提示付款现金汇票第二、第三两联时,除了按上述中的内容审查外,还应审查汇票的申请人和收款人是否均为个人,并按规定是否在汇票上填明"现金"字样,汇票背面是否注有持票人的签章和身份证件名称、号码及发证机关的记载,若持票人委托他人提示付款的,还须审查持票人和被委托人的身份证件,汇票背面是否有委托收款背书,以及是否注明持票人和被委托人的身份证件名称、号码及发证机关的记载。经审查无误后,以汇票的实际金额编制特种转账传票办理转账后,将现金交持票人。

会计分录为:

借:存放中央银行款项(同地区使用)
　　或存放同业(异地使用)
　　贷:其他应付款——持票人户
借:其他应付款——原持票人户
　　贷:库存现金

4. 汇票结清的处理

出票行在收到代理付款行通过联行或交换系统转来的汇票解讫通知后,应抽出原保管的汇票第一、第四联进行核对,经核对无误后分别做以下结清处理。

1) 汇票全额解付结清的处理

汇票全额解付结清是指汇票出票金额与实际金额相等,汇票没有余款的结清。银行应将汇票第一、第四联的"实际结算金额栏"填入实际金额,在"多余金额栏"填写"—0—",以汇票第一联为借方凭证,以汇票第三、第四联为附件进行转账。

会计分录为:

借:存入保证金——××银行汇票款
　　贷:存放中央银行款项(同地区使用)
　　　　或存放同业(异地使用)

2) 汇票有余款结清的处理

汇票有余款的,应在汇票第一、第四联填写实际结算金额,结出多余金额,以汇票第一联为借方凭证,第三联为贷方凭证进行转账。

会计分录为:

借:存入保证金——××银行汇票款
　　贷:存放中央银行款项(同地区使用)
　　　　或存放同业(异地使用)
　　　　吸收存款——申请人户(单位)
　　　　或其他应付款——申请人户(个人)

无论哪种结清都要同时销记"汇出汇款账",有余款的汇票第四联加盖转讫章作为收账通知交给申请人。对个人的余款,另以便条通知客户来行取款,客户取款时要交验其身份证件,无误后冲销"其他应付款"账户,将现金交取款人。

5. 汇票超过付款期限未获付款的处理

申请人或持票人由于银行汇票超过付款期限或其他情况要求出票行退款时,应该交回汇票和解讫通知,并且向银行说明退款原因。出票行经与留存的汇票卡片核对无误后,在汇票和解讫通知的实际结算金额大写栏填写"未用退回"字样,在多余款收账通知上按原汇款金额填入"多余金额栏",并加盖转讫章作为退款收账通知交给申请人。

1) 申请人办理退款的处理

申请人来银行办理退票,应将汇票第二、第三联退还出票行。银行以汇票第一联为借方凭证,第二联为附件,第三联作贷方凭证,办理转账。如果申请人为个人办理退付现金,则要检验其身份证件,无误后办理。

会计分录为:

借:存入保证金——××银行汇票款
　　贷:吸收存款——原申请人户
　　　　或库存现金

对于因缺少汇票或解讫通知而无法在代理付款行办理结算,要求退票的,申请人应当备函向出票行说明原因,并且将持有的汇票或解讫通知交回出票行,出票行按照规定于提示付款期满一个月后办理退款手续。

会计分录同上。

2）超过付款期限未获付款的处理

持票人超过付款期限未获付款或汇票缺联，可在票据权利时效内向出票行办理退票。持票人到出票行办理退票时，除提交汇票和解讫通知，还应说明原因。对于持票人为个人的，还应查验其本人身份证件。经出票行审核无误后，在汇票的备注栏内填写"逾期付款"字样，办理付款手续。

（1）汇票全额付款。对于持票人获得全部票款的，银行在汇票第一、第四联的结算金额栏内填入出票金额，多余金额栏填写"—0—"，以汇票第一联为借方凭证，第三联为贷方凭证，第四联为贷方凭证附件，办理转账。

会计分录为：

借：存入保证金——××银行汇票款

　　贷：其他应付款——某持票人汇票户

同时销记"汇出汇款账"，然后由持票人选择一种结算工具办理取款。如果持票人仍选择用银行汇票取款，则应填写汇票申请书，由银行重新签发银行汇票。

会计分录为：

借：其他应付款——某持票人汇票退票户

　　贷：存入保证金——××银行汇票款

若持票人在他行开户请求付款的，银行认真审核无误后，作如下账务处理。

会计分录为：

借：其他应付款——某持票人付款户

　　贷：存放中央银行款项（同地区使用）

　　　或存放同业（异地使用）

持票人开户行收到通过联行或交换转来的汇票款处理手续同代理付款行付款的处理相同。

（2）汇票有余款。持票人交来的汇票有余款时，即持票人不能获得全额汇票款的，则应该在汇票第一、第四联上填入实际结算金额及余款。以汇票第一联为借方凭证，以解讫通知作为贷方凭证，另填制特种转账贷方传票为余款的贷方凭证。

会计分录为：

借：存入保证金——××银行汇票款

　　贷：其他应付款——某持票人汇票户

　　　　吸收存款——申请人户

然后再重新依据汇票实际金额办理签发银行汇票手续。

5.5　商业汇票的核算

5.5.1　商业汇票的概念和基本规定

1. 商业汇票的概念

商业汇票是出票人签发的、委托付款人在指定日期无条件支付确定金额给收款人或持票人的票据。商业汇票适用于合法延期付款的商品交易。该汇票收款人或付款人都可作为出票人，但必须由承兑人承兑。由于该票据的基础是商品交易，其信用度较高。按照承兑人的不同，商业汇票分为商业承兑汇票（由银行以外的付款人承兑的商业汇票）（见表5-6）和银行承兑汇票（由银行承兑的商业汇票）（见表5-7）两类。

表5-6 商业承兑汇票

表5-7 银行承兑汇票

2. 商业汇票的基本规定

商业汇票的基本规定如下。

(1) 在银行开立账户的法人及法人内部单独核算的单位之间，根据合同进行商品交易和清偿债权、债务时，均可使用商业汇票。

(2) 签发的商业汇票必须记载：表明"商业承兑汇票"或"银行承兑汇票"的字样，无条件支付的委托，确定的金额，付款人名称，收款人名称，出票日期，出票人签章。欠缺记载的，汇票无效。

（3）商业汇票的付款期限最长不得超过 6 个月。定日付款的汇票付款期限自出票日起计算，见票后定期付款的汇票付款期限自承兑或拒绝承兑日起按月计算，出票后定期付款的汇票付款期限自出票日起按月计算，并均在汇票上记载。

（4）商业汇票的提示付款期限为自汇票到期日起 10 日，超过提示付款期限的，持票人开户银行不予受理，可在汇票的时效期（自汇票到期日起 2 年）内向付款人或承兑人做出说明请求付款。

（5）商业汇票可以办理贴现、再贴现和转贴现，也可以背书转让。

（6）付款人存在合法的抗辩事由拒绝付款的，应自接到支付通知的 3 日内提出拒付证明交开户行。

（7）商业汇票的持票人向银行提示付款时，对同城的汇票应于汇票到期、异地的汇票应匡计两地的邮程，提前填写委托收款结算凭证委托银行收取汇票款。

5.5.2 商业承兑汇票的核算

1. 商业承兑汇票的基本要求

（1）商业承兑汇票的出票人为在银行开立存款账户的法人及其他组织，与付款人具有真实的委托付款关系，具有支付汇票金额的可靠资金来源。

（2）商业承兑汇票可以由付款人签发并承兑，也可以由收款人签发交由付款人承兑。银行承兑汇票应由在承兑银行开立存款账户的存款人签发。

（3）商业承兑汇票到期，付款人收到付款通知，应于当日通知银行付款。若付款人在收到通知日的次日起 3 日内（遇法定节假日顺延）未通知银行付款的，视同付款人同意付款，银行应于付款人收到通知日的第四日上午营业时，若付款人有款项支付，将票款划给持票人；若没有款项支付，银行就办理退票。

2. 持票人开户行受理汇票的处理

商业承兑汇票为一式三联，其中第一联为承兑人留存联，第二联为汇票，第三联为出票人存根。从出票到承兑均由交易双方协商处理。只是汇票第二联由收款人或背书转让后的持票人（被背书人）暂存。

收款人或持票人按规定委托其银行收取商业承兑汇票款时，应填制一式五联"委托收款结算凭证"，并在"委托收款凭据"栏注明"商业承兑汇票"及其汇票号码，连同商业承兑汇票一并送交开户行。银行收到后，应认真审查汇票是否真实合法，汇票上填明的持票人是否在本行开户，汇票记载的事项是否齐全，出票金额、收款人名称及日期有无更改，其他记载事项的更改是否由原记载人签章证明，出票人、承兑人的签章是否符合规定，若为背书汇票其背书是否连续，委托收款凭证的记载事项是否与汇票记载的事项相符。

银行经审查无误后，在"委托收款结算凭证"各联上加盖"商业承兑汇票"戳记。委托收款结算第一联加盖业务公章作为回单交给持票人，根据第二联登记"发出委托收款结算凭证登记簿"后专夹保管，委托收款结算第三、第四、第五联，以及商业承兑汇票第二联一并邮寄付款人开户行。

3. 付款人开户行的处理

付款人开户行收到持票人开户行寄来的"委托收款结算凭证"和商业承兑汇票，除按上述审查有关内容外，还应审查付款人是否确在本行开户，经审查无误后，凭"委托收款结算凭证"第三、第四联及汇票登记"收到委托收款凭证登记簿"后专夹保管，"委托收款结算凭证"第五联作为支付通知交给付款人。汇票到期日，银行按以下情况处理。

1）付款人账户有足够款项支付

收到付款人支付票款通知，或者按银行规定的时间办理划款时，以委托收款结算凭证第三联为借方凭证，商业承兑汇票加盖转讫章作为附件，办理转账。

会计分录为：

借：吸收存款——付款人户

　　贷：存放中央银行款项（同地区使用）

　　　　或存放同业（异地使用）

转账后，销记"收到委托收款凭证登记簿"，加盖业务章随联行凭证或通过交换系统转持票人开户行。

2）付款人账户无足够款项支付

付款人开户行在规定的时间办理划款时，发现付款人账户没有足够款项支付，银行应编制一式三联"付款人未付票款通知书"，并在"委托收款结算凭证"和"收到委托收款凭证登记簿"注明"付款人无款支付"字样和退回日期。将通知书第一联和"委托收款结算凭证"第三联留存备查，将通知书第二、第三联及"委托收款结算凭证"第四联，连同商业承兑汇票一并寄往收款人开户行。同时，银行按规定向付款人收取汇票金额万分之五的罚金列为收益。

3）付款人拒绝付款

付款人开户行在规定的时间（发出付款通知次日起3日内）接到付款人拒绝付款证明（一式三联）时，银行在"委托收款结算凭证"各联和"收到委托收款凭证登记簿"注明"拒绝付款"字样后，留存第一联拒绝付款证明以便备查，将"委托收款结算凭证"、拒绝付款证明，以及商业承兑汇票一并退给持票人开户行转持票人。

4. 持票人开户行的处理

1）收妥入账的处理

持票人开户行收到付款人开户行通过联行或交换转来"委托收款结算凭证"第四联，与留存的"委托收款结算凭证"第二联进行核对无误后，以"委托收款结算凭证"第二联为贷方凭证办理转账。

会计分录为：

借：存放中央银行款项——（同地区使用）

　　或存放同业（异地使用）

　　贷：吸收存款——持票人户

转账后，"委托收款结算凭证"第四联加盖转讫章作为收账通知交给持票人，并销记"发出委托收款结算凭证登记簿"。

2）未收妥票款的处理

持票人开户行收到付款人开户行转来的"付款人未付票款通知书"，或付款人的拒绝付款证明和汇票，以及委托收款凭证，抽出原留存的"委托收款结算凭证"审查无误后，在原留存的"委托收款结算凭证"和"发出委托收款结算凭证登记簿"上备注后，将"委托收款结算凭证""付款人未付票款通知书"或拒绝付款证明及汇票退给持票人。

5.5.3 银行承兑汇票的核算

1. 银行承兑汇票的基本要求

（1）银行承兑汇票应由在承兑行开立存款账户的存款人签发。

（2）银行承兑汇票的出票人必须满足：在承兑银行开立存款账户的法人及其他组织，与承兑银行具有真实的委托付款关系，资信状况良好，具有支付汇票金额的可靠资金来源的条件。

（3）银行承兑汇票的承兑银行必须满足：与出票人具有真实的委托付款关系，具有支付票款可靠资金来源，而且内部管理完善，经其法人授权的银行审定。

（4）汇票一经银行承兑，银行按票面金额收取万分之五的承兑手续费。

（5）银行承兑汇票的出票人于汇票到期前应将票款足额交其开户行，由银行在汇票到期日或到期日后的见票当日支付票款。若出票人于汇票到期日未能足额交付票款，承兑行除凭票向持票人无条件付款外，对尚未支付的票款每日按万分之五计收利息。

2. 银行承兑汇票的处理

交易双方准备签发银行承兑汇票时，先由出票人向银行填交"银行承兑汇票申请审批书"，银行信贷部门对出票人按发放贷款的有关规定和审批程序，认真审核出票人的资格、资信、购销合同等，并由出票人提供一定的担保，经审核同意后，银行便与出票人签订承兑协议（银行信贷、会计、出票人各一联）后，出票人方可签发一式三联银行承兑汇票（见表5-7），第一联为汇票卡片（承兑行留存联），第二联为汇票，第三联为出票人留存。

银行承兑汇票的处理程序为汇票承兑、准备票款、受理汇票、支付票款、收妥入账5个步骤。

1）承兑银行办理汇票承兑的处理

出票人或持票人申请或提示承兑时，应向银行提交银行承兑汇票与承兑协议。银行信贷部门同意签章后，转会计部门。

会计部门接到信贷部门转来的银行承兑汇票和"银行承兑协议"，按规定审核出票人是否在本行开立存款账户，汇票上记载的出票人名称、账号等内容与银行承兑协议内容是否相符，汇票记载的事项是否齐全，出票人的签章是否符合规定。经审核无误后，按协议向出票人按票面金额的万分之五收取承兑手续费。

例5-3 机械厂持面额为1 200 000元的银行承兑汇票申请承兑，经审核无误同意承兑，按规定办理。银行同意承兑汇票就应按规定收取承兑手续费，承兑手续费=1 200 000×0.5‰=600元。根据计算结果编制两张特种转账借方传票和一张特种转账贷方传票办理转账。

会计分录为：

借：吸收存款——机械厂活期存款户　　　　　　　　　　　　　　　　600
　　贷：手续费及佣金收入——汇票承兑费　　　　　　　　　　　　　　600

转账后，将另一特种转账传票作为支付通知交给机械厂。

此外，银行在办理汇票承兑时，为减少银行信贷资金的占用，一般要求承兑申请人按规定交纳一定的保证金。对于客户按规定交纳的保证金，也要及时入账。

如例5-3，机械厂向银行提示承兑的同时，以转账支票交纳承兑汇票保证金

500 000元。

会计分录为：

借：吸收存款——机械厂活期存款户　　　　　　　　　　500 000
　　贷：存入保证金——机械厂的银行承兑汇票保证金　　　　500 000

2）承兑银行准备票款的处理

承兑银行对于承兑汇票要经常查看其到期情况，并对到期的汇票足额备款，以便见票时付款。

（1）出票人有足够款项支付。银行承兑汇票到期，出票人账户有足够的款项支付，银行则编制特种转账传票两联借方和一联贷方传票办理转账。

会计分录为：

借：吸收存款——出票人户
　　贷：存入保证金——××银行承兑汇票款

转账后，将一联特种转账借方传票作为付款通知交给出票人。

如果汇票到期，出票人账户只有部分款项支付，另一部分由客户交纳的保证金补充，则应编制特种转账传票三联借方和一联贷方传票办理转账。

会计分录为：

借：吸收存款——出票人户
　　存入保证金——××汇票保证金
　　贷：存入保证金——××银行承兑汇票款

转账后，将一联特种转账借方传票作为付款通知交给出票人。

（2）出票人账户无足够款项支付。银行承兑汇票到期，出票人账户无足够的款项支付，即使客户曾交纳过保证金，但汇票款仍不足支付，其不足部分由银行按规定予以垫付。银行编制特种转账借贷传票，办理转账。

会计分录为：

借：吸收存款——出票人户
　　存入保证金——××银行承兑汇票保证金
　　贷款——××银行承兑汇票垫款
　　贷：存入保证金——××银行承兑汇票款

转账后，将一联特种转账借方传票作为汇票垫款通知交给出票人。

3）持票人开户行受理汇票的处理

持票人凭到期或即将到期的银行承兑汇票向银行请求付款时，应填制邮划或电划"委托收款结算凭证"，连同汇票一并送交开户行。银行经审查无误后，其处理与商业承兑汇票相同（参见商业承兑汇票的持票人开户行受理汇票的处理）。

4）承兑银行支付票款的处理

承兑银行收到持票人开户行寄来的"委托收款结算凭证"和汇票，应抽出原专夹保管的汇票第一联和"银行承兑协议"副本进行核对，并认真审查该汇票是否为本行承兑，"委托收款结算凭证"与汇票记载的事项是否相符等。银行经审查无误后，于汇票到期日办理转账。

会计分录为：

借：存入保证金——××银行承兑汇票款
  贷：存放中央银行款项（同城使用）
    或存放同业（异地使用）
转账后，将委托收款结算凭证第四联通过联行或交换系统转持票人开户行。
5）持票人开户行收妥入账的处理
持票人开户行收到承兑银行通过联行或交换转来的"委托收款结算凭证"第四联（或拍来的电报），应与原保管的"委托收款结算凭证"第二联核对，经审核无误后，以"委托收款结算凭证"第二联为贷方凭证办理转账。
会计分录为：
借：存放中央银行款项——（同城使用）
  或存放同业（异地使用）
  贷：吸收存款——持票人户
转账后，在"委托收款结算凭证"第四联上加盖转讫章作为收账通知交给持票人，同时销记"发出委托收款结算凭证登记簿"。

5.6 汇兑业务的核算

5.6.1 汇兑的概念和基本规定

1. 汇兑的概念

汇兑是指汇款人委托银行将款项汇给异地收款人的一种结算方式。汇兑结算使用范围广泛，适用于单位和个人异地的各种款项的结算。按资金划拨的方式，汇兑可分为信汇（款项是通过邮寄方式转入汇入行解付汇款的方式）和电汇（款项是通过银行以拍发电报的方式转入汇入行解付汇款的方式）两种。

2. 汇兑的基本规定

汇兑的基本规定如下。
（1）汇兑结算凭证必须记载：表明"信汇"或者"电汇"字样，无条件支付的委托，确定的金额，收款人名称，汇款人名称，汇入地点、汇入行名称，汇出地点、汇出行名称，委托日期，汇款人签章。欠缺任何一项，银行不予受理。
（2）汇兑款项可以直接转到收款人账户，也可以留行待取、分次支取和转汇。汇款人确定不能转汇的，应在汇兑凭证备注栏注明"不得转汇"字样。
（3）现金汇兑仅限于汇款人和收款人为个人的汇款。

5.6.2 汇兑业务的核算

1. 汇兑凭证及程序

汇兑凭证包括电汇凭证和信汇凭证两种。电汇由三联凭证组成：第一联为回单，第二联为借方凭证，第三联为发电依据。信汇由四联凭证组成：第一联为回单，第二联为借方凭证，第三联为贷方凭证，第四联为收账通知或代取款通知。

汇兑业务的核算程序包括汇出行处理和汇入行处理两个步骤。

2. 汇出行的处理手续

汇款人委托银行办理汇款时，应向银行填交汇兑凭证，银行收到后，按规定认真审查凭证内容是否齐全、正确，汇款人的签章是否与预留银行签章相符，若为现金汇款还须审查汇款人和收款人是否均为个人。银行经审查无误后，在第一联凭证上加盖转讫章退给汇款人。

对转账汇款的，以凭证第二联为借方凭证办理转账。

会计分录为：

借：吸收存款——汇款人户
  贷：存放同业

对现金汇款，应点收现金无误后，编制特种转账贷方传票办理转账。

会计分录为：

借：库存现金
  贷：其他应付款——汇款人户

借：其他应付款——汇款人户
  贷：存放同业

转账后，电汇要向汇入行拍发电报，信汇则将信汇凭证第三、第四联随联行一并寄往汇入行。

3. 汇入行的处理手续

汇入行收到汇出行电汇拍发电报或随联行寄来的信汇凭证第三、第四联后，先依电报编制，并对电划补充报单和信汇第三、第四联，按规定审查汇入行是否为本行，凭证的内容是否正确等。银行经审查无误后，按不同的情况进行账务处理。

1）汇款直接收账的处理

收款人在汇入行有存款账户，银行以信汇凭证第三联或电划补充报单第二联为贷方凭证，办理转账。

会计分录为：

借：存放同业
  贷：吸收存款——收款人活期存款户

转账后，将信汇凭证第四联或电划补充报单第三联作为收账通知交给收款人。

2）汇款不直接收账的处理

收款人不在汇入行有存款账户，或者凭证上注明"留行待取"及个人的汇款，银行将汇款先记入"其他应付款"科目，然后再按客户的要求办理付款手续。

收账时，银行填制特种转账传票进行处理，信汇凭证第三联或电划补充报单第二联暂时保存。

会计分录为：

借：存放同业
  贷：其他应付款——收款人信汇（或电汇）款户

同时登记"应解汇款登记簿"，将信汇凭证第四联或电划补充报单第三联留存保管，另以便条通知收款人来银行办理取款手续。

收款人持便条来银行取款时按银行规定办理。收款人为单位的要提交单位证明，收款人为个人的要交验身份证件，银行经审查无误后，办理付款手续。

（1）汇款支取现金的处理。需要支取现金的，汇款凭证上一定要有"现金"字样，而且收款人必须是个人才能支付。银行需认真审核取款人的有效身份证件，经审核无误后，再办理支付手续。付款时填制现金付出传票（以信汇凭证第三、第四联及电划补充报单为附件）进行处理。

会计分录为：

借：其他应付款——收款人信汇（或电汇）款户
   贷：库存现金

（2）汇款转存且分次支付的处理。收款人持证明办理转存，而且需分次支付时，银行先要注销"应解汇款登记簿"，并依汇款为收款人开立"其他应付款"科目账户。

会计分录为：

借：其他应付款——收款人信汇（或电汇）款户
   贷：其他应付款——收款人分次支付付款户

客户来银行办理分次取款时，需向银行提交相关凭证。

（3）汇款办理转汇的处理。收款人在同城他行开户，持证明办理转汇时，汇入行应将信汇凭证第三、第四联或电划补充报单通过同城票据交换系统转收款人开户行。银行需要填制特种转账传票进行处理。

会计分录为：

借：其他应付款——收款人信汇（或电汇）款户
   贷：存放中央银行款项

收款人若在异地他行开户，则应重新办理汇款手续。

5.6.3 退汇业务的核算

退汇业务是指将汇款退回汇款人的业务。其退回的原因为：汇款人因故退汇或汇入行拒收汇款，以及汇入的汇款超过 2 个月未能解付的汇款。退汇的会计处理方法分为汇款人申请退汇和汇入行主动退汇两种。

1. 汇款人办理退汇的处理

汇款人办理退汇的处理方法仅限于不直接收账汇款。汇款人因故（如凭证上的收款人地址有误、交易事项不成等）提出退汇申请时，应该填交退汇通知书（一式四联）连同有关证件，或者备函、原汇兑凭证回单交汇出行办理退汇。

1）汇出行办理退汇的处理

汇出行收到汇款人的退汇申请，按以下情况处理。

若汇款人以邮寄方式退款时，银行在退汇通知书上批注"××月××日申请退汇"字样，通知书第二、第三联寄往汇入行，第一、第四联与汇兑第一联暂时保管。

若汇款人以电报方式退款时，只需要填制两联"退汇通知书"，一联通知书作为回单交给汇款人，另一联与汇兑凭证一起保管，并拍发电报通知汇入行。

2）汇入行对退汇的处理

汇入行收到汇出行寄来的退汇通知书第二、第三联或退回电报，应先审查该笔汇款是否已经解付。若确认该汇款尚未解付，则应向收款人索回取款通知的便条，以第二联"退汇通知书"为借方凭证，办理转账。

会计分录为：

借：其他应付款——收款人信汇（或电汇）款户
　　贷：存放同业

转账后，将第三联"退汇通知书"寄回汇出行。

汇入行收到汇出行拍发的退汇电报，应编制特种转账借方传票，办理转账。其会计分录同上，并向汇出行拍发电报。

如果该笔汇款已经解付，则应该在第二联和第三联"退汇通知书"（或在电报中）注明该笔汇款的具体解付情况，将第二联"退汇通知书"留存，将第三联"退汇通知书"寄送（电汇则拍发电报）汇出行。

3）汇出行收到退回汇款的处理

汇出行收到汇入行寄回的第三联"退汇通知书"及邮划贷方报单，将其与先前留存的第四联"退汇通知书"核对，经审核无误后，以第三联"退汇通知书"作为贷方凭证办理转账。

会计分录为：

借：存放同业
　　贷：吸收存款——原汇款人户

转账后，在原汇款凭证注明"此款已于××月××日退汇"字样，并且在留存的第四联"退汇通知书"上注明"汇款退回，已代进账"字样，交给汇款人。

若原汇款人未在汇出行开立存款账户或系个人，则先应将退款转入"其他应付款"科目，并通知客户来行支取退款。

会计分录为：

借：存放同业
　　贷：其他应付款——汇款人退款户

客户来行取款时，银行应审验客户的有效身份证件，并按客户的要求或取现或作转账处理。

如果接到的是退汇电报，则需要凭此电报编制一式四联（或者一式三联）的电划贷方补充报单。具体账务处理与信汇退回手续相同。如果接到的是汇入行寄回的"退回通知"，或者退汇电报上注明"汇款已经解付"，则应该在留存的第四联"退汇通知书"上批注解汇情况，并通知原汇款人。

2. 汇入行办理退汇的处理

汇款汇入后，如果收款人因误或拒收货款，以及对超过2个月无人领取的汇款，汇入行可以办理退汇。

1）汇入行受理退汇的处理

办理退汇时，汇入行应编制特种转账传票（两借一贷），并在凭证上注明"退汇"字样，以原第四联汇款凭证作为借方凭证附件，办理转账。

会计分录为：

借：其他应付款——收款人信汇（或电汇）款户
　　贷：存放同业

在两联特种转账贷方传票中的一联上加盖联行专用章，将两联特种转账贷方传票随联行寄送汇出行。

2）汇出行收到退回汇款的处理

汇出行接到汇入行随联行寄来的两联特种转账贷方传票，以及特种转账贷方传票办理转账。

会计分录为：

借：存放同业
　　贷：吸收存款——汇款人活期存款户

转账后，将另外一联特种转账贷方传票作为收账通知交给汇款人。

若汇款人在汇出行未开设账户，则应另外填制一联现金付出凭证，并通过"其他应付款"科目进行账务处理后，将现金交汇款人。

会计分录为：

借：存放同业
　　贷：其他应付款——汇款人户
借：其他应付款——汇款人户
　　贷：库存现金

5.7 托收承付和委托收款结算的核算

5.7.1 托收承付结算业务的核算

1. 托收承付结算的概念和基本规定

1）托收承付结算的概念

托收承付是根据购销合同由收款人发货后委托银行向异地付款人收取款项，由付款人向银行承认并支付款项的结算方式。适用于异地的国有企业、供销合作社和经营管理较好，并经开户银行审查同意的城乡集体所有制工业企业之间的商品交易，以及由于商品交易而产生的劳务供应的款项结算。代销、寄销、赊销商品的款项，不得办理托收承付结算。

2）托收承付结算的基本规定

托收承付结算的基本规定如下。

（1）收付双方必须签发符合《合同法》的购销合同，而且双方必须重合同、守信用。

（2）收款人办理托收必须具备商品已经发运的证件，包括铁路、航空、公路等运输部门签发的运单、运单副本和邮局包裹回执等。没有发运证件，如自备运输工具、就地转厂加工、商品调拨、军用物资、大修、使用铁路集装箱等，可凭其他相关证件向银行办理托收承付。

（3）托收承付的结算，每笔金额起点为1万元，新华书店系统作为特例，每笔金额起点为1 000元。

（4）签发的托收承付凭证必须记载下列事项：标明"托收承付"字样，确定的金额，付款人名称及账号，收款人名称及账号，付款人开户行名称，收款人开户行名称，托收附寄单证张数或册数，合同名称和号码，委托日期，收款人签章。托收承付凭证欠缺以上任何一项的，银行不予受理。

2. 托收承付结算正常情况的处理

托收承付结算按款项划拨方式不同，可分为邮寄和电寄两种。其结算凭证也分为邮寄托收承付结算凭证和电寄托收承付结算凭证，都由一式五联组成：第一联为回单，第二联为贷方凭证，第三联为借方凭证，第四联为收账通知（电寄为拍发电报依据），第五联为承付通知。

托收承付结算程序分为托收、承付、划款、收账4个步骤。

1) 收款人开户行受理托收承付的处理

收款人办理托收承付时，应按规定填制托收承付结算凭证，并将托收承付结算凭证和有关单证（交易合同、交易单证、发运证件等）一并交给其开户行。

收款人开户行收到客户交来的托收承付结算凭证和有关单证后，应认真审查此笔托收承付是否符合该结算方式规定的范围、条件、金额起点等，是否有商品确已发运的证件。如无法提供发货证件，是否有货物运转的特殊证明，结算凭证记载的各项内容是否齐全、是否符合规定要求，托收承付结算凭证所注的附件与所附单据是否相符。

收款人开户行经审查无误后，在托收承付结算凭证第一联上加盖业务公章退交给收款人。对收款人需要自行保管或寄送的发运证件，收款行需在各凭证上加盖"已验发运证件"的戳记后退交给收款人。托收承付结算凭证第二联由银行登记"发出托收结算凭证登记簿"后专夹保管。然后收款行将托收承付结算凭证第三、第四、第五联及有关交易单证等一并寄往付款人开户行。

2) 付款人开户行办理承付的处理

付款人开户行收到收款人开户行寄来的托收承付结算凭证第三、第四、第五联和交易单据后，首先应审查付款人是否在本行开户，收款行是否在第三联托收承付结算凭证上加盖结算专用章，托收承付结算凭证的记载与所附单证数是否相同等内容。付款人开户行经审查无误后，在托收承付结算凭证上填注收到日期和承付期。

承付期是付款人承认货款的时间，按承付货款方式划分为验单付款和验货付款两种。验单付款的承付期为3天，从付款人开户行向付款人发出支付通知的次日算起（遇节假日顺延）；验货付款的承付期为10天，从承运部门向付款人发出提货通知的次日算起（遇节假日顺延），付款人若收到提货通知应马上到银行加盖验货承付期。

付款开户行根据托收承付结算凭证第三、第四联登记"定期代收结算凭证登记簿"后专夹保管，将托收承付结算凭证第五联加盖业务公章，连同交易单证一起交给付款人。

3) 付款人开户行办理划款的处理

承付期满日银行营业终了之前，其账户内有足够的资金，而且付款人也未提出异议，付款人开户行在承付期满日（遇节假日顺延）营业时，以托收承付结算凭证第三联为借方凭证办理转账，将该笔款项划转收款人开户行。

会计分录为：

借：吸收存款——付款人户
　　贷：存放同业

转账后，销记"定期代收结算凭证登记簿"，将托收承付结算凭证第四联通过资金汇划系统转收款人开户行。如是电寄托收承付结算则向收款人开户行拍发电报。

4）收款人开户行办理收账的处理

收到付款人开户行资金汇划系统转来的托收承付结算凭证第四联或拍发的电报，对电报应编制电划补充报单，经核对无误后，办理转账。

会计分录为：

借：存放同业

　　贷：吸收存款——收款人户

转账后，销记"发出托收凭证登记簿"，并将托收凭证第四联作为收账通知交收款人。

3. 托收承付结算特殊情况的处理

1）部分付款与延期付款的处理

（1）付款人开户行的处理。部分付款与延期付款是指银行在承付期满日营业终了前，付款人由于某种原因，其账户内没有足够款项或没有款项支付，而只能支付部分款项或以后有款时再支付。银行对于付款人能支付的款项编制特种转账借方传票和特种转账贷方传票各两联，以其中一联特种转账借方传票办理转账。

会计分录为：

借：吸收存款——付款人户

　　贷：存放同业

对付款人不能支付的款项，按规定银行要代收款人收取赔偿金（滞纳金）。

$$赔偿金 = 延付金额 \times 延付天数 \times 0.5‰$$

赔偿金的计算关键是延付天数，延付天数的确认方法为：承付期满日营业终了前，若单位账户无足够款项支付，其不足支付款项收取 1 天赔偿金；承付期满次日营业终了前，若单位账户仍无足够款项支付，其不足支付款项收取 2 天赔偿金；以后计算以此类推。赔偿金每月计算一次，于次月初划转收款人。

付款人开户行对逾期未付的托收款项，应于单位有款时及时扣款，划转收款人。扣款的期限为从承付期满日起 3 个月（遇节假日顺延）。如果期满时，付款人仍无法支付逾期的欠款，银行将于期满次日通知付款人将有关交易单证 2 天内（遇节假日顺延）交回银行。付款人不退回单证的，银行将在发出通知后的第 3 天起，按照尚未付清欠款金额，每天处以万分之五的罚款（但是不低于 50 元），并且暂停其向外办理结算业务，直至退回单证为止。

（2）收款人开户行的处理。收款人开户行收到付款人开户行的拒付通知，在保存的托收凭证第二联上注明"全部或部分拒付"后继续保管，对部分支付的金额，要及时入账。会计分录同托收承付正常情况的处理相同。

2）多承付的处理

多承付是指由于商品的价格或数量变动等原因，导致以前签订合同时规定托收承付金额已经不能满足现在实际交易金额的需求，需要对本笔托收多承付，款项一并划回。这种情况下，付款人应该填制四联的"多承付理由书"，付款行按规定审查无误后，应该在托收承付结算凭证和"定期代收结算凭证登记簿"备注栏注明多承付的金额。以第二联"多承付理由书"为借方凭证，第三联托收承付结算凭证作为附件。其收、付款开户行处理同托收承付正常情况的处理相同。

3）全部拒绝承付与部分拒付的处理

在承付期内，付款人如果遇到以下情况，可以全部拒付或部分拒付。① 没有签订购销合同或购销合同中没有注明使用托收承付结算方式的。②代销、寄销、赊销商品。③货物没有按合同规定的时间、地点交货。④货款已经付过或金额计算错误。⑤验货付款时货物与合同规定（或者发货清单）不相符。⑥验单付款时，出现单证所列货物的规格、品种、数量、价格等和合同规定不符等。对于拒付，付款人必须在承付期内提出，超过承付期的银行不予受理。

付款人办理拒付时，应填制四联"全部拒绝付（或部分拒付）款理由书"，连同托收承付结算凭证第五联，以及所有单据（部分拒付要交部分拒付清单）一并送交开户行。银行收到后要严格审查，对于手续不全、依据不足、超过承付期，以及无理拒付，银行不予受理。并按规定代收款人收取延期付款赔偿金。

对于符合拒付条件的，银行应该在拒绝付款理由书上签注意见，并在托收承付结算凭证和"定期代收结算凭证登记簿"注明"全部拒付（或部分拒付）"字样，然后将拒绝付款理由书第一联作为回单交给付款人，拒绝付款理由书第二联与托收承付结算凭证第三联留存备查，将拒绝付款理由书第三、第四联及有关拒付证明，托收承付结算凭证第四、第五联和其他单证一并寄回收款行。

对付款人部分承付金额，则编制特种转账传票以拒绝付款理由书第二联、托收承付结算凭证第三联作为借方凭证附件办理转账。

会计分录为：

借：吸收存款——付款人户
　　贷：存放同业

若为电划方式，除了将部分拒绝付款理由书、清单和相关证明寄往收款行外，还要对部分承付款拍发电报。

另外，付款人对于拒付款项的货物应妥善保管好，不得动用，如发现动用，银行则代收款人收取赔偿金，但是对于一些鲜、活、易腐的货物，付款人应及时与收款人取得联系，帮助销货方就地处理，以免给收款人带来更大的经济损失。

5.7.2 委托收款

委托收款是收款人委托银行向付款人收取款项的结算方式。按款项划回方式，可以分为邮划和电划两种，而且同城和异地均可使用。委托收款适用于单位和个人凭已承兑商业汇票、债券、存单等付款人债务证明而委托银行办理收款的结算，以及同城公共事业费的收取。

1. 委托收款的基本规定

（1）签发的委托收款凭证必须记载下列事项：标明"委托收款"字样，确定的金额，付款人名称，收款人名称，委托收款凭据名称及附寄单证张数，委托日期，收款人签章。委托收款凭证中欠缺以上任何一项的，银行不予受理。

（2）同城范围内，收款人收取公共事业费或根据国务院的规定，可以使用同城特约委托收款。但是收付双方必须事先签订经济合同，由付款人向开户行授权并经开户行同意，报经中国人民银行当地分行批准。

（3）填写委托收款结算凭证时，以单位为付款人的，其凭证上必须记载付款人开户行名称；以单位或在银行开立存款账户的个人为收款人的，其凭证必须记载收款人开户行名称；以未在银行开立存款账户的个人为收款人的，凭证必须记载被委托银行名称。欠缺记载的，银行不予受理。

（4）收款人办理委托收款业务时，需要向银行提供委托收款凭证和有关债务证明。银行经审核无误办理付款时，如果以银行为付款人的，银行应于当日主动将款项支付给收款人；以单位为付款人的，银行应先通知付款人，并将相关债务凭证交给付款人签收，付款人应在接到付款通知当日书面通知银行付款，同时付款人可以在接到付款通知日的次日起3日内办理拒绝付款，如果次日起3日内付款人未通知银行付款的，银行视同于其同意付款；若付款人提前收到其债务凭证并同意付款，银行应在债务证明的到期日办理付款。银行付款时，若付款人账户无款项或无足够款项支付，不承担扣款的责任，即按无款支付办理退票。

2. 委托收款业务的核算

1）收款人开户行受理委托收款的处理

收款人办理委托收款业务时，首先应该填制委托收款凭证，该凭证由一式五联组成，各联用途与托收承付结算凭证相同。

收款人填制委托收款凭证后，需要在第二联邮划或电划委托收款凭证上签章，连同债务证明一并交给银行。银行经审查无误后，在第一联委托收款凭证上加盖业务公章退给收款人，根据第二联委托收款凭证登记"发出委托收款凭证登记簿"并专夹保管，其余处理与托收承付结算相同。

2）付款人开户行付款的处理

付款人开户行在收到委收行寄来的凭证后，经审查无误后，在凭证上填注收到日期，根据第三联和第四联委托收款凭证登记"收到委托收款凭证登记簿"，并将第三联和第四委托收款凭证专夹保管。然后按照付款人的不同情况进行账务处理。

（1）以银行为付款人（主要指银行承兑汇票）的，与银行承兑汇票结算承兑人付款处理相同。

（2）以单位为付款人的，银行在接到委托收款凭证和有关债务证明时，应将第五联委托收款凭证加盖业务公章连同有关债务证明一并及时送交付款人，并由付款人签收。付款人应在接到付款通知当日书面通知银行付款，同时付款人可以在接到付款通知日的次日起3日内办理拒绝付款，如果次日起3日内付款人未通知银行付款的，银行视同于其同意划款。以下根据付款人账户是否有足够资金支付，分不同情况进行账务处理。

① 付款人账户有足够资金。付款人存款账户足够支付全部款项的，以第三联委托收款凭证作为借方凭证办理转账。

会计分录为：

借：吸收存款——付款人活期户
  贷：存放中央银行款项
    或存放同业

转账后，银行在"收到委托收款凭证登记簿"上填明转账日期，在第四联委托收款凭证上填注支付日期后，随联行邮划贷方报单寄交收款人开户行。电报划款方式时，应向收款人开户行拍发电报。

② 付款人账户资金不足。按规定的时间付款人账户无款项或无足够款项支付时，银行应在委托收款凭证和"收到委托收款登记簿"注明退回日期和"无款支付"字样，并填制

三联"未付款项通知书",将第一联"未付款项通知书"和第三联委托收款凭证留存备查,将另外两联"未付款项通知书"、第四联和第五联委托收款凭证连同债务证明一并寄送收款行。

③ 付款人拒绝支付。付款人拒绝付款时,应在收到付款通知的次日起 3 日内,向银行填交四联"拒绝付款理由书",连同第五联委托收款凭证及所附债务证明一并交给付款行。银行核对后,其处理与托收承付结算拒绝付款处理相同。

3)收款人开户行收到划回款项的处理

当有款项划回时,其处理与托收承付收妥入账手续相同。

当收到"未付款项通知书"及相关凭证和债务证明时,应在第二联委托收款凭证上注明"无款支付"字样,并销记"发出委托收款凭证登记簿"。然后将"未付款项通知书"及相关凭证、债务证明退交收款人。收款人签收后,收款行将第二联"未付款项通知书"连同第二联委托收款凭证一并留存备查。

当收到"拒绝付款理由书"及有关凭证和债务证明后,应在第二联委托收款凭证上注明"拒绝付款"字样,并销记"发出委托收款凭证登记簿"。然后将"拒付理由书"及有关凭证、债务证明一并退给收款人。收款人在第三联拒付理由书上签收后,收款人开户行将第三联"拒付理由书"连同第二联委托收款凭证一并留存备查。

5.8 信用卡业务的核算

信用卡是指商业银行向个人和单位发行的,持卡人凭卡可以向特约商户购物、消费和向银行存取现金的,且具有消费信用功能的支付结算工具。按发行对象划分,可以分为单位卡和个人卡。按币种划分,可以分为人民币卡和外币卡。按性质划分,可以分为贷记卡(即给予持有人一定的信用额度,持卡人可以在信用额度内先消费后还款)和准贷记卡(即持卡人必须先交存一定金额的备用金,当备用金账户余额不足时,可以在发卡银行规定的信用额度内透支)。

5.8.1 信用卡使用的基本规定

(1)商业银行(包括外资银行、合资银行)、非银行金融机构未经中国人民银行批准不得开办信用卡业务。

(2)凡在中国境内金融机构开立基本存款账户的单位可申领单位卡;凡具有完全民事行为能力的公民可申领个人卡。

(3)信用卡仅限于合法持卡人本人使用,持卡人不得出租或转借信用卡。

(4)信用卡备用金、担保的定金存款利息,分别按照中国人民银行规定的活期存款、定期存款利率计息。

(5)持卡人可持信用卡在特约单位购物消费。单位卡不得用于 10 万元以上的商品交易、劳务供应款项的结算。持卡人凭卡购物消费时,需将信用卡和身份证件一并交特约经办人查验(IC 卡、照片卡免验身份证件)。

(6)特约单位不得通过压卡、签单和退货等方式支付持卡人现金,不得参与任何欺诈银行的行为。

(7) 持卡人不得凭单位卡在发卡地城市范围内的发卡银行、代理银行或自动柜员机上提取现金。在异地可以按照国家现金管理规定提取少量现金，最高不得超过 2 000 元。

(8) 持卡人凭个人卡可以在银行和自动柜员机上按信用卡章程及有关规定提取现金。

(9) 信用卡透支额，金卡最高不得超过 10 000 元，普通卡最多不能超过 5 000 元。透支期限最长不得超过 60 天。持卡人使用信用卡不得发生恶意透支。

(10) 持卡人不再需要使用信用卡的，应持信用卡主动到发卡银行办理销户。

(11) 信用卡遗失或被盗，持卡人应立即持本人身份证或其他有效证明，就近向发卡银行或代办银行申请挂失。

5.8.2 信用卡发卡的处理

1. 单位卡发卡的处理

申请单位办理信用卡，应按规定填写申请表。发卡银行经审查同意后，应及时通知申请单位前来办理领卡手续，并按规定向其收取备用金和手续费。单位卡的资金只能从单位基本存款账户转入，不得交存现金。

申请单位在发卡银行机构开户的，发卡银行接到申请人送来的转账支票和三联进账单，经审查无误后，以转账支票作为借方凭证，以第二联进账单作为贷方传票，另填制特种转账贷方传票作为手续费科目贷方凭证。

会计分录为：

借：吸收存款——××单位活期户
　　贷：吸收存款——信用卡存款
　　　　手续费及佣金收入——手续费收入

收账后，第一联进账单加盖转讫章作为回单交给申请单位，第三联进账单留作贷方传票附件。

申请人不在发卡银行开户的，发卡银行接到申请人送来的转账支票和两联进账单，经审核无误后，先将支票通过票据清算转申请人开户行付款后，再以第二联进账单作为贷方传票，另填制收取手续费的特种转账贷方传票为手续费科目贷方凭证。

会计分录为：

借：存放中央银行款项
　　贷：吸收存款——信用卡存款
　　　　手续费及佣金收入——手续费收入

收账后，第一联进账单加盖转讫章作为回单交给申请单位。

2. 个人卡发卡的处理

个人申请使用信用卡，应按规定向发卡银行填写申请表。经发卡银行同意后，通知申请人前来办理领卡手续，并按规定向其收取备用金和手续费。

申请人直接以现金办理信用卡的，银行收妥现金后，填制现金收入传票。

会计分录为：

收取信用卡金额时，借：库存现金
　　　　　　　　　　　贷：吸收存款——××信用卡存款

收取手续费时，借：库存现金
　　　　　　　　　贷：手续费及佣金收入——手续费收入

申请人转账办卡的，银行审核申请人交来的转账支票及进账单无误后，以第二联进账单作为贷方传票，另填制一联特种转账贷方传票，作为手续费科目贷方凭证。其处理与单位卡在发卡银行机构开户手续相同。

银行在收妥款项后即可办理信用卡发卡手续。在发卡清单上记载领卡人身份证件号码，将信用卡交申请人，由领卡人签收。登记"信用卡账户开销户登记簿"。

5.8.3　信用卡在特约商户直接消费的处理

持卡人到特约单位进行购货和消费时，应出示信用卡，由特约单位填制一式四联的"签购单"（第一联为回单，第二联为借方凭证，第三联为贷方凭证，第四联为存根）。持卡人在"签购单"上签名认可后，第一联"签货单"交持卡人，第四联"签购单"留存，第二联和第三联"签购单"由特约单位向开户银行办理转账。特约单位向银行办理转账时，应根据"签购单"填制两联进账单和一式三联"汇计单"（第一联为交费收据，第二联为贷方凭证附件，第三联为存根），连同"签购单"一并交开户行。

1. 持卡人和特约商户在同一银行开户

开户银行接到特约商户交来的"签购单""汇计单"及两联进账单，按相关规定审核无误后，以第二联进账单作为贷方凭证，第三联"签购单"作为其附件，并填制一联手续费收入科目特种转账贷方传票，第二联"汇计单"作为附件，以第二联"签购单"作为借方凭证，将第三联"汇计单"和第四联"签购单"留存。

会计分录为：

借：吸收存款——××信用卡存款户
　　贷：吸收存款——××特约商户
　　　　手续费及佣金收入——手续费收入

转账后，将第一联进账单加盖转讫章作为收账通知，第一联"汇计单"加盖业务公章作为交费收据退特约商户。

2. 持卡人和特约商户在同一城市的不同银行开户

以第二联进账单作为贷方凭证，第三联"签购单"作为其附件，并填制一联手续费收入科目特种转账贷方传票，第二联"汇计单"作为其附件，将第二联"签购单"加盖业务公章连同第三联"汇计单"向持卡人开户行提出票据交换，待款项收妥后，做以下账务处理。

会计分录为：

借：存放中央银行款项
　　贷：吸收存款——××特约商户
　　　　手续费及佣金收入——手续费收入

转账后，将第一联进账单加盖转讫章作为收账通知，第一联"汇计单"加盖业务公章作为交费收据退特约商户。

持卡人开户行通过票据交换提回第二联"签购单"及第三联"汇计单"后，按照有关规定进行审查，经审查无误后，以第二联"签购单"作为借方凭证，将第三联"汇计单"

留存，办理转账。

会计分录为：

借：吸收存款——信用卡存款

贷：存放中央银行款项

3. 持卡人和特约商户不在同一城市开户

持卡人和特约商户在不同城市同一系统银行开户的，特约商户开户行以第二联进账单作为贷方凭证，第三联"签购单"作为其附件，并填制一联手续费收入科目特种转账贷方传票，第二联"汇计单"作为其附件，将第二联"签购单"加盖转讫章、第三联"汇计单"连同联行借方报单寄往持卡人开户行。

会计分录为：

借：存放同业

贷：吸收存款——特约商户

手续费及佣金收入——手续费收入

转账后，将第一联进账单加盖转讫章作为收账通知，第一联"汇计单"加盖业务公章作为交费收据退特约商户。

持卡人开户行收到特约商户开户行寄来的"签购单""汇计单"，经认真审查无误后，以第二联"签购单"作为借方凭证，办理转账。

会计分录为：

借：吸收存款——信用卡存款

贷：存放同业

如果信用卡是异地跨系统银行发行的，特约商户开户行应向其所在地的跨系统发卡行的通汇行提出票据交换，由通汇行转入持卡人开户行。

5.8.4 信用卡支取现金的处理

持卡人到银行支取现金时，需要填交一式四联的"取现单"（第一联为回单，第二联为借方凭证，第三联为贷方凭证附件，第四联为存根），银行审验持卡人身份证明，以及持卡人的签名与信用卡上一致后，办理支取现金的处理。

1. 同城取现

对同一城市其他银行机构发行的信用卡支取现金时，填制特种转账贷方凭证（第三联"取现单"为附件），将第二联"取现单"加盖业务公章向持卡人开户行提出票据交换，第四联"取现单"留存备查。

会计分录为：

借：存放中央银行款项

贷：其他应付款——持卡人户

借：其他应付款——应解汇款及临时存款——持卡人户

贷：库存现金

转账后，第一联"取现单"加盖现金付讫章作为回单连同信用卡交给持卡人。

持卡人开户行收到同城交换来的"取现单"，应认真审查"取现单"上的内容是否清晰、完整，是否加盖业务公章，大、小写金额是否相符等，经审查无误后，以第二联"取现单"作为借方凭证。

会计分录为：

借：吸收存款——信用卡存款

　　贷：存放中央银行款项

2. 异地取现

对于异地信用卡支取现金的，也需填制特种转账贷方传票（第三联"取现单"为附件），将第二联"取现单"加盖转讫章随联行借方报单寄送持卡人开户行，第四联"取现单"留存备查。

会计分录为：

借：存放同业

　　贷：其他应付款——持卡人户

借：其他应付款——持卡人户

　　贷：库存现金

　　　　手续费及佣金收入——手续费收入

转账后，第一联"取现单"加盖现金付讫章作为回单连同信用卡交给持卡人。

持卡人开户行收到联行寄来的借方报单和第二联"取现单"，按相关规定进行审查无误后，以第二联"取现单"作为借方凭证。

会计分录为：

借：吸收存款——信用卡存款

　　贷：存放同业

如果信用卡是异地跨系统银行发行的，特约商户开户行应向其所在地的跨系统发卡行的通汇行提出票据交换，由通汇行转入持卡人开户行。

5.8.5 信用卡销户的处理

持卡人在还清透支本息后，可以向发卡银行申请销卡。发卡银行需对其销卡要求进行审查，符合下列条件的，可以办理销卡：信用卡账户两年以上未发生交易的；信用卡在有效期满后45天内没有更换新卡的；信用卡在挂失45天没有更换新卡的；被列入止付名单，发卡银行已收回其信用卡45天的；持卡人要求销户或担保人撤销担保，并已交回全部信用卡45天的；发卡银行在权利范围内认为应该取消持卡人资格的。

1. 单位卡的销卡

单位卡销户时，应向发卡银行提交授权单位的销户证明、基本存款账户开户许可证及单位卡，银行经审查无误后，压制一式四联"转账单"（第一联为回单，第二联为借方凭证，第三联为贷方凭证，第四联为收账通知或取现单），同时计付利息，经持卡人签名后，结清账户。以第二联"转账单"作为借方凭证，另填制一联特种转账借方传票作为"利息支出"科目的借方凭证，以第三联"转账单"作为贷方凭证。

会计分录为：

借：吸收存款——××信用卡存款

　　利息支出

　　贷：吸收存款——××活期存款户

转账后,第一联"转账单"加盖转讫章交给持卡人,第四联"转账单"加盖转讫章交给申请人。

若申请人和持卡人不在同一银行开户的,发卡行应该将第三联和第四联"转账单"通过票据交换交给申请人开户行,并将款项划入申请人开户行的基本存款账户。

2. 个人卡的销卡

个人卡销卡时,银行经审查无误后,压制一式四联"转账单",同时计付利息,在持卡人签名后,结清账户。以第二联"转账单"作为借方凭证,另填制一联特种转账借方凭证作为"利息支出"科目的借方凭证,以第三联"转账单"作为贷方凭证。退付现金的,以第三联"转账单"作为附件。

会计分录为:

借:吸收存款——××信用卡存款

　　利息支出

　贷:吸收存款——个人存款户

　　　或库存现金

转账后,第一联"转账单"加盖转讫章交给持卡人,第四联"转账单"加盖转讫章交给申请人。

申请人和持卡人不在同一银行开户的,发卡行应将第三联和第四联"转账单"通过票据交换交给申请人开户行,并将款项划入申请人开户行的存款账户。

复习思考题

1. 什么是支付结算?支付结算的原则是什么?
2. 支付结算的要求有哪些?
3. 银行和客户办理支付结算时应承担哪些责任?
4. 各种支付结算方式在使用上有什么规定?其处理手续如何?

第 6 章

外汇业务的核算

6.1 外汇业务的核算概述

6.1.1 外汇业务的种类和意义

1. 外汇业务的种类

外汇是指以一定货币表示的可以用作国际清偿的支付手段和资产,如外国货币(包括钞票、铸币等),外币有价证券(包括政府公债、国库券、公司债券、股票、息票等),外币支付凭证或支付工具(包括票据、银行存款凭证、银行卡等),特别提款权,以及其他外汇资金。

外汇的种类包括自由外汇和记账外汇两种。自由外汇是指可以自由兑换、转移、调拨和使用的外汇,如可兑换的各国货币、有价证券等。记账外汇是指我国银行根据政府间签订的双边贸易协定,国际贸易往来和从属费用,以及其他双方政府同意支付的款项,所利用的在对方国家银行开立清算账户上的外汇资金。

外汇业务是指经过国家外汇管理局和中央银行批准的,由银行经办的以外国货币表示的各项业务。根据我国有关规定,各银行经营的外汇业务主要有:对外贸易和非贸易的国际结算,外币存款、贷款,以及经中国人民银行批准的与外汇业务有关的人民币存款、贷款,外汇(包括外币)买卖,国际银行间的存款和贷款,华侨汇款和其他国际汇兑,国际黄金买卖,组织或参加国际银团贷款,在国外或我国港澳地区投资和合资经营银行、财务公司或其他企业,根据国家授权,发行对外债券或其他有价证券,信托和咨询业务,以及国家许可或委托办理的其他业务。

2. 外汇业务的意义

外汇业务的顺利开展,一方面有利于促进我国的进出口贸易的顺利展开,有利于引进外资用以带动国内的薄弱产业,有利于改善目前我国外汇储备过多的不利情况。另一方面,外汇收支及所有外汇业务的资金活动都要通过银行会计办理,在账户上得到反映。因此,加强对外汇业务的监督与核算,对管好、用好外汇资金,促进对外贸易具有重要意义。

6.1.2 外汇业务核算的方式

1. 外汇业务核算方式的种类

银行外汇业务涉及各国货币,而各国又均以本位币为计量单位进行会计核算。为反映监督外汇业务所涉及的外国货币的增减变化,银行在会计核算上就必须采用相适应的核算方式,才能完成外汇业务核算的任务。外汇业务核算的方式包括外汇分账制和外汇统账制。

外汇分账制又称原币记账法，是指银行发生外汇业务时，对有人民币汇率的外国货币，直接以外币进行会计核算，每种外币各设一套账，年终时按决算日的外汇汇率将各种外币折成人民币，以人民币反映经营成果。外汇分账制方法虽然复杂，但可以具体、真实地反映各种外币资金的增减变化及余额，便于外汇头寸的调拨，并能满足国家对外汇资金管理的要求。我国外汇业务核算的方式采用外汇分账制。

外汇统账制又称本币记账法，是指银行发生外汇业务时，各种外国货币在会计核算时均按照一定的汇率，折合成本国货币进行记账。由于这种方式只能反映外汇业务的本位币的增减变化及其结果，无法反映各种外币的增减变化情况，因此不利于对外汇资金的监督与管理，所以这种方式只适于外汇业务极少的银行。

2. 外汇分账制的主要内容

（1）以各种外币分别立账。外汇业务涉及很多国家的货币，为了准确、及时地反映我国与国际交往的外汇收支情况和结果，我国外汇业务的核算，按规定对有人民币汇率的外国货币，一律以其原币进行核算。从对外汇业务确认后，会计凭证的编制、分户账记录、科目日结单填写、总账的记载，直到各种报表的填制，均以各种外币为计量单位，每种外币各设一套账，如美元、日元、欧元等。每一套账都按银行的账务组织完成会计核算。至于没有人民币汇率的外国货币，一般业务量很少，在核算时可将其折成有人民币汇率的外国货币进行核算。

（2）设立"货币兑换"科目连接人民币。外汇分账制以各种原币立账，账簿中反映的只是此种外币的变化，但若外汇业务涉及两种货币时，如外币与人民币、外币与外币间的兑换，仅靠外币账户体现不出其内在的联系。因此，在外汇分账制下，外汇业务凡涉及两种货币时，必须使用"货币兑换"科目，分别记载外币和人民币的金额，使外币与人民币紧密相连。

（3）年终并表，以人民币反映经营成果。

6.1.3 外汇业务的核算要求

1. 执行外汇政策与规定，维护国家和银行的信誉与权益

因为外汇业务政策性较强，所以在核算中必须根据国家有关外汇管理的方针、政策和制度要求组织结算。在办理各项业务时，必须尊重合同、恪守信用，严格履行对外签订的协定和协议，维护国家和银行的信誉与权益。

2. 严密核算手续，提高核算质量

外汇业务核算涉及面广、内容复杂，既有国际结算，又有国内各银行间的清算，结算中使用的货币多种多样，在浮动汇率制下，各种货币之间相互兑换的汇率又时有变化，国际结算须受有关合同协议和国际惯例及结算原则的严格制约。因此，商业银行的外汇业务必须制定健全的规章制度，严密外汇核算手续。同时，外汇业务又是盈利较高、竞争较激烈的业务，银行必须以优良的服务加速收汇、正确付汇，提高核算质量，正确、及时、真实、完整地记载和反映外汇业务活动情况，为宏观决策提供重要资料。

3. 准确提供外汇资金的信息资料

银行是外汇资金的集散枢纽，是代表国家反映涉外经济活动状况的窗口。银行会计核算资料反映的是外汇资金的活动情况，外汇资料的准确性，直接影响国家宏观金融决策的制定。因此对外汇业务进行会计核算时，应严密核算手续，真实、准确、及时、完整地反映外汇资金收付情况。同时银行应根据国家有关方针、政策、法令，以及会计财务管理制度，对各项外汇资金进行严格的监督管理，为国家把关堵口，杜绝逃汇、套汇等违法犯罪事件的发生，以保证外汇资金取之合理、用之合法，维护国家和银行的对外信誉及合法权益。

4. 运用国际惯例，处理经济业务

商业银行为了办理国际结算，在境外设立了很多分支机构，形成了联行境内外往来，同时又在境外许多地区和国家与当地外国银行或我国其他系统商业银行的分支机构建立了代理关系，形成了代理行往来，这些账务往来使外汇业务核算的账务关系更加复杂。

因此，开展外汇业务既要遵守国家的有关方针、政策和制度规定，又要遵循国际结算的惯例，以及有关国家或地区的法令与规定。世界各国和地区在多年的经济交往中，彼此之间已逐渐形成了一些国际公认的惯例，这是一套需要共同遵守的程序和要求。商业银行在处理经济业务时，往往要运用国际惯例（如在国际结算中必须运用国际商会《跟单信用证统一惯例》），在资金清算、外汇买卖函电中必须按规定和统一的方式进行交易清算。

6.2 外汇买卖业务的核算

6.2.1 外汇买卖概述

外汇买卖是指按照一定的汇率买入一种货币或卖出一种货币的交易行为。随着国际贸易的发展，在交易中越来越多地使用不同的货币进行结算。由于各国的货币币值不同，银行在办理日常外汇业务时，经常会以一种货币兑换成另一种货币，才能清偿相关国的外汇资金。由于各国货币是有价的，货币间兑换实际上就是卖出一种货币，同时又买入另一种货币的行为。这种卖出一种货币，买入另一种货币的业务，被称为外汇买卖。我国现行外汇管理体制规定，银行对外汇收入和支出实行结汇、售汇制，即一切外汇收入除按规定可予保留外币外，其余都要将外汇卖给银行，客户需要外汇时，再以人民币向银行购买所需的外汇。

1. 外汇买卖的汇率及标价的方法

汇率又称为汇价、外汇行市，是指两种货币的比价。我国人民币汇率是银行进行外汇买卖时，将本国货币折算成外国货币或将外国货币折算成本国货币的比价。汇价可以分为现汇买入价、现钞买入价、现汇卖出价、现钞卖出价、外汇中间价（外汇买卖价的平均值，用于银行间的外汇交易）5种。而银行一般挂牌的只有汇买价、汇卖价和钞买价3种。一般来说，汇卖价和钞卖价是一样的，所以银行不再分别公布。汇率种类可从不同角度划分，按买卖外汇情况，分为汇买价（外汇买入价）、汇卖价（外汇卖出价）、钞买价（现钞买入价）、钞卖价（现钞卖出价）；按买卖交割时间，分为即期汇率（买卖成交后当时或在两个工作日内交割所使用的汇率）和远期汇率（外汇买卖双方通过协商签订合约，约定在将来某一日期进行交割所采用的汇率）；按外汇管理的宽严，分为市场汇率（由外汇市场供求关系自然形成的汇率）和法定汇率（由政府根据外汇市场变化确定的汇率）。我国目前实施的汇率制度为有管理的浮动汇率制，这种汇率制度介于市场汇率和法定汇率之间，是以市场为基础，同时为了维持汇率稳定，国家可以对外汇市场进行干预。此外，汇率的种类还可按汇率制度分为固定汇率和浮动汇率；按制定的方法分为基本汇率和套算汇率；按兑换方式分为电汇汇率、信汇汇率和票汇汇率；按衡量货币价值的角度分为名义汇率、真实汇率和有效汇率；按政府存在的汇率种类可以分为单一汇率和多重汇率。

汇率标价的方法根据国际惯例，分为直接标价法和间接标价法。直接标价法是以一定单位的外国货币作为标准，折算成一定数量的本国货币表示的汇率，即衡量一定单位的外国货币能值多少本国货币。采用这种标价方法汇率升高，反映本国货币贬值。目前，世界上多数国家采用直接标价法。我国也是采用这种标价方法，如 100 美元 = 680 元人民币。间接标价法是以一定单位的本国货币为标准，折算为一定数额外国货币表示的汇率，即衡量一定单位的本国货币能值多少外国货币，汇率升高，反映本国货币升值，外国货币贬值。目前英国、美国采用这种方法。

2. 外汇买卖的科目、凭证及账簿

1) 外汇买卖的科目

外汇买卖业务会涉及许多会计科目，为便于核算与反映，简化手续，外汇买卖业务使用的科目基本上与人民币业务是一套科目，只不过币种不同，如吸收存款、贷款、库存现金等科目。此外，为了如实反映外汇买卖业务中外币与人民币间的内在关系，在外汇分账制下特设了"货币兑换"科目。以下主要说明该科目的应用。

"货币兑换"科目是由外汇分账制所决定的。在外汇分账制下，由于各种货币分账核算、自求平衡，但在外汇买卖业务中，当银行将一种货币兑换成另一种货币时，必须通过一个特定科目，把两种不同货币的账务联系起来，使人民币账和各种外币账都符合复式借贷原理，实现各自的平衡，"货币兑换"科目就是这个特定科目。同时，为了区分不同的外汇业务，在该科目下设置了"外汇买卖结售汇"等明细科目。"货币兑换"科目属于共同类科目，在外汇买卖业务乃至整个外汇业务中起着重要的作用。

首先，"货币兑换"科目是两种货币换算的工具。当银行用人民币买入外币或卖出外币取得人民币时，要用人民币汇率进行折算，其折算的金额确认后，用该科目予以记录和反映，即该科目一方面反映外币的金额，另一方面又反映人民币的金额，借助于该科目就能了解外币与人民币间的换算事项。

其次，"货币兑换"科目是平衡账务的桥梁。由于外汇业务采用外汇分账制，当发生外汇买卖业务涉及两种货币兑换时，均以原币进行会计核算，登记该两种货币所涉及的科目账户，如客户以 1 000 美元现钞来银行兑换 6 727.10 元人民币，银行要登记美元现金账户的借方 1 000，还要登记人民币现金账户的贷方 6 727.10，从数据的绝对值来看 1 000 不等于 6 727.10，而美元与人民币各自账务也只登记一个账户，既不符合复式记账的原理，也会引起美元与人民币账务的不平衡。"货币兑换"科目的记载，反映了外币和人民币两方面的金额，从而解决了这一问题。

最后，"货币兑换"科目的结存为降低汇率风险提供了信息资料。"货币兑换"科目账户是特殊格式的账簿，如银行对外经营的外币兑换业务，所记载的货币兑换账簿，其结存有外币金额，也有人民币金额，而外币的币值是与人民币汇率相关的，人民币汇率的升降，会引起外币资产的盈利或损失，因此银行在经营外币业务时，要密切关注人民币汇率的变化，尽量减少汇率变化带来的风险，"货币兑换"科目账户可为降低汇率风险提供信息资料。

"货币兑换"科目是共同类科目。当买入外汇时，该科目贷方记外币金额，借方记人民币金额；当卖出外汇时，该科目借方记外币金额，贷方记人民币金额。

基本会计分录为：

当买入外汇时，借：有关科目　　外币
　　　　　　　贷：货币兑换——外汇买卖结汇　　外币
　　　　　　借：货币兑换——外汇买卖结汇（买价）　　人民币
　　　　　　　贷：有关科目　　人民币
当卖出外汇时，借：有关科目　　人民币
　　　　　　　贷：货币兑换——外汇买卖售汇（卖价）　　人民币
　　　　　　借：货币兑换——外汇买卖售汇　　外币
　　　　　　　贷：有关科目　　外币

2）外汇买卖的凭证

外汇买卖科目传票是特定格式的基本凭证，按买卖外汇的不同，分为外汇买卖借方传票、外汇买卖贷方传票和外汇买卖套汇传票。

当买入外汇时，需要填制一式三联的"外汇买卖贷方传票"，其中第一联为外币贷方传票，第二联为人民币借方传票，第三联为外汇买入统计卡。当卖出外汇时，需要填制一式三联的"外汇买卖借方传票"，其中第一联为外币借方传票，第二联为人民币贷方传票，第三联为外汇卖出统计卡。

外汇买卖套汇传票是办理套汇业务使用的传票，需要填制一式五联的"外汇买卖套汇传票"，其中第一联为外币贷方传票，第二联为人民币借方传票，第三联为人民币贷方传票，第四联为外币借方传票，第五联为套汇统计卡（第三、第四联为另一种外汇的记账传票）。

3）外汇买卖的账簿

货币兑换分户账是按每一种外币分别立账的特定格式的账簿（见表6-1）。账页是由买入、卖出、结余3栏组成。在买入栏、卖出栏，同一笔业务涉及的外币金额、人民币金额和外汇牌价并列；结余栏内设借或贷外币及人民币4项。该账户结余的结计方法为：

本日外币结余＝上日外币结余＋本日外币买入额－本日外币卖出额

本日人民币结余＝上日人民币结余＋本日人民币买入额－本日人民币卖出额

该账户结余的方向取决于买卖金额，当买入额大于卖出额时，其账户的外币结余为贷方，人民币结余为借方，此结余称作多头（该币种的实际结存量）；反之，当买入额小于卖出额时，其账户的外币结余为借方，人民币结余为贷方，此结余称作空头（该币种的实际短缺量）。

表6-1　货币兑换分户账

××银行××支行货币兑换分户账

币种　　　　　　　　　　　　　　　　　　　　　　　　　　　　　　　　　第　　页

年		摘要	买　　入			卖　　出			结　　余				记账	复核
月	日		外币(贷)	汇率	人民币	外币(贷)	汇率	人民币	借或贷	外币	借或贷	人民币		

6.2.2 外汇买卖结售付汇的处理

1. 结汇的处理

结汇是指银行按规定的人民币汇率向客户买入外汇,并支付相应人民币的外汇业务。其结汇的种类,按外汇管理分为强制结汇、意愿结汇和限额结汇;按结汇的原因分为贸易项目结汇、非贸易项目结汇和资本项目结汇;按结汇对象分为单位结汇和个人结汇。银行办理结汇时必须认真执行外汇管理部门的规定,正确区分经常项目和资本项目,对未经批准保留外汇的经常项目外汇收入必须办理结汇,未经批准资本项目的外汇收入不得办理结汇,对无证明属于经常项目的外汇收入按资本项目的结汇规定办理。

银行办理结汇时,应根据结汇的外币金额,按该币种当日外汇(钞)的买入价折算出相应的人民币金额,编制"货币买卖科目贷方传票"办理转账。

会计分录为:

借:库存现金或其他有关科目　　外币
　　贷:货币兑换——外汇买卖结汇　　外币
借:货币兑换——外汇买卖结汇(汇买或钞买价)　　人民币
　　贷:吸收存款或其他有关科目　　人民币

例 6-1 某外宾持 USD2 000 现钞要求兑换成人民币,经审验无误予以办理。若当日美元汇率@6.727 1,则 USD2 000×6.727 1 = 13 454.20 元。

会计分录为:

借:库存现金　　　　　　　　　　　　　　　　　　　　USD2 000
　　贷:货币兑换——外汇买卖结汇　　　　　　　　　　　USD2 000
借:货币兑换——外汇买卖结汇(钞买价)　　　　　　　　￥13 454.20
　　贷:库存现金　　　　　　　　　　　　　　　　　　　￥13 454.20

2. 售付汇的处理

售汇是指银行按规定的人民币汇率出售给客户外汇,并收取相应人民币的外汇业务。付汇则指银行应客户的要求从其账户内支付外汇或售汇、付汇的行为。支付外汇必然会引起银行外汇资金的减少,因此银行处理售付汇业务时,必须按规定及国际惯例,严格审核客户提供的商业单据或支取凭证,经审核无误后再办理。其售付汇的种类,按售付汇的项目分为贸易项目售付汇、非贸易项目售付汇和资本项目售付汇;按售付汇对象分为单位项目的售付汇和个人项目的售付汇。

银行办理付汇较为简单,因客户在银行开立了外币账户,客户支取外汇时,如果支取的币种与原存汇币种相同,只要从客户账户支付即可。

例 6-2 某华侨来银行支取 USD500 现金,经审验无误予以办理(若该客户在银行开有美元现钞户)。

会计分录为:

借:吸收存款——某华侨活期存款户　　　　　　　　　　　USD500
　　贷:库存现金　　　　　　　　　　　　　　　　　　　USD500

银行办理售汇时,经审核无误后,即可根据客户购买外汇的金额,按当日人民币汇率的汇(或钞)卖价计算应收入的人民币金额,编制"货币兑换"科目借方传票办理转账。

会计分录为:

借：现金库存或有关科目　　　人民币
　　贷：货币兑换——外汇买卖售汇（卖价）　　人民币
借：货币兑换——外汇买卖售汇　　外币
　　贷：库存现金或有关科目　　外币

例 6-3　客户王某因出国旅游的需要，经批准以人民币购买 USD2 500。若当日人民币汇率钞卖价为@6.811 0，则销售外币应收取的人民币为 USD2 500×6.811 0＝17 027.50 元。

会计分录为：

借：库存现金　　　　　　　　　　　　　　　　　　　¥17 027.50
　　贷：货币兑换——外汇买卖售汇（钞卖价）　　　　　¥17 027.50
借：货币兑换——外汇买卖售汇　　　　　　　　　　　USD2 500
　　贷：库存现金　　　　　　　　　　　　　　　　　　USD2 500

6.2.3　套汇及其会计核算的处理

国际金融市场的套汇是指利用不同外汇交易市场在汇率上的差异，买卖两种货币从中获利的行为。随着金融全球一体化的进程，国际外汇交易市场 24 小时营业，各外汇交易市场在汇率上的差异日趋缩小，在国际金融市场上进行套汇的行为也越来越少。我国外汇业务的套汇是指银行应客户的要求以一种外币兑换成另一种外汇的业务。目前，银行业务上的套汇有套进套出的外汇一头固定一头不固定和两头都固定两种方式。

1. 套进套出的外汇一头固定一头不固定的套汇方式

这种方式是以固定金额的外汇兑换成另一种外汇的套汇。银行处理这种套汇时又可分为以人民币为中间币套汇和两种外币直接套汇两种情况。

1）以人民币为中间币套汇的处理

银行发生套汇业务时，先将固定金额的外汇按当日该币种汇率折成人民币，再将人民币按所需外汇的汇率折成外汇。这种套汇是目前银行所有门市上所使用的方法。针对套汇内容的不同，分为不同币种的"汇买汇卖、钞买钞卖、汇买钞卖、钞买汇卖"和同币种的"钞买汇卖、汇买钞卖"共 6 种。其计算公式为：

　　　　未知的外汇金额＝已知外汇金额×该币种汇率/未知外汇的汇率

对不同币种间的套汇，无论是汇汇、钞钞还是钞汇间的套汇，都应按当日汇率将已知的外汇金额折成人民币，再将该人民币折成所需的另一种外币。

例 6-4　某外宾来银行申请以电汇方式汇往美国纽约 USD50 000，要求从其港币现钞户中支取，经审验无误予以办理。若当日港币的钞买价为@0.857 3，美元的汇卖价为@6.811 0。

客户是以港币现钞换成美元对外汇款，银行办理该业务时，用当日美元汇卖价将 USD50 000 折成人民币，再以该人民币按港币的钞买价从客户账户中买入相应的港币现钞，即钞买港币汇买美元。按公式计算银行买入客户的港币现钞为：

　　港币现钞金额＝USD50 000×6.811 0/0.857 3＝340 550/0.857 3＝HKD397 235.51

会计分录为：

借：吸收存款——某活期存款现钞户　　　　　　　　　HKD397 235.51
　　贷：货币兑换——外汇买卖套汇　　　　　　　　　　HKD397 235.51
借：货币兑换——外汇买卖套汇（钞买价）　　　　　　¥340 550

  贷：货币兑换——外汇买卖（汇卖价）　　　　　　　　　　　　　　¥340 550
 借：货币兑换——外汇买卖　　　　　　　　　　　　　　　　　　　USD50 000
  贷：存放同业——纽约代理行户　　　　　　　　　　　　　　　　USD50 000

  对同币种间的套汇，一般是对个人客户的现汇与现钞间的套汇。其方法是按当日的汇率将已知的外汇现汇（或现钞）折成人民币，再将该人民币折成同币种的现钞（或现汇）。其计算方法和会计分录与不同币种间的套汇相同。

  2）直接套汇的处理

  直接套汇是银行为了调剂各种外汇头寸，或接受客户委托代办外汇买卖，通过总行或外汇市场以某种外汇兑换另一种外汇的套汇。其汇率采用的是国际外汇市场汇率，即两种外币的直接比价（银行每日对外公告）。

  会计分录为：
 借：有关会计科目　　　外币
  贷：货币兑换——外汇买卖（买入）　　　外币
 借：货币兑换——外汇买卖（卖出）　　　另一种外币
  贷：有关会计科目　　　另一种外币

  例 6-5　工商银行某支行经批准以港币现钞从外汇交易市场兑换 USD100 000 现钞。若当日汇率为 100 美元=734.78 港币，则 USD100 000×HKD734.78/USD100=HKD734 780。

  会计分录为：
 借：库存现金　　　　　　　　　　　　　　　　　　　　　　　　　USD100 000
  贷：货币兑换——外汇买卖（套入）　　　　　　　　　　　　　　USD100 000
 借：货币兑换——外汇买卖（套出）　　　　　　　　　　　　　　　HKD734 780
  贷：库存现金　　　　　　　　　　　　　　　　　　　　　　　　HKD734 780

  2. 套进套出的外汇两头都固定的套汇方式

  这种套汇是国际结算业务中经常遇到的一种方式。国际结算业务中对于境内境外的资金清偿，无论是境外联行往来还是代理行往来，都要借助于境内银行在境外银行开立的账户来完成，并由各商业银行总行严格管理账户的头寸。而国际结算所涉及的外汇币种，通常是国际贸易单位双方签订的合约中规定的，如果贸易结算资金的币种与境外账户不同，为了完成境内外资金的清偿，我国银行就有可能要求境外的账户行将结算资金折算成账户币种的资金，这就会产生同一笔业务用两种外币进行账务记载。由于人民币汇率的不同，将该两种外币折成人民币时，会产生人民币差额，按规定该差额要逐笔结算汇兑损益。

  例 6-6　2018 年 10 月 9 日某银行买入一张面额为 USD150 000 香港旅行支票，估计垫款 12 天，按日息 1.5‰扣除贴息后，将余款存入客户的现汇账户，并当即向香港行托收，敬请香港行在款项收妥后，将美元折成港币记入某银行代理行账户。当年 10 月 21 日收到香港行该笔托收款项折计 HKD1 146 000 的贷记通知。若 10 月 21 日人民币汇率美元汇卖价@¥6.811 0，港币汇买价@¥0.864 2。

  2018 年 10 月 9 日买入票据的会计分录为：
 借：其他应收款——买入香港旅行支票　　　　　　　　　　　　　　USD150 000
  贷：利息收入——外币票据贴息（USD150 000×12×1.5‰）　　　USD2 700
   吸收存款——某客户的活期现汇户　　　　　　　　　　　　　USD147 300

向外托收香港旅行支票时,收:外汇托收款项——香港旅行支票 USD150 000 表外科目,登记"外汇托收登记簿"。

2018年10月21日收到香港行贷记通知时作如下计算:

汇买港币 HKD1 146 000×0.864 2＝990 373.20

汇买美元 USD150 000×6.811 0＝1 021 650

美元套港币的差额＝1 021 650－990 373.20＝31 276.80

注:若其差额为正数则为银行的收益,反之为损失。

会计分录为:

借:存放同业——香港行户　　　　　　　　　　　　　　　HKD1 146 000
　　贷:货币兑换——外汇买卖套入　　　　　　　　　　　　HKD1 146 000
借:货币兑换——外汇买卖套入　　　　　　　　　　　　　￥990 373.20
　　贷:货币兑换——外汇买卖套出　　　　　　　　　　　　￥1 021 650
　　　　汇兑收益——外汇买卖套汇　　　　　　　　　　　　￥31 276.80
借:货币兑换——外汇买卖套出　　　　　　　　　　　　　USD150 000
　　贷:其他应收款——买入香港旅行支票　　　　　　　　　USD150 000

同时,付:外汇托收款项——香港旅行支票 USD150 000 表外科目,销记"外汇托收登记簿"。

6.3　外汇存款业务的核算

6.3.1　外汇存款业务的核算

1. 外汇存款的种类

外汇存款也称外币存款,是单位或个人将其外汇资金(包括国外汇入汇款、外币及其他外币票据等)存入银行的行为。外汇存款业务是银行以信用的方式吸收外币存款的活动。其种类按存款的不同情况分为以下几种。

(1)按存款的对象,分为甲种外币存款、乙种外币存款和丙种外币存款3种。

甲种外币存款是银行吸收的所有单位的外币存款。其对象是外国驻华机构和我国境内机关、团体、学校、企事业单位及三资企业等。

乙种外币存款是银行吸收的外国人、海外华侨、港澳台同胞的外币存款。该存款的使用比较灵活,既可以将外汇汇往中国境内外,也可以进行自由兑换。

丙种外币存款是中国境内居民的外汇存款。与乙种外币存款相比,该存款汇往境外须经国家外汇管理部门批准。

(2)按存款的期限,分为活期存款和定期存款两种。

活期存款是可以随时支取的存款。单位存款的起存金额为不低于人民币1 000元的等值外汇。个人存款的起存金额为不低于人民币100元的等值外汇。

定期存款是存入时约定期限,到期才能支取的存款。单位定期存款起存金额为不低于人民币10 000元的等值外汇,期限分为3个月、6个月、1年和2年4种档次,三资企业及国内金融机构存款分为1个月、3个月、6个月和1年4种档次。个人定期存款起存金额为不低于人民币 500 元的等值外汇,乙种外币存款期限分为 1 个月、3 个月、6 个月、1 年和 2 年 5 种档次;丙种外币存款期限与单位定期存款相同。

2. 外汇存款的账户

(1)按币种,分为外币存款户和人民币特种存款户两种。

外币存款户是以各种外币开立的账户,如美元存款户、港币存款户等。人民币特种存款户是对可自由兑换的外币按人民币汇率折成人民币,以人民币为币种开立的账户。

(2)按存汇方式,分为外币现钞户和外币现汇户两种。

外币现钞户是客户直接以外币现钞开立的账户,主要是对个人的存款。按照规定,单位外汇存款不能开立现钞户。该账户可以直接支取现钞,也可以套汇成现汇对外汇款。

外币现汇户是客户以外币票据、汇入的汇款等存入银行而开立的账户。单位和个人均可开立此账户。该账户的款项可以直接汇款到国外,也可以进行国际贸易的款项支付,对个人的现汇户可套汇客户所需的外币现钞(单位支取原币现钞按现汇与现钞 1∶1 支付)。

两种账户汇率使用说明如表 6-2 所示。

表 6-2　两种账户汇率使用说明

	现 钞 户	现 汇 户
1. 兑取人民币现金	用钞买价折算	用汇买价折算
2. 支取原币现钞	按实支付	用汇买价钞卖价折算
3. 原币汇款	用钞买价汇卖价折算	按实支付
4. 不同外币的兑换	用钞买钞卖或钞买汇卖套算	用汇买汇卖或汇买钞卖套算

(3)按取汇的方式,分为支票存款户和存折存款户两种。

6.3.2　外汇活期存款的处理

1. 外汇活期存款的规定

根据我国外汇管理规定,对单位外汇存款实行严格的管理,在中国境内未经批准,不得以外币计价结算,不得进行外币的流通、使用、买卖和抵押。三资企业的贸易外汇收入可保留外汇,也可以结汇;正常生产经营范围内的对外支付,可持合同、协议或其他有效凭证办理;偿还外汇债务本息,凭外汇局的核准件办理;外商投资者的利润、股息和红利,以及外方职工的工资及其他正当收益的汇出,需持董事会分配决议书、纳税证明及有关文件,经银行审核后,可从其账户中支付;外商投资企业的外汇余缺可到外汇市场调剂。境内单位和机关团体的贸易、非贸易外汇收入除国家规定及符合账户使用证上收入范围或经外汇局核准可保留现汇时,其余的应全部结汇给银行。这些单位发生贸易、非贸易性对外支付用汇,必须符合使用证上支出范围或经外汇局核准可从其账户支付。

单位申请开立外汇存款账户,无论定期或活期都应持"外汇存款开户申请书",连同印鉴卡,以及按规定所需的证明文件(如外汇局核发的《外商投资企业外汇登记证》《外汇账户使用证》《外债登记证》等);对驻华机构及来华人员,凭有关部门的批准书或工商登记证及身份证明等到开户行办理开户手续。开户银行经审查无误后,确定科目开立账户,登记"开销户登记簿",对单位还要发售有关结算凭证,对存折户填发存折。

2. 存入存款的处理

1) 以现金存入存款的处理

个人客户直接以外币现钞存入现钞户时，会计分录为：

借：库存现金　　外币
　　贷：吸收存款——××活（定）期储蓄现钞户　　外币

单位客户以外币现钞存入现汇户时，会计分录为：

借：库存现金　　外币
　　贷：货币兑换——外汇买卖　　外币
借：货币兑换——外汇买卖（钞买价）　　人民币
　　贷：货币兑换——外汇买卖（汇卖价）　　人民币
借：货币兑换——外汇买卖　　外币
　　贷：吸收存款——××单位活（定）期现汇户　　外币

2) 以汇入汇款存入存款的处理

客户以汇入汇款外币存入存款时，会计分录为：

借：其他应付款——汇入汇款（或其他有关科目）　　外币
　　贷：吸收存款——××单位（或储蓄）活期现汇户　　外币

客户的汇入汇款与其外汇存款账户的币种不相同，则需要进行套汇的处理，将汇入汇款的币种兑换成客户外汇存款账户的币种。

会计分录为：

借：其他应付款——××汇入汇款（或其他有关科目）　　外币
　　贷：货币兑换——汇入汇款　　外币
借：货币兑换——汇入汇款（汇买价）　　人民币
　　贷：货币兑换——汇入汇款（汇卖价）　　人民币
借：货币兑换——汇入汇款（汇卖价）　　另一种外币
　　贷：吸收存款——××单位（或储蓄）活期现汇户　　另一种外币

3. 支取存款的处理

1) 支取原币现钞的处理

单位客户从原币账户中支取原币现钞时，应填交现金支票，银行经审核验印无误后，予以办理。为简化处理手续，按规定单位支取现金时按钞汇1∶1办理。

会计分录为：

借：吸收存款——××单位活期现汇户　　外币
　　贷：库存现金　　外币

个人客户来银行支取现金时，若其在银行开有现钞户，则银行可直接从原账户中支付即可。

会计分录为：

借：吸收存款——××活期储蓄现钞户　　外币
　　贷：库存现金　　外币

若客户在银行开有现汇户支付现钞的，则银行用套汇方式将客户的现汇折成现钞予以支付。

会计分录为：

借：吸收存款——××活期储蓄现汇户　　外币
　　贷：货币兑换——外汇买卖　　外币
借：货币兑换——外汇买卖（汇买价）　　人民币
　　贷：货币兑换——外汇买卖（钞卖价）　　人民币
借：货币兑换——外汇买卖　　外币
　　贷：库存现金　　外币

2）支取存款对外汇款的处理

客户用其现汇账户的款项办理原币汇款时，银行认真审核凭证无误后，直接从账户中支付即可。

会计分录为：

借：吸收存款——××单位（或储蓄）活期现汇户　　外币
　　贷：存放同业——境外汇入行户　　外币（电汇）
　　　　或其他应付款——境外汇入行户　　外币（信汇）

若个人客户用其现钞户的款项办理原币汇款时，银行认真审核凭证无误后，用套汇将客户的现钞折成现汇对外汇出。

会计分录为：

借：吸收存款——××活期储蓄现钞户　　外币
　　贷：货币兑换——外汇买卖　　外币
借：货币兑换——外汇买卖（钞买价）　　人民币
　　贷：货币兑换——外汇买卖（汇卖价）　　人民币
借：货币兑换——外汇买卖　　外币
　　贷：存放同业——境外汇入行户　　外币（电汇）
　　　　或其他应付款——境外汇入行户　　外币（信汇）

对于客户申请将其账户的外汇折成另一种外汇对外汇款时，无论客户在银行开立的是现汇户还是现钞户，均应用套汇将客户账户中的外币折成另一种外币汇出，会计分录从略。另外，客户对外汇款时，银行按规定收取手续费和邮电费。

6.4　国际结算业务的核算

国际结算是指由于贸易往来，债权、债务的清偿，外事外交活动款项和私人款项的转移等，而发生的国际货币收付及资金清算的行为。按照引起的原因可分为国际贸易结算业务和国际非贸易结算业务。国际贸易结算业务是指两国间的商品交易所产生的债权、债务，以货币的收付形式来清偿的结算方式。该业务一般采用信用证、托收、汇款等方式完成。国际非贸易结算业务是指由国际政治、文化交流和其他经济活动所引起的货币收付或债权、债务的清偿。该业务一般采用外币兑换业务、买入外币票据业务、信用卡业务和外币票据托收业务等方式完成。

6.4.1 信用证结算方式的核算

信用证是一种银行有条件保证付款的凭证,是开证银行根据开证申请人的要求和指示向出口商开立的有一定金额,并在一定期限内凭相应的单据付款,或者承兑汇票的书面承诺。其主要作用是用银行的信用代替了商业信用,引入了信用度高的银行作为担保机构,减少了交易双方因为对方的违约而蒙受损失的可能性。因此,信用证是国际贸易中使用最为广泛的结算种类。

1. 信用证的一般业务流程

(1) 申请开立信用证。首先是进口商与出口商签订买卖合约,进口商根据合约条款,向银行申请开立信用证。一般开证行和出口地银行应有一定的代理关系或往来关系。

(2) 开证行开立信用证。开证行审查进口商的申请,无误后严格按照要求开立信用证。并将信用证寄送出口方银行。

(3) 出口商受证出运。出口方银行收到开证行寄来的信用证时,经审核无误后,将信用证通知或转递给出口商。出口商收到信用证与合约核对相符后,即可备货,按信用证规定的期限和装运方式向进口商发运。并将货运单据连同签发的汇票和信用证正本送交出口方银行议付货款。

(4) 议付单据。出口方银行收到出口商交来的单据必须进行仔细复核,无误后即可议付。同时将汇票和相关单据寄送开证行索汇。

(5) 开证行偿付。开证行收到汇票和单据后,应根据信用证条款与单据核对,经核对相符后,对议付行支付货款。

(6) 赎单提货。开证行将票款支付后,立即通知进口商备款赎单。进口商如同意接受单据,应将货款及应付手续费付给开证行。

2. 信用证项下出口业务的处理

信用证项下出口贸易结算是指出口商银行根据进口方银行开来的信用证中规定的条款,审查出口商交来的单据,为出口商办理审单、寄单和收汇的结算方式。信用证下出口贸易结算包括受证通知、审单议付和出口收汇结汇3个环节。

1) 受理信用证的处理

国内银行收到国外开证行开来的信用证,经核对真实有效后,对信用证进行编号,然后通知出口商。并根据信用证填写"国外开来保证凭信记录卡"留底,按不同货币分别登记表外科目核算。

同时登记表外科目,收:国外开来保证凭信　　外币

以后若收到开证行的信用证修改通知书,要求修改信用证金额,或者信用证受益人同意修改减少金额时,或者受益人同意退证时,或者逾期自动注销时,以及经受益人同意修改增加金额时,其增减金额还应在表外科目"国外开来保证凭信"中核算。

2) 审单议付的处理

出口商根据信用证条款发货并办妥出口手续后,将全套出口单据提交银行请求议付,银行应按信用证条款认真逐项审核,无误后填制"出口寄单议付通知书"连同信用证相关单据,一并寄送国外开证行索汇。寄送后,银行即承担了双重的责任:对出口商付款责任和对开证行索取货款的责任。为了标明该权责关系,其会计分录为:

借：其他应收款——应收即期（远期）信用证出口款项　　外币
　　　贷：其他应付款——代收即期（远期）信用证出口款项　　外币
同时登记表外科目，付：国外开来保证凭信　　外币

3）出口收汇与结汇的处理

出口收汇是指议付行向信用证开证行收取外汇资金的过程。出口结汇是指议付行审单议付或代为收妥款项后，按规定将货款向出口商办理结汇的过程。无论是即期信用证还是远期信用证的出口收汇，均应在议付行向开证行收妥款项后，按不同情况办理账务处理。

如果通过境内行在港澳及国外银行开立的现汇账户收汇结汇，一般有即期信用证项下收妥结汇、定期结汇和远期信用证项下到期结汇3种形式。收妥结汇是指在接到港澳或国外账户行已贷记报单或电报，证明款项已经收妥入账后，才对出口商办理结汇手续的方式；定期结汇是指银行由双方银行预先约定固定的结汇日期，议付行按约定的结汇日办理结汇的方式；远期信用证项下到期结汇是指按远期信用证规定的付款日算出到期日，等接到账户行款项收妥的贷记报单后再办理结汇的处理。

如果通过港澳及国外银行在境内行开立的外汇人民币账户或自由兑换外汇账户收汇结汇，一般有主动借证、授权借证和远期信用证项下到期结汇3种形式。主动借证是指信用证或授权书中明确规定我国内议付行议付后，即可主动借记开证行在我国内开立的外汇账户的方式；授权借证是指根据信用证条款规定，国内议付行议付寄单，通过开证行验单相符，由开证行授权借记其账户的方式；远期信用证项下到期结汇是指议付行在远期信用证规定的到期日借记港澳及国外开证行账户的方式。

收妥结汇方式的会计分录为：
借：存放同业——国外账户行户　　外币
　　　贷：手续费及佣金收入——手续费收入　　外币
　　　　　货币兑换——外汇买卖（汇买价）　　外币
借：货币兑换——外汇买卖　　人民币
　　　贷：吸收存款——××出口商活期存款户　　人民币

客户的账户若为货款币种，则货款可直接入账；若为货款不同币种，则货款需用套汇转为账户币种入账。

同时，销记"应收及代收信用证出口款项"科目。

会计分录为：
借：其他应付款——代收即期（远期）信用证出口款项　　外币
　　　贷：其他应收款——应收即期（远期）信用证出口款项　　外币

3. 信用证项下进口业务的处理

信用证项下进口贸易结算是银行应信用证申请人的要求，向境外受益人开立信用凭证，保证在规定的时间内收到符合信用证要求的单据后，对外支付信用证款项的结算方式。信用证项下进口贸易结算分为开立信用证和审单付款两个环节。

1）开立信用证

进口商对外签订进出口合同后，持规定的开证资料向银行申请开立信用证，银行收到后，首先，对开证申请人的资格、资信及贸易背景进行审查，对开证资料的合法性、真实性、正确性及开证行的开证权限进行审核；其次，落实信用证付汇保证金，信用证付汇保证

金应由申请人足额交付,但对于银行的基本客户,且有银行授信额度、信誉良好、与银行业务往来无不良记录,其资格、资信及贸易背景又符合规定的,可按规定的比例减免交保证金,其差额部分由信贷部门用贷款予以解决。银行办理开证手续时,应向客户收取外币或等值的人民币保证金。

会计分录为:
　　借:吸收存款——××开证人户　　外币或人民币
　　　　贷:存入保证金——××信用证户　　外币或人民币
同时还要按规定收取开证费。
会计分录为:
　　借:吸收存款——××开证人户　　外币或人民币
　　　或现金　　外币或人民币
　　　　贷:手续费及佣金收入——信用证开证费　　外币或人民币

然后签发一式六联信用证结算凭证,其中第一联是信用证正本,第二联至第五联是副本,第六联是留底联。第一、第二联信用证由开证行有权对外签字的人签字后挂号航邮国外议付行;第三联信用证为开证行代统计卡;第四、第五联信用证由开证行加盖进口业务专用章后退给进口单位;第六联随附开证申请书留存。信用证开立后,该项业务即对开证行形成了债权、债务关系。

会计分录为:
　　借:其他应收款——应收开出信用证款项　　外币
　　　　贷:其他应付款——应付开出信用证款项　　外币

开出信用证后,进口单位如因某种原因或应出口商要求,需要对原信用证条款加以适当修改时,可向银行提出书面申请。银行经核实后,可以进行调整。

2) 审单付款

开证银行接到国外议付行寄来的进口单据,应按要求将进口单据与原信用证条款进行核对,符合"单证一致,单单一致"后,绘制"单据到达通知书"送进口商审核,进口商审核时间为发出通知的3日内完成。待进口商同意承付后,银行即可办理付汇手续。信用证付款分为即期信用证项下单到国内审单付款和国外审单付款,以及远期信用证审单付款。

(1) 即期信用证项下单到审单付款。银行收到国外寄来即期信用证项下一套相关单据,经国内进口商审查相符确认付款后,开证行按信用证条款对外付汇。

会计分录为:
若客户交纳的保证金为人民币,借:存入保证金——××信用证户　　人民币
　　　　　　　　　　　　　　　　贷:货币兑换——外汇买卖(汇卖价)　　人民币
　　　　　　　　　　　　　　借:货币兑换——外汇买卖　　外币
　　　　　　　　　　　　　　　　贷:存放同业——国外账户行户　　外币
若客户交纳的保证金为外币,借:存入保证金——××信用证户　　外币
　　　　　　　　　　　　　　　　贷:存放同业——国外账户行户　　外币
进口付汇后,开证行与进口商及境外银行的债权、债务已消除,应转销对应科目:
　　借:其他应付款——应付开出信用证款项　　外币
　　　　贷:其他应收款——应收开出信用证款项　　外币

(2) 即期信用证项下国外审单付款。国外议付行审单无误后,主动将款项借记本行在议付行开立的账户,并将报单及相关单据一并寄送开证行。开证行收到国外寄来已借记报单及单据,经审核无误后,即可凭此向进口商办理结汇。会计分录同上。

(3) 如果是远期付款的信用证,进口商为获取远期付款条件,对出口商提供银行担保,保证如果出口商提供远期跟单汇票,开证行在审单与信用证相符情况下会对汇票加以承兑,并承担所开立的信用证到期付款的责任。对于远期信用证,在进口单据审核无误时,即应办理承兑。承兑期满,开证行即履行付款责任。其处理原则与手续和即期信用证相同。

6.4.2 汇款结算方式的核算

汇款是指汇出行应汇款人的委托或自身业务的需要,以一定的方式把款项从本国划转到国外债权人或收款人所在地的分行。汇款是早期国际结算业务中的主要结算方式,具有方便灵活、成本低廉的优点。汇款的种类按发出划拨的方式,分为电汇、信汇、票汇3种。电汇是指汇出行应汇款人要求,通过拍发加押电报或电传方式通知汇入行,指示其将汇款交付给境外收汇人的方式;信汇是汇出行将信汇委托书和付款委托书以航空信函方式寄送汇入行,请其将款项交付给收款人的方式;票汇是汇出行应汇款人的要求,开立以汇出行的海外分行或代理行为付款人的银行即期汇票,交由汇款人自带出境或自行寄交收款人,凭票在境外银行取款的方式。票汇的特别之处在于其传递可以不通过银行,而由收款人自己持票到汇入行请求解付票款,而且票汇是可以通过背书转让的。3种汇款方式均分为汇出汇款和汇入汇款两个阶段。

1. 汇出汇款的处理

汇出汇款是指银行接受汇款人的委托,将外汇款项通过境外银行或国外代理行汇给指定收款人的业务。

1) 汇出汇款的申请

汇款人委托银行汇出汇款时,无论何种汇款方式,都需要填制一式三联"汇出汇款申请书"。银行经审核无误后,第一联办理汇款手续,根据第二联支付凭证支付汇款,将第三联回单加盖公章后退给汇款人。

汇款人申请电汇汇款的,银行按汇款申请书拟写电稿,加编密押后拍发给境外汇入行。汇款人申请信汇汇款的,由银行按汇款申请书填写信汇委托书或支付委托书通知汇入行付款。一般对于金额较小、使用时间不紧迫的汇款通常采用信汇方式。对于票汇汇款的,汇出行受理时,需按申请书签发票汇凭证,将票汇凭证正联交汇款人持往境外,并由银行向境外汇入行寄送汇票通知书。

2) 汇出汇款的账务处理

汇出汇款的会计分录参见外汇存款的"支取存款对外汇款的处理",对于汇款无论是哪种方式,银行均按规定收取人民币手续费和邮费。

会计分录为:

借:库存现金(或者吸收存款)　　　人民币
　　贷:手续费及佣金收入——外币汇款手续费　　人民币
　　　　其他营业收入——邮费　　人民币

若客户以外币现钞向外汇款,则手续费人民币金额的计算按汇款金额1‰的等值外汇加上等值外汇钞买价与汇卖价的差额。例如，客户以USD10 000现钞办理汇款，若当日汇率美元钞买价为@6.727 1，汇卖价为@6.811 0，则客户交纳的手续费为：

$$(USD10\ 000 \times 1‰) \times [6.727\ 1+(6.811\ 0-6.727\ 1)]=68.11(元)$$

款项汇出后，对于信汇在收到国外汇入行的解付通知书（借记报单）时，汇出行进行核销转账。

会计分录为：

借：其他应付款——境外汇入行户　　　　　　　　　　　　　　　USD10 000
　　贷：存放同业——境外汇入行户　　　　　　　　　　　　　　　USD10 000

例6-7　2018年10月25日，外贸公司到银行申请以信汇方式汇往美国纽约USD200 000，款交美国某企业（外贸公司在银行开有美元现汇户），银行按1‰的等值外汇收取人民币手续费和150元的邮费，（若当日汇率美元汇买价为@6.782 2）。当年11月10日收到纽约行信汇款收妥的借记通知书，遂按规定处理。其会计分录如下。

10月25日分录：

借：吸收存款——外贸公司活期现汇户　　　　　　　　　　　　　USD200 000
　　贷：其他应付款——纽约行户　　　　　　　　　　　　　　　　USD200 000

　　　　手续费收入=USD200 000×1‰×6.782 2=1 356.44元

借：吸收存款——外贸公司存款户　　　　　　　　　　　　　　　￥1 506.44
　　贷：手续费及佣金收入——国际汇款　　　　　　　　　　　　　￥1 356.44
　　　　业务及管理费——汇款邮费　　　　　　　　　　　　　　　￥150

11月10日分录：

借：其他应付款——纽约行户　　　　　　　　　　　　　　　　　USD200 000
　　贷：存放同业——纽约行户　　　　　　　　　　　　　　　　　USD200 000

若客户申请以电汇方式汇款，则银行凭客户交来的汇款申请书，编制两联电汇凭证（一联为借方传票，另一联为回单）并对外拍发电报。客户在银行开立与汇款币种相同的外汇账户办理汇款的，作如下账务处理。

会计分录为：

借：活期存款——某单位现汇户　　外币
　　贷：存放同业——境外某代理行　　外币

客户在银行未开立与汇款币种相同的账户，或持与汇款不同的外汇现钞办理汇款的，则银行通过套汇方式将汇款套成其账户的外币予以支付，或收取现钞。

无论哪种情况，都应收取人民币手续费及电报费。

3）退汇的账务处理

汇款的退汇只限信汇汇款。当汇款人以其现汇账户汇出汇款时，办理退汇的会计分录为：

借：其他应付款——汇入行户　　外币
　　贷：吸收存款——××活期外汇现汇户　　外币

如果汇款人是购汇汇款的，办理退汇业务的会计分录为：

借：其他应付款——汇入行户　　外币
　　贷：货币兑换——外汇汇款　　外币

借：货币兑换——外汇汇款（汇买价）　　人民币
　　贷：吸收存款——××活期存款户　　人民币
　　　　其他应付款——××汇款人户　　外币

对于用现钞汇款的，银行则以便条通知客户来银行取款。

银行办理退汇账务处理后，立即电报境外汇入行索回信汇凭证。此外对于退汇银行按规定收取退汇手续费和电报费。会计分录从略。

2. 汇入汇款的处理

汇入汇款是指境内汇入行根据境外代理行和外汇联行的电汇电报、电传或信汇委托书，以及收款人提示的汇票，将汇入的汇款解付给收款人的过程。解付汇入汇款时，要遵循"收妥头寸解付"的原则，还要认真审核汇款的密押及信汇和票汇的印鉴，经审核无误后才能解付。

1）电、信汇解付的账务处理

汇入行接到境外汇出行的电汇电报、电传或信汇委托书，经审核无误后，编制一式六联的"汇入汇款通知书"。第一联"卡片账"，汇入时作为"应解汇款"卡片账，解付时注销；第二联"正收条"，收款人领取汇款签章后寄回汇出行；第三联"副收条"，收款人签章后作为传票附件；第四联"付款凭证"，作为应解汇款借方传票；第五联"收款凭证"，作为应解汇款贷方传票；第六联"通知书"，在收妥汇款头寸后，送交收款人来银行领取汇款。

（1）收到汇入汇款时，会计分录为：

借：存放同业——境外汇出行户　　外币
　　贷：其他应付款——××外汇收款人户　　外币

若收款人在汇入行开有现汇户来银行解付汇款时，会计分录为：

借：其他应付款——××外汇收款人户　　外币
　　贷：吸收存款——××外汇现汇户　　外币

若收款人在汇入行开有与汇款不同币种的现汇户时，会计分录为：

借：其他应付款——××外汇收款人户　　外币
　　贷：货币兑换——外汇买卖　　外币
借：货币兑换——外汇买卖（汇买价）　　人民币
　　贷：货币兑换——外汇买卖（汇卖价）　　人民币
借：货币兑换——外汇买卖　　另一种外币
　　贷：吸收存款——××外汇现汇户　　另一种外币

若收款人办理结汇的汇款解付时，会计分录为：

借：其他应付款——××外汇收款人户　　外币
　　贷：货币兑换——外汇买卖（汇买价）　　外币
借：货币兑换——外汇买卖　　人民币
　　贷：吸收存款——某外汇活期存款户　　人民币

若收款人不在汇入行开有现汇户来银行解付汇款时，汇入行则通过票据交换系统将汇款转收款人开户行，会计分录为：

借：其他应付款——××外汇收款人户　　外币

    贷：清算资金往来　　　外币
（2）如汇款头寸尚未到账，但是协议或合约规定可以提前解付时，会计分录为：
借：其他应收款——境外汇入行户　　　外币
    贷：其他应付款——××外汇收款人户　　　外币
借：其他应付款——××外汇收款人户
    贷：吸收存款——××外汇活期存款户
待汇款头寸到账后，再作以下会计分录：
借：存放同业——存放国外同业　　　外币
    贷：其他应收款——境外汇入行户　　　外币

2）票汇解付的账务处理

汇入行接到境外汇出行寄来的票汇通知单，经审核无误后，办理转账。

会计分录为：

借：存放同业——存放国外同业　　　外币
    贷：其他应付款——××外汇收款人户　　　外币

当持票人持已背书的汇票来银行取款时，经审核无误后，才能办理付汇的处理。其会计分录与电、信汇解付时相同。

6.4.3　托收结算方式的核算

托收结算方式是由债权人或收款人开立汇票，委托银行向债务人或付款人收取款项的结算方式。托收属于商业信用，国外代收银行接受托收银行的委托，只按照合约载明的条件向进口商办理交单和收款事宜，不承担保证付款责任。进口商能否按规定付款赎单，全靠其自身信用。托收结算方式按是否附有货运单据分为跟单托收（指汇票连同所附货运单据一起交银行委托代收的托收）和光票托收（不附带货运单据的托收）。进出口业务的托收一般都采用跟单托收方式，按处理手续分为出口托收和进口代收两种。

1. 出口托收业务的处理

出口托收是国内出口商根据双方贸易合同规定，发运货物后，委托银行向国外进口商收取货款的结算方式。其处理手续分为交单寄单和收妥结汇两个环节。

1）交单寄单

出口商备妥单据，填制"出口托收申请书"连同出口单据一并送交商业银行办理托收。银行对出口商交来的有关单据及托收通知书审核后，填制一式六联的"出口托收委托书"。"出口托收委托书"第一、第二联正副本随单据分送进口地银行；第三联为应收出口托收款项借方传票，代收出口托收款项贷方传票；第四联为应收出口托收款项贷方传票，代收出口托收款项借方传票；第五联为存放港澳及国外同业传票；第六联留底。其中第一、第二联随单据寄送国外代收行委托收取款项，第三联作为借方传票登记借方，第四、第五、第六联留底等收汇后抽出处理。

银行将有关单据寄往国外银行后，即表明其对国外银行拥有一笔债权，对国内出口商负有一笔债务，银行为了明确权责关系，编制会计分录为：

借：其他应收款——应收出口托收款项　　　外币
    贷：其他应付款——代收出口托收款项　　　外币

2）收妥结汇

托收结算方式下出口业务实行收妥结汇时，托收行收到境外代收行的收妥货款的贷记通知后，对出口商办理收账的处理。

（1）办理结汇的，会计分录为：

借：存放同业——××行户　　外币
　　贷：货币兑换——外汇结汇（汇买价）　　外币
借：货币兑换——外汇结汇　　人民币
　　贷：吸收存款——××活期存款户　　人民币

（2）如果以原币入账时，会计分录为：

借：存放同业——存放国外同业　　外币
　　贷：吸收存款——××活期现汇户　　外币

收取手续费时，会计分录为：

借：吸收存款——××活期存款（或其他有关科目）　　人民币
　　贷：手续费及佣金收入　　人民币

同时需要转销原来的托收款项，会计分录为：

借：其他应付款——代收出口托收款项　　外币
　　贷：其他应收款——应收出口托收款项　　外币

2. 进口代收业务的处理

进口代收是指国外托收行受出口商的要求，委托国内银行向进口商收取货款的一种结算方式。其处理手续分为收到国外寄来的代收单据和进口商确认付款两个环节。

1）收到国外寄来的代收单据

代收行收到国外委托行寄来的汇票及代收单据，经认真清点审核后，填制"进口代收单据通知书"随同单据一并交给进口商，通知进口商备款赎单或承兑赎单，同时填制传票办理转账。

会计分录为：

借：其他应收款——应收进口代收款项　　外币
　　贷：其他应付款——进口代收款项　　外币

2）进口商确认付款

进口商确认付款，通知银行办理结汇和对外付款后，便可以拿到正本单据，用以提货。

（1）以原币直接付款的，会计分录为：

借：吸收存款——××活期现汇户　　外币
　　贷：存入保证金——进口代收款　　外币

（2）售汇付款的，会计分录为：

借：吸收存款——××单位活期存款（或其他有关科目）　　人民币
　　贷：货币兑换——外汇买卖（汇卖价）　　人民币
借：货币兑换——外汇买卖　　外币
　　贷：存入保证金——进口代收款　　外币

同时销记原代收款项，会计分录为：

借：其他应付款——进口代收款项　　外币

　　　　贷：其他应收款——应收进口代收款项　　外币
　　收到境外委托行的借记报单后，销记汇出汇款，会计分录为：
　　　借：存入保证金——进口代收款　　外币
　　　　贷：存放同业——存放国外同业　　外币

6.4.4　买入外币票据的处理

　　买入外币票据是银行买入客户的境外银行付款的票据，同时扣收贴息并保留追索权的一种业务。对于外币票据的发行者是境外银行，各国银行都有可能发行票据，因此票据的可信度会产生差异，对于信用度较高银行发行的票据，银行可立即买入兑付，兑付后通过借记委托行按协议开在经办行或其总行的账户收回票款；反之，信用度较差银行发行的票据，银行受理后可先通过托收方式向票据的当事国收款，待款项收妥后，再付给客户。目前，银行能买入的外币票据主要有旅行支票、银行本票、即期汇票、邮政汇票、养老金支票、私人支票、国际限额汇票、旅行信用证、光票信用证和环球旅行信用证等。
　　银行办理买入外币票据时，应对票据进行认真审核，确认无误后，填制一式四联的"外汇兑换水单"。"外汇兑换水单"第一联为兑换证明交给客户，第二联为外汇买卖贷方传票，第三联为外汇买卖借方传票，第四联为银行买入外汇统计卡。
　　会计分录为：
　　结付人民币时，借：其他应收款——买入外币××票据　　外币
　　　　　　　　　贷：利息收入——外币票据贴息　　外币
　　　　　　　　　　　货币兑换——外汇买卖（汇买价）　　外币
　　　　　　　　借：货币兑换——外汇买卖　　人民币
　　　　　　　　　贷：库存现金　　人民币
　　以原币现汇存款时，借：其他应收款——买入外币××票据　　外币
　　　　　　　　　　贷：利息收入——外币票据贴息　　外币
　　　　　　　　　　　　吸收存款——××活期（储蓄）现汇户　　外币
　　银行买入外币票据后，填制一式四联的"票据委托收款书"，其中第一联正本随买入的外币票据寄往国外代收行，第二联和第三联分别作为买入外币票据科目借方传票和贷方传票，第四联留底备查。同时将买入的外币票据尽快寄往国外收款，票据收妥后进行销账。
　　会计分录为：
　　　借：存放同业——境外××行户　　外币
　　　　贷：其他应收款——买入外币××票据　　外币

6.5　外汇资金清算的核算

6.5.1　基本概念及会计科目

1. 基本概念

　　银行在办理外汇业务时，不可避免地要发生行与行之间的资金账户往来，由此而产生资金收付、划转、清算的账务处理。外汇资金往来是指除中央银行以外境内外不同银行之间，

由于国际结算、资金拆借等业务的发生而引起的跨系统外汇资金划拨及清算,也称外汇同业往来。外汇资金往来包括国内外汇同业往来和国外同业往来,对于不同的情况,账务处理也有所区别。以下主要介绍国外同业往来。

国外同业往来是指境内银行与代理国际金融业务的外国银行之间的资金账务往来。其国外代理行往来业务的开展主要适应国际结算的需要。银行的国际结算业务不仅涉及不同国家单位间的货币给付,同时也涉及境内外银行间的资金清算。为了便于清算国际结算的资金,国内银行有选择地与境外银行互订契约,并且在境外银行开立账户,或者境外银行在国内银行总行开立账户,用于办理相互间的外汇资金往来的资金货币给付和清算。

2. 会计科目

目前,办理国外同业往来的国内银行主要使用"存放同业"科目下设立的"存放国外同业"明细科目,"同业存放"科目下设立的"国外同业存款"明细科目,以及"清算资金往来"科目下设立的"国外协定银行往来"明细科目核算。

"存放国外同业"科目是存放同业款项的二级科目,核算国内银行存放在国外代理行的款项,属于资产类科目,借方反映我国境内银行将款项存入国外代理行的款项,贷方记载支用款项,余额在借方,反映我国银行存放在国外代理行款项的结存额。

"国外同业存款"科目是同业存放款项的二级科目,核算国外代理行存入我国境内银行的款项,属于负债类科目。境外银行存款时记贷方,支取时记借方,期末贷方余额,表明国外银行存入我国境内银行的结存额。

"国外协定银行往来"科目是核算政府间签订的贸易和支付协定项下或贸易议定书项下的协定记账结算内容的款项,属于共同类科目,也是"清算资金往来"科目下的二级科目。在年终决算表内应分别在借贷双方反映余额。本科目使用记账外汇,不能自由支付使用,只能用于双边结算。其余额年终时在报表中以借贷双方反映。

6.5.2 国内联行外汇往来的核算

全国联行外汇往来是外汇银行国内总行、分行及支行之间的外汇资金账务往来,是划拨和清算国内总分支行间外汇资金的重要工具。其基本做法是采取总行集中销账制,即将账务划分成往户和来户两个系统,由两个当事行直接往来,分别核算,集中监督,逐笔销账。

1. 发报行的处理

发报行是指联行往来中的起始行,其主要责任是正确和及时地向收报行填发报单,每日按规定编制"全国联行外汇往来报告表"寄送总行核对销账。

发生外汇结算业务时,发报行应根据业务需要和性质确定会计分录的方向,填制借方报单或贷方报单。如果发报行编制的会计分录是借记"全国联行外汇往来"账户,则编制一式六联的借方报单,其中第一联为收报行代报单,作为贷记"全国联行外汇往来"科目的凭证;第二联为收报行卡片账,收报行收到后进行转账,转账后代替"全国联行外汇往来"科目来户卡片账;第三联为收报行销账联,由发报行寄送收报行,收报行转账后,将此联随附"全国联行外汇往来报告表"寄送总行,以便总行作销账处理;第四联为发报行销账联,由发报行随附"全国联行外汇往来报告表"寄送总行,以便总行作销账处理;第五联为发报行卡片账,发报行转账后,将此联代替"全国联行外汇往来"科目卡片账;第六联为发报行代报单,由发报行留存,作为借记"全国联行外汇往来"科目的凭证。

如果发报行编制的会计分录是贷记"全国联行外汇往来"账户,则编制一式六联的贷方报单,其格式与借方报单基本相同,其中第一联、第二联和第三联为收报行填制;第四联为发报行销账联,由发报行随附"全国联行外汇往来报告表"寄送总行,以便总行作销账处理;第五联为发报行卡片账,发报行转账后,将此联代替"全国联行外汇往来"科目来户卡片账;第六联为发报行代报单,作为贷记"全国联行外汇往来"科目的凭证。

填写的报单必须符合以下要求:正确和清晰地填写报单日期,发报行的行名、行号,货币名称、金额,收款人单位名称和账号,付款人单位名称和账号等内容,报单内容不得更改,作废报单需加盖"作废"戳记并销记"报单使用登记簿"。

发报行将自己填制的外汇借方报单(或贷方报单)的第一、第二、第三联连同有关附件一并寄送收报行。填制报单的第四联发报行销账联,连同当天收到转账的其他发报行寄来的报单的第三联收报行销账联,一并填写一式两份的"全国联行外汇往来报告表",并将其中一份连同第四联发报行销账联一并寄送总行,用以作为销账凭证。填制报单的第五联发报行卡片账作为"全国联行外汇往来"往户卡片账。填制报单的第六联发报行代报单作为"全国联行外汇往来"科目的往户传票。

会计分录为:

借:清算资金往来——全国联行外汇往来　　外币
　　贷:相关科目　　外币

2. 收报行的处理

收报行是联行报单的收受行,主要负责认真审核报单,及时办理转账,每日营业终了也需要编制"全国联行外汇往来报告表"寄送总行。

收报行收到报单时,应该审查该报单是否为本行受理,经审查无误后,应立即办理转账手续,以报单第一联代"全国联行外汇往来"科目的来户传票。每日营业终了,根据当日收到的报单销账联和其他联行的全国联行外汇往来报单的销账联,填制一式两份的"全国联行外汇往来报告表",其中一份附报单的第三联收报行销账联一并邮寄总行,用以作为销账凭证。

会计分录为:

借:相关科目　　外币
　　贷:资金清算往来——全国联行外汇往来　　外币

3. 总行的处理

总行在收到各联行寄发的"全国联行外汇往来报告表"后,应该仔细核对"全国联行外汇往来报告表"与所附的报单销账联是否一致,经核对无误后,根据"全国联行外汇往来报告表"和报单销账联逐笔销账。如果总行没有收到有关行的销账联,就不应该办理销账,而是需要向没有寄发销账联的银行进行查询。为了核对销账是否正确,总行应该定期进行轧账。

总行收到甲、乙两行寄来的销账联后,做会计分录为:

借:资金清算往来——全国联行外汇收报行户　　外币
　　贷:资金清算往来——全国联行外汇发报行户　　外币

6.5.3 港澳及国外联行外汇往来的核算

港澳及国外联行往来是指境内分、支行与港澳地区及国外联行之间的资金账务往来。它是办理境内外联行间外汇结算和划拨的主要途径。

1. 港澳及国外联行外汇往来核算账户的开立

（1）境内管辖分行可根据业务的需要，征得境外联行的同意，开立境外联行所在地货币账户并报总行备案，支行、办事处原则上不与境外联行直接开户。开户时，境内联行为申请开户行，其资金收付通过"存放同业——港澳及国外联行往来"科目核算，该科目为资产类科目；境外联行为接受开户行，资金收付通过"存放同业——港澳及国外联行往来"科目核算，并定期为境内联行寄送对账单。

（2）境内联行与境外联行间开立人民币账户，须经总行批准。开户时，境内联行为接受开户行，境外联行为申请开户行。

（3）开立其他可自由兑换货币须报总行批准同意后方可开户。申请开户行和接受开户行各自按对方行名设立账户，开户后，相互寄发报单，直接往来。对账方法采用定期由接受开户行寄送对账单，申请开户行进行销账，并按期向接受开户行填发对账回单表示认可。

2. 接受开户行的处理

1）接受开户行作为发报行的处理

接受开户行作为发报行时，应根据业务需要和性质确定会计分录的方向，填制借方报单或贷方报单，并在报单上注明"已借记"或"已贷记"字样。如果会计分录是借记"存放同业——港澳及国外联行往来"，则填制借记报单，借记报单一式两联，其中第一联为借记通知书，用于寄送对方银行；第二联为转账借方传票，作为转账凭证自己使用。如果会计分录是贷记"存放同业——港澳及国外联行往来"，则填制贷记报单，贷记报单一式两联，其中第一联为贷记通知书，用于寄送对方银行；第二联为转账贷方传票，作为转账凭证自己使用。

接受开户行填制报单时应将报单编号，经复核后寄送报单的第一联，报单的第二联作为凭证用于记账。

2）接受开户行作为收报行的处理

接受开户行作为收报行接到申请开户行寄送的注明"请借记"或"请贷记"字样的报单，经核对无误后，办理转账。

若接到的是借记通知书，会计分录为：

借：存放同业——港澳及国外联行往来　　外币
　　贷：相关科目　　外币

若接到的是贷记通知书，会计分录为：

借：相关科目　　外币
　　贷：存放同业——港澳及国外联行往来　　外币

3. 申请开户行的处理

1）申请开户行作为发报行的处理

申请开户行作为发报行时，也应根据业务需要和性质确定会计分录的方向，填制借方报单或贷方报单。具体处理方法与"接受开户行作为发报行的处理"基本相同，唯一不同的是需要在报单上注明"请借记"或"请贷记"字样,而不是"已借记"或"已贷记"字样。

2) 申请开户行作为收报行的处理

申请开户行接到接受开户行寄来的注明"已借记"或"已贷记"字样的报单,经审查无误后,办理转账。

若接到的是借记通知书,会计分录为:

借:相关科目　　外币

　　贷:存放同业——港澳及国外联行往来　　外币

若接到的是贷记通知书,会计分录为:

借:存放同业——港澳及国外联行往来　　外币

　　贷:相关科目　　外币

4. 对账的处理

对账方法采用定期由接受开户行寄送对账单,申请开户行凭对账单核对账目,进行销账,并按期向接受开户行填发"对账回单"表示认可,"对账回单"上应列明确认金额。

6.5.4　国外代理行外汇往来的核算

国外代理行外汇往来是指国内银行与代理国际金融业务的国外银行之间的资金往来。国内银行根据需要有选择地与国外银行订立契约,并在国外银行开立账户,或者国外银行在国内银行总行开立账户,用于办理相互间的外汇资金往来。国内外汇银行总行有选择地与外国银行订立契约,在国外银行开立账户或国外银行在国内外汇银行总行开立账户,用于办理相互间的外汇资金账务往来。

目前,与国外代理行外汇往来主要使用"存放国外同业""国外同业存款""国外协定银行往来"3个科目进行核算。

1."存放国外同业"科目的核算

"存放国外同业"科目是资产类科目"存放同业"的二级子科目,国内银行在国外代理行开立可自由兑换外汇的往来账户,当把款项存入国外银行时,记本科目的借方,支用款项时,记本科目的贷方。余额在借方,表示国内银行存放在国外代理行款项的结余额。

处理账务时,国内银行需要填制借方报单或贷方报单。借记报单一式两联,其中第一联为借记通知书,用于寄送对方银行;第二联为转账借方传票,作为转账凭证自己使用。贷记报单一式两联,其中第一联为贷记通知书,用于寄送对方银行;第二联为转账贷方传票,作为转账凭证自己使用。国内银行编制借记报单时,应该注明"请贷记"字样,编制贷记报单时,应注明"请借记"字样。

在"存放国外同业"科目下,按国外代理行分设账户。开户时,由总行集中对外办理;开户后,各行共同使用该账户。具体核算分为3种形式:总行集中记账、分散记账、开立分户记账。

1) 由总行集中记账

由总行集中记账是指国内各分、支行业务上直接跟国外代理行往来,但是账务集中在总行统一办理。当国内分、支行发生收付款项时,直接通知国外代理行,代理行根据通知直接办理收付款项后,向国内该分、支行发出借记或贷记报单。国内分、支行以此报单通过

"全国联行外汇往来"科目上划总行记账，或者总行通过"全国联行外汇往来"科目下划国内分、支行处理。

2）分散记账

分散记账是指国内分行以国外账户行的名义开户记账。分散记账主要用于业务量大的分行，这样可以减少总、分行之间的财务划拨。

在分散记账中，国内开户行根据账户的收付情况，通过"全国联行外汇往来"账户，将头寸按大数拨交总行或向总行领用，而不用像在总行集中记账那样逐笔上划总行。当分行接到国外账户行借记或贷记报单后，直接借记或贷记"存放国外同业"，同时贷记或借记有关科目。

3）开立分户记账

对于业务量特别大的分行，总行可以申请在国外代理行开立与总行挂钩的专门分户账。在这种核算形式下，国内分行与国外账户行发生收付款项时，国外代理行和国内行双方都直接以分行的户名来记账。但是分行的每日余额应根据总行与国外代理行的约定，由国外账户行按余额全数或大数拨入总行户；国内分行接到国外代理行转拨头寸通知书时，通过"全国联行外汇往来"账户上划总行户。这样，开立分户记账虽然使国内行与国外代理行建立了账户关系，但是存欠头寸仍然归总行集中掌握。

2. "国外同业存款"科目的核算

"国外同业存款"科目是"同业存放"科目的二级子科目，属于负债类科目，该科目主要是用于核算国外代理行存入国内行的款项。国外代理行在国内行支取款项时记该科目借方，存入款项时记该科目贷方，余额在贷方，表示国外银行存入国内行款项的结余额。

国外同业存款一般通过国外银行在总行开立的账户收付款项。为使国外银行在总行开立的账户能够及时正确地反映实际存欠情况，国内各分、支行通过该账户收付款项时，应该逐笔通过"全国联行外汇往来"账户，并上划总行记账，或者由总行下划国内各分、支行记账。

国内分、支行将款项上划总行时，应填制一式三联的报单，其中第一联为正本报单，即借方通知书（或贷方通知书），第二联为发报行传票，第三联为副本报单，即转账通知书。将第一联正本报单和第三联副本报单随同"全国联行外汇往来"报单一并寄送总行。总行予以转账后，将第一联正本报单上加盖"已转账"和"日期"戳记，并寄送国外银行。第三联副本报单则代作总行的"国外同业存款"的传票。国内有关分、支行通过借记或贷记"全国联行外汇往来"上划总行，由总行借记或贷记"国外同业存款"账户。

当总行将款项下划国内分、支行时，应向国外代理行填制借记报单或贷记报单，第一联为正本报单寄送外国代理行，第二联为发报行传票作为"国外同业存款"的传票，第三联为副本报单随同"全国联行外汇往来"报单寄送有关分、支行，分、支行用于转账。由总行通过借记或贷记"全国联行外汇往来"下划有关国内各分、支行记账，同时总行借记或贷记"国外同业存款"账户。

3. "国外协定银行往来"科目的核算

协定银行往来是指我国国际结算中协定结算往来发生的资金账务往来。所谓协定结算，又称双边结算，是指签订贸易支付协定的两国政府，互相开立结算账户，两国政府发生的一切资金往来，均采取集中清算，用清算账户互相抵销两国间的债权、债务。在这种情况下，一个国家对另一个国家的债权,只能用于抵销该国的债务,其债权可以自由使用。协定结算的主要内容是进出口贸易引起的货币收付、给付及清算。

在这种进出口贸易中,国家之间的每一笔交易款项结算的清偿都是通过双方银行开立的协定账户划转。所谓协定账户,又称清算账户,清算账户应按照双方签订的有效协议,统一由总行和对方国家银行或指定的银行开立,并由总行集中记账。总行在开户时,应通知国内各有关分、支行;账户结束时,总行应通知对方银行确认,还应及时通知国内有关分、支行。国内分、支行需要使用该账户收付时,应填写报单通过"国外协定银行往来"账户进行核算。

例 6-8 A 国进口商向 B 国的出口商购入一笔货物,价款为 USD500 000 元。则该业务的处理程序如图 6-1 所示。

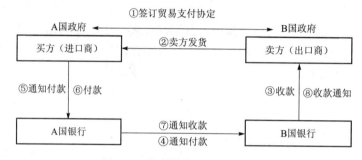

图 6-1 协定结算业务处理程序

会计分录为:

A 国银行	借:有关存款科目	USD500 000
	贷:协定银行往来——B 国户	USD500 000
B 国银行	借:协定银行往来——A 国户	USD500 000
	贷:有关存款科目	USD500 000

复习思考题

1. 什么是外币分账制?其主要内容包括哪些?
2. 什么是外汇买卖?外汇买卖科目如何使用?
3. 我国的套汇方法有几种?如何进行不同币种的套汇?
4. 我国的套汇用什么汇价办理?
5. 外汇结算业务的结算方式有哪几种?
6. 进口信用证和出口信用证结算的处理手续是什么?

第 7 章

现金业务的核算

7.1 现金业务核算概述

7.1.1 现金业务的意义

现金是指商业银行为办理现金业务而准备的库存现金,是银行流动性最强、盈利性最低的资产。广义的现金包括人民币现金和外币现金,以及具有现金性质的票据(如现金汇票、现金本票);狭义的现金是指银行的库存现金(如人民币现金和外币现钞)。以下所述的是狭义上的现金。

银行现金业务又称出纳业务,是指现金(本、外币现钞)、有价单证、金银等物品的收付、兑换、整点、调运、保管等业务活动及其管理。

银行是国民经济的综合部门,又是全国出纳的中心。社会各单位、各部门所需的现金都要到银行支取,而单位对于超过备用金限额的现金也要按规定存入银行。这就使银行每天的现金不仅数量多,而且运用的范围广。按行业的特征及其业务的需要,中国人民银行为商业银行核定的库存现金数量要比社会其他单位多出几十倍,甚至上百倍。如此多的现金,从保管、运送、内部控制等都会给银行带来很大的压力,如环境因素、经办人员素质,以及社会违法、违规情况等,都会使银行的现金业务产生很大的风险。对于这样一项与国民经济各部门及人民群众息息相关的重要工作,认真正确进行核算,不仅对于保护国家财产的安全,调节和稳定社会经济生活,而且对于正确反映商业银行经营状况和盈利的质量等都有着重要的意义。

中国人民银行是现金管理的主管部门。要严格履行职责,负责对开户银行的现金管理进行监督和稽核。商业银行负责现金管理的具体执行,对开户单位的现金收支、使用进行监督管理。一个单位在几家银行开户的,只能在一家银行开设现金结算户,支取现金,并由该家银行负责核定现金库存限额和进行现金管理检查。

银行的现金业务是通过支付社会各单位、各部门,以及个人的工资、奖金、劳动报酬和其他零星开支及收兑金银等将现金予以付出,同时通过单位或个人将商品销售和劳务供应收入的存款,以及财政回笼和储蓄等方式将现金收回银行的。目前,银行现金业务的种类,包括现金的结算、备用金领取及缴存、现金保管及运送、代理金银收兑保管与交售、外币兑换与保管等。

7.1.2 现金柜面业务的基本要求

柜面业务是指柜台直接为客户办理现金、有价单证的收付、兑换、整点等业务。其基本要求如下。① 现金收款业务，必须使用计算机打印现金交款回单。② 收入现金，当面点清，一笔一清，不得将几笔款项混收；收妥后，登记"现金收付清单"。③ 收入现金发现假币时，须由双人当面予以收缴，加盖有统一编号和"假币"字样的戳记，向持有人出具中国人民银行统一印制的假币收缴凭证，并登记"假币收缴登记簿"。收入本、外币现钞时，除鉴别真伪外还应鉴别是否为现行流通的货币。④ 办理现金付款业务，应审查付款凭证要素，办理业务后及时加盖经办员名章及"现金讫章"，登记"现金收付清单"，并按凭证金额配款，当面点交。大额现金必须换人复核。⑤ 整点现金应做到：点准、挑净、墩齐、捆紧、盖章清楚。⑥ 办理兑换业务必须先兑入，后兑出。残损人民币按照《中国人民银行残缺污损人民币兑换办法》的标准兑换，残损外币不予兑换，可为客户办理托收。⑦ 中午停业账实核对后，应登记备查，现金、实物须入库（保险柜）保管。⑧ 营业终了应及时清点尾箱现金，登记"尾箱库存现金登记簿"，并与会计部门核签无误后，将现金、实物入库保管。柜员的库存现金、有价单证、重要空白凭证、代保管库房实物等在当天营业结束、账务平衡后必须换人清库。

7.1.3 银行现金工作的任务

（1）按照金融法规和银行制度，办理现金的收付、清点、调运，以及损残票币、大小票币的兑换与销毁工作，代理国家债券的发行与兑付。

（2）按照国家现金管理条例，加强现金管理及核算，减少库存现金占压，做好贵金属回收、配售业务。

（3）按照市场货币流通的需要，调剂、调运好各种货币的比例，保证现金供应和回笼工作。

（4）按照《银行金库》行业标准以及各行制定的银行安全防护设施建设及使用的相关规定，加强金库管理，保管好现金、贵金属、外币和有价证券，确保库款安全和现金运送安全。

（5）加强对票样的管理，严密票样领取手续，禁止票样流通，发现票样流入市场应及时予以收回，并向持有人追查来源，或交当地人民银行追查。

（6）重视反假票工作，不断提高出纳人员的反假票技能，及时更新、升级反假机具，严防误收和对外支付假币。

（7）加强柜面监督，维护财经纪律，同违法行为做斗争。

7.1.4 现金出纳应遵循的原则

现金出纳应遵循的原则有：① 收入现金，先收款后记账；② 收入的现金，未经整点，不得对外付出；③ 付出现金，先记账后付款；④ 付出的现金，票面要达到人民银行规定的流通标准；⑤ 一笔现金业务未完成，经办人员不得离柜；⑥ 中午碰库，日清日结；⑦ 账实相符，严禁挪用库款；⑧ 双人管库、双人解款；⑨ 非营业时间不准办理现钞出库；⑩ 现金、尾箱及其他重要物品办理交接时，须验证身份；⑪ 严格执行大额现金审批、报备制度。

7.1.5 现金工作的内部控制

（1）坚持钱账分管、收付分开、双人经办、当日核对账款的原则。

这一原则要求钱账分开管理，管钱的不能管账，管账的不能管钱；经办收款的和经办付款的不能是同一个人，做到责任分明，便于相互核对和相互制约，确保账款相符和库款安全。双人经办就是坚持双人临柜、双人库管、双人守库和双人押运，从而保证国家财产的安全。在当日营业终了时，出纳人员必须进行账款核对，保证账款相符。

（2）坚持现金收入必须"先收款后记账"，现金付出"先记账后付款"的原则。

这一原则要求银行对客户交存的现金，必须先经出纳人员收妥后才能登记客户的分户账；客户支取现金时，必须先经会计人员审核登记分户账后，才由出纳人员付款。这样做的目的是避免在未收妥现金的情况下虚增客户的存款，或客户账面存款不足而取走现金，导致银行垫付款项。对收购金银的业务，在未收妥实物前不能付款；配售金银时，没有收妥款项不能把实物交给客户。

（3）坚持现金收付换人复核的原则。

这一原则要求是指收入每笔存款，都要经过柜面收款人初点后，交复核人员再逐张全部复点；付出每笔款项，都要由付款人员根据支款凭证的金额配好款，数字轧准后，交复核人员核点。

（4）坚持交接手续和查库的原则。

这一原则要求在款项交接或出纳人员调换时，必须办理交接手续，分清责任。对于库房管理，除双人管库、双人守库、双人出入库外，还必须履行定期或不定期的查库制度，防止发生意外事故。

（5）严密现金发行及回笼的审批制度，认真按业务的需要向中国人民银行办理领取及上交现金的手续，并按有关规定留足所需的库存现金，对超限额的现金应及时上交中国人民银行。

7.2　现金收入、付出业务的核算

7.2.1　现金业务使用的会计科目

为了核算金融部门的现金业务，在会计上设立了"库存现金"科目，该科目属于资产类科目，借方记载企业现金的增加额，贷方记载企业现金的减少额，期末余额在借方，反映企业持有的库存现金。对于企业内部周转使用的备用金，可单独设置"备用金"科目。

7.2.2　现金收入的核算

客户向开户银行缴存现金时，应填制一式三联的现金缴款单，连同现金一并交银行出纳部门，收款员收到缴款单和现金后，除应当面点收款项，与缴款单注明的金额相符后，还应对凭证认真审核：缴款单上的账号、户名是否为本行开户单位；缴款单上填写的内容是否齐全，真实，有无涂改；大小写金额是否相符等，审核无误后在缴款单上分别加盖名章，经复核员复点无误后，在凭证上加盖"现金收讫"章及复核员名章。以缴款单第三联由收款员登记现金收入日记簿后作为计数单由出纳保存，以缴款单凭证第二联按有关规定程序送相关会计专柜予以记账。会计部门收到第二联凭证后，凭以记入存款客户的分户账。

会计分录为：

借：库存现金
　　贷：吸收存款——××存款人活期户

转账后将缴款单第一联作为回单退交存款人。

7.2.3　现金付出的核算

为了保证在营业时间内有足够的现金支付，每日营业开始前，银行的出纳付款员应填写出库单，向现金库房管理员领取一定数额的备付现金，以便对外办理付款。在向库房管理员领取现金时，双方都应做好登记，并相互签署证明。对领出的现金应会同复核员共同验收。

客户到银行提取现金时，应按规定填写现金支票或取款凭条，交银行出纳部门办理取款手续。出纳部门收到客户现金支票或取款凭条，应对凭证认真审核：取款凭证是否在规定的付款期内；凭证上的账号、户名是否相符，凭证的内容填写是否齐全有无涂改，特别是凭证的日期、金额；大小写金额是否一致；凭证的背面有无取款人背书；凭证的签章是否为预留银行印鉴；使用支付密码的，凭证上填写的密码是否正确等。经审核无误后，根据"现金付出先记账后付款"的原则，将现金支票右下角的"现金出纳对号单"撕下或另发给客户取款号牌，交客户等待凭以向出纳部门取款。然后，将支票或取款凭条转会计部门予以记账，会计部门则以现金支票或取款凭条代现金付出传票作账务处理。

会计分录为：

借：吸收存款——××取款人活期户
　　贷：库存现金

复核员复核无误后，将现金支票或取款凭条按规定程序传回出纳部门。付款员接到现金支票审核无误后，凭以登记现金付出日记簿，并予以配款，在凭证上加盖"现金付讫"章及出纳员名章。现金和凭证交复核员复点无误后。叫取款客户的对号单或取款号牌，问清所取款项数额，收回对号单或取款号牌，将现金点交客户，最后将现金支票或取款凭条分别送交会计部门。

7.2.4　营业终了现金的核对入库

1. 出纳员结账的处理

每日营业终了，出纳员对本日收入、付出的现金进行结账处理。首先，分别加计本日现金收入日记簿与现金付出日记簿的合计笔数与金额；其次，将当日所收现金的计数单，按票币种类进行汇总，与"现金收入日记簿"的合计笔数与金额核对相符；最后，将"现金收入日记簿"与"现金付出日记簿"的合计笔数与金额登记"现金库存簿"，并结出"现金库存簿"的结存，该现金结存要与本日实际所剩的现款核对相符。

出纳员本组结账后，还要对库存现金进行总分两个系统的核对，即将"现金收入日记簿"与"现金付出日记簿"的合计与会计部门"库存现金"科目总账的借贷发生额核对相符，经审核无误后填写入库单，登记款项交接登记簿，将现金交管库员核对入库。

2. 管库员结账核对

管库员收到出纳员交来的现金、"现金收入日记簿""现金付出日记簿"及现金入库单，要认真进行核对，经核对无误后，依据"现金收入日记簿""现金付出日记簿"的合计数登记"现金库存簿"，并结出结存数，现金库存簿的结计方法为：昨日库存簿结存+本日收入数合计-本日付出数合计＝今日库存簿结存。该结存数必须与当日实存现款数额一致。同时还要将"现金库存簿"结存数与会计部门"库存现金"科目总账的余额核对相符，全部正确后再将本日的现金入库保管。

7.2.5 出纳错款的处理

出纳错款是指办理现金的收付、兑换、整点、调运、保管等业务过程中发生的长短款。现金差错率控制在0.5%之内。

1. 出纳日常差错的处理

1) 出纳错款处理应遵循的原则

出纳错款是指出纳人员现金结账或保管过程发现"现金库存簿"的结存数大于或小于银行的现金实有数额的差错。出纳部门发生长短款后应遵循如下原则：对技术性错误，长款归公，短款报损，不得以长补短，不得长款不报；对责任事故错款，长款应及时查明原因退还原主，短款要及时查找原因，力求挽回损失（一般由责任人自赔）；对自盗挪用以及侵吞现款，追回款项给予处分，追究司法责任；现金调拨差错，追查原因，无法确定的，经批准由调入行作收益或报损。

2) 出纳长款的核算

出纳长款是指银行营业终了，经过核对，发现现金库存实有数大于"现金库存簿"余额。发现这种差错时，经批准对其差额编制现金收入传票，暂时转入"其他应付款"科目。

会计分录为：

借：库存现金
　　贷：其他应付款——出纳长款户

对转入"其他应付款"科目的出纳长款，应及时查明原因予以处理。对能查明原主的，应及时将长款退还原主。

会计分录为：

借：其他应付款——出纳长款户
　　贷：吸收存款——原短款单位活期户
　　　　或库存现金

若经查找，确实无法查清的长款，经会计主管人员批准后，可将其长款列为银行的收益。

会计分录为：

借：其他应付款——出纳长款户
　　贷：营业外收入——出纳长款收入

3) 出纳短款的核算

出纳短款是指实存现金库存数小于"现金库存簿"余额的差额。发生短款应及时查找收回。如当时未能查清和找回，应由出纳部门出具证明，经行长批准，由会计部门填制现金付出凭证列"其他应收款"科目。

会计分录为：

借：其他应收款——出纳短款户
　　贷：库存现金

对能及时查清的短款，应及时予以收回。

会计分录为：

借：库存现金
　　贷：其他应收款——出纳短款户

经查找，对确实无法收回短款，经分析若属于技术性短款，报经批准后可将其转入"营业外支出"账户。

会计分录为：

借：营业外支出——短款支出
　　贷：其他应收款——出纳短款户

对属于一般责任事故的，其短款应由责任人赔偿；对属于有章不循、玩忽职守的，应追究责任，并酌情给予适当的纪律处分；如属于监守自盗、侵吞公款的，均按贪污论处，并追回全部赃款。

会计分录为：

借：库存现金
　　贷：其他应收款——出纳短款户

各银行出纳部门，应建立健全错款登记簿制度，对发生的现金差错予以详细记载，并如实按规定填列"出纳差错报告表"上报上级行处。

2. 银行间调拨现金差错的处理

银行间在调拨现金发生差错时（包括商业银行与人民银行发行库的现金往来差错），调入行和调出行双方都必须认真对待，负责追查。

调入行发现调入的款项有差错时，应先检查本行在款项调运、保管、收付中有无问题，如经过调查分析，确非本行责任时，应将原封签、腰条及发生错款详细情况及时与调出行联系查找，如查明是调出行发生的差错，由调出行负责处理。如不能确认调出行或调入行责任时，可按错款审批权限报批，由调入行作出纳长短款的收益或损失处理。

凡银行调入的回笼款，或由人民银行发行库提取的回笼款，应尽先安排使用，不得长期积压，以避免存放时间过长，发生差错责任不清。调入的回笼款，如需调同级其他行处和上交时，必须进行复点，并换贴本行封签。

3. 原封新票币长短款的处理

原封新票币发现错款时，发现行应认真查明原因，如确系非本行责任，应将原捆票币原样保管，写出情况报告，说明发现经过和票券情况，如拆捆时原封有无破裂、证明人等，以及捆内各把票券的起讫号码、缺号、补号等情况，并加盖经手人和证明人名章，经出纳负责人及主管领导审核后，连同原封签、腰条送当地人民银行审查处理。错款由发现行按审批权限报批，列作损益。

如原封新票币一捆短少整把、整卷，或一把内短少十张以上者，应即将原捆、原把票币保持原样保管，并立即将发现经过和原捆的冠字、号码、封捆时间和封捆员代号，逐级上报总行，由总行与人民银行总行共同审查处理。

4. 客户差错的处理

清点客户解送的款项所发现的差错时，应当面与客户交涉清楚，记载单位解款差错登记簿，短款由客户补足，长款要客户签收（并在凭证上加以批注）或由客户更换缴款凭证。

清点客户封包款时，如发现差错，应换人复点，在封签上注明错款长短金额，加盖出纳员及复核员名章，交封签管理员开具错款证明书，并加盖封签错款专用章后，登记客户封包差错登记簿，及时通知客户，其处理同客户解送款项发现错款的方法相同。

7.3 库房管理及款项运送业务的核算

7.3.1 库房管理

库房管理是出纳工作的主要任务之一。银行库房（又称金库）是集中保管现金、有价单证、金银、尾箱及其他可入库保管物品的专用库房，分为中心金库、分金库、尾箱保管库及代理人民银行发行基金保管库。做好库房的安全保卫工作，严格执行库房管理制度，是保证国家财产不受损失的重要措施。

1. 设置专用库房

库房设置必须符合《银行金库》行业标准、《中国建设银行安全技术防范设施建设及其使用管理暂行规定》的要求。对外营业的行、处，均应设置专用库房。新建、改（扩）建金库的设计方案及图纸须经总行出纳、保卫管理部门审查批准后方可施工。竣工后，须由金库管理行的出纳、保卫部门会同当地公安部门、人民银行验收合格后，向总行申请验收，待总行出纳、保卫管理部门联合验收合格并批复后方可启用。库房设置力求隐蔽，并要求结构坚固，库房必须配备防潮、防火、防盗等必要防护设施，严防发生火灾、霉烂、虫蛀、鼠咬、盗窃等事故案件。

其维修影响库存现金安全时必须空库作业。

2. 严格库房管理制度

库房实行双人管库制度，两名管库员对库内物品负有同等责任。管库员必须坚持同开库、同进库、同在库、同出库及同锁库。库房（保险柜）钥匙应严格实行单线交接，严禁同一人经手两把不同的金库钥匙。库房（保险柜）正钥匙由两名管库员分别保管使用，开库期间随身携带，关库后应分别放入专用保险柜内保管。副钥匙（密码）由管库员会同出纳负责人、主管行长共同密封，并由主管行长和出纳负责人分别放入专用保险柜内保管。除正钥匙丢失、损坏等特殊情况，副钥匙不得启封动用。一经动用，立即报一级分行备案。金库（保险柜）副钥匙每年拆封检查一次。

备用门正、副钥匙及密码按照副钥匙（密码）管理办法封存保管。

寄库的箱（包）必须加双锁。营业期间，禁止现金尾箱寄库保管。

3. 严格查库制度

为了保证库房的安全，行长和出纳主管必须要经常定期或不定期查库。管辖行对下级行也要定期或不定期进行查库，查库时必须携带介绍信。每次查库完毕后，应将检查情况记入"查库记录簿"，由主查人员和库房管理员共同签字，以备查考。

7.3.2 现金运送的核算

各行、处在办理现金出纳业务时，就某一地区、某一时期来说，往往会出现现金收入和现金付出的不平衡，这就需要各行、处之间进行现金调剂。因而产生了现金运送业务。

银行运送现金、金银等贵重物品,应由两人以上负责押运,不得委托他人捎带,要保证运送现金的安全、准确、及时。

1. 运出行的核算

运出行收到现金调剂通知,应确定运送现金的数额和类别,由管库员根据调剂通知按币种填制"现金出库单"和"现金调拨单",经库房负责人审核盖章或签字后,办理出库手续。待运钞车押运员和送款人到齐后,办理交接手续。

会计分录为:

借:清算资金往来
　　贷:库存现金

经押运员签章后,出纳登记"现金付出日记簿",将送款单的第一、第二联随同联行的报单交送款员办理出库,送交收款银行。

2. 运入行的核算

运入行接到运出行送来的联行报单、现金调拨单和现金,经查点无误后,据以登记现金收入日记簿,填制"入库券别明细表",并在调拨单回单联上加盖"现金收讫"公章及负责人名章,交送款员带回,留下的单据会计部门据以编制现金收入传票入账。

会计分录为:

借:库存现金
　　贷:其他应付款
借:其他应付款
　　贷:清算资金往来

复习思考题

1. 现金业务如何加强内部控制?
2. 现金出纳工作的基本原则是什么?
3. 现金错款如何处理?
4. 如何加强对库房的管理?
5. 运送现金应注意什么问题?

第 8 章

系统内联行往来业务的核算

8.1 系统内联行往来业务核算概述

8.1.1 系统内联行往来业务核算的意义

系统内联行往来业务是指同一银行系统内部各行、处由于办理支付结算,以及内部资金调拨而发生的资金账务往来,包括商业银行系统内联行往来和中国人民银行系统内联行往来两种。商业银行系统内联行往来又包括资金及电子汇划清算和内部资金调拨两种。以下仅介绍商业银行系统内联行往来业务。

银行是社会资金活动的综合部门,是各单位支付结算的中心,担负着为各单位之间的商品交易、劳务供应、资金调拨等货币清偿的任务。这些任务除一部分需在同一银行完成外,绝大部分在同地区或不同地区的两个银行间进行,这就使银行的支付结算业务及内部的资金调拨不仅仅涉及两个单位的资金清偿,还涉及两个银行间的资金账务往来及其清算,从而形成银行与银行之间的资金账务往来。系统内联行往来为实现银行各项业务的处理创造了条件。跨系统银行资金往来业务往往借助于系统内联行往来业务的操作实现其业务处理。所以,做好系统内联行往来业务的核算,不仅可以加速单位的资金周转,保障支付结算各方的正当权益,而且也有利于商业银行系统内外各行对资金的管理与运用,为企业发展创造条件,进一步推动社会经济发展。随着我国金融市场的深入发展,电子计算机在银行的普及,商业银行的联行业务均由过去的手工操作,改为电子资金汇划及清算,运用先进、快捷的科技手段进行联行业务的操作,不仅减轻了劳动强度,加速了支付结算资金的划拨,而且及时清算了联行业务当事行的资金,保障了各行的经济利益。以下主要介绍电子资金汇划及清算业务。

8.1.2 系统内联行往来的组织体制

银行系统内资金往来业务的处理以银行的组织体系为基础,根据"统一领导,分级管理"的原则,实行业务分级处理、分级负责、分行管理。根据处理业务所涉及的行、处范围,系统内银行资金往来体制可分为以下 3 个部分。

1. 全国联行往来

全国联行往来是同一银行经营管理的各级行、处在全国范围跨省、自治区、直辖市、计划单列市行、处之间进行资金账务往来。按照规定,参加全国联行往来业务的行、处经由总行批准,执行由总行颁发的全国联行行号、联行专用章及联行制度,并由各银行总行负责监督管理及清算。

2. 分行辖内往来

分行辖内往来是同一省、自治区、直辖市内各行、处之间的资金账务往来。因此，分行辖内往来由各银行省、自治区、直辖市的一级分行进行管理。经由各一级分行批准的参加分行辖内资金往来业务的行、处，使用本级联行行号和联行专用章，必须执行各分行制定的分行辖内往来制度，并由各一级分行监督管理。

3. 支行辖内往来

支行辖内往来是同一市、县内各行、处之间的资金账务往来。因此，支行辖内往来由各支行负责管理，进行支行辖内往来业务的行、处，执行由分行批准的各支行制定的支行辖内往来制度，使用辖内联行行号和联行专用章。

8.1.3 系统内联行往来业务的特点

由于各银行的经营范围受限，企业的经济活动、居民的日常经济行为等大多会关系到不同的银行系统，因此，系统内往来业务涉及的范围很广，在银行全部业务中占有很大的比重，在制度执行、监督管理、组织核算、账务处理上有其自身的特点。

1. 会计准则与联行往来制度同时执行

系统内往来业务的核算是银行会计核算的重要内容，必须与其他业务处理、账务组织执行相同的会计准则。但是，系统内往来业务在处理上又不同于其他业务的会计核算，在资金收付、账务处理、监督管理等方面有独立的核算系统，必须在执行统一会计准则的同时，还要执行商业银行总行制定的联行往来制度。

2. 贯彻统一领导、分级管理、集中监督的原则

系统内往来涉及业务范围广、业务量大，业务处理比较复杂，为保证资金安全、划拨迅速、防范风险，因此要对其进行统一领导、分级管理、集中监督的原则。总行、一级分行、二级分行、支行对其辖内行、处的资金往来事项，要严加管理、集中监督。

系统内联行往来的行、处是相互代理收付款项的关系，具体到单笔业务上，联行往来的各行、处在账务处理上均应以相同资金数额作相反记载，如联行业务的起始行记借方，而收受行则记贷方。同时为保证联行业务的安全性，还必须对账务的记载进行及时对账、集中监督。

3. 独特的处理工具和处理方法

系统内联行往来的行、处在进行资金收付与调拨时，需使用相应级别的联行行号、联行专用章和联行密押，具体业务操作时还需使用联行报单。大量的资金往来业务处理过程中，每一个行、处兼具发报行与收报行的双重身份，各行、处往往直接依据报单分别记相应的账簿。账务处理时，同一笔资金划拨，往来的行、处要以相同的金额、相反的借贷方向进行账务处理。

8.1.4 系统内联行往来核算的基本原理

商业银行系统内资金划拨是从"大一统"的银行模式发展而来的，其涉及的范围，既有全国性的联行往来，又有分支行间的联行往来，还有境内外的联行往来，不管哪个层次的联行往来，其主要不同点是在对账环节上。我国联行往来过去在对账上采取"集中对账"和"分散对账"两种方式。"集中对账"主要应用于全国联行往来，联行业务发生后，由两个当事行直接进行往来,由总行集中监督逐笔对账,保证联行往来的正确无误。"分散对账"主要应用于分支行及境内外的联行往来,联行业务发生后,由接收联行资金的银行向发报行发送对账单,由发报行逐笔对账,保证联行往来的正确无误,这种分散对账的方式,直至现在仍在使用。

联行往来的资金划拨涉及两个当事行,即发报行和收报行。发报行是联行业务资金划拨的起始行,收报行是联行资金的收受行。在联行往来业务中,每个银行既是发报行又是收报行。

例如,在全国联行往来中,A 行向 B 行汇款,A 行是发报行,B 行是收受行;而 B 行向 A 行汇款,B 行是发报行,A 行是收受行。发报行记载的是联行业务起始时的资金变化,收受行记载的是接收联行业务时的资金变化。在联行业务核算中,发报行设置"联行往账",收受行设置"联行来账",而发报行的"联行往账"和收受行的"联行来账"是不能混淆的。它们之间的关系如图 8-1 所示。

图 8-1　发报行"联行往账"和收报行"联行来账"之间的关系

从图 8-1 可以看出,一笔联行业务发生,若发报行借记(或贷记)"联行往账",收受行就贷记(或借记)"联行来账"。"联行往账"与"联行来账"永远方向相反、数额相等,共同处在平衡之中。在联行往来没有改革之前,将"联行来账""联行往账",以及其他有关联行科目(如"已核对联行来账""未核销报单款项"科目)看作是总行在办理联行业务的各行、处开立的账户,即总行在发报行设立的是"联行往账",而在收受行设立的是"联行来账",不同地区单位间的支付结算及银行内部的资金调拨,就是借助于这些账户来完成的,总行并没有向该账户拨付资金。

例 8-1　北京市的某工厂通过开户的 A 行将 10 万元人民币用电汇方式汇往上海市 B 行开户某企业(A 行、B 行属同一性质的商业银行)。在这项业务中,A 行是联行业务的起始行,按客户的要求办理电汇,将 10 万元人民币从某工厂在 A 行开立的账户中借记出来,而收款企业在上海,欲将 10 万元人民币转到上海 B 行某企业的账户,需要借助总行的联行账户来完成。该笔业务的资金划拨程序如图 8-2 所示。

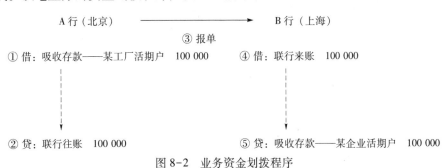

图 8-2　业务资金划拨程序

① A 行将 10 万元借记某企业的存款账户；② 贷记总行在 A 行开立的联行往账，将这 10 万元计入总行的往账上；③ 由 A 行向 B 行发出通知；④ B 行收到通知，知道 A 行已将 10 万元贷记总行在 A 行的"联行往账"中，B 行就从总行的"联行来账"中借记 10 万元；⑤ 转计入上海的某企业活期户。那么总行在 A 行"联行往账"贷记 10 万元，而 B 行又从总行的"联行来账"中借记 10 万元，总行的账户一借一贷，资金并没发生变化。这就是联行往来的基本原理。

联行的这种记账原理在"大一统"的联行体制下，起到了重要的作用。但在市场经济下金融体制的变化，使这种记账原理出现了问题。商业银行是经济实体，尽管在资金上实行总行法人的统一管理，但在资金运行上则采取总行一级法人授权制，即总行根据管理的需要，授权给系统内各级分支机构，由各分支机构代替总行进行资金的具体管理与运作。各分支机构都是独立核算单位，在总行授权的额度内，自己的资金自己使用，任何银行都不得擅自突破。因办理业务或资金调拨而发生银行与银行之间占、欠款项必须及时清算，否则就会影响相关银行分支机构的正常经营。如例 8-1，A 行将 10 万元从单位账户支付出来，贷记了总行的"联行往账"，而总行并没有将这 10 万元收回，致使 A 行计划外占用了他行的资金 10 万元；而 B 行在收到 A 行的通知，从总行在"联行来账"中支付 10 万元，转给收款人。总行也并没有向该账户中拨付一分钱，这 10 万元完全是用 B 行的营运资金垫付的，致使 B 行的营运资金不足而影响正常业务的经营。尽管总行下发了联行汇差资金清算办法，但资金的清算是有时间规定的，在发生联行业务的当时，对于借差行来说，造成营运资金的不足，而贷差行却又在计划外占用了他行的资金，这显然是不公平的。资金汇划清算系统解决了这一问题。

按资金汇划清算系统的规定，联行往来的当事行以分行为基础在总行开立账户，将资金的汇划与银行间的资金清算同步进行，保障了各行的正当权益。资金汇划清算系统操作原理如图 8-3 所示。

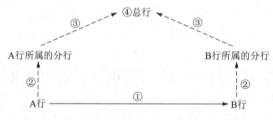

图 8-3 资金汇划清算系统操作原理示意图

如图 8-3，① A 行发生联行业务后，可以直接向 B 行进行汇划；② A 行、B 行通过所属的分行向总行清算联行资金；③ 分行集中辖内的联行业务的资金，及时通过分行在总行的账户向总行清算；④ 总行将资金从贷差行在总行的账户转入借差行的账户，使汇划与清算同步完成。

会计分录为：

A 行	B 行
借：吸收存款——某工厂活期户 100 000	借：清算资金往来 100 000
贷：清算资金往来 100 000	贷：吸收存款——某企业活期户 100 000

A 行所属的分行	B 行所属的分行
借：清算资金往来　　　100 000	借：存放同业——总行户　100 000
贷：存放同业——总行户　100 000	贷：清算资金往来　　　100 000

总行　借：同业存放—— A 行所属的分行户　　　　100 000
　　　　贷：同业存放—— B 行所属的分行户　　　　100 000

从例 8-1 可以看出，改革后的联行核算办法，既有利于单位之间的资金清偿，也有利于系统内各行因办理联行业务引起的资金清算，有效地保障了支付结算各当事者的正当权益。

对于同城间银行支付结算的银行资金的清偿，由于支付结算的收、付款人距离较近，而且同城银行间的资金往来，与异地支付结算相比，无论从数量到内容方面都更胜一筹。为了加快单位的资金周转及分行间的资金清算，已将同城结算中系统内分行辖内往来与跨系统的同城银行间的资金往来归并在一起，参加同城票据交换，直接通过人民银行的票据清算中心清算各行因同城结算引起的占、欠款项。

8.2　资金及电子汇划清算业务的核算

资金汇划清算系统是系统内行、处办理结算资金和内部资金汇划与清算的工具，是集汇划业务、资金划拨业务、结算业务于一体的综合性应用系统。资金汇划清算系统以资金汇划代替传统联行业务，与传统联行管理体制完全不同，又可称为电子资金汇划与清算系统。

8.2.1　资金汇划清算业务的核算

1. 资金汇划清算系统的构成

资金汇划清算系统由汇划业务经办行、清算行、省区分行和总行清算中心通过计算机网络组成，是一种现代化的电子支付系统。经办行是具体办理结算资金和内部资金汇划业务的行、处，汇划业务发生行为发报经办行，汇划业务接收行为收报经办行。清算行是在总行清算中心开立备付金存款账户，办理其辖内行、处汇划款清算的分行，包括直辖市分行、总行直属分行及二级分行。省区分行在总行开立备付金账户，只办理系统内资金调拨和内部资金利息汇划。总行清算中心办理系统内各经办行之间的资金汇划，各清算行之间的资金清算、资金拆借、账户对账等都由该中心核算和管理。

资金汇划清算系统的基本操作程序如下。① 实存资金。以清算行为单位在总行清算中心开立备付金账户，用于资金汇划清算。② 同步清算。发报经办行通过其清算行经总行清算中心将款项划至收报经办行，同时由总行清算中心从清算行备付金账户将资金汇入或付出，从而完成清算行之间的清算。③ 头寸控制。清算行在总行清算中心开立备付金存款账户必须有足够存款，存款不足时二级分行可向其管辖省区分行借款，省区分行或直辖市分行、直属分行可向总行借款。④ 集中监督。总行清算中心对汇划往来数据的接收和发送、资金清算、备付金存款账户的资信情况、行际间查复情况进行监督管理。

资金汇划清算系统中,发报经办行将资金汇划业务要求生成数据,发送至辖属发报清算行,发报清算行将该资金汇划信息传送至总行清算中心,由总行清算中心核查后传输至收报清算行,最后由收报清算行将汇划信息传送给收报经办行,最终完成系统内资金汇划。可见,资金汇划是由经办行通过清算行纵向传播信息,不是两者之间的直接报单传递。资金汇划通过计算机清算系统操作迅速快捷,还有利于总行的监督管理,从而有利于保证资金安全,这与传统的联行业务有很大不同。

2. 资金汇划清算业务的处理

1) 发报经办行的处理

发报经办行是资金汇划业务的发生行,业务发生后,经办人员根据汇划凭证将信息录入计算机系统。

如为贷方报单业务,会计分录为:

借:吸收存款——××活期户
　　贷:清算资金往来

如为借方报单业务,会计分录相反。

业务数据进行复核,按规定授权并检查无误后,产生有效汇划数据,发送至发报清算行。每日营业终了,打印"辖内往来汇总记账凭证"和"资金汇划业务清单",后者作为前者的附件。手工操作时,首先核对数据,然后核对当天原始汇划凭证的笔数、金额合计是否与"资金汇划业务清单"中借贷方报单合计笔数、"辖内往来汇总记账凭证"借贷凭证发生额相同。

2) 发报清算行的处理

发报清算行收到发报经办行传输来的跨清算行的汇划信息后,计算机自动记载"清算资金往来"和"存放同业——总行户"科目。

如收到贷方汇划业务,会计分录为:

借:清算资金往来
　　贷:存放同业——上存总行备付金户

如为借方汇划业务,会计分录相反。

清算行按规定授权、密押后,传输汇划数据信息至总行清算中心并进行账务处理。如果清算行在登记总行备付金账户后发现余额不足,则"存放同业"账户余额可暂时放在贷方处理。但清算行要迅速补充资金或借款来轧平备付金头寸。每日营业终了,清算行会对清算资金往来汇划业务凭证,核对无误后,向总行传输对账数据,其他处理与发报经办行相同。

3) 总行清算中心的处理

总行清算中心收到各发报清算行的汇划信息后,由计算机系统自动登记各清算行的备付金存款户,并将汇划款项传输至发报清算行。

如收到贷方汇划业务,会计分录为:

借:同业存放——××发报清算行户
　　贷:同业存放——××收报清算行户

如收到借方汇划业务,会计分录相反。

清算中心记账时,若发现清算行账户资金不足支付,则强制由总行向资金不足的清算行发放贷款,以保证各行资金的清算。

每日营业终了，各行对计算机生成数据进行备份保管，防止丢失。日终处理和账务核对时，打印备付金存款分析表、资金汇划系统资金流向表、试算平衡表等，以便及时分析当日资金汇划产生的资金流向问题。

4）收报清算行的核算

收报清算行收到总行清算中心传输来的跨清算行的资金汇划信息后，由计算机系统检验收报经办行是否为本清算行的辖属行、处，经审核无误后，自动进行账务处理。该账务信息处理方式分为分散式和集中式两种管理模式。

（1）分散式管理模式。以这种方式管理汇划信息的收报清算行，只负责资金划转，而各项业务的账务核算均在各经办行处理。

若收报清算行收到总行清算中心传输来的单笔汇划业务数据后，要及时传至收报经办行。

如收到贷方汇划业务，会计分录为：

借：存放同业——总行备付金户
　　贷：清算资金往来

如收到借方汇划业务，会计分录相反。

若收报清算行收到总行清算中心传输来的批量汇划业务数据后，先由收报清算行挂账转入"其他应付款"或"其他应收款"账户中。

会计分录为：

如收到贷方汇划业务，借：存放同业——总行备付金户
　　　　　　　　　　　贷：其他应付款——待处理汇划款项户

如收到借方汇划业务，借：其他应收款——待处理汇划款项户
　　　　　　　　　　　贷：存放同业——总行备付金户

次日收报经办行确认后再将信息传至收报经办行。

会计分录为：

如为贷方汇划业务，借：其他应付款——待处理汇划款项户
　　　　　　　　　贷：清算资金往来

如借方汇划业务，借：清算资金往来
　　　　　　　　贷：其他应收款——待处理汇划款项户

（2）集中式管理模式。以这种方式管理汇划信息的收报清算行，负责处理辖属汇划资金信息，还要进行汇出汇款等内部账务的集中管理，是辖属各行的业务处理中心。此时，清算行须在"清算资金往来"科目下设立"全辖户"与"自身户"两个子账户，用于区分全辖业务与自身业务。"全辖户"主要用于核算批量业务来账挂账、与经办行之间的业务往来、代理经办行记账等。"自身户"主要用于核算来账错押的挂账、应解汇款、银行汇票、银行卡、储蓄通存通兑等。

若收报清算行收到总行清算中心传输来的单笔汇划业务数据后，及时记录本身和收报经办行的账务。会计分录与分散式管理模式处理方法相同。

会计分录为：

对贷方汇划业务，借：存放同业——总行备付金户
　　　　　　　　贷：清算资金往来——××收报经办行户

对借方汇划业务，借：清算资金往来——××收报经办行户
            贷：存放同业——总行备付金户

若收报清算行收到总行清算中心传输来的批量汇划业务数据后，日终进行挂账处理，次日由清算行代收报行确认并记账。

会计分录为：

对贷方汇划业务，借：存放同业——上存总行备付金户
            贷：其他应付款——待处理汇划款项户

对借方汇划业务，借：其他应收款——待处理汇划款项户
            贷：存放同业——上存总行备付金户

转账后，将批量汇划业务数据分别按收报经办行清分后，记入收报经办行在收报清算行开立的账户中。

会计分录为：

对贷方汇划业务，借：其他应付款——待处理汇划款项户
            贷：清算资金往来——××收报经办行户

对借方汇划业务，借：清算资金往来——××收报经办行户
            贷：其他应收款——待处理汇划款项户

5) 收报经办行的处理

收报经办行只有在分散管理模式下才进行账务处理。在集中管理模式下，该经办行只需在日终打印有关记账凭证核对账务。

分散管理模式下，收报经办行收到清算行传来的单笔汇划或批量业务汇划信息并确认无误后，打印"资金汇划补充凭证"，进行账务处理。

会计分录为：

如收到收报清算行贷方汇划业务，借：清算资金往来
                        贷：吸收存款——××活期户

如收到借方汇划业务，借：有关科目
                贷：清算资金往来

每日营业终了，打印"辖内往来汇总记账凭证"和"资金汇划业务接收处理清单"，然后与"资金汇划补充凭证"进行核对。

8.2.2 电子汇划业务的处理

电子汇划业务是银行系统内各行、处之间通过资金清算系统进行的异地资金汇划。电子汇划业务以计算机系统和现代化的电子通信设备为载体，实现了全部无纸化的电子信息传递，这与传统联行业务邮寄、接收报单完全不同。电子汇划业务实现了资金汇划与资金清算业务同步进行，有利于加快资金的周转速度，提高银行的资金转账效率。

一级分行的电子资金汇划业务通过系统内的通存通兑直接实现，跨一级分行的电子资金汇划业务通过以清算中心为枢纽的资金清算系统完成。电子资金汇划业务主要分为系统内行、处间的划出款项业务（简称划出业务）与划入款项业务（简称划入业务）。

划出业务又称贷报业务，是指经办行的开户单位为付款人开户行，由于代替对方银行收款引起的款项划出，结算时经办行为付款行而对方银行为收款行。该类业务主要包括汇兑、

银行承兑汇票、委托收款、托收承付等款项的结算和系统内资金的调拨。

划入款项业务又称借报业务，是指经办行由于代对方银行付款引起的款项划入，结算时经办行为收款行而对方银行为付款行。该类业务主要包括系统内按规定扣划款项、银行汇票的解付、信用卡的解付及定期的借记业务等。在电子汇划业务中，发报经办行为汇划款项的发生行，收报经办行为汇划款项的接收行，他们与清算中心构成的计算机网络通过电子传输完成资金划转。

1. 电子汇划业务管理规定

（1）通过网络传输的电子汇划信息为无纸化电子信息，它与纸质汇划凭证具有同等效力。经办行和清算中心均以电子汇划信息为依据进行账务处理。记账所需的凭证、清单、清算日报表等，均由各行、处按核算手续各自打印所需联次，并加盖相应转讫章或附件章。在网络正常情况下，纸质凭证、清单、报表等不再传送。

（2）电子汇划业务通过会计核算系统与资金清算系统直联，将汇划信息在经办行与资金清算部门之间进行传送。查询、查复等事务类信息也比照汇划业务实行网络传送。

（3）参加电子汇划业务信息传输的行、处，应按有关要求加强内部监督与控制，防止汇划业务风险。在具体操作时，要采取合法有效措施，以保证电子汇划业务在录入、复核、发送、接收、查询及传输过程中的准确、安全和及时。

（4）加强对电子汇划业务的密押、专用章、各种相关凭证及内部传递程序的管理。严密各种处理手续，以维护客户和银行双方的正当权益。

2. 划出款项业务处理

划出款项业务是发报经办行办理的业务。当经办行发生划出业务时，业务员认真审核会计凭证无误后，进行相关业务处理，同时准确无误地将划出业务信息录入计算机系统，并以计算机自动生成报单进行账务记载，会计人员审核报单无误加押后发送至清算行。

会计分录为：

借：吸收存款——××活期户

　　贷：清算资金往来——电子汇划款项户

如果该项业务的付款人需要附加清单、证明等非记账凭证，可由经办行将附加清单、证明等录入资金清算系统发送至清算行，再由清算行转发收报经办行，也可由经办行直接将该非记账凭证作为报单附件通过计算机系统转收报行。若计算机当天收到被退回的错误报单时，会计人员即可打印退回待查报文清单，待查明事由后退回待查报文并进行冲账处理，然后重新操作进行款项的汇划。

3. 划入款项业务处理

划入款项业务是收报经办行处理的业务。当收报经办行计算机收到电子汇划信息后，首先核查联行密押是否正确，如果密押不符，计算机系统会针对错误报单自动发出汇划查询，会计人员据此及时作挂账处理。对密押正确的信息做电子汇划联行来账的确认，并审核信息所反映的账号和户名无误后，计算机系统自动记账。

会计分录为：

借：清算资金往来——电子汇划款项户

　　贷：吸收存款——××收款人活期户

如果计算机收到的信息中报单账号正确，户名与系统内户名不符，则由会计人员打印入工辨别清单,根据核对结果进行账务处理,对不能进行辨别的要及时挂账或做报单退回处理。如果计算机收到的信息中账号、户名均不正确或只有户名,对不正确的报单由会计人员打印清算行传输来的未入账补充报单,根据未入账补充报单对该笔款项进行记账、挂账或退回报单处理。对于当日退回的查询事项,由会计人员打印退回待查事务清单,查明事由后对该款项记账处理。对于接收到的查询书应按规定予以答复,对应当转发到其他行、处的报单应及时转发不得延误。

每日营业终了,由会计人员核查计算机信息是否全部处理完毕,若有没有及时处理的信息,查询处理后应及时入账,同时当日打印电子汇划款项汇出清单,核对每日账项,次日打印电子汇划自动入账清单,作为系统自动记账与人工辨别记账的会计凭证,以便备查。

8.3 系统内资金调拨的核算

系统内资金清算系统运营的结算资金为备付金。各清算行和地区行必须在各自总行清算中心开立备付金账户,二级分行也向其管辖分行缴存备付金,备付金用于办理系统内的各项资金汇划和调拨。系统内资金调拨是系统内资金往来的一项重要内容,在调剂资金余缺、防范支付风险、引导业务经营等方面具有十分重要的作用。

系统内资金调拨主要分为实汇资金和资金转户两种方式。实汇资金是指银行系统内的各级行、处通过其在中国人民银行开立的备付金账户,以资金实汇的方式完成上下级之间资金调拨的方式。资金转户是指系统内上下级行之间通过活期定期账户相互转账的方式完成的内部资金调拨的方式。

8.3.1 实汇资金方式的业务核算

1. 上存实汇资金的账务处理

按照规定,上存实汇资金的单位为各分行。各分行依据总行资金调拨通知,向总行提出上存实汇资金申请,并逐级向上级管辖行申请调拨资金;上级管辖行审批后,将资金调拨申请信息上报至总行,总行审批后报送中国人民银行。中国人民银行将审批后的信息传输给各商业银行总行及分行。

商业银行分行收到中国人民银行批准的上存实汇资金信息,编制转账传票进行以下处理。

会计分录为:

借:存放同业——存入总行备付金户
　　贷:存放中央银行款项

转账后,及时向总行发送实汇资金交易信息通知。

总行会计人员根据中国人民银行及所属分行的信息,依据实汇资金交易信息填制贷方会计凭证作为各分行进行开户的账务处理。

会计分录为:

借:存放中央银行款项
　　贷:同业存放——××分行备付金户

2. 下划实汇资金的账务处理

上级行收到下级行资金支取申请并批准后，发布资金调拨通知给会计人员并报送中国人民银行，会计人员收到中国人民银行回单后填制借方会计凭证，然后发送实汇资金交易信息并进行入账处理。以中国人民银行回单作为贷方凭证进行账务处理。

会计分录为：

借：同业存放——××分行备付金户
　　贷：存放中央银行款项

下级行收到中国人民银行收账通知时，会计经办员凭中国人民银行回单填制借方转账凭证，经审核后，再填制贷方会计凭证并做实汇资金交易接收处理。

会计分录为：借：存放中央银行款项
　　　　　　　贷：存放同业——存入总行备付金户

3. 系统内借款的核算

各地区的商业银行营运资金发生不足，可按规定在系统内进行借款，一般由地区分支机构向总行借款，也可在系统内分行之间借款。对于系统内分行之间借款，其处理手续与跨系统资金汇划处理基本相同，以下仅介绍一级分行向总行借款。

1）借入款项的处理

一级分行向总行清算中心借款时，应由借款的一级分行填写借款申请，并经计算机向总行清算中心传送借款申请，总行审批同意借款后，报送中国人民银行办理放款手续。一级分行收到中国人民银行回单后办理转账。

对于一级分行辖内的借款，下级行向上级行提出借款申请时，应逐级向上级管辖行申请，上级行批准后报送中国人民银行，待收到中国人民银行回单后，办理转账手续。

会计分录为：

总行或上级行借出款项时，借：贷款——××行短期户
　　　　　　　　　　　　　贷：存放中央银行款项——备付金存款户

借款银行借入款项时，借：存放中央银行款项——备付金存款户
　　　　　　　　　　　贷：拆入资金——总行或上级行户

2）归还借款的处理

借款到期，借款行归还借款时，由资金管理部门下发借款归还通知，会计人员依据该通知填制借款归还申请，并报送贷款行。借款行收到中国人民银行的通知后，填制特种转账传票借方传票2张、贷方传票1张办理还款的账务处理。

会计分录为：

借款银行还款项时，借：拆入资金——总行或上级行户
　　　　　　　　　　利息支出——系统内借款利息支出
　　　　　　　　　贷：存放中央银行款项——备付金存款户

总行或上级行接收还款时，借：存放中央银行款项——备付金存款户
　　　　　　　　　　　　　贷：贷款——××行短期户
　　　　　　　　　　　　　　　利息收入——系统内贷款利息收入

8.3.2　账户内部划转的会计核算

按照规定，一级分行辖属内各分行存放于上级行的结算资金可设立活期户和定期户，按

规定下级行可将活期账户上的资金向上级行申请转为定期户。

下级行欲将活期存款转为定期存款时,应向上级行提出书面申请。经上级行审查批准后,即可办理资金划转的处理手续。

会计分录为:

上级行会计部门的处理,借:同业存放——××下级行活期存款户
　　　　　　　　　　　　贷:同业存放——××下级行定期存款户
下级行会计部门的处理,借:存放同业——总行或上级行定期存款户
　　　　　　　　　　　　贷:存放同业——总行或上级行活期存款户

复习思考题

1. 什么是系统内联行往来?为什么要做好系统内联行往来核算?
2. 简述系统内全国联行往来核算的特征及其原理。
3. 简述资金汇划清算体系的基本做法及处理程序。
4. 系统内银行间的资金拆借是如何进行的?
5. 系统内联行往来采用电子清算体系的意义是什么?

第 9 章

跨系统银行资金往来业务的核算

9.1 跨系统银行资金往来业务核算概述

9.1.1 跨系统银行资金往来业务的意义

跨系统银行资金往来有广义和狭义之分。广义的跨系统银行资金往来是指商业银行与其他金融机构的资金往来,包括与中央银行的往来、商业银行与商业银行之间的往来、商业银行与非银行金融机构的往来等。狭义的跨系统银行资金往来是指不同系统的银行间由于办理支付结算、代收代付及相互融通资金而发生的资金账务往来,主要是商业银行与中央银行的往来,以及商业银行之间的资金往来。商业银行在实际工作中,只有一部分结算业务能在同一银行系统内实现资金划拨,有的结算业务要涉及不同的商业银行之间的账务往来。此外,中国人民银行在运用货币政策工具,行使中央银行职能的过程中,也会产生与商业银行之间的资金往来,商业银行不仅会按规定向中央银行交付准备金,还会产生商业银行与中国人民银行,以及各商业银行之间的相互融通、调剂资金余缺的情况,这就产生了跨系统银行资金往来。商业银行按照规定正确办理跨系统银行资金往来业务,不仅有助于支持社会资金的周转,加速单位营运资金的使用效率,而且对于及时、正确清算各商业银行间的汇划资金,保障商业银行自主经营能力,维护商业银行的正当权益,以及深化银行改革,完善金融市场等都具有重要意义。

9.1.2 跨系统银行资金往来业务核算的基本规定

(1) 商业银行必须按规定在中国人民银行开立备付金账户,严格划分资金,用于保证日常资金的支付结算。该账户由中国人民银行严格管理,不用于考核法定存款准备金,仅用于向中国人民银行存取现金、资金清算和其他业务日常支付的款项,需要先存后用,不得透支;其存款资金不足时,可通过向上级行调入、向人民银行借款或向同业拆借等方式进行补充。

各商业银行总行在中国人民银行开立的账户属于各商业银行的资产性账户,是备付金和法定存款准备金合一的账户,用以考核法定存款准备金和支付结算。各商业银行应在规定额度范围内向中国人民银行办理资金借入和使用。

(2) 商业银行之间资金融通相互拆借必须通过中国人民银行的存款账户进行核算,不得私自拆借资金,拆借资金到期应还本付息。商业银行之间跨系统汇款、资金划拨和代收代付等业务的资金结算，也应通过中国人民银行账户进行办理。

商业银行之间进行资金清算时，其在中国人民银行的存款账户必须有足够的资金保证支付，相互不能垫付、拖欠资金，其存款账户资金不足时，应迅速按规定的方法补足，以保证资金清算的安全、快捷和高效。

（3）同城商业银行间的票据清算由中国人民银行统一组织和管理，并于规定时间、地点进行票据交换，办理资金清算。交换的票据必须经过事先审核、整理，须有专门的会计人员负责交换。对清算的票据差额资金，及时通过中国人民银行的备付金账户予以清算，不得欠款。

9.2 与中国人民银行资金往来的核算

由于中国人民银行是我国的中央银行，领导管理全国金融业务，通过货币政策发挥宏观调控整个社会经济的作用。为此，要求各商业银行必须按照中国人民银行确定的存款准备金率，将吸收存款的一部分缴存中国人民银行，同时中国人民银行行使货币发行职能，按规定严格控制各商业银行现金的使用量，对超过库存限额的商业银行，必须将超限额的现金缴存中国人民银行，不足时可到中国人民银行支取。商业银行营运资金不足时，可按规定向中国人民银行借款或办再贴现业务。此外，对商业银行之间大额汇划款项，以及各系统异地间银行的结算也必须通过中国人民银行办理等。所有这些都会产生商业银行与中国人民银行之间的资金往来，正确处理与中国人民银行间的资金往来业务核算，是商业银行会计核算的一项重要任务。

为了便于核算商业银行与人民银行间的资金往来，在会计上使用"存放中央银行款项""向中央银行借款"会计科目，并在存放中央银行款项科目下设立了"备付金存款户""缴存中央银行财政性存款""缴存中央银行一般性存款"等分户；在"向中央银行借款"科目下按借款期限分别设立专户予以核算。

9.2.1 向中国人民银行存取现金的核算

商业银行向中国人民银行存入现金时，应填制一式两联"现金缴款单"，连同现金一并交送中国人民银行发行库。中国人民银行收妥款项并登记发行账后，在现金缴款单上加盖"现金收讫"章，并将缴款单的回单联退回商业银行，商业银行以中国人民银行缴款单的回单为记账凭证进行转账。

会计分录为：

借：存放中央银行款项——备付金存款户

　　贷：库存现金

商业银行向中国人民银行支取现金时，应按中国人民银行核定的库存限额和现金计划填写现金支票交送中国人民银行，支取现金数额不得超出在中国人民银行准备金存款的余额。中国人民银行受理后登记现金出库账。商业银行取回现金并以现金支票存根为依据，填制现金收入传票，进行账务处理。

会计分录为：

借：库存现金

　　贷：存放中央银行款项——备付金存款户

9.2.2 向中国人民银行缴存存款的核算

商业银行营业中吸收的存款应按照规定的范围、比例、时间向中国人民银行办理缴存手续。缴存存款的范围分为财政性存款和一般性存款。财政性存款是对商业银行吸收的预算收入、地方财政性存款、部队存款和代理发行国债等，是商业银行代中国人民银行办理的业务，应全部缴存中国人民银行。而一般性存款是对商业银行吸收的企业存款、城乡储蓄存款、农村存款、委托投资后的结余等一般性存款，需按规定的比例缴存一般性存款准备金。缴存的时间为：商业银行应于每旬缴存一次，于旬后的5日内办理调整。缴存的金额以千元为单位，千元以下四舍五入。商业银行缴存存款时，若在人民银行的备付金账户不足支付，对欠缴的款项应按规定的比例缴纳欠款罚金。

1. 缴存财政性存款的核算

1）缴存财政性存款的正常处理

商业银行分支机构吸收的财政性存款全部在其本地缴存中国人民银行。商业银行在办理缴存财政存款时，先根据缴存财政存款科目的余额，编制一式两份"缴存财政性存款余额表"，经核对无误后，填制一式四联"缴存财政性存款划拨凭证"，依据第一联和第二联进行账务处理，第三联和第四联连同盖章后的"缴存财政性存款余额表"一并报送中国人民银行。

会计分录为：

借：存放中央银行款项——缴存中央银行财政性存款
　　贷：存放中央银行款项——备付金存款

商业银行以后再缴存时，应在上次缴存的基础上对缴存的数额进行调整。商业银行调整缴存存款时，先按应缴财政性存款各科目余额与上期已办理缴存的财政性存款各科目余额进行对比，若本期的存款余额大于上期已办理缴存的存款余额，其差额为调增金额。

会计分录为：

借：存放中央银行款项——缴存中央银行财政性存款
　　贷：存放中央银行款项——备付金存款

若本期的存款余额小于上期已办理缴存的存款余额，其差额为调减金额。

会计分录为：

借：存放中央银行款项——备付金存款
　　贷：存放中央银行款项——缴存中央银行财政性存款

若商业银行在缴存时计算有误，则可办理补缴与退缴的手续，会计处理与调增调减存款的方法相同。

2）财政性存款欠缴的处理

商业银行调整应缴存款时，若在中国人民银行的存款余额不足，对实际缴存的金额按照上述缴存的方法核算，但需要在"缴存财政性存款划拨凭证"上"本次应补缴金额"栏中的金额改为"本次能实缴金额"，并在备注一栏内注明本次欠缴金额。然后编制一式四联财政性存款"欠缴凭证"，待收到中国人民银行转来的主动扣缴存款和计收欠缴罚金的传票后，以原来保存的欠缴凭证办理入账手续。主动扣款的分录与缴存时的分录相同。对支付欠缴罚金作以下处理。

会计分录为:
借:营业外支出——欠缴准备金罚款
　　贷:存放中央银行款项——备付金存款

2. 缴存一般性存款的核算

商业银行吸收的一般性存款,按比例全额缴存的手续与缴存财政性存款的手续相同。各商业银行日常经营中一般存款的缴存或调整,一律由各商业银行总行统一向中央银行总行办理调整手续。各商业银行分支机构要在规定的缴存时间,将应缴存的一般性存款各科目余额向总行报送"缴存一般性存款各科目余额表",由总行汇总计算应缴存或调整的金额向中央银行总行办理调整手续。其处理与缴存财政性存款相同。

3. 法定存款准备金的考核

各商业银行总行在中国人民银行开立的账户为法定准备金与备付金合一的账户,该账户余额随总行系统内与跨系统资金调拨、支付结算和其他日常收付款项的变动而改变。因此,为保证资金安全和资金的有效划转,方便中央银行货币政策的执行,中国人民银行要每日对商业银行的法定存款准备金的缴存情况进行核查。其计算公式为:

$$法定存款准备金 = 一般存款准备金 \times 法定存款准备金率$$

每日营业终了,商业银行辖属各行自下至上编制一般存款余额表,由总行统一汇总后报送中央银行,中央银行按一般存款余额表上金额比例考核法定存款准备金,法定存款准备金必须在日终达到上缴要求,对于不足部分,中央银行对商业银行进行罚款处罚。

9.2.3　向中国人民银行借款的核算

1. 借入款项的核算

商业银行在计划额度内,出现资金营运不足或政策性业务需要资金时可向中国人民银行办理借款。中国人民银行对商业银行的贷款主要包括年度性贷款、季节性贷款、日拆性贷款。年度性贷款是指商业银行因办理业务导致的年度信贷资金不足,而向人民银行借入的款项,该款项通过年度性贷款户核算,借款期限一般为1~2年。季节性贷款是指因存款季节性下降、贷款季节性上升或先支后收而导致的商业银行头寸不足,向人民银行借入的款项通过季节性贷款户核算,借款期限一般为2~4个月。日拆性贷款是指商业银行由于未达账项等原因发生的临时资金短缺,通过日拆性贷款户核算,借款期限一般为10~20天。商业银行借款必须严格遵守中国人民银行的贷款规定,按期归还本金和利息。

商业银行向中央银行申请借款时,应提交"中央银行贷款申请书"。经批准后填制一式五联借款凭证,加盖印章后向中央银行办理借款手续。待收到中央银行的收账通知后,编制转账传票进行账务处理。

会计分录为:
借:存放中央银行款项——备付金存款
　　贷:向中央银行借款——××贷款户

2. 计提借款利息

按规定对商业银行向人民银行借入的年度性借款、季节性借款应按权责发生制的要求按月分别计提应付利息。计提应付利息的会计分录为:

借：利息支出——中央银行××贷款利息
　　贷：应付利息——中央银行××贷款利息
实际支付利息时，会计分录为：
借：应付利息——中央银行××贷款利息
　　贷：存放中央银行款项——备付金存款

3. 归还借款的核算

借款到期前商业银行必须足额准备好资金以便到期及时偿还贷款本息。贷款到期，商业银行归还借款时，应填制一式四联还款凭证，并在第二联上加盖预留在中央银行的印章，送交中央银行办理借款资金归还手续。待收到中央银行退回的还款凭证后，编制转账传票进行账务处理。

会计分录为：
借：向中央银行借款——××贷款户
　　利息支出——中央银行贷款利息
　　贷：存放中央银行款项——备付金存款

9.2.4　再贴现业务的核算

再贴现是中央银行对商业银行的一种融资行为。再贴现是指商业银行将已贴现而尚未到期的承兑汇票转让给中央银行，中央银行从汇票面额中按贴现率扣除相应的利息后，以其差额向商业银行融通资金的一种方式。再贴现的票据无论是商业承兑汇票或银行承兑汇票，票据的出票人、付款人、承兑人都有到期支付票款的责任，因而在一定程度上保证了再贴现票款能够到期收回。此外，再贴现是中央银行调节货币供应量、实施货币政策的重要手段，通过提高或降低贴现率，可以影响商业银行对企业单位办理贴现业务，从而达到放松或收紧银根的目的。凡是在中国人民银行开有准备金账户的各商业银行均可以按规定开展再贴现业务。

商业银行向中央银行申请再贴现时，应填写一式五联再贴现凭证，第一联加盖预留中国人民银行印章，连同背书过的商业承兑汇票或银行承兑汇票一同送交中国人民银行。中国人民银行经审核同意后，计算贴现利息和相应的贴现金额，将第四联盖章后作为收账通知交付商业银行，第五联为到期卡和再贴现票据，由中国人民银行留存。商业银行收到再贴现通知后入账。

会计分录为：
借：存放中央银行款项——备付金存款户
　　利息支出——中央银行××汇票再贴现利息
　　贷：向中央银行借款——××汇票再贴现户

对于商业银行支付的再贴现利息，应按规定按月进行分摊，分摊的方法与贷款业务的贴现利息的分摊方法相同。

再贴现汇票到期，再贴现中国人民银行可作为持票人直接向付款人收回票款。如果再贴现中国人民银行收到付款人或承兑银行的抗辩通知书，应向办理再贴现的商业银行追索再贴现的票款，即从申请再贴现的商业银行账户收回票款。

会计分录为：

借：向中央银行借款——××汇票再贴现户
　　贷：存放中央银行款项——备付金存款

9.3　商业银行间资金往来的核算

商业银行间资金往来是指跨系统的商业银行之间由于办理异地结算转汇、资金拆借、票据交换等业务所引起的资金账务往来。系统内或参加资金汇划清算系统的商业银行，其异地结算可以通过系统内联行往来或资金汇划清算系统划拨款项。对于非同一系统内的银行或未建立联行资金汇划清算系统的银行，它们与其他银行之间的账务往来不能直接进行资金汇划，必须通过转汇。在开通电子联行的地方，通过电子联行转汇；在未开通电子联行的地方，通过中国人民银行的手工联行转汇。当涉及小额资金的划转时，跨系统的商业银行可以相互转汇，但最终还是要通过在中国人民银行开立的准备金存款账户清算同业往来的差额。

9.3.1　商业银行异地转账结算转汇处理

由于商业银行异地转账结算所涉及的银行较为复杂，其中有相当一部分会涉及跨系统银行的两个客户，而银行的联行制度规定：对跨行的结算业务须用转汇的方式转为系统内的两行予以处理。这就产生了商业银行异地转账结算的转汇业务。为了加强人民银行的管理力度，各商业银行对于行内每日处理的每笔金额达 1 000 万元（含）以上的异地大额支付的款项以及 100 万元（含）以上的大额省际支付的款项均应按规定的时间向人民银行予以报送。对商业银行的转汇业务，由于涉及两个不同性质银行的资金清算，而该清算必须通过中国人民银行的备付金账户进行，因此该项业务的处理需视付款行所处环境的不同而采取不同的方式。具体分为汇出地为双设机构地区、汇出地为单设机构地区、汇出行和汇入行均为单设机构地区等 3 种处理方式。

1）汇出地为双设机构地区汇划的处理

汇出地为双设机构地区是指汇出地区既设有商业银行的分支机构，又设有中国人民银行的分支机构。此时可采用先横后直的方法办理银行间的资金汇划，即先通过当地的中国人民银行进行跨系统的商业银行间的横向转汇，再进行系统内的异地行的直接汇划。以下举例说明商业银行办理转汇的处理。

例 9-1　甲地农业银行开户单位申请将 100 000 元人民币汇往乙地工商银行开户单位。若甲地区为双设银行机构地区，则甲地农业银行须通过当地中国人民银行机构将 100 000 元人民币转汇到甲地工商银行，由甲地工商银行再直接向乙地工商银行办理 100 000 元人民币汇款。在这中间甲地农业银行为转汇行，甲地工商银行为代理行，乙地工商银行为收款行。其汇划程序如图 9-1 所示。

转汇行根据客户填写的汇款凭证，以跨系统的代理行为对方银行填写转汇清单，通过同城票据交换或直接交给代理行，然后由所在地跨系统代理行通过该系统内联行汇出款项，由异地的汇入行解付该款项。

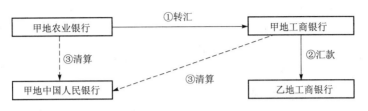

图 9-1　汇出地为双设机构地区汇划程序示意图

付款行（甲地农业银行）的会计分录为：
借：活期存款——××活期户　　　　　　　　　　　　　　100 000
　　贷：存放中央银行款项　　　　　　　　　　　　　　　　100 000
　　　　或清算资金往来　　　　　　　　　　　　　　　　　100 000
代理行（甲地工商银行）的会计分录为：
借：存放中央银行款项　　　　　　　　　　　　　　　　　　100 000
　　或清算资金往来　　　　　　　　　　　　　　　　　　　100 000
　　贷：其他应付款——代××行转汇户　　　　　　　　　　100 000
代理行汇出款项时会计分录为：
借：其他应付款——代××行转汇户　　　　　　　　　　　　100 000
　　贷：存放同业——总行户　　　　　　　　　　　　　　　100 000
汇入行（乙地工商银行）的会计分录为：
借：存放同业——总行户　　　　　　　　　　　　　　　　　100 000
　　贷：活期存款——××活期户　　　　　　　　　　　　　100 000

2）汇出地为单设机构地区汇划的处理

汇出地为单设机构地区是指跨系统业务所涉及的双方商业银行，汇出行所在地没有中国人民银行分支机构，而汇入行所在地既设有商业银行分支机构，又设有中国人民银行分支机构。此时可采用先直后横的方法办理资金汇划，即先将汇款通过系统内联行汇往汇入行所在地区的本系统银行的分支机构（代理行），由异地本系统银行通过当地中国人民银行再将汇款转汇入行。仍以例 9-1 中农业银行和工商银行办理转汇为例，若甲地农业银行需要汇划资金到乙地工商银行，它需要通过乙地农业银行进行转汇。其汇划程序如图 9-2 所示。

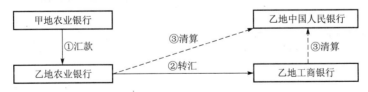

图 9-2　汇出地为单设机构地区汇划程序示意图

甲地农业银行根据客户填写的汇款凭证，将款项通过系统内联行往来汇往乙地农业银行，然后，由乙地农业银行通过乙地中国人民银行将款项转乙地工商银行。

付款行（甲地农业银行）的会计分录为：
借：活期存款——××活期存款户
　　贷：存放同业——总行户

代理行（乙地农业银行）的会计分录为：
借：存放同业——总行户
　　贷：其他应付款——代××行转汇户
向汇入行转汇时，会计分录为：
借：其他应付款——代××行转汇户
　　贷：存放中央银行款项
　　　　或清算资金往来
汇入行（乙地工商银行）的会计分录为：
借：存放同业款项
　　或清算资金往来
　　　贷：活期存款——××活期存款户

3）汇出、汇入地均为单设机构地区汇划的处理

汇出行和汇入行均为单设机构地区的商业银行跨系统汇划款项时，应通过第三方设有双设机构地区的商业银行办理。例如，甲地农业银行需将资金汇往乙地工商银行，而甲地与乙地均为单设银行机构地区。则甲地农业银行需借助于设有双设机构的丙地区代办转汇，采取先直后横再直的方式处理。即先通过本系统联行往来将款项划转到丙地区的代转商业银行，丙地区的代转行收到划来款项信息，经审核无误后，将款项通过中国人民银行划转到跨系统的代转行，再由该代转行通过系统内联行将款项转入同系统的汇入行。以农业银行和工商银行办理转汇为例，其划汇程序如图9-3所示。

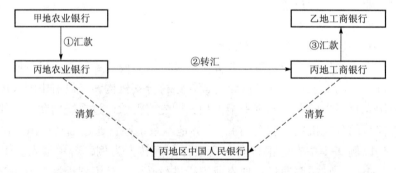

图9-3　汇出、汇入地均为单设机构地区汇划程序示意图

付款行（甲地农业银行）的会计分录为：
借：活期存款——××活期存款户
　　贷：存放同业——总行户
代转行（丙地农业银行）①的会计分录为：
借：存放同业——总行户
　　贷：其他应付款——代××行转汇户
向系统内银行提交转汇资料时，会计分录为：
借：其他应付款——代××行转汇户
　　贷：存放中央银行款项
　　　　或清算资金往来

代转行（丙地工商银行）②的会计分录为：
借：存放中央银行款项
　　或清算资金往来
　　　贷：其他应付款——代××行转汇户
向汇入行转汇时，会计分录为：
借：其他应付款——代××行转汇户
　　　贷：存放同业——总行户
收款行（乙地工商银行）的会计分录为：
借：存放同业——总行户
　　　贷：活期存款——××活期存款户

9.3.2　商业银行间资金拆借的核算

商业银行之间因为临时性和季节性的资金短缺可以相互融通调剂，以利于业务经营，这就产生了同业拆借。凡是商业银行由于清算票据差额、系统内资金调拨，或者其他原因等引起的临时性资金不足，均可办理商业银行之间短期资金借贷业务。同业拆借既可促使商业银行间资金的横向融通，保证商业银行经营中的临时资金需要，又可促进金融市场的发展。按照规定，同业拆借可以发生在同业拆借市场，也可以在同城或异地商业银行间进行，但是商业银行拆出、拆入的资金都必须通过中国人民银行的备付金账户办理，以保证融通资金的安全和及时划转到位。

1. 同城银行拆借款项的处理

同城商业银行拆借资金前，由拆借双方银行签订资金拆借协议，约定拆借金额、期限、利率等。并由拆出银行开具转账支票提交其开户的中国人民银行，待收到中国人民银行回单后，双方银行再进行账务处理。

1）拆出款项的处理
会计分录如下。
（1）拆出行的处理。
① 拆出资金时，借：拆出资金——××拆入行户
　　　　　　　　　　贷：存放中央银行款项
② 期末确认应收利息时，借：应收利息——同业拆借利息
　　　　　　　　　　　　　贷：利息收入——同业拆借利息
（2）拆入行的处理。
拆入行收到中国人民银行的收账通知后，做拆入资金账务处理。
① 收到拆入资金时，借：存放中央银行款项
　　　　　　　　　　贷：拆入资金——××拆出行户
② 期末确认应付利息时，借：利息支出——同业拆借利息
　　　　　　　　　　　　　贷：应付利息——同业拆借利息

2）归还借款的处理
双方拆出协议到期，拆入行归还借款时，应将借款本息一并通过中国人民银行归还拆出行。拆入（出）行收到中国人民银行还款回单后进行账务处理。
会计分录如下。

(1) 拆入行的处理。
借：拆入资金——××拆出行户
　　应付利息——同业拆借利息
　　利息支出——同业拆借利息
　贷：存放中央银行款项
(2) 拆出行的处理。
借：存放中央银行款项
　贷：拆出资金——××拆出行户
　　　应收利息——同业拆借利息
　　　利息收入——同业拆借利息

2. 异地银行拆借款项的处理

异地商业银行间进行资金拆借时，拆出行通过开户的中国人民银行将款项汇往拆入行开户的中国人民银行，再由中国人民银行转入拆入行备付金账户。归还拆借款项时，由拆入行将借款本息一并通过中国人民银行汇给拆出行。拆出款项的处理程序如图9-4所示。

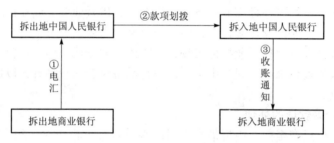

图9-4　异地银行拆出款项的处理程序

注：① 拆出地商业银行向异地银行拆出款项时，按照规定向开户的中国人民银行办理电汇汇款；② 拆出地中国人民银行向异地拆入地中国人民银行拍发电报；③ 拆入地中国人民银行向拆入行发出收账通知。

1) 异地拆出款项的处理

商业银行异地拆出款项时，由拆出行通过中国人民银行向拆入行办理电汇汇款，其账务处理是拆出行依据中国人民银行的汇款回单办理转账，同时按月确认应收利息。

会计分录如下。

(1) 拆出行的处理。

① 拆出资金时，借：拆出资金——××拆入行户
　　　　　　　　贷：存放中央银行款项

② 确认应收利息时，借：应收利息——同业拆借利息
　　　　　　　　　贷：利息收入——同业拆借利息

拆出地中国人民银行的处理，借：××商业银行存款——××拆出行户
　　　　　　　　　　　　　贷：电子联行往账

拆入地中国人民银行的处理，借：电子联行来账
　　　　　　　　　　　　　贷：××商业银行存款——××拆入行户

(2) 拆入行的处理。

① 收到拆入资金时，借：存放中央银行款项
　　　　　　　　　贷：拆入资金——××拆出行户

② 确认应付利息时，借：利息支出——同业拆借利息
　　　　　　　　　　　贷：应付利息——同业拆借利息

2）拆入行归还借款的处理

借款到期，拆入行归还到期借款本息时，由拆入行以相同的电汇方法通过中国人民银行办理，只不过方向相反。

会计分录为：

拆入行偿还借款本息时，借：拆入资金——××拆出行户
　　　　　　　　　　　　　利息支出——同业拆借利息（未提利息）
　　　　　　　　　　　　　应付利息——同业拆借利息（已提利息）
　　　　　　　　　　　贷：存放中央银行款项

拆入地中国人民银行的处理，借：××商业银行存款——××拆入行户
　　　　　　　　　　　　　贷：电子联行往账

拆出地中国人民银行的处理，借：电子联行来账
　　　　　　　　　　　　　贷：××商业银行存款——××拆出行户

拆出行的处理，借：存放中央银行款项
　　　　　　　贷：拆出资金——××拆入行户
　　　　　　　　　应收利息——同业拆借利息（已提利息）
　　　　　　　　　利息收入——同业拆借利息（未提利息）

9.4　票据交换业务的核算

9.4.1　票据交换业务的意义和有关规定

1. 票据交换业务的意义

票据交换业务又称票据清算业务，是指中国人民银行管辖范围的各商业银行，在统一规定的时间、在预先确定的场所交换结算凭证，清算联行差额的业务。由于日常同城（或同一地区）结算业务的数量、种类较多，而且绝大部分的结算业务会涉及不在同银行、同系统银行开户的两个单位，且这些单位具有距离近、交易频繁等特征，对中国人民银行分支机构管辖范围的各商业银行均可按照规定采取票据交换完成同一地区的结算业务，并清算两个银行的资金。通过票据交换业务，不仅可以简化同城或同一地区银行的结算处理手续，加快单位的资金周转，使银行更快捷地为社会服务，而且可以及时清算同一地区商业银行的资金，保障各商业银行自主经营的能力与权益。同时，还可以进一步增强中国人民银行对商业银行的管理力度，这对于银行业的深入发展具有重要意义。

2. 票据交换业务的有关规定

票据交换的基本规定及原理如下。

（1）票据交换的主办行是当地的人民银行的派出机构，直辖市可由当地人民银行委托一家商业银行，或当地商业银行招标，由应标银行代替人民银行行使票据清算工作。

（2）参加票据交换的当事者包括：提出票据行（向他行提出票据的银行，票据交换的起始行）、收回票据行（从他行提进票据的银行，交换票据的收受行）和票据清算所（也称

交换所,是各行交换结算凭证、清算联行差额的场所)。

(3) 经批准参加票据交换的各商业银行必须在人民银行开立备付金账户,并由管辖的中国人民银行颁布清算号,凡是有清算号的银行均可参加票据交换。

(4) 票据交换的结算凭证按性质分为代收票据和代付票据两种。若提出票据行提出票据时,本行的开户单位起始于付款人开户行,支付他行款项的结算凭证为代收票据,如出票人提交的转账支票、商业承兑汇票或银行承兑汇票到期的付款凭证等;若本行的开户单位起始于收款人开户行,从他行收取款项的结算凭证为代付票据,如收款人提交的转账支票、银行汇票、银行本票等。

(5) 参加票据交换的各银行,既是提出票据行又是收回票据行,其核算的原理如下。

提出票据行提出的票据=收回票据行收回的票据
提出票据行提出的代收票据=收回票据行收回的代收票据
提出票据行提出的代付票据=收回票据行收回的代付票据
各行的应收差额合计=各行的应付差额合计

9.4.2 票据交换的具体操作

1. 提出票据行的处理

提出票据行是票据交换的起始行,在整个交换业务中起关键性的作用,其工作质量影响整个交换业务的顺利进行。其提出票据前有以下几项工作。

(1) 对准备提出交换的凭证,经审核无误后,认真区分代收、代付票据,分别登记"提出代收代付票据交换登记簿"。

(2) 对提出的凭证联,分别代收、代付票据,按提入行的行别进行清分,填写"交换代收(代付)票据通知单"以便进行交换。

(3) 依照交换票据通知单填写"提出代收(代付)票据清单"。

(4) 分别汇总提出的代收、代付票据的总金额和笔数,填写"清算总数表"(见表9-1)。

表9-1 清算总数表

清算总数表

年　月　日　　　　　　　　　　　　　　　　第　场

借 方			贷 方		
项目	笔数	金额	项目	笔数	金额
提出代收款			提出代付款		
收回代付款			收回代收款		
合计			合计		
应收差额			应付差额		

清算单位:　　　　　　　　　　　　　　　　　　　　　　清算号:

以上各项工作完成后,必须认真审核无误,才可在规定的时间到交换所进行交换。

提出代收(代付)票据登记簿的合计笔数及金额=交换代收(代付)票据通知单的合计笔数及金额

提出代收(代付)票据登记簿的合计笔数及金额=提出代收(代付)票据清单的合计

笔数及金额

提出代收（代付）票据通知单的合计笔数及金额＝提出代收（代付）票据清单的合计笔数及金额

2. 交换所的处理

交换所由中国人民银行管理，是参加票据交换的各银行交换票据、清算资金的场所。目前，随着市场经济的发展，各地的做法不一，有的仍然是由各银行的交换员带着交换的凭证到交换所去交换票据，而有些业务量大的地区则采取由计算机公司承包代办交换，即由计算机公司负责取送交换票据。不管做法如何，其原理是相同的，就是将各行清分的票据按提入行进行归集汇总后，将各行提入的票据分别代收、代付的笔数和金额，填入"清算总数表"，并结出各行的清算差额，并由中国人民银行当场结平本场的清算差额后，将各提入行提入的票据交各提入行带回记账。以下举例说明交换所清算差额的结平。

例 9-2 2018 年 3 月 2 日某地区第一场交换票据发生以下清算业务。

（1）工商银行某支行向农业银行提出代付票据 14 张，金额为 322 000 元，提出代收票据 15 张，金额为 272 300 元。

（2）农业银行某支行向工商银行提出代付票据 11 张，金额为 126 000 元，提出代收票据 10 张，金额为 186 200 元。

根据以上业务填写该两银行的总数表，如表 9-2、表 9-3 所示。

表 9-2　工商银行某支行清算总数表

清算总数表

2018 年 3 月 2 日　　　　　　　　　　　　　　　　　　　　第 1 场

借方			贷方		
项目	笔数	金额	项目	笔数	金额
提出代收款	15	272 300	提出代付款	14	322 000
收回代付款	11	126 000	收回代收款	10	186 200
合计	26	398 300	合计	24	508 200
应收差额		109 900	应付差额		

清算单位：工商银行某支行　　　　　　　　　　　　　　　　清算号：×××

表 9-3　农业银行某支行清算总数表

清算总数表

2018 年 3 月 2 日　　　　　　　　　　　　　　　　　　　　第 1 场

借方			贷方		
项目	笔数	金额	项目	笔数	金额
提出代收款	10	186 200	提出代付款	11	126 000
收回代付款	14	322 000	收回代收款	15	272 300
合计	24	508 200	合计	26	398 300
应收差额			应付差额		109 900

清算单位：农业银行某支行　　　　　　　　　　　　　　　　清算号：×××

若参加票据交换的银行仅上述两家,则按其核算的原理:

工商银行某支行提出代收款 272 300 元＝农业银行某支行收回代收款 272 300 元
工商银行某支行提出代付款 322 000 元＝农业银行某支行收回代付款 322 000 元
农业银行某支行提出代收款 186 200 元＝工商银行某支行收回代收款 186 200 元
农业银行某支行提出代付款 126 000 元＝工商银行某支行收回代付款 126 000 元
工商银行某支行应收差额合计 109 900 元＝农业银行某支行应付差额合计 109 900 元

每场交换票据的应收差额合计与应付差额合计必须相等,以示本场的交换业务准确无误。

票据交换后,各商业银行支行认真审核本行提入的票据,经审核无误后,登记"提入交换票据登记簿"。并将本行提入的票据及清算总数表带回本行,予以处理。

3. 提入票据的处理

商业银行各支行依据票据清算表的差额,编制一式四联的"清算差额划拨凭证",将其中有关两联凭证转中国人民银行,另外两联凭证进行账务处理。

以例 9-2 中的工商银行为例,进行账务处理。

(1) 若提入票据均为支行的,会计分录为:

借:存放中央银行款项
　　贷:吸收存款——各单位借贷差额

(2) 若工商银行某支行提入的票据中有 8 张借方传票,金额合计为 108 200 元;6 张贷方传票,金额合计为 127 400 元,为支行记账的传票,其余提入的凭证为基层所记账的传票。

1) 支行的处理

若清算差额为应收差额,则会计分录为:

借:存放中央银行款项——备付金账户　　　　　　　　　　　　　109 900
　　贷:吸收存款——各单位借贷差额(127 400-108 200)　　　　　 19 200
　　　　清算资金往来　　　　　　　　　　　　　　　　　　　　　90 700

若清算差额为应付差额,行、处则做相反的会计分录。

转账后,将基层行、处提入的票据分别转商业银行相关的基层行、处。

2) 基层行、处的处理

工商银行基层行、处收到支行转来的提入票据,经审核无误后,进行以下处理。

若只有一个基层行、处时,会计分录为:

借:清算资金往来　　　　　　　　　　　　　　　　　　　　　　　90 700
　　贷:吸收存款——各单位借贷差额　　　　　　　　　　　　　　　90 700

若有多个基层行、处时,各基层行、处账务处理的合计仍应等于以上分录中的金额。

复习思考题

1. 跨系统资金往来核算有什么规定?
2. 商业银行为什么要向中国人民银行缴存存款?如何办理缴存手续?
3. 商业银行如何办理同业拆借款项?

4. 什么是再贴现？商业银行如何办理再贴现？
5. 商业银行异地跨系统资金往来为什么要办理转汇？
6. 同城票据清算包括哪些内容？

计 算 题

（练习票据交换业务处理）

2018年5月12日，某银行发生以下票据交换业务：由本行提出转账支票35张，金额565 000元，提出商业承兑汇票3笔，金额655 000元；从他行提入转账支票22张，金额685 000元，提入银行承兑汇票1笔，金额1 220 000元。试计算该行的清算差额，并写出会计分录。

第 10 章

代理业务的核算

10.1 代理业务核算概述

10.1.1 银行代理业务的意义

银行代理业务是指商业银行接受政府、中国人民银行、其他银行、非银行金融机构及居民个人的委托，以代理人的身份为其办理指定的经济事务或提供金融服务的业务。代理业务的种类较多，包括代理中国人民银行业务、代理证券业务、代理保险业务、代理基金业务、代理信托业务，以及代理收款和代理付款业务等。代理业务是典型的中间业务，在办理代理业务的过程中，客户的财产所有权不变，银行只是充分运用自身的信誉、信息等资源优势，代替客户行使监督管理权，并提供各项金融服务；银行不动用自己的资产，也不为客户垫款，更不参与收益的分配，只是收取代理手续费，因而属于风险度较低的中间业务。目前，商业银行代理业务的服务范围十分广泛，并随着经济和金融业的发展，不断地推出创新品种，以个人金融服务为核心的个人理财业务正逐步成为我国银行代理业务发展的方向。

代理业务是银行中间业务的重要组成部分，对银行、客户和社会经济都具有重要意义。从银行的角度，开展代理业务有利于提高银行的盈利能力，分散经营风险。代理业务可以给银行带来可观的手续费收入，是增加银行效益的一项主要业务。同时，代理业务加强了银行与客户之间的联系，便于资产、负债业务的开展。另外，代理业务是以中介的方式开展的，其风险主要由委托人承担，具有一定的安全性，有益于银行的稳健经营。从客户的角度，他们仅需支付一定的手续费，即可获得商业银行提供的专业化金融服务，或者利用银行网点的便利性来弥补自身代理机构的不足，减少了委托人的高额投入。从整个社会的角度，代理业务可以实现社会资源的充分利用和优化配置，推动社会经济的高效运作和快速发展。

10.1.2 银行代理业务核算的原则

1. 安全性

过去商业银行在进行代理业务时，往往遵循支付结算中"银行不垫款"的原则。但是，随着金融创新力度的不断加大，商业银行代理业务在不运用或少运用自有资金方面也发生了很大的变化。目前，越来越多的代理业务要求代理银行以某种形式垫付一部分资金，从而形成了商业银行的或有资产、或有负债，进一步加剧了商业银行代理业务风险的不确定性。因此，商业银行在开展代理业务时，除了要尽量减少垫付资金的使用外，还应对客户申请业务所提供的单证进行详细的审核，经确认无误后再办理，避免因欺诈行为给银行带来损失。

2. 独立性

根据委托人的不同，代理业务可以分为许多种类，商业银行应针对委托种类的不同设置不同的账户进行单独核算，在委托种类相同时，设置不同的明细科目加以区分，以保证资金划拨的准确性。例如，商业银行在开展代理证券业务时，分别设置了"代理承销证券款""代理买卖证券款""代理兑付证券款"等科目，对不同用途的资金加以区分。在开展代理基金业务时，商业银行则通过在"其他应付款""其他应收款"等科目下设置不同的明细科目对客户的资金进行分类，如"代理基金认购""代理基金申购""代理基金赎回"等。

3. 盈利性

效益是银行开展经营活动的主要目的，因此，银行在开展代理业务时，同样不能忽视盈利性的需要。在开展某项代理业务之前，应对其成本和收益进行认真的测算，对于收益大于成本的代理业务，应加大其宣传力度，促进其发展，而对于收益小于成本的代理业务，则应予以取消。但也有例外的情况，虽然有些代理业务的业务量不大、盈利性不强，但却体现了商业银行的社会责任，有助于商业银行的形象塑造。例如，代发工资业务，就其业务本身并不能给商业银行创造更多的经济利益，但通过代发工资可以提升商业银行的公众形象。对于这类业务，银行应继续开展，发挥其滚动效应和联动效应。

10.1.3 代理业务核算的基本要求

1. 认真执行法律、法规，维护当事者的合法权益

代理业务范围广，所涉及的当事者较为复杂，除了代理银行以外，还有中国人民银行、社会各单位、国家及个人。银行办理代理业务时，必须按照金融法律、法规的要求，维护各当事者的合法权益。作为当事者的代理银行是服务机构，要按照规定的费率收取手续费及佣金，而社会各单位、国家及个人是代理业务的受益者，也应按要求缴纳费用。各当事者都必须重合同、守信用，认真执行法律、法规，以维护当事者的正当权益。

2. 防范代理风险，完善内控机制

商业银行在办理代理业务过程中，尽管不运用或不直接运用自有资金，不会形成或不能直接形成自身的资产负债，因此，一般不会直接承担风险损失，但也会承担一些间接性风险，如代理国库、代理发行库、代理金银等业务时，其手续不严、保管不善等都会给银行带来风险损失。因此，银行应加强对代理业务的统一规范化管理，凡是以代理形式开办的业务必须坚持合同的书面化，一方面与被代理方签订代理合同，明确被代理方、银行在代理活动中的权利与义务；另一方面还要根据被代理方的授权与客户订立服务合同。同时，还要按照规定加强对手续费的管理，代理业务的手续费收入必须纳入银行经营收入，反映经营成果，不得搞账外账、小金库。此外，为了加强对手续费的管理，银行办理的所有代理业务，都要有专人负责，除设置表外科目核算外，还应按内控的要求设置相应的登记簿，并且定期或不定期进行专门核对，以降低代理业务的风险损失。

10.2 代理中国人民银行业务的核算

商业银行代理中国人民银行业务是指根据政策、法规的规定应由中央银行承担，但由于机构设置、专业优势等方面的原因，由中央银行指定或委托商业银行承担的业务，主要包括代理国库业务、代理发行库业务、代理金银业务。

10.2.1 代理国库业务

1. 代理国库业务核算的意义和基本要求

1) 代理国库业务核算的意义

国库即国家金库,是负责办理国家预算收支的机关。国库担负着办理国家预算资金的收纳和国库款项的支拨,反映国家预算执行情况的重要任务,是国家预算执行的一项基础工作。根据《中华人民共和国中国人民银行法》的规定,经理国库业务是中国人民银行履行的一项重要职责。凡国家的一切预算收入,都必须按期交入国库,任何单位不得截留或者自行保管;一切财政预算支出,一律凭各级财政机关的拨款凭证,通过国库统一办理。因此,国库工作对我国的经济具有重要的意义,应当正确办理国家财政预算资金的收支,及时反映和监督国家预算的执行情况,以确保财政预算资金的及时、集中和灵活调度,实现财政、信贷收支的平衡。

2) 代理国库业务核算的基本要求

目前,我国采取招标制来选择开展代理国库业务的商业银行,即由商业银行提出书面申请,经中国人民银行有关部门审查后,认为符合代理条件的,才可以开展国库代理业务。未经中国人民银行批准,任何商业银行不得代理国库业务。经批准办理国库业务的商业银行必须严格按国库业务的各项规定,加强国库业务管理,准确、及时地办理国库业务;负责对辖内各分支机构和其他金融机构办理的乡(镇)国库及国库经收业务进行监督、管理、检查和指导。

我国国库会计管理遵循规范性、全面性和时效性的原则,通过严格执行会计核算与管理的各项制度,实现国库会计的规范化,并实行风险防范关口前移,注重事前审核和事中控制,做到早预防、早发现,及时整改。我国国库会计实行"垂直领导,分级管理"的办法,上级国库对下级国库的会计工作负有组织、检查、指导的职责,各下级国库也必须根据上级国库的要求规范会计行为,并定期报告工作情况。

2. 国库集中收付制度及国库单一账户体系

1) 国库集中收付制度及管理

国库集中收付制度是指以国库单一账户体系为基础,将所有财政性资金都纳入国库单一账户体系管理,收入直接缴入国库和财政专户,支出通过国库单一账户体系支付到商品和劳务供应者或用款单位的一项国库管理制度。

实行国库集中收付制度,改革以往财政性资金主要通过事业单位设立多重账户分散进行缴库和拨付的方式,有利于提高财政性资金的拨付效率和规范化运作程度,有利于收入缴库和支出拨付过程的有效监管,有利于事业单位用款及时和便利,增强了财政资金收付过程的透明度,解决了财政性资金截留、挤占、挪用等问题。

国库集中支付管理的重点:一是严格零余额账户转账管理。零余额账户只能用于本级开支;预算单位不得违反规定从零余额账户向本单位其他账户和系统内其他单位账户支付资金。二是严格零余额账户提现管理。原则上,预算单位项目支出实行财政直接支付;确需使用现金的,应按要求办理项目支出现金使用报批手续。省财政按照政策规定,从严控制,分项审批,动态监控预算单位零余额账户提现情况,对预算单位申请项目支出现金使用超出财政审批额度的,一律不予办理。三是严格资金归垫管理。单位资金归垫,是指预算单位在预算指标下达之前，用本单位实有资金账户资金垫付相关支出，待正式预算指标下达后，再通过财政授权支付方式或财政直接支付方式将资金归还原垫付资金账户的行为。一般情况下，预算单位必须按照规定程序，以财政直接支付或财政授权支付方式支付财政资金，不得违反规定通过本单位实有资金账户支付财政资金。

有下列特殊情况之一的，在履行备案手续后允许垫付资金：① 经省政府、中央有关部委批准并限时开工的基建投资项目支出；② 重大紧急突发事项支出；③ 其他需要垫付的支出。

2）国库支付账户体系

按照财政国库管理制度的基本要求，国库建立单一账户体系，所有中央财政性资金都纳入国库单一账户体系管理，收入直接缴入国库或财政专户，支出通过国库单一账户体系支付到商品和劳务供应者或用款单位。

（1）国库存款账户（又称国库单一账户）。财政部门在当地中国人民银行的分支机构或中国人民银行批准的国库代理行开设国库存款账户，用于核算和反映纳入预算管理的财政收支活动，并与财政部门在商业银行开设的零余额账户进行清算。

（2）财政零余额账户。财政部门在商业银行开设财政零余额账户，用于财政直接支付，当日财政零余额账户发生额与相关账户进行清算，日终余额为零。

（3）预算单位零余额账户。财政部门在商业银行为预算单位各开设一个零余额账户，用于财政授权支付。当日预算单位零余额账户发生额与相关账户进行清算，日终余额为零。

（4）预算外资金财政专户。财政部门在商业银行开设预算外资金财政专户，用于核算和反映财政预算外资金的收支活动，并用于预算外资金日常收支清算。

（5）特设专户。经市级人民政府批准或授权财政部门根据有关法规、规章或政府部门的规定，为预算单位在商业银行开设特设专户，用于记录、核算和反映财政部门及预算单位的有关特殊专项收支活动，并与国库单一账户进行清算。

上述账户和专户要与财政部门及其收付执行机构、中国人民银行国库部门和预算单位的会计核算保持一致，定期或不定期相互核对有关账务记录。建立国库单一账户体系后，相应取消各类收入过渡性账户。预算单位的财政性资金逐步全部纳入国库单一账户管理。

3. 预算收入收纳的核算

按照财政国库管理制度改革的要求，对财政预算内外收入采用直接缴库或集中汇缴方式。直接缴库由缴款单位或缴款人按有关法律、法规规定，直接将应缴收入缴入国库单一账户或预算外资金财政专户；集中汇缴由征收机关（有法定单位）按有关法律、法规规定，将所收的应缴收入汇总缴入国库单一账户或预算外资金财政专户。

1）国库经收处的处理

商业银行分支机构的经收处，其收纳的预算收入属于代收性质，不算正式入库，因此，在核算时应使用"其他应付款"科目下的"待结算财政款项"明细科目。每日营业终了，各级经收处应将库款上划管辖支行或划转支库。

国库经收处收到纸质缴款书或电子缴款书信息后，经审查符合要求的，国库经收处办理税款收纳，缴款人以转账方式缴纳款项的，国库经收处应在纸质缴款书各联上加盖同一日期的业务转讫印章，将收据联退给缴款人。缴款人开户行以付款凭证联作为借方凭证，并制作转账贷方凭证，及时办理转账。与国库联网的国库经收处应将划转成功信息反馈国库，并打印一式二联的电子缴税付款凭证，其中一联据以记账，一联交缴款人。

会计分录为：

借：吸收存款——××缴款人活期存款户
　　　贷：其他应付款——待结算财政款项

缴款人以现金缴纳款项的，国库经收处收妥现金，在纸质缴款书各联上加盖同一日期的现金收讫业务印章后，将收据联和存根联退给缴款人。缴款人开户行以付款凭证联作"现金"科目借方凭证办理转账。

会计分录为：

借：库存现金
　　　贷：其他应付款——待结算财政款项

国库经收处每日或定期将收到的预算收入汇总，通过清算资金往来向上一级库报解。

会计分录为：

借：其他应付款——待结算财政款项
　　　贷：清算资金往来

2）乡（镇）国库的处理

乡（镇）国库直接收纳预算收入时，除比照国库经收处办理外，还应分别按照中央级、省级、地（市）级、县（市、区）级、乡（镇）级等预算固定收入和共享收入制作转账借、贷方凭证，办理转账，同时登记相关预算收入登记簿。

乡（镇）国库收到国库经收处报解预算收入款项时，应对划款凭证和相应纸质缴款书或电子缴款书信息（清单）进行认真审查，经审查无误后，办理转账，同时登记相关预算收入登记簿。

会计分录为：

借：清算资金往来
　　　贷：其他应付款——待结算财政款项

乡（镇）国库报解预算收入的处理与经收处的手续相同。

3）支库的处理

支库应将收到征收机关发来的电子缴款书信息和自收汇缴电子缴税信息进行信息匹配，将匹配一致的纳入待报解账户，打印电子缴税入库清单作为记账凭证附件，登记相关预算收入登记簿。同时将划款信息反馈征收机关。

会计分录为：

借：清算资金往来
　　　贷：存放中央银行款项

4. 中央国库款支付的核算

财政支出总体上分为购买性支出和转移性支出。购买性支出包括工资支出、购买支出、零星支出等；转移性支出包括对国有企业的政策性补贴和各级财政的一般性转移支付等。

1）支出方式

按照不同的支付主体，对不同类型的支出分别实行财政直接支付和财政授权支付。

财政直接支付是指由财政部门开具支付令，通过国库单一账户体系，直接将财政资金支付到收款人（即商品或劳务供应商，下同）或用款单位（即具体申请和使用财政性资金的预算单位,包括下级财政部门)账户。实行财政直接支付的支出包括工资支出、购买性支出和转移性支出。

财政授权支付是指由预算单位在财政部门批准的用款额度内,自行开具支付令,通过国库单一账户体系将资金支付到收款人账户。实行财政授权支付的支出包括未实行财政直接支付的购买性支出和预算单位日常小额零星支出。

财政直接支付和财政授权支付的具体支出项目,由财政部在每年部门预算或改革具体实施办法中列出。原则上对"项目支出"采取财政直接支付,对除工资外的"基本支出"采取财政授权支付。

2)财政直接支付的核算

(1)财政直接支付的有关规定。预算单位实行财政直接支付的财政性资金包括工资支出、工程采购支出、物品和服务采购支出。

工资支出的对象是行政单位和事业单位由财政部拨款供养的在编人员,其程序为:一级预算单位按要求于每月 20 日前编制下月职工工资数据,经人事部门审核,报财政部审核,然后列出由财政部发放的工资清单,通知代理银行办理支付;代理银行按财政部的工资支付指令,通过财政部零余额账户将工资直接支付到个人工资账户。预算执行中,若单位发生增人增资、减人减资、正常工资变动及津贴变化等情况,单位要在变动当月经人事部门向财政部报批。对于因特殊原因造成部分工资不能在规定时间支付到收款人的,代理银行要在当日将支付工资的明细上报财政部,财政部核实后,于每月 20 日前及时通知代理行将应支付的工资支付到相应的收款人,若未发出,则将剩余资金退回国库单一账户。

工程采购支出适用于负责工程项目建设和管理的基层预算单位在基本建设投资中年度财政投资超过 50 万元人民币(含 50 万元)的支出。建设单位依据年度单位预算、分月用款计划,提出项目申请,经财政监察专员办事处签署意见后,报上级预算单位审核汇总报财政部。财政部审核后,及时向代理银行开具财政直接支付凭证,由代理行通过财政部零余额账户直接支付到收款人或用款单位。

物品和服务采购支出适用于预算单位列入财政部《政府采购品目分类表》的商品、服务采购支出(单件商品或单项服务采购购买额不足 10 万元的除外)或未列入《政府采购品目分类表》但单件商品或单项服务采购购买额超过 10 万元(含 10 万元)的支出。

(2)财政直接支付的处理。代理行根据收到的"财政直接支付凭证",经审查无误后,编制特种转账传票,及时将资金支付到收款人或用款单位,并在当日将资金支付信息反馈到财政部。

会计分录为:

若财政直接支付单位职工工资,

借:吸收存款——××财政零余额账户

  贷:吸收存款——××个人结算存款户

若财政直接支付工程、商品、服务采购支出款项,

借:吸收存款——××财政零余额账户

  贷:吸收存款——××收款人(用款人)活期存款户

每日营业终了,代理行汇总财政零余额账户的头寸,编制"财政零余额账户清算表"向中国人民银行或中国人民银行批准的国库代理行清算资金。

会计分录为：
借：存放中央银行款项
　　贷：吸收存款——××财政零余额账户
清算后的财政零余额账户的余额为零。

3）财政授权支付的核算

（1）财政授权支付的有关规定。财政授权支付适用于未纳入工资支出、工程采购支出、物品和服务采购管理的购买支出和零星支出，特别紧急支出及经财政部批准的其他支出。对于预算单位水费、电费、电话费、煤气费等费用的支付可与收费企业签订协议采取特约委托收款方式办理，并由预算单位与代理银行签订委托协议，对委托收款的内容做详细规定。对于预算单位零星购物、消费用款可在核定用款计划内使用支票进行结算。对于预算单位提取现金需遵守中国人民银行现金管理规定，提取大额现金需提前预约。

（2）财政授权支付的处理。代理行收到财政部下达的"财政授权支付额度通知单"的1个工作日内，将通知单中所确定的各预算单位财政授权支付额度通知其各有关分支机构。各分支机构在接到"财政授权支付额度通知单"的1个工作日内，向相关预算单位发出"财政授权支付额度到账通知书"。基层预算单位按通知书所确定的额度支用资金；代理行凭据"财政授权支付额度通知单"受理预算单位财政授权支付业务。

代理行收到"财政授权支付额度通知单"时，即可为基层单位开立预算单位零余额账户，并随时监督预算单位的用款不得超过财政授权支付额度。单位交来用款凭证时（含支票、委托收款凭证等），会计分录为：

借：吸收存款——××预算单位零余额账户
　　贷：吸收存款——××收款人（用款人）活期存款户
　　　　或现金等有关科目

每日营业终了，代理行按实际发生的财政性支出金额填写"财政支出划款申请"与中国人民银行进行清算。

会计分录为：
借：存放中央银行款项
　　贷：吸收存款——××预算单位零余额账户
清算后的预算单位零余额账户余额为零。

代理行每月月初3个工作日内，向基层单位发出对账单，按月与单位核对账务。并按规定的时间向财政部门和中国人民银行报送《财政支出日报表》《财政支出旬（日）报表》，以监督授权支付工作的顺利进行。

10.2.2 代理发行库业务

1. 代理发行库业务核算的意义

发行库业务是指发行基金的保管、调拨，货币的发行与回笼等业务。在我国，货币发行业务由中国人民银行掌管，未经其批准，任何地区、任何部门、任何人都无权动用国家的货币发行基金，无权改变对市场的货币投放。代理发行库业务的会计核算可以真实、准确、完整、及时地记录和计算发行基金的调拨、销毁、库存，以及货币发行、回笼、流通中的具体情况，为考核计划、研究货币政策的执行提供依据。因此，做好代理发行库业务的核算，对于实现稳定的货币政策，发挥中央银行在国民经济中的宏观调控作用具有重要意义。

2. 代理发行库业务核算的基本要求

1) 专设科目，单独核算

发行基金是调节市场货币流通的准备金，由于还没有进入流通领域，所以不属于流通中的货币，故不能用表内科目对其进行核算。但是，对于发行基金的增减变化情况，必须加以考核，因此，应设置专用科目对其进行核算。

2) 正确、及时地反映货币的发行、回笼情况

货币发行与回笼的数额，直接影响市场中的货币流通规模。各级发行库必须按照规定，及时将发行与回笼数额上报上级库，以使总行能够及时掌握市场中流通货币的情况，从而作出正确的决策。

3. 代理发行库业务的处理

1) 收到印钞厂交来现金票币的核算

人民币由中国人民银行统一印制、发行。印制人民币必须按计划在指定的印钞厂和铸币厂进行，印制企业将合格的人民币解缴入库时，应填制一式四联的"人民币产品入库单"，然后加盖公章，随人民币送交指定的总行重点库。总行重点库经验收无误后，打印一式两联的"人民币产品入库凭证"，并将"人民币产品入库单"第一、第三、第四联退给印制企业。发行库以"人民币产品入库单"第二联与"人民币产品入库凭证"第一联为记账凭证。

例 10-1 某总行代理库收到印制企业解缴的人民币 10 000 000 元，会计分录为：

收入：总行重点库发行基金　　　　10 000 000　表外科目

总库收到总行重点库报来的业务数据电报并经审核无误后，分别记总行重点库发行基金科目和印制及销毁票币表外科目。

会计分录为：

收入：印制及销毁票币——××券别户　　　10 000 000

或：收入：总行重点库发行基金——××分户　　　10 000 000

2) 发行基金调拨的核算

发行基金的调拨包括上下级库之间的调拨和同级库之间的调拨。调拨发行基金应签发一式三联的"发行基金调拨命令"，第一联为存查联，由签发库作记账凭证；第二联为调出命令，由调出库作为付款凭证；第三联为调入命令，由调入库作为收款凭证。调拨时，由上级库签发调拨命令，分别通知调入库和调出库。

（1）调出库向调入库运送发行基金的核算。调出库发行会计根据上级库下达的发行基金调拨命令，填制一式六联的发行基金调拨凭证，第一联为调出库记账凭证，第二联为出库凭证，第三联为调入库记账凭证，第四联为入库凭证，第五联为调出行发行基金科目传票，第六联为调入行发行基金科目传票。并记发行基金账后，将其交给库管员。

例 10-2 A 行代理库收到上级库的命令，调拨人民币 10 000 000 元给 B 行。

其会计分录为：付出：总行重点库或分支库发行基金　　　　10 000 000　表外科目

管库员在验证发行基金调拨命令和发行基金调拨凭证无误后，办理实物出库。以第二联留记发行基金库存登记簿，第一、第三、第四、第六联送调入库，第五联送本行会计部门记

"发行基金"科目。

会计分录为：

付出：发行基金　　　　　　10 000 000　表外科目

调入库管库员在验收发行基金与发行基金调拨命令、发行基金调拨凭证无误后，办理入库，在发行基金调拨凭证第一、第三、第四、第六联加盖印章和经手人名章，第一联交出库解款员持回，第四联留记发行基金库存登记簿，第三联交给发行会计记发行基金账，第六联送本行会计部门记"发行基金"科目。

会计分录为：

收入：总行重点库（或分支库）发行基金　　10 000 000　表外科目

收入：发行基金　　　　　　　　　　　　　10 000 000　表外科目

（2）调入库到调出库提取发行基金的核算。调入库到调出库提取发行基金的处理与调出库向调入库运送发行基金的核算基本一致，只是由调入库向调出库出示发行基金调入命令，由调出库审核相关凭证后，再向调入库调入资金。其会计分录与调出库向调入库运送发行基金会计分录相同。

3）货币发行与回笼业务的核算

（1）货币发行业务的核算。货币发行是指发行基金进入流通领域，成为流通中的货币，表现为流通中的货币数量增加、发行基金数量减少。也就是说，发行库的发行基金流入了商业银行的业务库，就是货币发行。在现实生活中，货币发行表现为商业银行的业务库为应付日常现金收付业务的使用而向发行库提取现金的业务。

商业银行日常现金库存的额度由中国人民银行根据其现金业务量的大小核定。商业银行在向代理行支取现金时，应填写现金支票和发行基金往来科目现金收入传票，代理行经审核无误后，打印一式三联的发行基金出库凭证，第一联为发行会计记账凭证，第二联为发行库出库凭证，第三联为会计部门传票附件。代理发行库在第一、第二联上加盖发行基金付讫章，第三联和现金支票、发行基金往来科目现金收入传票上加盖现金付讫章和经手人名章。会计以第一联记发行基金账。

例10-3　某商业银行向代理行提出支取现金1 000 000元。

代理行的会计分录为：

付出：分支库发行基金——××库户　　　1 000 000　表外科目

同时，登记表内科目。

会计分录为：

借：库存现金　　　　　　　　　　　　　　　　　1 000 000

　　贷：存放中央银行款项　　　　　　　　　　　　　　1 000 000

每日营业终了，各级发行库要向其上级发行库报告当日的货币发行数额，代理行将其发行数额上报总库时，总库发行库的会计分录为：

付出：分支库发行基金——××分户　　　　　　　　1 000 000

表内科目会计分录为：

借：存放中央银行款项

　　贷：库存现金

（2）货币回笼业务的核算。货币回笼业务与货币发行业务正好相反，是指商业银行业务库将超过库存周转限额的现金交存中国人民银行发行库的业务。

商业银行向代理发行库交存现金时,应填制一式两联的现金交款单,人民币的完整券与残损券应分别填写。管库员经过审核认为款项符合要求后,在现金交款单上加盖经手人名章,交给发行会计。发行会计据此打印一式三联的发行基金入库凭证,第一联为发行会计记账凭证,第二联为发行库入库凭证,第三联为会计部门传票附件。送管库员办理入库,管库员经审核无误后,在发行基金入库凭证上加盖现金收讫章,在现金交款单和发行基金入库凭证第三联上加盖现金收讫章。现金交款单第一联退给商业银行。发行基金入库凭证第二联由管库员留记发行基金库登记簿,第一联交发行会计做账务处理。

例 10-4 某商业银行向代理行发行库交存超过限额的现金 1 000 000 元。

代理行的会计分录为:

收入:分支库发行基金——××发行库户　　　　1 000 000

同时,登记表内科目。

会计分录为:

借:存放中央银行款项　　　　　　　　　　　　　　　　　　　　　1 000 000

　　贷:库存现金　　　　　　　　　　　　　　　　　　　　　　　　　　　1 000 000

10.2.3 代理国债业务的核算

代理国债业务是指银行接受国家委托,代替国家发行与兑付国债的业务。对于国债的发行与兑付直接关系国家和国债购买者的正当权益,维护政府及客户的利益,是代理行办理国债业务的宗旨。

1. 代理发行国债业务的核算

1) 总行领入国债的核算

国债的发行与还本付息都是由中国人民银行组织办理的。代理行总行在接受国家委托后,应签订承购包销合同或委托书,并领入国家债券。各代理行领入国债后,应编制表外科目收入传票,记载表外科目分户账,并严格入库管理。

例 10-5 某商业银行总行领入国家发行的期限为 10 年,利率为 3% 的债券 100 万元。其会计分录为:

收入:未发行债券　　　　1 000 000　表外科目

同时,总行向财政部门付款的会计分录为:

借:代理承销证券款——国债　　　　　　　　　　　　　　　　　　　1 000 000

　　贷:存放中央银行款项　　　　　　　　　　　　　　　　　　　　　　　1 000 000

2) 代理国债业务发行的核算

总行在承购包销国债总额度后,以分行为单位下发额度进行控制。各分行只能在总行下发的额度范围内出售国债,不允许超额发行,如遇超额发行,应由分行提出要求,再由总行进行全行内的额度调度。分行辖内操作时,每售出一笔国债则额度相应减少,超过分行内总额度时,柜台将无法销售。如发行期内发生提前兑付,则此部分额度将相应的增加。如发行期外提前兑付,分行内也将产生一个相应的额度,在此额度内,分行辖内各行便可代国家进行销售。

商业银行对国债的发行必须严格掌握国家规定,在各发行期内进行,这关系着国债资金的有效使用问题，必须认真执行。

单位及个人投资者在发行期内购买国债时，代理行应审核客户的有效身份证与开户申请书等证明，经确定无误后，办理国债发行业务。

例 10-6 客户王某到银行购买国债 10 000 元。

会计分录为：

借：库存现金　　　　　　　　　　　　　　　　　　　　　　　10 000

　　贷：代理承销证券款——国债　　　　　　　　　　　　　　　　10 000

同时，编制表外科目传票，登记表外科目分户账。

付出：未发行债券 10 000 表外科目。

2. 代理兑付国债业务的核算

1）代理兑付国债业务核算的要求

（1）认真审核债券及其收款单。国债可随时办理提前兑取，代理行在接收到客户递交的国债时，要逐张、逐份进行认真严格的审查。

对债券审查的内容包括：是否属当年兑付的范围；对按交款之日兑付的国债，券面签发日期是否已到兑付期；如果是尚未到期国债，应提醒客户确认是否提前支取，有无有效身份证件；债券有无伪造、变造，券面金额有无空补、涂改；券面有无残破、污染等。

对债券收款单审查的内容包括：审查并确认是否为本行签发的收款单，印章是否齐全，字迹有无涂改；收款单收据联与原留存的存根联是否一致；对填写的"兑付清单"各联内容与收款单收据联是否一致等。

（2）准确核查本金及利息。

（3）严格债券本息的支付。

2）代理兑付债券的处理手续

（1）到期兑付债券的处理。国债到期，财政部及时将国家债券的本息款划转到各代理行总行的账户上。

例 10-7 某商业银行总行收到财政部拨付的到期债券款 100 万元，利息 3 万元。

会计分录为：

借：存放中央银行款项　　　　　　　　　　　　　　　　　　1 030 000

　　贷：代理兑付证券款——国债本金户　　　　　　　　　　　　1 000 000

　　　　代理兑付证券款——国债利息户　　　　　　　　　　　　　30 000

总行收到财政部划转的债券本息后，按分配兑付计划将债券兑付本息逐级下拨，会计分录为：

借：代理兑付证券款——国债本金户

　　代理兑付证券款——国债利息户

　　贷：存放中央银行款项

分行收到总行拨付的国库款及利息时，会计分录为：

借：存放中央银行款项

　　贷：代理兑付证券款——国债本金户

　　　　代理兑付证券款——国债利息户

各分行根据客户提供的凭证，办理到期兑付。

例 10-8 客户王某持到期的债券 10 000 元到购买银行进行兑付。

会计分录为：

借：代理兑付证券款——国债本金户   10 000

      代理兑付证券款——国债利息户   300

    贷：库存现金   10 300

（2）提前兑付债券的处理。

① 对客户提前但并没超过发行期兑付债券的，代理行对其进行审核无误后，应打印国债收购凭证并加盖现讫章，然后将取款回单、利息清单客户联及现金一并交给客户，并扣除提前兑取本金的 2‰ 或 1‰ 作为手续费。

例 10-9 客户王某因需要在出售银行提前兑付国债 10 000 元时，银行按规定支付利息 210 元，同时收取手续费 20 元。其会计分录为：

借：代理兑付证券款——国债本金户   10 000

      代理兑付证券款——国债利息户   210

    贷：手续费及佣金收入——兑付国债手续费   20

        库存现金   10 190

同时，登记收入：未发行债券 10 000 表外科目。

如果客户到非出售行兑付未到期的国债，非出售行按规定应将债券本息通过清算转出售行。

例 10-10 客户王某到银行（非出售行）兑付未到期国债 10 000 元，银行按规定支付利息 300 元，同时收取手续费 20 元。

会计分录为：

代理兑付行的处理，

借：清算资金往来   10 300

    贷：其他应付款   10 300

借：其他应付款   10 300

    贷：库存现金（代理行）   10 280

        手续费及佣金收入——代理行兑付债券手续费   20

兑付后将债券通过票据交换转出售行。

出售行收到后做以下处理。

借：代理兑付证券款——国债本金户   10 000

      代理兑付证券款——国债利息户   300

    贷：清算资金往来   10 300

同时，登记收入：未发行债券   10 000 表外科目。

代理行办理了客户的提前兑付后，其出售额度将相应增加，则代理行可以用这部分额度继续国债的发行，其处理与债券发行相同。

② 对客户在发行期过后办理提前兑付的，代理行的业务处理程序与发行期内提前兑付的业务处理程序相同，但利息则使用当日银行挂牌公告的活期利率计算。

例 10-11 在发行期后 10 天，客户王某持本行发行的国债 10 000 元要求提前兑付，若当日活期存款利息率为年 0.72%，则其在出售银行办理的会计分录为：

借：代理兑付证券——国债本金户　　　　　　　　　　　　　　　　10 000
　　　代理兑付证券——代理兑付国债利息户　　　　　　　　　　　　2
　　贷：手续费及佣金收入——兑付债券手续费　　　　　　　　　　　20
　　　　库存现金　　　　　　　　　　　　　　　　　　　　　　9 982
同时，登记收入：未发行债券　　　　10 000 表外科目
如果客户王某在其他银行兑付，则会计分录为：
借：清算资金往来　　　　　　　　　　　　　　　　　　　　　10 002
　　贷：其他应付款——代理兑付证券　　　　　　　　　　　　　10 002
借：其他应付款——代理兑付证券　　　　　　　　　　　　　　10 002
　　贷：手续费及佣金收入——代理行兑付债券手续费　　　　　　　　20
　　　　库存现金（代理行）　　　　　　　　　　　　　　　　 9 982
兑付后将债券通过票据交换转出售行。
出售行收到债券后做以下处理。
会计分录为：
借：代理兑付证券——国债本金户　　　　　　　　　　　　　　10 000
　　代理兑付证券——代理兑付证券利息户　　　　　　　　　　　　2
　　贷：清算资金往来　　　　　　　　　　　　　　　　　　　10 002
同样，代理行办理了提前兑付后，也可以用这部分增加的售出额度继续出售国债。

10.2.4　代理金银业务

1. 代理金银业务核算的意义

金银作为贵金属，是现代工业、医疗、科研等单位不可或缺的重要材料，也是国际贸易支付的可靠手段，是国家的重要储备物资。随着我国对外经济交往的日益增多，加强金银的经营和管理显得尤为重要。为此，我国出台了《中华人民共和国金银管理条例》和《中华人民共和国金银管理实施细则》等法律法规，以此来加强对金银等贵金属的管理。

加强金银业务的会计核算，是实现金银管理和经营的重要方面。正确、及时、完整地核算和反映金银业务的活动情况，对于促进我国的金银生产、扩大金银储备、合理控制配售等都有重要的意义。同时，加强金银业务的会计核算还可以保证国际贸易的顺利进行，稳定金融和金银市场，更好地为经济建设和人民生活服务。

2. 代理金银业务核算的基本规定

（1）坚持金银账务处理原则。金银业务是银行业务中的一项特定业务，为了经营和管理的需要，在进行账务处理时，应严格坚持金银账务的处理原则。金银账务的处理原则是：真实、正确、完整、及时地反映金银的收购、配售、上调、调拨和库存情况，正确核算金银的成本和亏损。

（2）实行专管专营，制定统一的金银价格。我国的金银业务由中央银行专管专营，因此，全国必须有统一的金银价格，包括金银的收购价、配售价、联行调拨价。在调整收购价时，各银行原收购金银的库存和上售，仍按原价格执行。调整联行调拨价时，各银行配售金银库存的账面余额则要相应调整。

（3）实行收支两条线的核算方法。为了便于中国人民银行统一核算成本、制定价格，

金银业务实行收支两条线的核算方法。即各银行收购的金银，以原收购价格逐级上售总行；配售的金银则由上级行按联行调拨价调拨。同时，各银行收购的金银应按规定如数上售，不得截留。

(4) 严格账实分管和收售收支程序。金银的收购和配售过程，既是资金收付的过程，也是实物增减的过程。因此，为了防范风险，会计账务和金银实物必须分别管理。会计部门和金银部门应手续严密、责任分清，并定期核对账务，以保证金银业务的账实相符。

在经营过程中，收购金银必须坚持先收实物，后付价款的原则；配售金银则必须坚持先收价款，后付实物的原则。

(5) 合理确定成色，正确计算价款。金银收购最主要的问题就是金银成色的技术鉴定。由于金银成色的鉴定具有一定的技术性，因此，金银收购人员在收购金银时，应努力提高鉴定的准确性。同时，对于收购和配售的金银，应正确计算价款，以保证账务处理的准确性。

(6) 遵循统一的折算率。为了统一全国的金银业务，我国现行的金银折算率由中国人民银行总行统一制定。

3. 代理金银业务的处理

1) 收购金银业务

按照我国的规定，一切单位和个人生产、回收和采炼的金银，必须全部交给中国人民银行或其委托机构。各银行收购的金银必须按照原收购价格，逐级上售给中国人民银行总行。商业银行代收个人或单位出售的金银时，经办人员应先向出售人说明当时的牌价和鉴定的成色，经出售者同意后，再办理手续。

金银收妥后，经办人员应填写一式三联的"收兑金银计价单"，金银部门将收兑金银计价单交给会计部门审核无误后，留存第一联，凭此联在营业终了时，填制"金银入库票"，登记库存簿。会计部门凭计价单第二联登记"贵金属"科目分户账，出纳部门也凭此联付出现金并登记现金付出日记簿。计价单第三联连同价款一并交给出售人。

例 10-12 某代理行收到单位出售的金银 50 000 元。

会计分录为：

借：贵金属——××金属户　　　　　　　　　　　　　　　　　　　　　50 000
　　贷：吸收存款——本行存款户　　　　　　　　　　　　　　　　　　50 000

代收行收购的金银，应将原物按原收购价格全部上售给中国人民银行。经中国人民银行验收数量、成色无误后，方可办理转账。

例 10-13 某代理行将其收购的价值为 500 000 元的金银全部上售给中国人民银行。

会计分录为：

借：存放中央银行款项　　　　　　　　　　　　　　　　　　　　　　500 000
　　贷：贵金属——××金属户　　　　　　　　　　　　　　　　　　　500 000

2) 配售金银业务

金银配售是指需要使用金银的单位，按照规定的程序，向中国人民银行提出申请使用金银的计划，经中国人民银行批准后，由其负责金银的配售。代理行在接到单位的申请时，应将各单位的年度使用金银计划转报中国人民银行。各地中国人民银行必须根据有关的生产计划、金银消耗定额和原有库存等情况，对各单位的年度使用金银计划进行认真审查，然后将配售计划逐级上报总行审批。中国人民银行总行经平衡后，逐级下达年度金银配售指标。该指标当年有效，跨年作废。各银行可因配售的需要，在批准的额度内按联行调拨价调入金银。代理行在接收到调入的金银时，应由出纳部门验收，并按照调入的数量填制"上划调入金银价款清单"交会计部门。

例10-14　商业银行某代理行收到中国人民银行调拨的金银50 000元。

会计分录为：

借：贵金属——××金属库　　　　　　　　　　　　　　　　50 000
　　贷：存放中央银行款项　　　　　　　　　　　　　　　　　50 000

商业银行代理行出售金银时，应按中国人民银行规定的价格办理。中国人民银行按调拨价支付代理行出售金银金额5‰的手续费。对于贵金属所占代理行的资金，中国人民银行不再支付利息。代理行在办理金银出售业务中，由于价格原因发生的收益和亏损，可以逐笔划给中国人民银行。

单位要求配售金银时，应经过代理行的批准，由经办人员按照当时国家配售金银的牌价，计算出配售金银的金额，并填制一式四联的"配售金银计价单"，配售价与调拨价之间的差价由银行作损益处理。当配售价高于调拨价时，则为收益。

例10-15　某代理行收到中国人民银行例10-14中调入的金银50 000元，经批准将其配售给某单位，若通过当时配售金银的牌价计算出的金额为55 000元，则会计分录为：

借：吸收存款——××配售单位户　　　　　　　　　　　　55 000
　　贷：贵金属——××金属库　　　　　　　　　　　　　　50 000
　　　　其他业务收入——金银买卖收益　　　　　　　　　　 5 000

如果配售金银牌价计算出的金额为45 000元，低于调拨价时，则为损失。

会计分录为：

借：活期存款——配售单位户　　　　　　　　　　　　　　45 000
借：其他业务成本——金银买卖损失　　　　　　　　　　　 5 000
　　贷：贵金属——××金属库　　　　　　　　　　　　　　50 000

10.3　代理其他金融机构业务的核算

代理其他金融机构业务是指商业银行利用自身的资源，包括网点、清算等优势，接受非银行金融机构，以及其他银行的委托，代为办理各项业务的业务。代理其他金融机构业务具体包括代理证券业务、代理保险业务、代理基金业务、代理信托业务、代理商业银行业务等。

10.3.1　代理保险业务

代理保险业务是指商业银行接受保险公司委托代其办理保险业务。商业银行代理保险业务，可以受托代替个人或法人投保各险种的保险事宜，也可以作为保险公司的代表，与保险公司签订代理协议，代保险公司承接有关的保险业务。代理保险业务一般是指银行代售保单业务。

1. 代理保险业务核算的有关规定

近年来，保险公司与商业银行的合作不断加强，这种业务联合在拓宽保险服务领域、提供综合金融服务、满足社会需求等方面发挥了积极的作用。同时，在双方合作的过程中，也出现了一些不规范的行为，不仅损害了消费者利益，也影响了各自业务的健康发展。为此，中国保险监督管理委员会和中国银行业监督管理委员会联合下发了《关于规范银行代理保险业务的通知》，对银行代理保险业务提出了严格的核算要求。

（1）保险公司应当按照财务制度据实列支向商业银行支付的代理手续费。保险公司不得以任何名义和任何形式向代理机构、网点或经办人员支付合作协议规定的手续费之外的其他任何费用，包括业务推动费及以业务竞赛或激励名义给予的其他利益。

（2）商业银行代理保险业务应当进行单独核算，不得以保费收入抵扣代理手续费。代理手续费收入要全额入账，严禁账外核算和经营。商业银行及其工作人员不得在合作协议规定的手续费之外，索取或接受保险公司及其工作人员给予的其他利益。

（3）保险公司向商业银行支付代理手续费，应当按照《国家税务总局、中国保监会关于规范保险中介服务发票有关问题的通知》规定，由商业银行开具《保险中介服务统一发票》。

2. 代理保险业务的核算

代理保险业务一般是指银行代售保单业务。代售保单业务是指商业银行根据保险公司的委托，办理保险单的出售，并从中收取手续费的业务。商业银行开展代售保单业务时，应当客观公正地宣传代理的保险产品，不得进行误导或不实宣传。当客户决定购买保险产品时，经办人应指导投保人正确、完整、如实地填写投保单。在确认投保单填写无误后，由投保人缴纳保险费，代理机构出具保费收据。

例 10-16 客户李某到银行交纳保费 18 000 元，其会计分录为：

借：库存现金 18 000
　　贷：其他应付款——代收保费 18 000

银行将其代收的保费划转给保险公司的会计分录为：

借：其他应付款——代收保费 18 000
　　贷：存放中央银行款项 18 000

同时，银行应在完成代理业务时，按保费额的 0.5‰ 确认手续费收入。

会计分录为：

借：其他应收款——应收代保险手续费 9
　　贷：手续费及佣金收入——代理保险业务 9

在结算日，银行实际收到保险公司划拨来的手续费时，其会计分录为：

借：存放中央银行款项 9
　　贷：其他应收款——应收代保险手续费 9

10.3.2 代理信托业务

代理信托业务是指商业银行接受信托投资公司的委托，在指定营业网点为客户提供信托产品认购缴款、信托收益分配、信托到期兑付、信托受益权转让等一系列服务或其中的部分服务，并向信托投资公司收取手续费的一项中间业务。

1. 代理信托业务核算的有关规定

（1）商业银行为信托投资公司代理信托产品的收款、付款业务时，必须向信托计划的投资者充分提示信托的风险和代理收付的责任，明确告知信托风险的承受主体是投资者及推出信托产品的信托投资公司，商业银行只承担代理资金收付责任，不承担信托的投资风险。

（2）商业银行与信托投资公司建立业务合作关系后，可以代为向投资者推介集合信托计划，但不得代理信托投资公司与委托人签订信托合同。

（3）为防止资金混乱，银行代理信托业务时，应按"一个信托产品设置一个银行账户"的原则，为每一个信托产品开立一个信托财产专户。

（4）身为信托资金托管行的商业银行，应当与信托投资公司签订托管合同，明确双方的权利和义务。托管人至少应对信托资金的使用和收回情况、项目进展情况（或有价证券投资的合规性情况）、信托利益计算和分配情况予以监督，并每季度提交书面托管报告，由信托投资公司按照规定，定期向委托人、受益人和有关银监局披露。

2. 代理信托业务的核算

代理信托业务也是银行代理中间业务的一种，其认购起点较高，一般为5万元人民币。商业银行代理信托业务的核算与代理保险业务的核算基本相同，只是明细科目有些变化，具体的会计分录请参考代理保险业务的核算。

10.3.3 代理基金业务

代理基金业务是指商业银行代理基金管理公司，为其办理基金的认购、申购、赎回等，并收取相应手续费的业务。银行代理基金业务需要向中国证券监督管理委员会提出申请，获得基金代销资格证后，才可以开展基金销售工作，未取得基金代销业务资格的机构，不得接受基金管理人委托，代为办理基金的销售。

1. 代理基金业务的有关规定

在我国，申请基金代销业务资格的商业银行应当具备下列条件：① 资本充足率符合国务院银行业监督管理机构的有关规定；② 有专门负责基金代销业务的部门；③ 财务状况良好，运作规范稳定，最近3年内没有因违法、违规行为受到行政处罚或刑事处罚；④ 具有健全的法人治理结构、完善的内部控制和风险管理制度，并得到有效执行；⑤ 有与基金代销业务相适应的营业场所、安全防范设施和其他设施；⑥ 有安全、高效地办理基金发售、申购和赎回业务的技术设施，基金代销业务的技术系统已与基金管理人、基金托管人、基金登记机构相应的技术系统进行了联机、联网测试，测试结果符合国家规定的标准；⑦ 制定了完善的业务流程、销售人员执业操守、应急处理措施等基金代销业务管理制度；⑧ 银行及其主要分支机构负责基金代销业务的部门取得基金从业资格的人员不低于该部门员工人数的1/2，部门的管理人员已取得基金从业资格，熟悉基金代销业务，并具备从事两年以上基金业务，或者5年以上证券、金融业务的工作经历；⑨ 中国证监会规定的其他条件。

同时，商业银行作为代销机构从事基金销售活动时，应当遵守基金合同、基金代销协议的约定，遵循公开、公平、公正的原则。

2. 代理基金业务的核算

商业银行在取得基金代销业务资格证后，即可开展代理基金业务。客户办理认购、申购、赎回业务时，应开立借记卡资金账户和基金账户，这两个账户之间为一一对应的关系。同时，客户还应按照"基金契约"及"证监会"的有关规定支付手续费。以上手续费在交易确认成交时自动扣收，并划付基金管理公司，再由基金管理公司定期划付代理行总行，总行定期全额划付各分行。

1）基金认购、申购的核算

代理行为客户办理基金认购、申购业务时，经办人员应审核客户的证件，以及相关单据的填制是否正确，经审核无误后，为客户办理此项业务。

例 10-17 客户张某持借记卡到银行购买 5 000 元基金，银行的会计分录为：

借：吸收存款——××借记卡专用户　　　　　　　　　　　　　　5 000
　　贷：代理业务负债——代理基金认购（申购）　　　　　　　　　5 000

银行将其代售的基金款项划转给基金管理公司时，会计分录为：

借：代理业务负债——代理基金认购（申购）　　　　　　　　　　5 000
　　贷：存放中央银行款项　　　　　　　　　　　　　　　　　　　5 000

同时，银行应在完成代理业务时，确认 0.6% 的手续费收入，其会计分录为：

借：其他应收款——应收代理业务手续费　　　　　　　　　　　　30
　　贷：手续费及佣金收入——基金认购（申购）收入　　　　　　　30

在实际收到基金管理公司划来的手续费时，代理银行的会计分录为：

借：存放中央银行款项　　　　　　　　　　　　　　　　　　　　30
　　贷：其他应收款——应收代理业务手续费　　　　　　　　　　　30

2）基金赎回的核算

客户办理基金赎回业务时，应填写"代理基金赎回申请表"，经代理行审核无误后，办理基金赎回业务。

例 10-18 客户张某要求赎回购买的基金 5 000 元，代理行的会计分录为：

借：其他应收款——代理基金赎回　　　　　　　　　　　　　　　5 000
　　贷：吸收存款——××借记卡专用户　　　　　　　　　　　　　5 000

银行收到基金管理公司划付的赎回款项时，与登记中心传送的有效赎回交易核对无误后，进行账务处理。

会计分录为：

借：存放中央银行款项　　　　　　　　　　　　　　　　　　　　5 000
　　贷：其他应收款——代理基金赎回　　　　　　　　　　　　　　5 000

同时，代理行在完成交易时确认手续费收入，其确认手续费收入和实际收到手续费收入的会计处理与基金认购、申购业务的会计处理相同。

3）基金托管的核算

基金托管业务是指银行作为托管人，依据法律、法规和托管合同规定，安全保管基金资产、办理基金资产名下资金清算和证券交收、监督基金管理人投资运作，并收取托管费的银行中间业务。商业银行同时担任某一基金的托管行与代销行的，应在其账务组织中开立两个不同的账户，对托管基金和代销基金的金额分别进行核算。

收到基金公司托管或代销的基金款时，借记"存放中央银行款项"科目，贷记"代理业务负债"科目。同时每个资产负债表日按规定要确认托管或代销费用。

例 10-19 某托管银行确认托管基金费 50 000 元（全部基金），其会计分录为：

借：其他应收款——托管基金费手续费　　　　　　　　　　　　　50 000
　　贷：手续费及佣金收入——基金托管收入　　　　　　　　　　　50 000

在实际收到基金管理公司划来的托管费时，托管银行的会计分录为：

借：存放中央银行款项　　　　　　　　　　　　　　　50 000
　　贷：其他应收款——托管基金费手续费　　　　　　　　50 000

10.3.4　代理证券业务

代理证券业务是指银行接受委托，办理代理发行、兑付、买卖各类有价证券的业务，还包括接受委托代办债券还本付息、代发股票红利、代理证券资金清算等业务。此处的有价证券主要包括国债、公司债券、金融债券、股票等。

为了防止金融风险的传递，中国人民银行对于商业银行开办代理证券业务作出了一系列规定。在《商业银行中间业务暂行规定》中进一步明确，商业银行开办代理证券业务，属受托代理性质，应与委托方签订业务协议，明确义务与责任。商业银行既不是发行人，也不是有价证券的买卖人，只负责经办代理发行、收款、付息、资金转账等事务，从中收取手续费，不承担资金交易损失、还本付息等责任。代理证券业务中，除代理发行、代理兑付和承销政府债券业务外，其他代理证券业务必须经过上报批准。为防止银行资金违规流入股市，目前商业银行不能开办代理股票买卖业务。其代理证券业务的会计核算比照10.2.3节代理国债业务的核算。

10.4　代理客户服务业务的核算

代理客户服务业务是指商业银行利用自身网点遍布各地的优势，接受客户委托，为其提供各项服务的业务。目前，这一业务在商业银行的业务收入中占有越来越大的比例，已成为商业银行代理业务收入的主要来源。按照业务种类的不同，代理客户服务业务可以分为代理黄金交易、保管箱租赁、代发工资、代收各种费用等业务。

10.4.1　代理黄金交易业务

代理黄金交易业务是指商业银行接受客户的委托，按客户的指令进行黄金的买卖，并与客户办理相应的资金清算和黄金实物交割等手续的业务。

1. 代理黄金交易的有关规定

（1）经批准办理黄金交易的银行必须在黄金交易所（以下简称金交所）开立"存放金交所代理交易保证金"专用账户和"托管客户黄金"账户。客户也要按规定在经办行开立"黄金交易保证金存款"专用账户和"托管客户黄金"账户，用于黄金交易的资金清算。

（2）客户在经办行开立的保证金账户余额不得低于一万元。

（3）代理行应建立代理黄金交易登记簿，登记本行代理黄金交易的实物明细账，该登记簿应按照客户名称设置分户账，对客户的黄金交易专用账户和保证金账户实行"一人一户"制。

（4）客户委托买入黄金时，代理行应确保客户的"存入保证金"账户中有足够的资金，以免造成透支；客户委托卖出黄金时，经办行应核对其账户中有足量的该规格的黄金可供交易。

（5）代理人不得接受全权委托和不定向委托。全权委托是指客户自愿放弃所有交易权利，委托代理人全权处理其资金和黄金的委托方式；不定向委托是指客户向代理人发出的交易指令和交易要求不明确的委托方式。

2. 代理黄金交易的核算

1）客户存入保证金的核算

客户委托代理行代理黄金交易时，应填写开户申请书，并提交相关的开户资料，由代理行根据业务管理办法和黄金交易所的有关规定进行审核，符合规定后，办理开户手续，为客户开设保证金账户。

例 10-20 客户张某持借记卡到银行开立黄金交易保证金账户，存入款项 50 000 元。

会计分录为：

借：吸收存款——××借记卡专用户　　　　　　　　　　　　　　50 000
　　贷：存入保证金——黄金交易保证金　　　　　　　　　　　　　　50 000

2）客户买入黄金的核算

客户买入黄金时，应填写一式两联的"交易委托单"，代理行留存一联，客户留存一联。代理行在确认客户保证金账户内有足够的资金后，将资金冻结，办理买入黄金业务。

例 10-21 客户张某委托代理行购买 50 000 元的黄金，代理行应将客户缴存的黄金交易保证金转黄金交易所保证金户，然后再办理支付黄金的处理。

会计分录为：

借：存入保证金——黄金交易保证金　　　　　　　　　　　　　　50 000
　　贷：存放同业——黄金交易所保证金户　　　　　　　　　　　　50 000

同时，代理行将款项划拨给黄金交易所，其会计分录为：

借：存放同业——黄金交易所代理保证金户　　　　　　　　　　　50 000
　　贷：贵金属——黄金　　　　　　　　　　　　　　　　　　　　50 000

3）客户卖出黄金的核算

客户卖出黄金时，应向代理行提交由黄金交易所指定仓库出具的"黄金入库单"，经办行审核黄金入库单合格，确认客户有足额黄金后，进行业务办理。其会计分录与客户购买黄金时的会计分录相反。

4）代理行收取手续费的核算

代理行为客户办理买卖黄金业务后，应按实际成交总价款的一定比例向客户收取代理手续费，填制一式三联的"业务收费凭证"，第三联交客户，第一、第二联分别作借、贷方记账凭证。

例 10-22 在例 10-21 中，代理人按成交额收取万分之六的手续费。

会计分录为：

借：存入保证金——黄金交易保证金　　　　　　　　　　　　　　　30
　　贷：手续费及佣金收入——代理贵金属业务收入　　　　　　　　　30

10.4.2 保管箱租赁业务

保管箱租赁业务是指银行将专用保管箱出租给客户使用，并受客户委托代以保管贵重物品、重要文件、有价单证等的一项租赁业务。客户申请租用保管箱时，应使用真实姓名、地址,并填写一式两份的租赁协议书,其中一份交承租人收执。客户在交纳租金及保证金,预留印鉴或指纹,办妥租用手续后,领取保管箱钥匙,即可启用保管箱。

例 10-23 客户王某到代理行申请租赁保管箱,并交纳了 50 000 元的租金和 5 000 元的押金。

会计分录为:

借:库存现金　　　　　　　　　　　　　　　　　　　　　　　55 000
　　贷:手续费及佣金收入——保管箱业务收入　　　　　　　　　　50 000
　　　　其他应付款——保管箱押金　　　　　　　　　　　　　　　 5 000

10.4.3　代发工资业务

代发工资业务简称代发薪,是商业银行接受企事业单位的委托,通过转账方式,将员工的工资收入在约定的时间一次或多次划转到员工在银行开立的活期存款账户或信用卡的一项中间业务。

代发工资业务是银行为方便客户广泛开展的一项业务。该业务省去了发薪单位取现、发薪的麻烦,既方便又安全,同时,这一业务还变"先用后存"为"先存后用",避免了员工领取工资后再去银行存款导致的利息损失。

企业委托银行代发工资,应与银行签订正式代理协议以明确双方的责任,同时,委托企业应在代理行会计部门开立账户,以保证款项的收付。每月发工资日时,代理行应将企业账户中的款项逐笔划往职工的工资卡或存折中。

例 10-24 某代理行收到委托企业划来的工资款项 200 000 元。

会计分录为:

借:吸收存款——××企业活期户　　　　　　　　　　　　　　200 000
　　贷:其他应付款——代发工资户　　　　　　　　　　　　　　　200 000

到发工资的日期时,银行将款项相应地划给员工。

会计分录为:

借:其他应付款——代发工资　　　　　　　　　　　　　　　　　5 000
　　贷:吸收存款——××工资活期户　　　　　　　　　　　　　　 5 000

10.4.4　代缴费业务

代缴费业务是指银行代理收费单位(电信、电、气、供水等部门)向其用户收取费用的一种转账结算业务,是银行为方便居民开展的一项中间业务。收费单位与用户均应在代理银行开立活期存款账户,银行定期在协议规定的收费日,从用户存款账户中按收费单位所列收费清单扣划给收费单位,并按用户交款笔数收取手续费。客户也可以现金方式在银行柜台缴费,如代收固定电话费、移动电话费、交通违章罚款、保险费等。

例 10-25 客户王某持 500 元现金到银行交纳手机费,则代理行的会计分录为:

借:库存现金　　　　　　　　　　　　　　　　　　　　　　　　　500
　　贷:其他应付款——代缴话费　　　　　　　　　　　　　　　　　500

在结算日,代理行与委托方进行资金清算时,应按规定扣收手续费。

会计分录为:

借：其他应付款——代缴话费
　　贷：手续费及佣金收入——代收话费手续费
　　　　清算资金往来

如结算日，某支行按规定将本月代收话费 125 000 元，向某电信部门办理清算。若银行的费率为 1‰。（某电信部门在同城其他银行开户）则会计分录为：

借：其他应付款——代交话费　　　　　　　　　　　　　　　125 000
　　贷：手续费及佣金收入——代理业务收费　　　　　　　　　　125
　　　　或清算资金往来　　　　　　　　　　　　　　　　　　124 875

复习思考题

1. 银行为什么要办理代理业务？银行目前有哪些代理业务？
2. 银行代理中国人民银行业务与代理其他业务有什么区别？
3. 银行代理我国中央国库支付的处理有什么特点？
4. 银行代理兑付国债业务的要求是什么？
5. 代理客户服务业务的要求有哪些？目前银行办理哪些代理客户服务业务？还应发展哪些代理客户服务业务？

第3篇

其他金融业务会计核算

3

- ✢ 金融衍生业务的核算
- ✢ 信托与投资业务的核算
- ✢ 证券业务的核算
- ✢ 保险业务的核算
- ✢ 租赁业务的核算
- ✢ 投资基金业务的核算

第 11 章

金融衍生业务的核算

11.1 金融衍生业务核算概述

11.1.1 金融衍生业务的概念

金融衍生业务是指银行等金融部门办理金融衍生工具的业务。衍生工具是一种依据某种基础价格（如汇率、利率、股价指数等）制定的预约合同。金融衍生工具则是指以货币、债券、股票等传统金融工具价格为基础，以杠杆和信用交易为特征，具有保值与投资双重功能的新型金融工具。它既指一类特定的交易方式，也指这种交易方式形成的合约。金融衍生工具具有以下特征。

(1) 价格随特定利率、金融工具价格、汇率、价格指数、费用指数、信用等级、信用指数或类似变量的变动而变动。

(2) 不要求初始净投资，或与对市场情况变化有类似反应的其他类型合同相比，要求有很少的初始净投资。

(3) 是在未来某一日期采取净额结算的金融工具。

在市场经济发展中，货币、债券、股票等传统金融工具价格均处在不断变化之中，而且难以预测，如何在这些传统金融工具价格变动中尽量减少损失、增加收益、规避各种风险，是投资者格外关心的问题。金融市场对这种无规律的价格变动的反应，是向投资者提供多种衍生金融工具，一切尽在合约中，投资者在投资时根据市场变化，预测未来某种金融产品的价格收益，只按规定交纳少量的保证金，便与被投资者签订该金融商品的远期合约，并在合约到期后，按合约规定的权利与义务进行清算，既保障了投资者的利益，又完成了交易。这种基本形式的组合或嵌入到其他金融产品中，形成了许多金融衍生产品，这对于改善原生资产定价、稳定现货市场、促进经济增长等方面有着重要意义。

11.1.2 金融衍生业务种类

金融衍生业务按工具的性质，可以分为金融远期、金融期货、金融期权和金融互换等 4 种。

1. 金融远期

金融远期是指在确定的将来某一时间按照确定的价格购买或出售某项资产的合约。该合约是一种非标准合约，灵活性较大，流通性差，难以转让，绝大部分远期合约都必须到期进行实际交割。金融远期按标的不同，可以分为远期外汇合约、远期利率协议 2 种。

远期外汇合约是指客户与银行之间、银行与银行之间，在双方约定的未来日期按约定的远期汇率将一种货币兑换成另一种货币的交易行为而签订的合约。合约的标的物为外汇。为了确保即使在汇率发生不利变动的情况下交易者也能履行合约，远期外汇交易大多数只限在资信较高的金融机构之间进行，一些信用好的企业为了保值或获利，也可进入期汇市场或委托银行等专业机构进行期汇交易，但必须提供足额的保证金。

远期利率协议是一种以利率为标的物的远期合同，通过这种合约，卖方和买方可以把未来某个时点开始的某个预先约定的时间内的利率锁定。具体来说，该协议是双方协定以未来一定期间、一定名义本金为计算基础，将约定利率与约定期间开始日的市场利率之差形成的利息差额的现值，由一方支付给另一方的合约。这种合约在利率期间是从未来某一时点起的一段时期，只需对利率差额进行交付，不进行本金的交付，所支付的差额也是以贴现方式在约定期间开始日支付的。

2. 金融期货

金融期货是指买卖双方在有组织的交易所内，以公开竞价的方式达成协议签订合约，约定在未来某一特定时间交割标准数量特定金融工具的交易。金融期货合约的标的物是金融产品（如外汇、债券、存货单、股票、股价指数等），具有较强的流动性，绝大多数合约在到期前被平仓，到期交割的比例极小。由于期货交易采取保证金制度，有较强的杠杆效应。按标的的不同，可以分为外汇期货、利率期货、股票指数期货3种。

（1）外汇期货。外汇期货是指交易双方在有组织的交易所按照交易规则，通过公开竞价，买卖特定币别、特定数量、特定交割期的标准合约的交易。其合约的标的物是各种可自由兑换的货币，可以用于规避汇率变动的风险或利用汇率变动获取收益。

（2）利率期货。利率期货也是指在有组织的场所内，按照交易规则，通过公开竞价，买卖特定数量、特定交割期的标准合约的交易。其合约的标的物是各种利率的载体，通常包括商业票据、定期存单、国债及其他政府公债等。其作用是使投资者能够锁定未来的利率水平，实现套期保值。

（3）股票指数期货。股票指数期货是以股票价格指数作为合约标的物，又称股指期货或期指。股指期货合约的价格是按指数的点数与一个固定金额（如恒生指数期货相应的固定金额为50港元）相乘计算得出的，合约以现金进行结算或交割。股指期货是在20世纪80年代初美国采取紧缩政策股价全面下跌时出现的，其作用是为防范股票市场的系统风险提供了有效的手段。

3. 金融期权

期权是指在未来一定时期可以行使买卖交易的权利，这个权利是交易买方向卖方支付一定金额的期权费后获得的，是买方在规定的时期内按约定的价格买进或出售一定数量的合约标的物的权利。在双方签订的合约期限内，买方可行使其权利，也可将权利放弃或转让给第三者；而卖方收取了期权费，则有义务在买方行使权利时按合约规定的时间和价格履约。根据标的资产的不同，金融期权包括外汇期权、利率期权、股票期权和股票指数期权等。

（1）外汇期权。外汇期权是以外汇为标的物的期权交易，即在合约买方支付权利金的前提下，赋予合约买方在规定期限内按合约双方约定的价格购买或出售一定数量外汇的权利。外汇期权又分为现汇期权（指期权买方在期权到期日或之前，有权决定是否购售外汇现货的合约）和外汇期货期权（指期权买方在期权到期日或之前，有权决定是否购售外汇期货的合约）两种。该期权的作用是为外汇市场不同风险偏好的投资者提供更多的选择。

(2) 利率期权。利率期权是在合约买方支付权利金的前提下，赋予其在规定期限内按合约双方约定的价格购买或出售一定数量的某种利率商品（如商业票据、国债或其他政府公债）的权利，合约卖方取得权利金后，有义务在买方要求履约时进行出售和购买。利率期权经过发展变形，出现了利率上限、利率下限和利率上下限等期权形式。利率上限是双方就未来一定时间内商定一个固定利率作为利率上限，如果市场利率超过了这一上限，则由卖方将出现的利息差额支付给买方，但买方在签约时需支付一定的权利金。利率上限可用来固定最高利率，将利率上升的风险锁定在一定的范围内。相反，利率下限是指商定一个利率下限，如果市场利率低于这一下限，则由卖方将利息差额支付给买方，卖方同样需要支付一定的权利金。利率下限可以用来固定最低利率，将利率下降的风险锁定在一定的范围内。利率上下限则是在买入一个利率上限的同时，出售一个利率下限，即将利率上限与利率下限组合起来，通过出售利率下限，获取一定的权利金，从而降低利率上限的成本。

(3) 股票期权。股票期权是在合约买方支付权利金的前提下，赋予其在规定期限内按合约双方约定的价格购买或出售一定数量的某种股票的权利，合约卖方取得权利金后，有义务在买方要求履约时进行出售或购买。

(4) 股票指数期权。股票指数期权是指以股票指数为标的物的期权交易，又称股指期权。与外汇期权、利率期权、股票期权不同的是，股指期权合约的价格是以点数衡量的，这一点与股指期货最为相似，即合约价格是按指数的点数与一个固定金额相乘计算的，最终合约实际交割的是现金。

4. 金融互换

金融互换是指两个或两个以上的交易者按照商定的条件在金融市场上将不同金融工具相关内容进行交换的合约。在金融互换交易中，交易双方并不改变对原有金融工具的债权，只是在考虑并利用交易各方的自身情况及优势，通过交易获取相应的经济利益，因此金融互换灵活多变、种类繁多，最主要的有货币互换、利率互换等。

(1) 货币互换。货币互换是以一种货币表示的一定数量的资本及在此基础上产生的利息支付义务，与另一种货币表示的相应数量的资本额及在此基础上产生的利息支付义务进行相互交换。其前提是要存在两个在期限和金额上利益相同而对货币需求相反的伙伴，双方按预先约定进行资本额的互换，互换后，每年以约定利率和资本额为基础进行利息支付的互换，协议到期后，再按照原约定的利率将原资本额换回。即货币互换要在期初、计息日、到期日发生多次资金流动，而且资金的流动是双向的。由于不同的市场交易者在不同的货币市场上具有各自筹资的优势，因此不同的发行者可以通过在自己具有比较优势的货币市场上发行债务工具，然后与其他货币市场上具有比较优势的另一方互换利息，使双方都可以降低筹资成本，并且规避汇率风险。

(2) 利率互换。利率互换是指交易双方同意按协议的内容在未来的一定期限内，在利率不同的同一种货币之间进行的交易，由于此种互换的货币在不同的金融市场的利率水平及计息方法（一方以固定利率计息，另一方以浮动利率计息）不同，因此在合约中约定双方在各期互换时，只交换由于利率不同而产生的利息差额，并不进行本金的互换，利率互换的资金流动只发生在计息日，而且是净额结算，因此资金的流动是单向的。之所以交易双方进行利率互换，其原因是互换的双方在各自国家中的金融市场上具有优势，通过交换都可以降低筹资成本，规避利率风险，获取经济利益。

11.1.3 金融衍生业务核算使用的会计科目

金融衍生业务的会计核算是为了反映金融衍生品合约双方的权利与责任及其变化而导致的损益，依据其权利与责任变化情况，其会计核算应设置以下会计科目。

（1）"衍生工具"科目。该科目核算企业衍生工具的公允价值及其变动形成的衍生资产或衍生负债。"衍生工具"科目可按衍生工具类别进行明细核算。借方记载：① 企业取得衍生工具的公允价值；② 资产负债表日，衍生工具的公允价值高于其账面余额的差额。贷方记载：① 资产负债表日，衍生工具的公允价值低于其账面余额的差额；② 终止确认的衍生工具的公允价值。期末若为借方余额，反映企业衍生工具形成资产的公允价值；若为贷方余额，反映企业衍生工具形成负债的公允价值。

（2）"套期工具"科目。该科目核算企业开展套期保值业务（包括公允价值套期、现金流量套期和境外经营净投资套期）套期工具公允价值变动形成的资产或负债。"套期工具"科目可按套期工具类别进行明细核算。借方记载：① 企业将已确认的衍生工具等金融资产指定为套期工具的账面价值；② 资产负债表日，对于有效套期，按套期工具产生的利得；③ 金融负债不再作为套期工具核算的。贷方记载：① 企业将已确认的衍生工具等金融负债指定为套期工具的账面价值；② 资产负债表日，套期工具产生的损失；③ 金融资产不再作为套期工具核算的，应按套期工具形成的负债。期末若为借方余额，反映企业套期工具形成资产的公允价值；期末若为贷方余额，反映企业套期工具形成负债的公允价值。

（3）"被套期项目"科目。该科目核算企业开展套期保值业务被套期项目公允价值变动形成的资产或负债。"被套期项目"科目可按被套期项目类别进行明细核算。借方记载：① 企业将已确认的资产指定为被套期项目的账面价值；② 资产负债表日，对于有效套期，被套期项目产生的利得，被套期项目产生的损失做相反的会计分录；③ 负债不再作为被套期项目核算的，反映该被套期项目形成的资产。贷方记载：① 企业将已确认的负债指定为被套期项目的账面价值；② 资产负债表日，对于有效套期的被套期项目产生的损失；③ 资产不再作为被套期项目核算的，反映该被套期项目形成的负债。期末若为借方余额，反映企业被套期项目形成资产的公允价值；期末若为贷方余额，反映企业被套期项目形成负债的公允价值。

除此之外，在核算中还使用"公允价值变动损益""投资收益""资本公积——其他资本公积"等科目。

11.2 金融期货业务的核算

11.2.1 金融期货的交易流程

金融期货是交易双方在集中性的交易场所，以公开竞价的方式进行合约的交易。交易的目的是获得因交易时间的不同而产生的价差，进行套期保值或投机。按照规定，期货交易一般委托经纪公司办理，委托经纪公司是期货交易所的会员。其交易程序如下。

（1）在经纪公司开立交易账户。客户办理期货业务时，须与经纪公司签订有关协议，并在经纪公司开立交易账户，存入一定的保证金。

（2）缴纳委托书。进行交易时由客户向经纪公司递交金融期货交易委托书，由经纪公司将委托书的内容传输给交易所。

（3）公开竞价。采用计算机交易的，委托书的内容输入后，由计算机自动完成公开竞价；采用手工交易的，由交易所与经纪公司、客户一同进行公开竞价。

（4）签订期货合约。公开竞价后，交易双方按成交价格签订期货合约，合约的内容包括：交易单位、最小变动价位（也称单位刻度，指交易所规定的每一份合约的交易标准数）、每日价格波动限制、合约年份、交易时间、最后交易日及交割等。

对于期货交易的结算采取每日清算制及分层、分级别对每一客户实施。交易所每日对客户的交易账户的保证金头寸进行清算，并及时调整保证金账户，以维护金融交易秩序。

11.2.2 金融期货业务的会计处理

金融期货业务的会计核算可以分为基础业务处理和具体交易业务处理两大类。金融期货的基础业务是指与具体进行的交易量无关的，企业为取得和维持进行期货交易权利而进行的会员资格投资及其收回、其他交易席位占用及退还、期货会员年会费支付等业务。具体交易业务是指企业具体从事各类金融期货交易的开仓、计算损益、平仓、实际交割等业务。金融期货基础业务的会计处理在现行会计核算中已有规定，且与建立在公共信息会计理论基础上的创新衍生金融工具的会计处理一致，故本处不再进一步讨论。但按公共信息会计理论的基本思想，这些业务的发生必须与期货交易所的对应业务同时反映，以实现整个社会经济活动会计反映的关联性。本节需要举例说明的只是企业进行具体金融期货交易业务的会计处理。这些交易业务依据其交易类型，主要分为外汇期货、利率期货、股票指数期货等基本类型。

1. 外汇期货的处理

外汇期货是指在外汇交易所内，交易双方通过公开竞价的方式确定汇率，在未来的某一时期买入或卖出某种货币的合约的交易，其主要功能是套期保值。套期保值又分为卖出套期保值和买入套期保值2种。卖出套期保值也称空头套期保值，即出口商为避免汇率变化而造成的损失，先将合约在期汇市场卖出，然后再买入该合约，以此达到套期保值的目的。而买入套期保值又称多头套期保值，即进口商为避免进口货物付汇时，本国货币对外国货币的贬值，而采取先买入合约，然后再卖出该合约，俗称低买高卖，以达到套期保值的目的。

1）确定套期工具的处理

例11-1 中国联华租赁公司于2018年4月1日向美国霍顿公司出口一批产品，货款为200万美元，并约定2个月后付款。联华租赁公司为避免因美元贬值导致的风险损失，于产品成交当日在期货市场上卖出200万美元的2个月后交割的外汇期货合约（被宏远公司买入）。2018年4月1日双方商定的期货交易约定汇率为1美元=6.7810元人民币，结算汇率为1美元=6.7845元人民币。期货交易初始保证金为200 000元人民币，交易手续费率为0.1‰。

外汇期货合约的签订，使得联华租赁公司有了在2个月后以约定汇率1美元=6.7810元人民币兑换200万美元的权利和将200万美元支付给宏远公司的义务；宏远公司也拥有相应的权利和承担的义务。由于约定汇率是双方共同认定的未来市场汇率，也就是双方未来权利和义务在不同货币之间的折算率，故此双方的权利和义务均应按该约定汇率计算。交易双方还必须在交易时向期货清算所支付保证金和向期货交易所支付交易手续费。因此，应为双方做会计分录如下（期货交易所和清算所的会计处理略）。

$$合约成交价格 = 6.7810 \times 2\,000\,000 = 13\,562\,000$$
$$交易手续费 = 13\,562\,000 \times 0.1‰ = 1\,356.20$$

联华租赁公司的处理，会计分录为：

借：套期工具——宏远公司外汇期货	13 562 000
贷：衍生工具——宏远公司外汇期货	13 562 000
借：结算备付金——期货保证金	200 000
投资收益——金融期货交易	1 356.20
贷：银行存款	201 356.20

宏远公司的处理，会计分录为：

借：衍生工具——联华租赁公司外汇期货	13 562 000
贷：被套期项目——联华租赁公司外汇期货	13 562 000
借：结算备付金——期货保证金	200 000
投资收益——期货交易手续费	1 356.20
贷：银行存款	201 356.20

交易日终了，期货清算所按当日结算汇率进行无负债结算。由于当日结算汇率为1美元=6.7845元人民币，高于约定汇率，联华租赁公司发生外汇期货交易损失，宏远公司获得外汇期货交易收益，双方的损失和收益相等，均为：

$$USD2\,000\,000 \times (6.7845 - 6.7810) = 7\,000\,元$$

会计分录为：

联华租赁公司的处理，借：投资收益——宏远公司外汇期货		7 000
贷：结算备付金——期货保证金		7 000
宏远公司的处理，借：结算备付金——期货保证金		7 000
贷：投资收益——联华租赁公司外汇期货		7 000

由于联华租赁公司在交易所的期货保证金已经低于规定的保证金数额，故联华租赁公司补充保证金人民币7 000元。

会计分录为：

借：结算备付金——期货保证金	7 000
贷：银行存款	7 000

2) 资产负债表日外汇期货的处理

例11-2（接例11-1）若2018年4月30日（资产负债表日）结算汇率为1美元=6.7610元人民币，则联华租赁公司外汇期货由于汇率的变化而遭受损失，而宏远公司外汇期货由于汇率的变化而获取了收益。两公司的收益及损失数额相等：

$$USD2\,000\,000 \times (6.7810 - 6.7610) = 40\,000\,元$$

会计分录为：

联华租赁公司的处理，借：套期损益——宏远公司外汇期货	40 000
贷：套期工具——宏远公司外汇期货	40 000
宏远公司的处理，借：被套期项目——联华租赁公司外汇期货	40 000
贷：套期损益——联华租赁公司外汇期货	40 000

3) 购回合约的处理

例 11-3 （接例 11-2）2018 年 5 月 22 日，联华租赁公司将外汇期货从宏远公司手中购回，当日结算汇率为 1 美元＝6.788 8 元人民币。首先，为两公司计算期货交易损益。由于成交日结算汇率 1 美元＝6.784 5 元人民币，高于成交日的结算汇率（假设 2018 年 4 月 1 日至 2018 年 5 月 21 日期间结算汇率没有变化），联华租赁公司又获得期货交易收益，宏远公司再发生期货交易损失，金额均为：2 000 000×（6.788 8-6.784 5）＝8 600 元人民币。然后，为两公司的期货交易进行平仓处理，两公司收回保证金。

会计分录为：

联华租赁公司的处理，借：结算备付金——期货保证金   8 600
　　　　　　　　　　　贷：投资收益——宏远公司外汇期货   8 600
借：衍生工具——宏远公司外汇期货   13 562 000
　　贷：套期工具——宏远公司外汇期货   16 520 000
借：银行存款   198 643.80
　　投资收益——金融期货手续费   1 356.20
　　贷：期货保证金   200 000
借：投资收益——宏远公司外汇期货   8 600
　　贷：套期损益——金融期货交易   8 600
宏远公司的处理，借：投资收益——联华租赁公司外汇期货   8 600
　　　　　　　　　贷：结算备付金——期货保证金   8 600
　　　　借：被套期项目——联华租赁公司外汇期货   13 562 000
　　　　　　贷：衍生工具——联华租赁公司外汇期货   13 562 000
　　　　借：银行存款   198 643.80
　　　　　　套期损益——金融期货交易   1 356.20
　　　　　　贷：结算备付金——期货保证金   200 000
　　　　借：套期损益——金融期货交易   8 600
　　　　　　贷：投资收益——联华租赁公司外汇期货收益   8 600

2. 利率期货的处理

利率期货是指交易双方通过在交易所公开竞价的基础上，买入或卖出某种有价格的资产，而在未来的一定时间按合约交割的一种交易。利率期货按期限划分，可分为短期利率期货和长期利率期货两种。

1) 确定利率期货的处理

例 11-4 联华公司拟 2 个月后发行面值为 1 000 万美元的债券，为避免债券发行前利率上升的风险，联华公司于当日（2018 年 3 月 1 日）卖出 100 份面值为 10 万美元的债券期货合约给 X 公司（X 公司之所以购进是因为其预期利率不会上升）。当日债券期货的价格指数为 84。若价格指数变动的每点价值为 25 美元，每一变动点代表利率变动 0.01%，致使导致的价格指数的变动。期货保证金为面值的 10%。双方均以美元为记账本位币（本题不考虑交易手续费，维持保证金限制等问题。下同）。

双方签订利率期货合约后，均产生了在未来进行债券发行与购买的权利与义务，这是基于衍生金融工具导致的未来进行现实交易的现有权利和义务，在未进行现实交易前无须考虑利率负担和收取问题，故双方均按面值进行登记。

会计分录为：

联华公司的处理，借：套期工具——X 公司利率期货　　　　　USD10 000 000
　　　　　　　　　　贷：衍生工具——X 公司利率期货　　　　　USD10 000 000
　　　　　　　　　借：结算备付金——利率期货保证金　　　　　USD1 000 000
　　　　　　　　　　贷：银行存款　　　　　　　　　　　　　　USD1 000 000

X 公司的处理，借：持有至到期的投资——联华公司债券　　　　USD10 000 000
　　　　　　　　　贷：被套期项目——联华公司利率期货　　　　USD10 000 000
　　　　　　　　借：结算备付金——利率期货保证金　　　　　　USD1 000 000
　　　　　　　　　贷：银行存款　　　　　　　　　　　　　　　USD1 000 000

2）资产负债表日的处理

例 11-5　（接例 11-4）3 月 31 日（第一个资产负债表日），该期货的价格指数为 82。（假设这期间未发生价格指数变化）价格指数由 84 下降到 82，降低了 200 点，表示利率上升了 2%。联华公司持有的期货合约价值上涨，获得衍生交易收益，X 公司持有的期货合约价值下降，发生衍生交易损失。双方的损益金额均为：200 点×100 份×25 美元 = 500 000 美元。

会计分录为：

联华公司的处理，借：结算备付金——期货保证金　　　　　　USD500 000
　　　　　　　　　　贷：套期损益——X 公司利率期货　　　　USD500 000

X 公司的处理，借：套期损益——联华公司利率期货　　　　　USD500 000
　　　　　　　　贷：结算备付金——期货保证金　　　　　　　USD500 000

例 11-6　（接例 11-5）4 月 30 日（第二个资产负债表日），该期货的价格指数为 83。两公司进行平仓交易（假设这期间未发生价格指数变化）。首先，计算双方衍生交易损益。因为价格指数由 82 上涨到 83，增加了 100 点，表示利率下降了 1%。联华公司持有的期货合约价值下降，发生衍生交易损失；X 公司持有的期货合约价值上涨，获得衍生交易收益。双方的损益金额均为：100 点×100 份×25 美元 = 250 000 美元。然后为双方进行平仓。

会计分录为：

联华公司的处理，借：套期损益——X 公司利率期货　　　　　USD250 000
　　　　　　　　　　贷：结算备付金——期货保证金　　　　　USD250 000
　　　　　　　　　借：衍生工具——X 公司利率期货　　　　　USD10 000 000
　　　　　　　　　　贷：套期工具——X 公司利率期货　　　　USD 10 000 000
　　　　　　　　　借：套期工具——X 公司利率期货　　　　　USD250 000
　　　　　　　　　　贷：套期损益——金融期货交易　　　　　USD250 000

X 公司的处理，借：结算备付金——期货保证金　　　　　　　USD250 000
　　　　　　　　贷：套期损益——联华公司利率期货　　　　　USD250 000
　　　　　　　借：持有至到期的投资——联华公司债券　　　　USD10 000 000
　　　　　　　　贷：被套期项目——联华公司利率期货　　　　USD10 000 000
　　　　　　　借：套期损益——金融期货交易　　　　　　　　USD250 000
　　　　　　　　贷：投资收益——联华公司利率期货　　　　　USD250 000

对于衍生交易递延损益的结转也可以在认定属于确实有效套期的情况下,将其直接计入被套期项目的成本或被套期项目导致的损益科目。例 11-6 中,联华公司可以将衍生交易递延损益 250 000 美元直接冲减由于利率上升导致的发行价增加(即减少发行债券的溢价登记)。

综合上述各例可以看出,联华公司因利率期货交易获得收益的 25 万美元,可以抵补在利率上涨后发行债券的损失。而 X 公司由于利率变动,获取相同金额 25 万美元的被套期收益。

3. 股票指数期货的处理

股票指数是指选择一个市场上的所有或部分有代表性股票,运用加权平均或算术平均计算出的某一时间这些股票的平均值,与基准期的市价进行比较的结果数额。股票指数期货则是以股指为交易对象,买卖双方通过交易所竞价确定成交价格——协议股票指数,合约的金额为股票指数乘以统一的约定乘数,到时以现金交割的业务。股票指数期货也有套期保值功能,其中套期保值又分为卖出套期保值和买入套期保值。卖出套期保值是指为防范股指下降,再投资于某个股票时卖出股票指数期货合约;而买入套期保值是指在期货市场上先买后卖,用于规避股指上升的风险。

1) 成交后确认股票指数期货业务的处理

例 11-7 香港 W 公司计划购买目前市价为 HKD100 000 的股票,但资金尚未到位。为防止资金到位前市价上涨,W 公司于 2018 年 9 月 3 日购入股票指数期货合约,此时的恒生指数为 3 000 点。该期货系 V 公司为防止自己持有的股票市值下降而售出的。每一点股票指数的标准金额为 HKD50。两公司交纳的初始保证金均为合约价值的 10%。双方均以港币为记账本位币。并按规定向交易所缴纳 1‰ 的手续费。

两公司在恒生指数 3 000 点时进行股票指数期货交易,导致相互产生权利和义务,以合约价值 HKD50×3 000=HKD150 000 登记。

会计分录为:

W 公司的处理,借:套期工具——V 公司股票指数期货　　　　HKD150 000
　　　　　　　　贷:衍生工具——V 公司股票指数期货　　　　HKD150 000
　　　　　　　借:结算备付金——期货保证金　　　　　　　　HKD15 000
　　　　　　　　　投资收益——期货手续费　　　　　　　　　HKD150
　　　　　　　　贷:银行存款　　　　　　　　　　　　　　　HKD15 150
V 公司的处理,借:衍生工具——W 公司股票指数期货　　　　HKD150 000
　　　　　　　　贷:套期工具——W 公司股票指数期货　　　　HKD150 000
　　　　　　　借:结算备付金——期货保证金　　　　　　　　HKD15 000
　　　　　　　　　投资收益——期货手续费　　　　　　　　　HKD150
　　　　　　　　贷:银行存款　　　　　　　　　　　　　　　HKD15 150

2) 资产负债表日的处理

例 11-8 (接例 11-7) 9 月 30 日恒生指数为 3 100 点(假定这期间的股票指数不变)。由于股票指数上升,W 公司持有的期货合约价值上涨,导致盈利;V 公司持有的期货合约价值下降,导致亏损。双方亏损的金额均为:HKD50×(3 100-3 000)=HKD5 000。

会计分录为:

W公司的处理，借：结算备付金——期货保证金　　　　　　　　　HKD5 000
　　　　　　　贷：套期损益——V公司股票指数期货　　　　　　　HKD5 000
V公司的处理，借：套期损益——W公司股票指数期货　　　　　　　HKD5 000
　　　　　　　贷：结算备付金——期货保证金　　　　　　　　　　HKD5 000

例11-9　（接例11-8）10月31日恒生指数为3 150点，W公司和V公司进行平仓操作。同时W公司资金到位，以HKD107 000的价格购进目标股票。

由于恒生指数又上涨50点，各自进一步产生盈亏HKD50×(3 150-3 100)=HKD2 500。同时双方进行平仓处理。

会计分录为：

W公司的处理，借：结算备付金——期货保证金　　　　　　　　　HKD2 500
　　　　　　　贷：套期损益——V公司股票指数期货　　　　　　　HKD2 500
　　　　　借：衍生工具——V公司股票指数期货　　　　　　　　HKD150 000
　　　　　　　贷：套期工具——V公司股票指数期货　　　　　　　HKD150 000
　　　　　借：银行存款　　　　　　　　　　　　　　　　　　　HKD22 500
　　　　　　　贷：结算备付金——期货保证金　　　　　　　　　　HKD22 500
　　　　　借：套期工具——V公司股票指数期货　　　　　　　　HKD7 500
　　　　　　　贷：套期损益——金融期货交易　　　　　　　　　　HKD7 500
V公司的处理，借：套期损益——W公司股票指数期货　　　　　　　HKD2 500
　　　　　　　贷：结算备付金——期货保证金　　　　　　　　　　HKD2 500
　　　　　借：套期工具——W公司股票指数期货　　　　　　　　HKD150 000
　　　　　　　贷：衍生工具——W公司股票指数期货　　　　　　　HKD150 000
　　　　　借：银行存款　　　　　　　　　　　　　　　　　　　HKD22 500
　　　　　　　贷：结算备付金——期货保证金　　　　　　　　　　HKD22 500
　　　　　借：套期损益——金融期货交易　　　　　　　　　　　HKD7 500
　　　　　　　贷：套期工具——W公司股票指数期货　　　　　　　HKD7 500

对于衍生交易递延损益的结转也可以在认定属于确实有效套期的情况下，将其直接计入被套期项目的成本或被套期项目导致的损益科目。例11-9中，W公司可以将衍生交易递延损益HKD7 500直接冲减由于股票指数上升导致的购入股票实付款的增加（即直接减少购入股票的成本金额）。

综合例11-7~例11-9可见，W公司因股票指数期货交易获得收益HKD7 500，可以抵补在股价上涨后购买股票多支付的金额。而V公司发生HKD7 500的衍生交易损失，但该损失可以被持有的股票价值的上涨所弥补。双方均实现了套期保值。

11.3　金融期权业务的核算

11.3.1　金融期权的特征、相关概念及种类

1. 金融期权的特征

金融期权是套期保值的一种方式。期权是赋予持有人在将来某一约定的时间或在此之前

按约定的价格买入（或卖出）一定数量的某种资产选择权的金融合约。该选择权是期权交易的买方向卖方支付一定数额期权费后获得的，是赋予买方在规定的时间内按双方约定的价格买进或出售相应数量的合约标的物的权利。对期权的卖方赋予相关的义务，只要卖方收取了期权费，就有义务按合约规定的时间和价格按买方的权利予以履约。其特征为：① 期权合约中的规定，对买者来说是一种权利（选择权），对卖者来说是一种义务；② 期权合约因种类、到期月份和约定价格的不同，可创造许多期权合约，提供许许多多的期货交易机会；③ 期权合约所定的价格自签订合约起至交割完毕，始终是不变的，而期权的权利金（也称期权金、期权价格、保险费，是购买者取得期权时所付出的一笔公平款项，该费用已经付出，无论购买者是否行使其权利，都不能再收回）是经常发生变化的。

2. 金融期权的相关概念

（1）权利期间。权利期间是指期权合约签订生效至期权合约到期这一段时间。

（2）期权权利金。期权权利金也称期权金、期权价格、保险费，是指取得期权时付出的一笔公平的价金。

（3）期权保证金。期权保证金是无保证的期权出卖者按规定必须提交给代理商的货币或股票。

（4）利率上限。利率上限是指由双方商定一个固定利率作为最高限额，同时商定一个基准利率，在期权权利期间若市场利率超过这一限额，由卖方将超过的差额付给买方作为补偿，保证合约持有人实际支付的净利息不高于合约规定的限额，但在签订上限合约时买方须向卖方支付一笔费用。若市场利率在上限之下，则卖方不做任何支付，买方所付的费用即为损失。上限也称为利率封顶，此买方多为银行。利率上限适用于有浮动利率的债务人，是一种期权持有人避免利率风险而规定的计算方法的保护措施。

（5）利率下限。利率下限是指由双方商定一个固定利率作为最低限额，如果市场利率低于最低限额，将由卖方将低于的差额支付给买方作为补偿，保证合约持有人实际支付的净利息不高于市场价格，但在签订合约时买方须向卖方支付一笔费用。利率下限适用于有浮动利率的存款人，是一种保护浮动利率存款人避免受利率下降风险的措施。

（6）利率上下限。利率上下限是指期权的持有人买入一个利率上限合约的同时，出售一个利率下限合约的组合。浮动利率持有人即可通过利率上限固定利率成本，又可通过出售利率下限合约获得一定的收入，从而使成本与收入有一部分相抵消，以此达到降低合约成本的目的。

3. 金融期权业务的种类

金融期权按不同标准可以分为不同的种类。按期权持有人的不同，可分为认购期权（指期权持有人在约定的时间内以约定的价格买入某种资产的权利）和认沽期权（指期权持有人在约定的时间里以约定的价格卖出某种约定基础资产的权利）两类；按交易标的物的不同，可分为股票期权（指期权交易双方经协商以支付一笔约定的权利金为代价，取得在一定期间内按协议价格购买或出售一定数额股票的权利）、外汇期权（指其持有人即期权买方享有在契约到期或到期之前按规定的价格购买或出售一定数额的某种外汇资产的权利）、利率期权（指赋予持有人在契约有效期内以确定的利率购买或出售有息金融资产的权利）、期货期权（指期货合约的选择权，是期权持有人拥有在规定的时间内以一定的价格购买或出售相应数量的期货合约的权利）和指数期权（指以股票指数为期权合约标的物的一种选择权）5 种；按交易方式的不同，可分为在交易所内交易和在银行的柜台交易 2 种。

11.3.2 金融期权业务的会计处理

1. 金融期权业务初始确认的处理

期权业务应在其开始日确认初始投资额（即实际支付的期权费）进账。

例 11-10 2018 年 1 月 15 日中国某进出口公司（简称进出口公司）从美国兴业公司购进 200 万美元的商品，合同约定进出口公司于 2018 年 4 月 15 日支付货款。进出口公司为了避免美元升值的风险，在期权市场上购进中国银行的看涨美元期权。该期权合约约定的面值为 200 万美元，合同汇率为 1 美元＝6 元人民币，最后执行期限为 2018 年 4 月 15 日。进出口公司为此支付期权费 6 万美元。中国银行另支付期权保证金 10 万美元（不考虑维持保证金和追加保证金问题，相关处理基本同期货保证金的处理）。进出口公司和中国银行均以人民币为记账本位币，同时该两单位均向交易所缴纳 0.1‰ 的人民币手续费。

该期权合约的成交表明，在 2018 年 1 月 15 日到 2018 年 3 月 15 日的时间段内，进出口公司随时可以要求中国银行以 1 美元＝6 元人民币的汇率向其兑换 200 万美元，也可以放弃这一要求。所以，在这一时间段内，进出口公司同时拥有向中国银行收取美元期权的权利和按商品交易合同约定汇率支付货款的义务，而中国银行则拥有支付美元期权的义务和按约定汇率收取货款的权利。由于当日现汇汇率与期权合约约定汇率相同，可以断定进出口公司不会行权。

以合同汇率计算：套期工具的人民币金额＝USD2 000 000×6＝¥12 000 000

期权手续费人民币金额＝¥12 000 000×0.1‰＝¥1 200

期权合同值人民币金额＝USD60 000×6＝¥360 000

期权保证金人民币金额＝USD100 000×6＝¥600 000

会计分录为：

进出口公司的处理，借：套期工具——银行货币期权　　　　　　　12 000 000
　　　　　　　　　　贷：衍生工具——银行货币期权　　　　　　　12 000 000
　　　　　　　　借：投资收益——期权手续费　　　　　　　　　　1 200
　　　　　　　　　　套期工具——期权合同值　　　　　　　　　　360 000
　　　　　　　　　　贷：结算备付金　　　　　　　　　　　　　　361 200
中国银行的处理，借：衍生工具——进出口公司货币期权　　　　　12 000 000
　　　　　　　　　　贷：套期工具——进出口公司货币期权　　　　12 000 000
　　　　　　　　借：投资收益——期权手续费　　　　　　　　　　1 200
　　　　　　　　　　套期工具——期权保证金　　　　　　　　　　600 000
　　　　　　　　　　贷：套期工具——期权合同值　　　　　　　　320 000
　　　　　　　　　　　　结算备付金　　　　　　　　　　　　　　241 200

2. 期权期间资产负债表日的处理

期权期间资产负债表日，若美元的现汇汇率不变或低于约定汇率，购销双方都不做账务处理。若美元的现汇汇率发生变化，高于约定汇率，双方均应按规定对利率变化引起的利得主张权利。

例 11-11 （接例 11-10）2018 年 1 月 31 日现汇汇率变为 1 美元＝5.991 元人民币。由于美元汇率从 6 变为 5.991，低于约定汇率 0.009，进出口公司不会主张权利。双方的权利义务关系不变，双方无须进行账务处理。

例 11-12 （接例 11-11）2018 年 2 月 28 日现汇汇率变为 1 美元 = 6.267 元人民币。由于美元汇率已升至约定汇率以上，进出口公司持有的期权合约价值上升，获得收益。而中国银行的权利不变，付款义务增加，导致损失。可以断定进出口公司在认为适当的时候一定会主张权利，在没有行权之前，双方的损益均未实现。

会计分录为：

$$利率变化的利得或损失 = USD2\,000\,000 \times (6.267-6) = ￥534\,000$$

进出口公司的处理，借：套期工具——银行货币期权		534 000
贷：套期损益——银行货币期权		534 000
中国银行的处理，借：套期损益——进出口货币期权		534 000
贷：套期工具——进出口货币期权		534 000

例 11-13 （接例 11-12）2018 年 3 月 31 日现汇汇率变为 1 美元 = 6.266 元人民币。由于美元汇率从 6.267 变为 6.266，该汇率虽然高于约定汇率，进出口公司看涨该期权不会主张权利。原为双方确认的权利义务的增值应予冲销。

$$应予冲销的金额 = 2\,000\,000 \times (6.266-6.267) = -2\,000$$

会计分录为：

进出口公司的处理，借：套期损益——银行货币期权		2 000
贷：套期工具——银行货币期权		2 000
中国银行的处理，借：套期工具——进出口货币期权		2 000
贷：套期损益——进出口货币期权		2 000

3. 期权行权并结清的处理

例 11-14 （接例 11-13）2018 年 4 月 10 日现汇汇率变为 1 美元 = 6.272 元人民币。进出口公司要求行权，并办理完毕有关货币兑换业务。由于美元汇率在约定汇率以上，进出口公司持有的期权合约价值增加，义务不变，获得盈利。而中国银行的权利不变，付款义务增加，产生损益。进出口公司已要求主张权利，并具体办理了货币兑换业务，双方的损益已实现，同时原确认的依据期权合约形成的权利义务消失，进出口公司按规定将期权费作为兑换货币的成本退缴中国银行，中国银行收到的期权费可以部分抵补兑换损失。

$$该期权收益(或损失) = 2\,000\,000 \times 6.272 - 12\,000\,000 = 544\,000$$

会计分录为：

进出口公司的处理，借：衍生工具——银行货币期权		12 000 000
贷：套期工具——银行货币期权		12 000 000
借：结算备付金		1 024 000
贷：套期工具——期权合同值		360 000
投资收益——期权交易收益		544 000
借：银行存款		864 000
贷：结算备付金		864 000
中国银行的处理，借：套期工具——进出口货币期权		12 000 000
贷：衍生工具——进出口货币期权		12 000 000

借：套期工具——期权合同值	360 000
投资收益——期权交易损失	544 000
贷：套期工具——期权保证金	600 000
投资收益——期权手续费	1 200
结算备付金	262 800

11.4　金融互换业务的核算

11.4.1　金融互换的种类

金融互换是两个或两个以上的当事人按照共同商定的条件，在约定的时间内，就各自所持的金融商品进行交换的合约。金融产品互换的目的是降低筹资成本，防范汇率和利率的风险。按其互换的内容，可分为货币互换和利率互换2种。

货币互换是指持有不同货币的当事人，因业务需要，经协商同意先按约定的汇率或利率交换货币占有权，到约定的时点后，再互相换回原货币的业务。货币互换包括定息货币与定息货币的互换、定息货币与浮息货币的互换、浮息货币与浮息货币的互换3种方式。

利率互换是指各自负有不同种利率的同币种债务的双方，将其利息支付的相当金额与对方互换，从而交换其债务实质内容的一种金融交易。此种互换是在同种货币间进行，一般不进行本金互换，只是以不同利率互换为基础的资本筹集所产生的利息进行互换。而且互换是要坚持在互换利率趋于下跌的情况下，适时地将固定利率换成浮动利率；在利率呈上涨趋势时，适时地将浮动利率换成固定利率。以保证互换各方的利益，达到防范利率风险的目的。

由于利率互换是在同币种间的互换，因此一般采用净额支付的方法支付利息，即由利息较高的一方向利息较低的另一方支付按相同本金和不同利率计算的利息差额。

11.4.2　金融互换业务的会计核算

如前所述，互换业务是指合约双方商定在经过一段时间后，彼此交换支付的一种金融交易。其中不同币种的互换为货币互换；以固定利率与浮动利率的互换为利率互换。我国自2006年2月开始进行利率互换业务的试点。本节主要以固定利率与浮动利率互换为基础介绍金融互换业务的处理。

1. 金融互换业务发生时的处理

例 11-15　甲公司2018年7月1日发行面值为1 500万人民币的债券（每张面值1.5元，共计1 000万张），期限为2年，固定利率为年4.75%，为避免债券利率上升的风险，经过协商竞拍，甲公司于当日（2018年7月1日）与乙公司（乙公司之所以互换是因为其预期利率不会上升）签订一个2年期利率互换合约，条件是乙公司按固定利率计算应收取的利息，于资产负债表日对收取的利息按浮动利率进行调整；甲公司以浮动利率计算应支付的利息，于资产负债表日对支付的利息按固定利率进行调整。同时按规定缴纳成交额0.5‰的手续费和0.1%的备付金存款。其甲、乙公司的处理如下。

会计分录为：

甲公司的处理，借：衍生工具——公司债券　　　　　　　　　　　　15 000 000

　　　　　贷：套期工具——乙公司利率互换　　　　　　　15 000 000
　　　　借：结算备付金——期货备付金　　　　　　　　　　　15 000
　　　　　　投资收益——利率期货手续费　　　　　　　　　　7 500
　　　　　贷：银行存款　　　　　　　　　　　　　　　　　　22 500
乙公司的处理，借：套期工具——甲公司利率互换　　　　　15 000 000
　　　　　贷：衍生工具——甲公司的债券　　　　　　　15 000 000
　　　　借：结算备付金——期货备付金　　　　　　　　　　　15 000
　　　　　　投资收益——利率期货手续费　　　　　　　　　　7 500
　　　　　贷：银行存款　　　　　　　　　　　　　　　　　　22 500

2. 资产负债表日对套期工具的调整

例 11-16 （接例 11-15）第一个资产负债表日（2018 年 7 月 31 日），甲公司的债券市场价为年 4.35%，交易双方按合同规定，计算并调整套期工具的账面价值。其处理如下。

甲公司的处理：

　　　　按市场价计算的应付利息额=15 000 000×4.35%/12=54 375（元）
　　　　按固定利率计算的应付利息额=15 000 000×4.75%/12=59 375（元）
　　　　调整套期工具的账面价值额=54 375-59 375=-5 000（为甲公司的利得）

会计分录为：

借：套期工具——乙公司利率期货　　　　　　　　　　　　　5 000
　贷：公允价值变动损益　　　　　　　　　　　　　　　　　5 000

乙公司的处理：

　　　　按市场价计算的应收利息额=15 000 000×4.35%/12=54 375（元）
　　　　按固定利率计算的应收利息额=15 000 000×4.75%/12=59 375（元）
　　　　调整套期工具的账面价值额=59 375-54 375=5 000（为乙公司的利得）

会计分录为：

借：公允价值变动损益　　　　　　　　　　　　　　　　　　5 000
　贷：套期工具——甲公司利率互换　　　　　　　　　　　　5 000

例 11-17 （接例 11-16）第二个资产负债表日（同年 8 月 31 日），甲公司的债券市场价为年 4.90%，交易双方按合同规定，计算并调整套期工具的账面价值。其处理如下。

甲公司的处理：

　　　　按市场价计算的应付利息额=15 000 000×4.90%/12=61 250（元）
　　　　按固定利率计算的利息额=15 000 000×4.75%/12=59 375（元）
　　　　调整套期工具的账面价值额=61 250-59 375=1 875（为甲公司的损失）

会计分录为：

借：公允价值变动损益　　　　　　　　　　　　　　　　　　1 875
　贷：套期工具——乙公司利率互换　　　　　　　　　　　　1 875

乙公司的处理：

　　　　按市场价计算的应收利息额=15 000 000×4.90%/12=61 250（元）
　　　　按固定利率计算的利息额=15 000 000×4.75%/12=59 375（元）
　　　　调整套期工具的账面价值额=59 375-61 250=-1 875（为乙公司的损失）

会计分录为：

借：套期工具——甲公司利率互换　　　　　　　　　　　　　　1 875
　　贷：公允价值变动损益　　　　　　　　　　　　　　　　　　　1 875

在以后的每个资产负债表日，均按以上方法根据浮动利率的变动情况及时调整套期工具的账面余额，以真实反映每一个会计期间在利率互换过程中，由于市场价格的变动而引起的公司权利与义务的增减变化，给企业带来的利得或损失。

3. 债券到期结清套期工具的处理

例 11-18　（接例 11-17）2019 年 7 月 1 日甲公司发行的债券到期，按合约规定甲公司决定终止该债券的利率互换，经查实该债券从签约日至终止日套期形成的资产（甲公司）或负债（乙公司）共计 132 000 元。双方按规定进行结清该利率互换业务的处理，并对备付金存款予以清户。

会计分录为：

甲公司的处理，借：套期工具——乙公司利率互换　　　　　　　15 000 000
　　　　　　　　　贷：衍生工具——公司债券　　　　　　　　　15 000 000
　　　　　　　借：银行存款　　　　　　　　　　　　　　　　　　 132 000
　　　　　　　　　贷：套期工具——乙公司利率互换　　　　　　　　132 000
　　　　　　　借：银行存款　　　　　　　　　　　　　　　　　　　15 000
　　　　　　　　　贷：结算备付金——期货备付金　　　　　　　　　15 000
乙公司的处理，借：衍生工具——甲公司债券　　　　　　　　　15 000 000
　　　　　　　　　贷：套期工具——甲公司利率互换　　　　　　15 000 000
　　　　　　　借：银行存款　　　　　　　　　　　　　　　　　　 132 000
　　　　　　　　　贷：套期工具——甲公司利率互换　　　　　　　　132 000
　　　　　　　借：银行存款　　　　　　　　　　　　　　　　　　　15 000
　　　　　　　　　贷：结算备付金——期货备付金　　　　　　　　　15 000

综合上述各例进行分析，甲公司发行的债券若用固定利率计算两年的应付利息 = 15 000 000×4.75%×2 = 1 425 000 元，但因该债券作成利率期货交易后，最终获得收益 132 000 元，既可在每个资产负债表日增加所有者权益，又可降低发行债券的成本 132 000 元。而乙公司购入债券，应得到债券利息收入，若按这两年该债券的平均浮动利率为年 4.80%计算，该债券的利息总收入 = 15 000 000×4.80%×2 = 144 000 元，因该债券被套期利率互换，使债券获得了比浮动利率高出 132 000 元投资收益（注：① "衍生工具——甲公司的债券"应按规定计算应收取的利息货币互换；② 为计算清楚，对利息计算的摊余成本问题未作考虑）。

11.5　金融远期业务的核算

11.5.1　金融远期业务的种类

金融远期业务也称金融远期交易，是指交易双方根据需要，经协商确定在将来某个约定的时间、地点，按规定的价格（如汇率、利率、股票价格等）买卖一定数量的金融产品的交易行为。这个协商确定的内容及规定,均应在交易双方签订的远期合约中明确,该合约中最重要的是价格(该价格也称远期价格、执行价格),一旦合约到期,无论该金融品种市场价格如何变化都须履行合约。按交易的标的物划分,金融远期交易包括远期外汇合约、远期利率协议、远期交易综合协议、远期股权合约等几种交易类型,但主要是前两种,其他均是在其基础上结合其他衍生金融工具组合而成的。所以,本节仅以远期外汇合约和远期利率协议为例,来说明金融远期交易的会计处理。

11.5.2 远期外汇合约的会计核算

远期外汇合约是外汇交易的双方成交时,约定将来交割的币种、金额、适用的汇率,以及交割日期、地点等,并于将来某个期间进行实际交割的远期合同。在远期合约中"适用的汇率"是指远期外汇买卖的汇率,即在外汇买卖成交后,根据合约规定的到期日,进行外汇交割所使用的汇率。该汇率是以即期汇率为基础,以即期汇率的"升水""贴水""平价"表示。

"升水"是指远期汇率高于即期汇率的部分,在直接标价法下,其计算公式为:远期汇率=即期汇率+升水;在间接标价法下,其计算公式为:远期汇率=即期汇率-升水。"贴水"是指远期汇率低于即期汇率的部分,在直接标价法下,其计算公式为:远期汇率=即期汇率-贴水;在间接标价法下,其计算公式为:远期汇率=即期汇率+贴水。若远期汇率与即期汇率相等,称为"平价"。以下仅对远期外汇合约套期保值的核算进行说明。

1. 签订合约后的会计处理

远期外汇合约套期保值是指运用远期合约降低汇率风险,以求保值的一种方法。其内容包括对外汇应收应付款项的套期保值、对外币承诺事项的套期保值和对外币投资净额的套期保值3种。

例 11-19 中国某证券公司2018年5月12日从美国进口一台电子设备,金额为120万美元,进口合同规定设备价款于同年8月12日付款。为防止汇率上升造成风险,经协商从某外资企业购买了同币种的3个月期限的债券120万美元,并与该单位签订了远期外汇合约,合约订明:3个月期限的美元远期外汇汇率为1:6.85元人民币。5月12日的即期汇率为:1:6.80。对于证券公司购买设备的日常账务处理从略,现仅对远期外汇合约套期保值加以说明。

按合约汇率计算的外资企业远期合同值=6.85×1 200 000=8 220 000 元

依据双方签订的远期外汇合约,证券公司有在2018年5月20日向某外资企业收取8 220 000元人民币的权利,同时有必须将120万美元支付给外资企业的义务,在约定的汇率下,证券公司的权利和义务价值相等。同样,外资企业有在2018年5月20日向证券公司收取120万美元的权利,同时有必须将8 220 000元人民币支付给证券公司的义务,在约定的汇率下,双方的权利和义务的价值也相等。而且,证券公司的权利等于外资企业的义务,外资企业的权利等于证券公司的义务。双方分别做以下账务处理。

中国某证券公司的会计分录为:

借:套期工具——外资企业远期合同约定值　　　　　　　　　　8 220 000
　　贷:衍生工具——外资企业远期合同约定值　　　　　　　　　　8 220 000

某外资企业的会计分录为:

借：衍生工具——证券公司远期合同约定值　　　　　　　　　　　　　　8 220 000
　　贷：套期工具——证券公司远期合同约定值　　　　　　　　　　　　　8 220 000

2. 资产负债表日的会计处理

例11-20　（接例11-19）第一个资产负债表日（5月31日）若美元的即期汇率为1∶6.70，交易双方按合同规定，计算并调整套期工具的账面价值。

　　　　　　　　该金融远期的损益 = 1 200 000×(6.85-6.70)
　　　　　　　　　　　　　　　　 = 180 000(元)（证券公司的利得，外资企业的损失）

由于市场汇率发生了变化，2018年5月31日的市场汇率变为1∶6.70。在这种情况下，证券公司拥有在将来以1∶6.85向外资企业出售120万美元的权利，合约产生了增值，即在义务不变的情况下，证券公司可以从外资企业多收入180 000元人民币，金融远期资产的价值增加180 000元人民币，从而使证券公司产生180 000元人民币的未实现机会收益。同时，外资企业将发生180 000元人民币的未实现机会损失。

会计分录为：
证券公司的处理，借：套期工具——外资企业远期合同值　　　　　　　　180 000
　　　　　　　　　贷：公允价值变动损益——远期合同损益　　　　　　　　180 000
外资企业的处理，借：公允价值变动损益——远期合同损益　　　　　　　　180 000
　　　　　　　　　贷：套期工具——外资企业远期合同值　　　　　　　　180 000

例11-21　（接例11-20）第二个资产负债表日（6月30日）若美元的即期汇率为1∶6.86，交易双方按合同规定，计算并调整套期工具的账面价值。

　　　　　　　　该金融远期的损益 = 1 200 000×(6.85-6.86)
　　　　　　　　　　　　　　　　 = -12 000(元)（证券公司的损失，外资企业的利得）

2018年6月30日的市场汇率变为1∶6.86，而证券公司按合约拥有在将来以1∶6.85向外资企业出售120万美元的权利，合约产生了减值，即在义务不变的情况下，证券公司可以从外资企业少收入12 000元人民币，金融远期资产的价值减值12 000元人民币，从而使证券公司产生12 000元人民币的未实现机会损失。但由于原已确认资产增加180 000元人民币，因此，证券公司将减值12 000元人民币予以冲减。同理，外资企业应做调增的处理。

会计分录为：
证券公司的处理，借：公允价值变动损益——远期合同损益　　　　　　　　12 000
　　　　　　　　　贷：套期工具——外资企业远期合同值　　　　　　　　12 000
外资企业的处理，借：套期工具——证券公司远期合同值　　　　　　　　12 000
　　　　　　　　　贷：公允价值变动损益——远期合同损益　　　　　　　　12 000

例11-22　（接例11-21）第三个资产负债表日（7月31日）若美元的即期汇率为1∶6.85，由于即期汇汇率与合约汇率相等，因此不用调整套期工具的账面价值。

3. 远期合约到期结算的处理

例11-23　（接例11-22）2018年8月12日远期合约到期双方进行交割，结算清偿外币账款，若当日即期美元汇率为1∶6.87。

第一步：计算该金融远期当日的损益 = 1 200 000×(6.85-6.87)
　　　　　　　　　　　　　　　　 = -24 000(元)（证券公司的损失，外资企业的利得）

会计分录为：

证券公司的处理，借：公允价值变动损益——远期合同损益　　24 000
　　　　　　　　　贷：套期工具——外资企业远期合同值　　　24 000
外资企业的处理，借：套期工具——证券公司远期合同值　　　24 000
　　　　　　　　　贷：公允价值变动损益——远期合同损益　　24 000

第二步：结转套期工具值

会计分录为：

证券公司的处理，借：衍生工具——外资企业远期合同约定值　8 220 000
　　　　　　　　　贷：套期工具——外资企业远期合同约定值　8 220 000
外资企业的处理，借：套期工具——证券公司远期合同约定值　8 220 000
　　　　　　　　　贷：衍生工具——证券公司远期合同约定值　8 220 000

第三步：结转套期工具损益

　套期合同损益 = 180 000 - 12 000 = 168 000（证券公司的收益，外资企业的损失）
　套期工具远期合同值 = 180 000 - 12 000 - 24 000
　　　　　　　　　　 = 144 000（元）（证券公司的损失，外资企业的收益）

会计分录为：

证券公司的处理，借：套期损益——远期合同损益　　　　　　168 000
　　　　　　　　　贷：套期工具——外资企业远期合同值　　144 000
　　　　　　　　　　　投资收益——远期合同损益　　　　　 24 000
外资企业的处理，借：套期工具——证券公司远期合同值　　　144 000
　　　　　　　　　　投资收益——远期合同损益　　　　　　 24 000
　　　　　　　　　贷：套期损益——外资企业远期合同值　　168 000

综合上述各例进行分析，证券公司购进设备，为降低汇率风险，减少对外付汇的人民币金额，在市场汇率发生变化导致未来利率预期有利的情况下，适时与外资企业签订了金融外汇远期合约。致使将变动的市场汇率以 1∶6.85 锁定合约中，最终给证券公司带来了 24 000 元的人民币收益，有效降低了对外付汇的人民币金额，若没有作远期交易，证券公司就会按即期汇率付款，则要多支付：1 200 000×(6.87-6.80) = 84 000 元。而远期交易后，尽管证券公司仍需按即期汇率计算对外付款的人民币金额：1 200 000×6.87 = 8 244 000 元，但由于在远期交易中已获取了 24 000 元的收益，相应减少了对外付款的金额，起到了套期保值的作用。同样，对外资企业来说，如果不是为了套期保值而签订远期外汇合约，由于市场汇率发生反向变化，将导致其出现衍生交易损失；外资企业对持有的债券签订远期外汇合约，虽然损失了 24 000 元，但该损失将会从应收利息带来的汇兑收益中得到弥补。

复习思考题

1. 什么是衍生金融工具？衍生金融工具具有什么特征？
2. 衍生金融工具的种类有哪些？
3. 衍生金融工具的会计核算使用什么会计科目？如何使用？

4. 外汇期货、利率期货、股指期货的区别是什么？各种期货如何进行核算？
5. 金融期权有什么特征？如何进行期权的核算？
6. 金融互换如何进行核算？

计 算 题

（练习金融互换业务的会计处理）

某租赁公司于2018年4月1日向美国某公司出口一批产品，货款为150万美元，约定3个月后付款。租赁公司为避免因美元贬值导致的风险损失，于产品成交当日在期货市场上卖出150万美元的3个月后交割的外汇期货合约（被某合资企业买入）。2018年4月1日双方商定的期货交易约定汇率为1美元=6.5410元人民币，结算汇率为1美元=6.5160元人民币。期货交易初始保证金为150 000元人民币，交易手续费率为0.15‰。

（1）计算两单位成交的损益及账务处理。

（2）若2018年4月30日（资产负债表日）美元汇率为1美元=6.6010元人民币，计算套期损益。试计算并写出该两公司的期货损益调整的账务处理。

（3）2019年4月1日，租赁公司将外汇期货从合资企业处购回，若当日结算汇率为1美元=6.0662元人民币。计算两公司期货交易损益，并为两公司的期货交易进行平仓处理。

第 12 章

信托与投资业务的核算

12.1 信托与投资业务核算概述

12.1.1 信托业务的意义及种类

信托具有"信任"和"委托"两重含义,是以信任为基础、以委托为方式的财产管理制度。信托有广义和狭义之分,广义信托包括商品信托和金融信托,狭义信托是指金融信托。本章讲的是金融信托,即信托投资公司以其信用接受客户委托,按照客户的要求,对其拥有所有权的资财代为经营、运用与管理的业务。

信托是多边信用关系,其行为的确立必须具备三方当事人,即委托人、受托人、受益人。委托人是信托财产的所有者,他提出信托请求,是信托行为的起点;受托人是有经营能力的信托机构,通过自身经营的信托业务,满足委托人的要求,使受益人获益,是信托行为的桥梁;受益人是享受信托资财利益的一方,可以是委托人自身,也可以是委托人指定的第三者或不确定的多数人,或者同时为委托人和第三者,但不可以是受托人,是信托行为的终点。

金融信托按其受益对象可以分为私益信托和公益信托;按其服务对象可以分为个人信托和法人信托;按信托财产种类可分为资金信托、实物信托、债权信托和经济事务信托;按其是否跨国可以分为国内信托和国际信托;按其内容划分主要有委托类信托、代理类信托和咨询类信托。本章主要介绍委托类信托的核算,包括委托存、贷款和信托存、贷款的核算。

12.1.2 投资业务的意义及种类

投资是金融企业为保持资产多元化并获取经济利益而对外投入资金的一项资产业务。金融企业的投资可以采用购买有价证券,或者以资金、实物、无形资产向其他单位投资,通过投资可以为金融企业带来投资收益,但企业必须遵守国家的法律、法规,不得以国家授予的经营特许权向外投资,也不得在成本或营业外支出中列支对外投资,对外投资不得挤占应上交国家的税金和利润。

投资按期限的长短划分,可分为短期投资和中长期投资。短期投资是指能够随时变现,并且持续时间不准备超过 1 年(含 1 年)的投资。短期投资可以暂时存放剩余资金,并取得高于银行存款利息的价差收入,当需要使用资金时,可随时变现。其目的是以最低限度的风险获取相应收益并保持资金的流动性,如企业购买的一个营业周期以内或超过一个营业周期,但可以上市交易的各种股票、债券、基金等。中长期投资是指时间超过一个营业周期以上的各种股权性的投资,以及不能变现或不准备随时变现的债券和其他债权投资等。

按投资的实现方式，可分为直接投资和间接投资。直接投资是投资机构直接参加投资企业的经营管理并派驻管理员，主要目的是通过直接从事产业活动和贸易活动，以获取投资收益。间接投资是投资机构用筹集的资金购买有价证券，通过有价证券的增值来获得投资收益。这些有价证券包括债权性证券、权益性证券和混合性证券。

12.2 信托业务的核算

12.2.1 信托项目及其规定

信托是一种特殊的财产管理制度和法律行为，同时又是一种金融制度，与银行、保险、证券一起构成了现代金融体系。就其本意来讲，信托项目是指受托人根据信托文件的约定，单独或者集合管理运用、处分信托财产的基本单位。其规定如下。

（1）信托项目应作为独立的会计核算主体，以持续经营为前提，独立核算信托财产的管理运用和处分情况。各信托项目应单独记账，单独核算，单独编制财务报告。不同信托项目在账户设置、资金划拨、账簿记录等方面应相互独立。

（2）信托财产是受托人承诺信托而取得的财产；受托人因信托财产的管理运用、处分或者其他情形而取得的财产，也归入信托财产。

（3）信托财产应与属于受托人所有的财产（以下简称固有财产）相区别，不得归入受托人的固有财产或者成为固有财产的一部分。信托财产应与委托人未设立信托的其他财产相区别。

12.2.2 委托存、贷款业务的核算

委托业务是信托机构接受客户的委托要求，按照指定的资金运用对象、用途、时间、利率等条件将资金贷出的一种业务。

委托业务中的委托人一般是企业、企业主管部门、财政部门及个体经营者等，主要是对指定的所属单位和政府指定的部门及个体经营者给予资金的支持，而委托信托机构将资金贷出。委托人首先要将所有权属于自己的资金划到信托机构在银行设立的账户上，可以分次或一次存入，但必须先存后用。委托业务的重要特点是委托人对资金的运用提出非常具体的要求，信托机构按其要求运作，不能够自主地运用资金，信托机构完全充当中介人，为客户提供服务，不承担经济风险。资金使用期满，信托机构要及时收回。信托机构以收取办理业务的手续费作为收益。

1. 委托存款的核算

委托存款是指委托人将定额资金委托给信托机构，由其在约定期限内按规定用途（用于发放给指定受益人、项目、用途等）进行营运，其营运受益扣除一定信托报酬后全部归委托人所有的信托业务。

为全面反映和监督委托存款业务的情况，信托机构会计核算应使用"实收信托""利息支出"等科目。"实收信托"科目为所有者权益科目，是委托人在信托部门的权益，核算信托项目取得的信托财产的初始价值。委托人以现金设立信托的，按实际收到的金额，借记"银行存款"科目，贷记本科目。委托人以非现金资产设立信托，按信托文件约定的价值，

借记有关科目,贷记本科目。若受益人要求将应付未来受益人收益转增实收信托,借记"应付受益人收益"科目,贷记本科目。期末贷方余额,反映委托人的权益。"利息支出"属损益类科目,借方反映信贷业务发生的利息支出,会计期末应将本科目借方发生额从贷方转入"信托损益"科目的借方,期末该账户无余额。"利息支出"科目应按存款客户设置明细科目。

1) 存入委托存款的核算

委托人与信托机构商定办理委托存款业务后,要将资金存入信托机构。首先,双方应签订"委托存款协议书",标明存款的资金来源、金额、期限及双方的责任等。然后,信托机构根据协议书为委托人开立委托存款账户,并由委托人将委托存款资金存入到信托机构开立的银行账户里。信托机构凭开户银行的收账通知,向委托人开出"委托存款单",并据以处理账务。委托存款单一式三联,第一联代委托存款科目贷方传票,或作为另编贷方传票附件;第二联为存单,委托人收执,取款时代借方传票或作为另编借方传票附件;第三联代委托存款卡片账。

其转账的会计分录为:

借:库存现金
　　贷:实收信托——××委托人户

2) 委托存款计息的核算

按规定委托存款在未发放委托贷款和进行委托投资前,信托机构应向委托人计付利息,而发放委托贷款和进行委托投资后,则不再计息。信托机构按银行同期活期存款利率,按月计提存款计息,按季向存款人结算利息。其计息与结息的方法与银行的计息方法相同。但计息基数为委托存款与委托贷款余额的轧差数。

例 12-1　某信托公司信托存款的月末存款计息积数为 46 552 800 元,贷款计息积数为 25 520 000 元。若存款合同年利率为 1.5%,实际利率与合同利率相同,则该存款的月度计提应付利息为:

$$(46\ 552\ 800 - 25\ 520\ 000) \times 1.5\%/360 = 878.37(元)$$

会计分录为:

借:利息支出——委托存款利息　　　　　　　　　　　　　　878.37
　　贷:应付利息——委托存款利息　　　　　　　　　　　　878.37

例 12-2　某信托存款人一季度结息日(季末 20 日)存款计息积数为 5 672 800 元,贷款计息积数为 2 850 000 元,该积数含上月底累计积数:存款计息积数为 5 152 900 元,贷款计息积数为 2 620 000 元,若利率同上。则该存款人利息总额为:

$$(5\ 672\ 800 - 2\ 850\ 000) \times 1.5\%/360 = 117.61(元)$$

其中,列为应付利息额为:

$$(5\ 152\ 900 - 2\ 620\ 000) \times 1.5\%/360 = 105.54(元)$$

列为当期损益的利息额为:

$$117.61 - 105.54 = 12.07(元)$$

会计分录为:

借:应付利息——委托存款利息　　　　　　　　　　　　　　105.54
　　利息支出——委托利息　　　　　　　　　　　　　　　　 12.07

　　　　贷：实收信托——××委托人户　　　　　　　　　　　　　　117.61

3） 支取委托存款的核算

　　委托人可以随时支取委托存款，但按规定已发放委托贷款后，在收回贷款之前是不能支取存款的。因此，对委托存款的支取只限于委托存款大于委托贷款的部分，或者是在委托贷款收回之后才能进行。

　　会计分录为：

　　借：实收信托——××委托人户
　　　　贷：库存现金

　　信托机构收到委托人的支款凭证，将款项付出，并通过开户银行转到委托人的存款账户中。

2. 委托贷款业务的核算

　　委托人向信托机构提出办理委托贷款的申请，信托机构审查通过后，与委托人签订委托贷款合同。信托机构按照委托人指定的对象、项目、用途、期限、金额、利率而发放贷款，并督促借款单位按期归还贷款。委托贷款的发放必须有与之对应的委托存款作为资金来源，并且贷款额不能超过存款额。委托期满后，信托机构将已收回的委托贷款和尚未发放的委托存款退回委托人，并收取规定的手续费。如有到期未收回的委托贷款，信托机构应保留相应的委托存款资金，待委托贷款全部收回后再全部归还。

　　信托机构为全面反映和监督委托贷款业务的情况，在"贷款"科目下设置了"客户贷款"，在"应付款项"科目下设置了"应付受托人收益"，在"手续费收入及佣金"科目下设置了"信托手续费收入"等明细科目。

　　"客户贷款"科目属于资产科目，核算信托项目管理运用、处分信托财产而持有的各项贷款。委托人以信贷资产设立信托而取得的贷款，按信托文件约定的价值，作为贷款成本。发放贷款时，按实际发放的金额，借记本科目，贷记"银行存款"科目；期末，按应计提的贷款利息，借记"应收利息"科目，贷记"利息收入"科目。到期收回贷款本息时，按实际收到的金额，借记"银行存款"科目，按已计提利息，贷记"应收利息"科目，按客户贷款本金，贷记本科目，按其差额，贷记"利息收入"科目；同时，按已计提的贷款损失准备，借记"贷款损失准备"科目，贷记"资产减值损失"科目。期末，应对客户贷款进行全面检查，并合理计提贷款损失准备。委托人以信贷资产设立信托而取得的客户贷款，如委托人未终止确认，则不计提贷款损失准备。本科目应按借款人设置明细账，进行明细核算。期末借方余额，反映信托项目已经发放且尚未收回的贷款本金。

　　"其他应付款——应付受托人收益"科目属负债类科目，借方反映交付给委托人的委托利息，贷方反映受贷方交来的应付给委托方的贷款利息（不含受托方按合同规定收取的手续费）。期末贷方余额反映已收回但尚未交给委托方的委托贷款利息。"其他应付款——应付受托人收益"科目应按委托单位设置明细账。

　　"手续费收入及佣金收入"科目属损益类科目，用于核算信托机构收取的手续费。贷方反映各项手续费收入。期末将贷方余额结转"信托损益"科目的贷方，该科目无余额。

1） 委托贷款的发放

　　委托贷款发放前，委托人要通过书面形式通知信托机构，通知中写明借款单位、贷款项目、贷款金额、贷款期限、利率等。委托贷款的发放必须符合国家产业政策的规定。

发放委托贷款时，借款单位按规定要向信托机构报送有关资料，签订借款合同，并填写借据。借款借据一式五联，第一联为回单，由借款单位留存；第二联为借据，信托机构留存，贷款归还后，退还借款单位；第三联为借据副本，代委托贷款户借方传票；第四联为贷方传票，交借款单位开户行作借款单位存款账户的贷方传票；第五联为收账通知，由借款单位开户行交借款单位。信托机构将发放的贷款款项通过开户银行划到借款人存款账户。

会计分录为：

借：客户贷款——××委托单位贷款户

  贷：银行存款

如果委托贷款用于固定资产项目，借款单位还须提供固定资产投资计划书。

2）收取手续费与结息的核算

（1）贷款手续费的收取。信托机构向委托人收取手续费，作为委托贷款业务的劳务收入。手续费的费率按委托贷款的一定比例及信托机构所承担的责任确定，若信托机构不承担贷款到期收回的责任，则手续费的费率较低，其手续费要在贷款发放前向委托人收取。

例 12-3 某信托公司按委托人 A 与某企业 B 的协议，发放给 B 企业委托贷款 100 000 元，双方约定信托公司不承担贷款到期收回的责任，按规定收取贷款 3‰ 的手续费。则该委托人应缴纳手续费：

$$100\,000 \times 3‰ = 300(元)$$

会计分录为：

借：吸收存款委托单位存款户   300

  贷：手续费及佣金收入——委托贷款手续费   300

若信托机构承担贷款到期收回的责任，则手续费的费率较高，其手续费在每个资产负债表日确认贷款利息时一并收取。向借款人收取的贷款利率应支付给委托人，手续费则按贷款额的存贷利差计算收取。

例 12-4 某信托公司按委托人 A 与某企业 B 的协议，发放给某企业 B 3 个月期限的信托贷款 100 000 元，双方约定由信托公司承担贷款到期收回的责任，合同规定的贷款年利率为 4.5%，当时存款年利率为 1.5%，则企业 B 应缴纳手续费：$100\,000 \times (4.5\% - 1.5\%)/12 = 250$ 元；委托贷款利息：$100\,000 \times 4.5\% \times 3/12 = 1\,125(元)$，应付给委托人。

会计分录为：

借：吸收存款委托单位户   250

  贷：手续费及佣金收入——委托贷款手续费   250

借：应收利息——某委托贷款户   1 125

  贷：其他应付款——应付委托贷款利息户   1 125

（2）贷款利息的收取。委托贷款的利息由信托机构负责按月向用款单位收取，在委托贷款到期时支付给委托存款单位。贷款利率一般由委托存款单位确定，或者由委托存款单位和用款单位协商确定。其计息的方法与银行的方法相同。

每月信托机构向用款单位收取利息时，会计分录为：

借：银行存款

  贷：应收利息——某委托贷款户

3）贷款到期收回的核算

贷款到期由信托机构代委托人向借款人收回贷款时，应从借款人的存款账户收取。其处理手续为：先计算最后一段贷款利息，将该贷款利息连同贷款本金从借款人开户行账户收取，同时清算以往各月提取的应付利息。

例 12-5 某企业 B 归还委托贷款 100 000 元，经计算该贷款利息为 1 125 元，该利息中含前两个月已收回的贷款利息 940 元，则该用款单位尚欠贷款利息 1 125-940=185 元。

会计分录为：

借：银行存款　　　　　　　　　　　　　　　　　　　　　　　　100 185
　　贷：客户贷款——××委托单位贷款户　　　　　　　　　　　　　100 000
　　　　利息收入——委托贷款利息　　　　　　　　　　　　　　　　　　185
借：其他应付款——××委托单位贷款利息　　　　　　　　　　　　　1 125
　　贷：实收信托——××委托人户　　　　　　　　　　　　　　　　　1 125

4）终止委托的核算

如果协议规定在贷款收回后终止委托行为，则应将委托存款及利息划转到委托人在银行开立的存款账户中。

例 12-6 某信托公司根据委托人 A 与某企业 B 的协议，在企业 B 归还委托贷款后终止委托行为，遂按规定将委托存款本息 101 125 元予以结转。

会计分录为：

借：实收信托——××委托人户　　　　　　　　　　　　　　　　　101 125
　　贷：银行存款　　　　　　　　　　　　　　　　　　　　　　　　101 125

12.2.3 信托存、贷款业务的核算

信托业务是信托机构自主安排运用客户交给其代为营运的资金的一项业务。在信托业务中，委托人将资金存入金融信托机构后，对其使用不作具体要求，只提出原则性的使用方向，而信托机构可以自主地代为营运资金。但委托人要提出最低收益率的要求，信托机构的收益来自于支付委托利息外的资金营运的多余收入，而不是收取的手续费。信托机构要承担经营风险。

1. 信托存款的核算

信托存款的资金来源一般是指那些游离于生产和流通环节之外的非经营性资金，并且委托人对其有自主支配权，而并非生产和流通领域的暂时闲置资金和预算内资金。例如，各企业主管部门可自主支配和有偿使用的资金、科研单位的科研基金等。信托存款一般为 1 年以上的定期存款。

1）存入信托存款的核算

委托人申请存入信托存款并填写存款委托书，信托机构应审查其资金来源。审查合格后，双方签订信托存款协议书，写明信托存款金额、期限、信托受益支付方法、指定受益人、手续费率等。信托机构会计部门为委托人开立信托存款账户，将存款由委托人在银行的存款账户划转到信托机构的银行账户上。

会计分录为：

借：银行存款

贷：实收信托——××信托人户

　　信托机构开出一式三联信托存款存单，第一联为代转账贷方传票；第二联为存单，由客户存执，凭此到期支取信托存款；第三联为信托存款卡片账。

　　2) 信托存款计息的核算

　　信托存款从信托机构开出存单起计息，由于其为定期存款，因此利息应在存款期满后利随本清。但在存期内根据权责发生制要定期计算应付利息。

　　会计分录为：

　　借：利息支出——××信托存款利息支出户
　　　　贷：应付利息——应付信托利息户

　　3) 信托存款到期支取的核算

　　信托存款到期，客户凭信托存款单向信托机构提取存款，并结清利息。信托机构将卡片账与存单核对无误后，将本息一并支付，划转到委托人在银行的存款账户上。

　　会计分录为：

　　借：实收信托——××委托人户
　　　　应付利息——应付信托利息户
　　　　利息支出——信托存款利息支出户
　　　　贷：银行存款

　　信托存款到期，客户也可以办理续存。其处理手续是对原存单作支取存款处理，信托机构另开新存单，并从续存之日起计息。客户因各种客观原因需提前支取存款的，与信托机构商量后可提前支取，但利率按银行同期活期存款利率计算。

2. 信托贷款的核算

　　信托贷款是信托机构运用其自有资金、吸收的信托存款和筹集的其他资金来源，自主发放的贷款。信托贷款的发放必须符合信贷原则、条件，并对贷款的发放按程序进行审查。

　　1) 贷款发放的核算

　　信托贷款的发放，首先要由借款单位提出申请，信托机构进行审查，对符合贷款原则、条件的，与借款单位签订借款合同，合同写明贷款的金额、期限、利率等，并由借款人填写借款借据提交信托机构办理贷款发放手续。贷款发放后，应将资金转入借款单位在银行开立的存款账户中。借据的处理与委托贷款相同。

　　会计分录为：

　　借：贷款——××信托贷款户
　　　　贷：银行存款

　　2) 贷款利息计算

　　信托机构按月计提应收利息，并于每季末 20 日为借款单位结算利息。计提与结算利息的方法与银行计息方法相同。

　　每月计提应收利息时，会计分录为：

　　借：应收利息——××信托贷款利息户
　　　　贷：利息收入——××信托贷款利息户

　　每季度向借款人结算利息时，会计分录为：

借：银行存款
  贷：应收利息——××信托贷款利息户

3）贷款收回的核算

信托贷款到期，信托机构应及时收回信托贷款本金，以及最后一次结算利息日至贷款到期日间的利息。

会计分录为：

借：银行存款
  贷：贷款——××信托贷款户
    利息收入——××信托贷款利息户

贷款到期如借款人无力归还贷款，应转作逾期贷款并按逾期贷款利率计收利息。如借款人确实有困难不能还款，应在到期前提出申请，然后经信托机构审查同意办理一次续展，续展期最长不超过半年。

12.3 投资业务的核算

12.3.1 短期投资的核算

短期投资在取得时应按照投资成本计量。投资成本是指取得各种有价证券时实际支付的价款。

投资人若是以现金购入短期投资，按实际支付的全部价款，包括手续费、税金等相关税费作为短期投资成本。但不包括实际支付的价款中包含的已宣告发放但尚未领取的现金股利和已到付息期但尚未领取的债券利息。实际支付的价款中所包含的已宣告发放但尚未领取的现金股利和已到付息期但尚未领取的债券利息，作为应收款项单独核算，不构成短期投资成本。

若是投资者投入的短期投资，按投资各方确认的价值作为短期投资成本。

1. 短期投资投出的核算

（1）购入首次发行的各种有价证券作为短期投资。

会计分录为：

借：短期投资——有价证券（股票、债券、基金）
  贷：银行存款（或有关科目）

（2）购入有价证券实际支付的价款中包含已宣告发放尚未领取的现金股利和已到付息期尚未领取的债券利息，以实际支付的价款扣除应收股利或应收利息，作为短期投资的初始投资成本。

会计分录为：

借：短期投资——有价证券（股票、债券、基金）
   应收股利（或应收利息）
  贷：银行存款（或有关科目）

2. 短期投资转让的核算

短期投资流动性强，可以随时变现。在转让出售短期投资时，如果市价上升，会获得收益；如果市价下跌，则会发生损失。

（1）转让证券时，售价高于购进成本。

会计分录为：

借：银行存款（或有关科目）
　　贷：短期投资——有价证券（股票、债券、基金）
　　　　投资收益

（2）转让证券时，售价低于购进成本。

会计分录为：

借：银行存款（或有关科目）
　　投资收益
　　贷：短期投资——有价证券（股票、债券、基金）

转让证券价款中含有应收利息或应收股利，若扣除后仍为净收益。

会计分录为：

借：银行存款（或有关科目）
　　贷：短期投资——有价证券（股票、债券、基金）
　　　　应收利息（或应收股利）
　　　　投资收益

3. 短期投资到期收回的核算

短期投资到期收回一般指债券投资到期收回本息。如果到期收回债券产生净收益，会计分录为：

借：银行存款（或有关科目）
　　贷：短期投资——××有价证券户
　　　　应收利息——短期投资利息
　　　　投资收益——短期投资收益

12.3.2　长期投资的核算

长期投资是指持有时间超过1年（不含1年）或不准备在1年内变现的投资。长期投资包括长期股权投资和长期债权投资。

长期股权投资采取权益法核算时，还应当分别按"成本""损益调整""其他权益变动"进行明细核算。

1. 初始成本的确定方法

（1）以支付现金取得的长期股权投资，应按照实际支付的购买价款作为初始投资成本。初始成本包括与取得长期股权投资直接相关的费用、税金及其他必要的支出，但实际支付的价款中包含的已宣告发放但尚未领取的现金股利，应作为应收项目单独核算。

（2）已发行权益证券取得的长期股权投资，应按照发行权益证券的公允价值作为初始投资成本。

（3）投资者投入的长期股权投资，应按照投资合同或协议约定的价值作为初始投资成本，但合同或协议约定的价值不公允的除外。

（4）非货币性资产交换取得的长期股权投资，应按照非货币性资产换出资产的公允价值作为确定换入资产初始投资成本（即换入资产的入账价值=换出资产的公允价值+应支付的相关税费）。

（5）债务重组取得的长期股权投资，应按照重组后的股权价值作为初始投资成本。

（6）企业合并长期股权投资的初始成本的确定方法：同一控制的企业合并形成的长期股权投资初始成本，合并方以支付现金、转让非现金资产或承担债务方式作为合并价款的，应在合并日按照取得被合资方所有者权益账面价值的份额作为长期股权投资的初始投资成本；非同一控制的企业合并形成的长期股权投资初始成本，应在购买日按取得合并成本（不含应自被投资单位收取的现金股利或利润）的价值，作为初始成本；若涉及以库存商品等作为合并对价的，应按库存商品的公允价值确定初始成本。

2. 长期股权投资的会计科目

"长期股权投资"科目属于资产类科目。借方反映：① 同一控制下企业合并形成的长期股权投资，应在合并日按取得被合并方所有者权益账面价值的份额；② 非同一控制下企业合并形成的长期股权投资，在购买日取得合并成本（不含应自被投资单位收取的现金股利或利润）；③ 以支付现金、非现金资产等其他方式（非企业合并）形成的长期股权投资款项；④ 投资者投入的长期股权投资的投资成本；⑤ 成本法核算时，被投资单位宣告发放的现金股利或利润中属于本企业的部分。贷方反映：① 成本法核算时，属于被投资单位在取得本企业投资前实现的净利润的分配额；② 被投资单位以后宣告发放的现金股利或利润时，企业应分得的部分；③ 处置股权投资的实际价款。

3. 采用成本法的长期股权投资的处理

成本法是指企业的投资按投资成本计价的方法。该方法适用于投资单位能对被投资单位实施控制，对被投资单位不具有共同控制或重大影响，并且在活跃市场中没有报价、公允价值不可能可靠计量的长期股权投资。

长期股权投资采用成本法核算时，应按被投资单位宣告发放的现金股利或利润中属于本企业的部分，借记"长期股权投资"科目，贷记"银行存款"科目；如果被投资单位宣告分派的现金股利或利润，投资企业确认的投资收益，仅限于被投资单位接收投资后产生的累积净利润的分配额，所获得的利润或现金股利应作为投资成本的收回，借记"应收股利"科目，贷记"长期股权投资"科目。

例 12-7 某金融企业 2018 年 7 月 1 日购入源达股份公司的股份 50 万股，每股价格 10 元，另支付相关费用 5 000 元。该金融企业的股份占源达股份公司 10% 的表决权，并准备长期持有。源达股份公司于 2018 年 10 月 10 日宣告分派现金股利每股 0.50 元（不含税）。该金融企业会计处理如下。

购入股票时，会计分录为：

借：长期股权投资——股票投资　　　　　　　　　　　　　　　　5 005 000
　　贷：银行存款　　　　　　　　　　　　　　　　　　　　　　　5 005 000

源达股份公司宣告分派股利时，则金融企业应按规定计算应收股利。经过计算该金融企业应收股利：500 000×0.5=250 000(元)。

会计分录为：

借：应收股利——股票投资分红　　　　　　　　　　　　　　　　250 000
　　贷：长期股权投资——股票投资　　　　　　　　　　　　　　　250 000

实际收到股利时，会计分录为：

借：银行存款 250 000
　　贷：应收股利——股票投资分红 250 000

一般情况下，投资者当年投资当年分得利润或股利时，是企业投资前被投资单位经营利润所得，因此不作为投资者的投资收益，而作为投资成本的收回。若投资者当年投资当年分得利润或股利，有一部分来自于投资后被投资单位的盈余分配，况且能分清投资前后被投资单位实现的净利润情况，单位应将投资后的盈利列为投资单位年度的投资损益，投资前的盈利冲减投资成本。若不能分清投资前后被投资单位实现的净利润情况，可按下列公式计算确认投资收益或冲减投资成本的金额。

投资单位当年享有的投资收益＝投资当年被投资单位实现净损益属投资单位的部分×当年投资持有的月份/12

应冲减的投资成本＝被投资单位分派利润或股利的属投资单位的部分－投资单位当年享有的投资收益

例 12-8　（接例 12-7）2019 年 12 月 31 日源达股份公司经过计算得出 2019 年度每股盈利 0.80 元。

从例 12-8，源达股份公司 2019 年每股盈利 0.80 元，看不出金融企业投资前后每股的分别盈利状况，但可按公式计算如下：

2019 年金融公司享有的投资收益＝500 000×0.8×6/12＝200 000(元)

（式中："6"为当年投资持有的月份，"12"为全年的月份。）

应冲减的投资成本＝500 000×0.50－200 000＝50 000(元)

会计分录为：

借：应收股利——股票投资 250 000
　　贷：长期股权投资——股票投资 50 000
　　　　投资收益——股票投资收益 200 000

若计算的应冲减的投资成本额小于源达股份公司已分派的股利，则金融公司可不用冲减投资成本，而将计算的结果直接列为投资收益即可。

4. 采用权益法核算的长期股权投资的处理

（1）长期股权投资的初始投资成本大于投资时应享有被投资单位可辨认净资产公允价值份额的，不调整已确认的初始投资成本。长期股权投资的初始投资成本小于投资时应享有被投资单位可辨认净资产公允价值份额的，应按其差额，借记本科目（成本），贷记"营业外收入"科目。

例 12-9　某保险公司 2018 年 6 月 1 日购入利源股份公司的股票 100 万股，每股协商价格 2 元，相关费用为 25 000 元，占利源股份公司有表决权资本的 10%，并准备长期占有。而当时该股票在市场上的公允价格为 2.2 元。

保险公司的投资成本为：1 000 000×2＋25 000＝2 025 000(元)

会计分录为：

借：长期股权投资——股票投资 2 225 000
　　贷：营业外收入——股票投资价差 200 000
　　　　银行存款 2 025 000

(2) 根据被投资单位实现的净利润或经调整的净利润计算应享有的份额，借记本科目（损益调整），贷记"投资收益"科目。被投资单位发生净亏损做相反的会计分录，但以本科目的账面价值减记至零为限；还需承担的投资损失，应将其他实质上构成对被投资单位净投资的"长期应收款"等的账面价值减记至零为限。除按照以上步骤已确认的损失外，按照投资合同或协议约定将承担的损失确认为预计负债。发生亏损的被投资单位以后实现净利润的，应按与上述相反的顺序进行处理。

被投资单位以后宣告发放现金股利或利润时，企业计算应分得的部分，借记"应收股利"科目，贷记本科目（损益调整）。收到被投资单位宣告发放的股票股利，不进行账务处理，但应在备查簿中登记。

例 12-10 （接例 12-9）2018 年 10 月 10 日利源股份公司宣告分派至 2018 年 10 月的现金股利 2 400 000 元。则保险公司应收股利：2 400 000×10%＝240 000 元。

会计分录为：

借：应收股利——股票投资　　　　　　　　　　　　　　　　　　240 000
　　贷：长期股权投资——股票投资　　　　　　　　　　　　　　　　240 000

例 12-11 （接例 12-10）2019 年 2 月 14 日利源股份公司宣告分派至 2018 年度的现金股利 3 800 000 元。则保险公司进行以下处理。

应冲减的投资成本＝(3 800 000＋240 000)×10%－(3 800 000×10%)－240 000
　　　　　　　　　＝－216 000(元)

应确认的投资损益＝3 800 000×10%－(－216 000)＝596 000(元)

会计分录为：

借：应收股利——股票投资　　　　　　　　　　　　　　　　　3 800 000
　　长期股权投资——股票投资　　　　　　　　　　　　　　　　216 000
　　贷：投资收益——股票投资　　　　　　　　　　　　　　　　　596 000

(3) 在持股比例不变的情况下，被投资单位除净损益以外所有者权益的其他变动，企业按持股比例计算应享有的份额，借记或贷记本科目（其他权益变动），贷记或借记"资本公积——其他资本公积"科目。

5. 长期股权投资核算方法的转换

将长期股权投资从成本法转为权益法核算时，应按转换时该项长期股权投资的账面价值作为权益法核算的初始投资成本，初始投资成本小于转换时占被投资单位可辨认净资产公允价值份额的差额，借记本科目（成本），贷记"营业外收入"科目。

长期股权投资自权益法转按成本法核算时，除构成企业合并的以外，应按中止采用权益法时长期股权投资的账面价值作为成本法核算的初始投资成本。

6. 处置长期股权投资

处置长期股权投资时，应按实际收到的金额，借记"银行存款"等科目，按其账面余额，贷记"长期股权资金"科目，按尚未领取的现金股利或利润，贷记"应收股利"科目，按其差额，贷记或借记"投资收益"科目。已计提减值准备的，还应同时结转减值准备。

采用权益法核算长期股权投资的处置，除上述规定外，还应结转原记入资本公积的相关金额，借记或贷记"资本公积——其他资本公积"科目，贷记或借记"投资收益"科目。

投资者在合同或协议中约定的价值明显不公允的，应当按照取得长期股权投资的公允价值作为其初始投资成本,所确认的长期股权投资初始投资成本与计入企业实收资本金额之间的差额,应调整资本公积(资本溢价)。长期股权投资存在活跃市场的,应当参照活跃市场中的价格确定其公允价值;不存在活跃市场、无法参照市场价格取得其公允价值的,应当按照一定的估价技术等合理的方法确定其公允价值。

企业无论以何种方式取得长期股权投资,实际支付的价款或对价中包含的已宣告但尚未领取的现金股利或利润,应作为应收项目单独核算,不作为取得的长期股权投资的成本。

长期股权投资应根据不同的情况,分别采用成本法或权益法核算。企业对被投资单位无控制、无共同控制且无重大影响的,长期股权投资应当采用成本法核算。金融企业对被投资单位具有控制、共同控制或重大影响的,长期股权投资应当采用权益法核算。

12.3.3 长期债权投资的核算

1. 购入长期债券的核算

购入长期债券投资的价格,按照债券发行方式的不同有 3 种:① 平价购入,即按面值购入,购入价等于面值;② 溢价购入,即购入价高于面值;③ 折价购入,即购入价低于面值。

金融企业按面值购入发行的债券时,会计分录为:

借:长期债权投资——××债券户
  贷:银行存款(或有关科目)

如果实际支付的价款中含有已到付息期而尚未领取的债券利息,应记入应收利息。

购入溢价发行的债券时,按购入价入账。

会计分录为:

借:长期债权投资——债券投资户(面值)
  长期债权投资——债券投资户(溢价)
  贷:银行存款(或有关科目)

购入折价发行的债券时,按购入价入账。

会计分录为:

借:长期债权投资——债券投资户(面值)
  贷:银行存款(或有关科目)
    长期债权投资——债券投资户(折价)

2. 长期债权投资利息的核算

长期债权投资应按期计提利息,利息按票面价值与票面利率计算,并计入当期投资收益。如为溢价或折价购入的债券,计入投资收益的利息应减去当期摊销溢价或加上当期摊销折价。

购入到期还本付息债券时,按期计提的利息,一方面计入投资收益,另一方面增加投资账面价值,计入在长期债权投资科目下设立"债券投资(应计利息)"账户。购入分期付息到期还本的债券,对已到付息期而应收未收的利息,不增加投资的账面价值,一方面计入投资收益,另一方面计入"应收利息"。

假设按面值购入债券,按期计提利息。

到期还本付息的债券,计提利息的会计分录为:
借:长期债权投资——债券投资户(应计利息)
　　贷:投资收益——债券投资收益户
购入分期付息到期一次还本债券,按付息期计算应收未收利息的会计分录为:
借:应收利息——应收债券投资利息户
　　贷:投资收益——债券投资收益户

3. 债券溢、折价摊销的核算

溢价或折价购入的长期债券投资,其溢价或折价应在债券发行期限内于按期计提利息时摊销。债券溢价或折价摊销的方法有直线法和实际利率法两种。目前,我国金融企业基本上采用直线法,即将溢价按债券的偿还期限平均分摊。

计提利息并摊销溢价的会计分录为:
借:长期债权投资——债券投资户(应计利息)
　　贷:长期债权投资——债券投资户(溢价)
　　　　投资收益——债券投资收益户

计提利息并摊销折价的会计分录为:
借:长期债权投资——债券投资户(应计利息)
　　长期债权投资——债券投资户(折价)
　　贷:投资收益

4. 长期债权投资的处置及到期收回的核算

处置长期债权投资,应按实际取得的处置收入与长期债权投资账面价值的差额,作为当期投资权益。

假设处置的是按溢价购入的债券,并且实现净收益。

会计分录为:
借:银行存款(或有关科目)
　　贷:长期债权投资——面值
　　　　长期债权投资——应计利息
　　　　长期债权投资——溢价
　　　　投资收益——债券投资收益户

假设处置的是按折价购入的债券,并且发生净收益。

会计分录为:
借:银行存款(或有关科目)
　　长期债权投资——折价
　　贷:长期债权投资——面值
　　　　长期债权投资——应计利息
　　　　投资收益

金融企业到期收回长期债权投资,应按实际收到的本息转账。

会计分录为:
借:银行存款(或有关科目)
　　贷:长期债权投资——面值

　　　　长期债权投资——应计利息
　　　　投资收益
如已计提减值准备，应同时转销。

复习思考题

1. 简述信托业务的含义及其种类。
2. 简述信托存、贷款业务的处理。
3. 投资的种类有哪些？股权投资与债券投资的区别是什么？
4. 股权投资如何进行会计核算？
5. 债券投资如何进行会计核算？

第13章 证券业务的核算

13.1 证券业务核算概述

13.1.1 证券业务的基础知识

1. 证券的概念及种类

证券是以证明或设立权利为目的而形成的书面凭证,用以证明持有人有权依其所持凭证记载的内容而取得应有的权益。在法律上,证券分为有价证券和凭证证券(又称证据证券、无价证券)两种。凭证证券只是某种事实的凭证,如各种借据、收据等,是指证券本身不能给持有人或第三者取得一定收入的证券,其本身没有价值,只起证据作用。本章所述均为有价证券。

有价证券是指标明票面金额,证明持有人有权按期取得一定收入并可自由转让和买卖的所有权或债权凭证。广义的有价证券包括商品证券、货币证券和收益证券3类。商品证券是证明持有人有商品所有权或使用权的凭证,如提货单、运货单等。货币证券是一种信用凭证或信用工具,是指本身能使持有人或第三者取得货币索取权的有价证券。货币证券包括两大类:一类是商业证券,如商业汇票和商业本票;另一类是银行证券,如银行汇票、银行本票和支票。收益证券又称资本证券,是指由金融投资或与金融投资有直接联系的活动产生的证券,收益证券的持有人有一定的收入请求权,如债券和股票等。收益证券是有价证券的主要形式,狭义的有价证券就是指收益证券。人们通常所说的证券或有价证券,一般是指债券和股票等收益证券。

2. 证券市场

证券市场是指发行和买卖证券的场所,是金融市场的重要组成部分,主要由一级市场和二级市场构成。一级市场又称为初级市场,即证券发行市场,是发行新证券的销售场所。一级市场由证券发行者即筹资人、证券经纪人(承销人)和证券投资人即购买人共同组成。一级市场一般没有固定场所,可以在金融公司或投资银行发行,也可以在市场上公开出售。二级市场又称为证券流通市场或转让市场,是已发行证券的转让、买卖场所。二级市场由交易所市场和场外市场两个部分组成。交易所市场是高度组织化的市场,是证券买卖流通的中心,有固定的交易场所即交易大厅,有一定资格的会员,如证券公司、投资银行等,办理或代理那些符合标准、允许上市的证券买卖。场外市场是半组织化或未经组织的交易场所,其没有固定场所和时间,是在交易所以外进行的证券交易。大部分非上市的证券都在这个市场上买卖,部分上市证券也可以在这里交易。

二级市场与一级市场关系紧密,它们互相依存又互相影响和制约。一级市场是二级市场的基础和前提,只有具备了一定规模和质量的一级市场,二级市场才有可能存在。一级市场所提供的证券发行种类、数量与方式决定着二级市场流通证券的规模、结构与速度。二级市场对一级市场有着积极的推动作用,为一级市场发行的证券,提供了变现的场所,使证券流通和转让有了实现的可能。二级市场上的证券供求情况与价格水平都将对一级市场上的证券发行产生很大影响。因此,没有二级市场,一级市场也难以发展,证券发行也不可能顺利进行。

3. 证券公司的业务

证券公司是指依照我国《公司法》和《证券法》规定,并经国务院证券监督管理机构审查批准设立的经营证券业务的有限责任公司或股份有限公司。未经国务院证券监督管理机构批准,任何单位和个人不得经营证券业务。

按照《证券法》规定,经国务院证券监督管理机构批准,证券公司可以经营下列部分或者全部业务:① 证券经纪;② 证券投资咨询;③ 与证券交易、证券投资活动有关的财务顾问;④ 证券承销;⑤ 证券自营;⑥ 证券资产管理;⑦ 其他证券业务。

证券公司经营证券经纪、投资咨询、交易业务和投资活动有关的财务顾问,其注册资本最低限额为人民币5 000万元;经营证券承销、自营、资产管理及其他证券业务中两项以上的,注册资本最低限额为人民币5亿元。本章主要阐述自营证券业务、代理证券业务(即证券经纪业务)、回购证券业务的核算。

13.1.2 证券业务核算使用的会计科目

证券业务核算使用的会计科目如下。

1. "交易性金融资产"科目

"交易性金融资产"属于资产类科目,核算企业为交易目的持有的债券投资、股票投资、基金投资、权证投资等交易性金融资产的公允价值。企业接受委托采用全额承购包销、余额承购包销方式承销的证券,以公允价值计量且其变动计入当期损益的金融资产,也在该科目核算。该科目借方登记取得交易性金融资产的成本和公允价值的有利变动;贷方登记出售交易性金融资产时结转的成本,以及公允价值的不利变动;期末借方余额反映证券公司持有的交易性金融资产的公允价值。该科目应当按照交易性金融资产的类别和品种,分为"成本""公允价值变动"项目进行明细核算。

2. "可供出售金融资产"科目

"可供出售金融资产"属于资产类科目,核算证券公司持有的可供出售金融资产的公允价值,包括划分为可供出售的股票投资、债券投资等金融资产。该科目借方登记取得的可供出售金融资产的成本和公允价值的有利变动;贷方登记出售可供出售金融资产时结转的成本和公允价值的不利变动;期末借方余额反映证券公司持有的可供出售金融资产的公允价值。该科目应当按照可供出售金融资产类别或品种,分为"成本""利息调整""应计利息""公允价值变动"等项目进行明细核算。

3. "资产减值损失"科目

"资产减值损失"属于损益类科目,核算证券公司根据资产减值等准则计提各项资产减值准备所形成的损失。证券公司根据资产减值等准则确定资产发生减值的,按应减计的金额,借记"资产减值损失"科目,贷记相关资产的备抵账户或相关资产的减值准备明细账户；当相关资产的价值又得以恢复后，应在原已计提的减值准备金额内，按恢复增加的金额，做相反的会计分录；会计期末，应将"资产减值损失"科目余额转入"本年利润"科目，结转后"资产减值损失"科目无余额。"资产减值损失"科目应当按照资产减值损失的项目进行明细核算。

4．"结算备付金"科目

"结算备付金"属于资产类科目，用于核算公司为证券交易的资金清算与交纳而存入指定清算代理机构的款项。企业（证券）向客户收取的结算手续费、向证券交易所支付的结算手续费也通过本科目核算。期末余额在借方，反映公司和客户存入指定清算代理机构尚未使用的款项。企业（证券）因证券交易与清算代理机构办理资金清算的款项等，可以单独设置"证券清算款"科目。本科目可按清算代理机构，分为"自有""客户"等进行明细核算。"自有"明细科目核算公司为进行自营证券交易等业务的资金清算与交收而存入指定代理机构的款项；"客户"明细科目核算公司代理客户进行证券交易等业务的资金清算与交收，而为客户存入指定清算代理机构的款项。

5．"卖出回购金融资产款"科目

"卖出回购金融资产款"科目属负债类科目，核算企业（金融）按照回购协议先卖出再按固定价格买入的票据、证券、贷款等金融资产所有人的资金。本科目可按卖出回购金融资产的类别和融资方进行明细核算。

（1）企业根据回购协议卖出票据、证券、贷款等金融资产，应按实际收到的金额，借记"存放中央银行款项""结算备付金""银行存款"等科目，贷记本科目。

（2）在资产负债表日，按照计算确定的卖出回购金融资产的利息费用，借记"利息支出"科目，贷记"应付利息"科目。

（3）在回购日，按其账面余额，借记本科目、"应付利息"科目，按实际支付的金额，贷记"存放中央银行款项""结算备付金""银行存款"等科目，按其差额，借记"利息支出"科目。

本科目期末贷方余额，反映企业尚未到期的卖出回购金融资产款。

6．"代理买卖证券款"科目

"代理买卖证券款"科目属负债类科目，核算企业（证券）接受客户委托，代理买卖股票、债券和基金等有价证券而收到的款项。企业（证券）代理客户认购新股的款项、代理客户领取的现金股利和债券利息、代理客户向证券交易所支付的配股款等，也在本科目核算。本科目可按客户类别等进行明细核算。

（1）企业收到客户交来的款项，借记"银行存款"等科目，贷记本科目；客户提取存款做相反的会计分录。

（2）接受客户委托，买入证券成交总额大于卖出证券成交总额的，应按买卖证券成交价的差额加上代扣、代交的相关税费和应向客户收取的佣金等之和，借记本科目等，贷记"结算备付金——客户""银行存款"等科目。

（3）接受客户委托，卖出证券成交总额大于买入证券成交总额的，应按买卖证券成交价的差额减去代扣、代交的相关税费和应向客户收取的佣金等后的余额，借记"结算备付金——客户""银行存款"等科目，贷记本科目等。

（4）代理客户认购新股，收到客户交来的认购款项，借记"银行存款"等科目，贷记本科目。将款项划付证券交易所，借记"结算备付金——客户"科目，贷记"银行存款"科目。客户办理申购手续，按实际支付的金额，借记本科目，贷记"结算备付金——客户"科目。证券交易所完成中签认定工作，将未中签资金退给客户时，借记"结算备付金——客户"科目，贷记本科目。企业将未中签的款项划回，借记"银行存款"科目，贷记"结算备付金"科目。企业将未中签的款项退给客户，借记本科目，贷记"银行存款"科目。

（5）代理客户办理配股业务，采用当日向证券交易所交纳配股款的，当客户提出配股要求时，借记本科目，贷记"结算备付金——客户"科目。采用定期向证券交易所交纳配股款的，在客户提出配股要求时，借记本科目，贷记"其他应付款——应付客户配股款"科目。与证券交易所清算配股款，按配股金额，借记"其他应付款——应付客户配股款"科目，贷记"结算备付金——客户"科目。

本科目期末贷方余额，反映企业接受客户存放的代理买卖证券资金。

7. "代理承销证券款"科目

"代理承销证券款"科目属负债类科目，核算企业（金融）接受委托，采用承购包销方式或代销方式承销证券所形成的、应付证券发行人的承销资金。本科目可按委托单位和证券种类进行明细核算。

（1）通过证券交易所上网发行的，在证券上网发行日根据承销合同确认的证券发行总额，按承销价款在备查簿中记录承销证券的情况。

（2）与证券交易所交割清算，按实际收到的金额，借记"结算备付金"等科目，贷记本科目。

（3）承销期结束，将承销证券款项交付委托单位并收取承销手续费，按承销价款，借记本科目，按应收取的承销手续费，贷记"手续费及佣金收入"科目，按实际支付给委托单位的金额，贷记"银行存款"等科目。

（4）承销期结束有未售出证券，采用余额承购包销方式承销证券的，按合同确定由企业认购，应按承销价款，借记"交易性金融资产""可供出售金融资产"等科目，贷记本科目。企业承销无记名证券，比照承销记名证券的相关规定进行处理。

本科目期末贷方余额，反映企业承销证券应付未付给委托单位的款项。

8. "代理兑付证券款"科目

"代理兑付证券款"科目属负债类科目，核算企业（证券、银行等）接受委托代理兑付证券收到的兑付资金。本科目可按委托单位和证券种类进行明细核算。

（1）企业兑付记名证券，收到委托单位的兑付资金，借记"银行存款"等科目，贷记本科目。收到客户交来的证券，按兑付金额，借记本科目，贷记"库存现金""银行存款"等科目。兑付无记名证券的，还应通过"代理兑付证券"科目核算。

（2）收取代理兑付证券手续费收入，向委托单位单独收取的，按应收或已收取的手续费，借记"应收手续费及佣金"等科目，贷记"手续费及佣金收入"科目。

（3）手续费与兑付款一并汇入的，在收到款项时，应按实际收到的金额，借记"结算备付金"等科目，按应兑付的金额，贷记本科目，按事先取得的手续费，贷记"其他应付款——预收代理兑付证券手续费"科目。兑付证券业务完成后确认手续费收入，借记"其他应付款——预收代理兑付证券手续费"科目，贷记"手续费及佣金收入"科目。

本科目期末贷方余额，反映企业已收到但尚未兑付的代理兑付证券款项。

9. "公允价值变动损益"科目

"公允价值变动损益"科目属负债类科目,核算企业交易性金融资产、交易性金融负债,以及采用公允价值模式计量的投资性房地产、衍生工具、套期保值业务等公允价值变动形成的应计入当期损益的利得或损失。该科目借方记载资产负债表日,交易性金融资产的公允价值高于其账面余额的差额,贷方记载交易性金融资产的公允价值低于其账面余额的差额,以及出售金融资产的账面价值。会计期末,应将本科目余额转入"本年利润"科目,结转后本科目无余额。

13.2 自营证券业务的核算

自营证券业务是金融企业为本单位买卖证券、赚取差价收入并承担相应风险的业务,主要有自营买入证券、自营证券配股派息、自营认购新股、自营卖出证券4种。证券公司应根据经批准从事的自营证券业务范围,按照会计准则的规定,正确办理自营证券业务的会计核算。证券公司自营买入的证券,应按取得时的实际成本入账,其实际成本包括买入时成交的价款、手续费和相关税费。证券公司自营卖出的证券,应在与证券交易所清算时,按成交价扣除相关税费后的净额确认收入。卖出证券的实际成本,可以采用先进先出法、加权平均法、移动平均法等方法计算确定。成本核算方法一经确定,不得随意变更,如需变更,应在会计报表附注中说明变更的内容、理由及变更的影响等。

13.2.1 为证券交易资金清算办理存款的处理

按照规定,银行的证券交易必须通过证券交易清算机构办理,为此证券公司进行证券交易前,必须向证券交易清算机构办理开户手续。当证券公司向证券交易清算机构存入款项时,应开出转账支票通过开户银行将款项转入证券交易清算机构。然后凭银行的回单联做以下处理。

会计分录为:
借:结算备付金——自营证券交易准备金
　　贷:银行存款
账户开立后证券公司就可以办理证券交易。

13.2.2 买入自营证券业务的处理

根据《企业会计准则第 22 号——金融工具确认和计量》的规定,证券公司买入自营证券形成企业可供出售金融资产。证券公司买入自营证券时,应按债券的面额借记"可供出售金融资产"科目,对支付价款中包含的已到付息期但尚未领取的利息借记"应收利息"科目,将实际支付的金额贷记"结算备付金"科目,若有差额借记或贷记"可供出售金融资产——利息调整"科目。

例 13-1 某证券公司 2018 年 4 月 8 日,用 242 000 元通过证券交易所购入某企业 2018 年 3 月 1 日发行的 1.20 元/张一年期债券 200 000 万张,价值共计 240 500 元,内含已到付息期但尚未领取的利息 500 元,该债券利率为 2.5%。

会计分录为：
  借：可供出售金融资产——某企业债券   240 000
      应收利息——应收可供出售债券利息   500
      可供出售金融资产——利息调整   1 500
      贷：结算备付金——自营证券交易准备金   242 000

13.2.3 资产负债表日确认投资收益的处理

在资产负债表日，可供出售的债券为分期付款、一次还本债券投资的，应按票面利率计算应收未收利息，记入"应收利息"科目，按可供出售债券的摊余成本和实际利率确定利息收入，记入"投资收益"科目，按其差额记入"可供出售金融资产——利息调整"科目。如果可供出售债券的公允价值发生变动，则应按规定调整原债券账面价值，一方面记入"可供出售金融资产"科目，另一方面记入"资本公积"科目。

例 13-2　（接例 13-1）每月月末日，即资产负债表日银行按权责发生制原则确认损益并结转当期损益，而且对当期可供出售的债券因公允价值的变动及时调整债券的账面余额。

（1）2018 年 4 月 30 日计算并确认当期损益。

该债券应收利息 = 240 000 × 2.5%/12 = 500（元）

该债券利息收入 = (240 000 − 500) × 2.5%/12 = 498.85（元）

利息调整 = 500 − 498.85 = 1.05（元）

会计分录为：
  借：应收利息——可供出售债券利息   500
      可供出售金融资产——利息调整   1.05
      贷：投资收益——可供出售债券利息   498.85

（2）计算并调整因公允价值变化的账面价值。

若 2018 年 4 月 30 日，该企业债券面值为 1.50 元/张，则按现值计算该企业债券值为：

该债券现值 = 1.50 × 200 000 = 300 000（元）

该债券公允价值变动差额 = 300 000 − 240 000 = 60 000（元）

会计分录为：
  借：可供出售金融资产——某企业债券   60 000
      贷：资本公积——其他资本公积   60 000

13.2.4 出售可供出售金融资产的处理

出售可供出售金融资产应按实际收到的价款记入"银行存款"等有关科目，按其账面余额记入"可供出售金融资产"科目（成本、公允价值变动、利息调整、应收利息），将公允价值变动累计额从所有者权益中转出，按其差额计入"投资收益"科目。

例 13-3　（接例 13-2）2018 年 5 月 8 日，向某单位出售某企业债券 10 000 张，该债券原面值为 1.20 元/张，现值为 1.50 元/张，实际收到价款为 15 000 元。其处理步骤如下。

（1）计算该出售债券公允价值变动差额。

该出售债券的成本 = 1.20 × 10 000 = 12 000（元）

该出售债券的现值 = 1.50×10 000 = 15 000(元)

该出售债券公允价值变动差额 = 15 000-12 000 = 3 000(元)

(2) 计算该出售债券的利息调整额。

该出售债券的应收利息 = 12 000×2.5%/12 = 25(元)

该出售债券的利息收入额 = (12 000-25)×2.5%/12 = 24.95(元)

则该出售债券的利息调整额 = 25-24.95 = 0.05(元)

计算出售债券的账面总值 = 成本+应收利息+利息调整额+公允价值变动差额

= 12 000+25+0.05+3 000 = 15 025.05(元)

(3) 计算出售债券的投资收益额。

15 000+3 000-15 025.05 = 2 974.95(元)

(4) 进行账务处理。

会计分录为：

借：银行存款　　　　　　　　　　　　　　　　　　　　　　15 000

　　资本公积——其他资本公积　　　　　　　　　　　　　　3 000

　　　贷：可供出售金融资产——某企业债券　　　　　　　15 025.05

　　　　　投资收益——出售某债券收益　　　　　　　　　2 974.95

13.3　证券承销业务的核算

13.3.1　证券承销业务的种类

证券承销业务是指银行在一级市场接受发行单位的委托，代理其办理各种证券的业务，如代国家发售国库券、国家重点建设债券，代企业发行基金、股票、债券等。按发售的方式划分，银行的证券承销业务分为全额包销承销、余额包销承销和代销承销3种。

全额包销承销方式是指银行与证券发行单位签订合同或协议，由银行按合同或协议确定的价格从发行单位购进证券，并向发行单位支付全部价款，然后再按市场的需要转售给投资人的方式。采用这种方式银行向证券发行公司按双方签订合同规定的价格买进，而银行转售价格是银行与购买者协商确定，与发行单位无关。发行期结束，如有未出售的证券，按承购价格转为银行的自营证券或长期投资。

余额包销承销方式是指银行与委托发行单位签订合同或协议，由银行代委托发行单位发行证券的方式。采用这种方式银行收到代发行单位发售的证券时，按委托单位确定的价格进行核算。发行期结束，如有未出售的证券，按约定的发行价格转为银行的自营证券或长期投资。

代销承销方式是银行受发行单位的委托，按规定的条件，在约定的时期内，代为销售证券的业务。发行期结束，未销售的证券要退回发行单位。银行只向发行单位收取佣金，不承担任何风险。

13.3.2　为证券交易资金清算办理存款的处理

与证券公司自营证券业务相同，金融企业的证券承销业务也必须通过证券交易清算机构办理,为此金融企业进行证券交易前,必须向证券交易清算机构办理开户手续。

对于银行在证券交易所开立账户的处理,与证券公司自营证券业务在证券交易所开立账户的处理手续相同(参见 13.2.1 节)。

当金融企业按规定向证券交易清算机构存入款项时,应开出转账支票或交纳现金通过开户银行将款项转入证券交易清算机构。

会计分录为:

银行的账务处理,借:吸收存款——××买卖证券单位活期户

或库存现金

贷:清算资金往来

或吸收存款——证券交易所活期户

金融企业的账务处理,借:结算备付金——××单位证券交易准备金或自用

贷:代理承销证券款——××客户

账户开立后金融企业就可以办理证券交易。

13.3.3 证券承销业务的处理

1. 接受委托承购包销证券的处理

按照规定,金融企业接受委托采用全额承购包销、余额承购包销方式的证券,可视为金融企业的"交易性金融资产",银行代客户进行交易后,由于该业务为代理业务,因此金融企业应将代理出售的成本价款及时转交委托单位。

例 13-4 某金融企业接受宏达有限公司的委托,采取全额包销方式承销该企业的证券。2018 年 3 月 8 日通过证券交易所按合同规定的价格(面值 1.8 元/张)购入宏达有限公司的债券 400 000 张,支付价款 721 800 元,该价款中含已到付息期尚未支取的债券利息 1 800 元,合同规定的利息率为年 3%。

会计分录为:

借:交易性金融资产——宏达有限公司全额包销承销证券　　　720 000

　　应收利息——全额包销承销证券利息　　　　　　　　　　1 800

　　贷:结算备付金——自用户　　　　　　　　　　　　　　　721 800

2. 期末确认收益并调整账面价值的处理

月末,于资产负债表日该金融企业对于承销证券按权责发生制的原则计算当月的应收利息,确认该投资的收益,若该债券的公允价值发生变化,应随之调整交易性金融资产的账面价值。

例 13-5 (接例 13-4)2018 年 3 月 31 日,某金融企业确认该债券的收益,若该债券 3 月 31 日的公允价格为 2.00 元/张。则按以下程序处理。

(1)确认该债券的收益。

$$720\ 000 \times 3\% / 12 = 1\ 800(元)$$

会计分录为:

借:应收利息——全额包销承销证券利息　　　　　　　　　　1 800

　　贷:投资收益——全额包销承销证券利息　　　　　　　　　1 800

(2)调整交易性金融资产的账面价值。

公允价值变动损益=400 000×(2.00-1.80)=80 000(元)(增加额)

会计分录为:

借:交易性金融资产——宏达有限公司全额包销承销证券　　　　　80 000
　　贷:公允价值变动损益——宏达有限公司全额包销承销证券　　　　80 000

若该债券公允价值降低,则做相反账务处理。

3. 代客户出售债券的处理

按照规定,金融企业代发行单位销售证券后,应将销售的证券成本价及时转划发行单位,并正确计算银行销售证券的收益。

例13-6 (接例13-5)金融企业2018年4月2日通过证券交易所向某公司出售宏达有限公司的债券10 000张,若该债券当时的公允价格为2.40元/张,收到价款共计30 000元,银行规定的手续费费率为交易额的6‰。则按以下程序处理。

(1) 收到证券交易所卖出证券交割通知。

会计分录为:

借:结算备付金——自用户　　　　　　　　　　　　　　　　　　30 000
　　贷:代销承销证券款——宏达有限公司债券款　　　　　　　　　 30 000

(2) 按合同规定的价格向宏达有限公司划转债券款。

$$10\ 000×1.80=18\ 000\ 元$$

会计分录为:

借:代销承销证券款——宏达有限公司债券款　　　　　　　　　　18 000
　　贷:清算资金往来　　　　　　　　　　　　　　　　　　　　　18 000

(3) 结转该交易的损益。

① 该债券公允价值损益=10 000×(2.40-1.80)=6 000(元)(增加额)

② 客户应交纳的手续费=24 000×6‰=144(元)

③ 出售该债券的投资收益=30 000-18 000-6 000-144=5 856(元)

会计分录为:

借:银行存款　　　　　　　　　　　　　　　　　　　　　　　　30 000
　　贷:交易性金融资产——宏达有限公司全额包销承销证券　　　　18 000
　　　　公允价值损益——宏达有限公司全额包销承销证券　　　　　 6 000
　　　　手续费及佣金收入——销售承销证券费　　　　　　　　　　　 144
　　　　投资收益——全额包销承销证券收益　　　　　　　　　　　 5 856

13.4　代理买卖证券业务的核算

代理证券业务是金融企业(证券公司,下同)接受客户(单位或个人)委托代其办理证券业务的行为。金融企业作为中介人,代为办理证券业务,根据委托人对证券品种、价格和交易数量的委托办理证券交易。其主要有代理买卖证券、代理兑付证券、代保管证券等。证券公司从事代理证券业务收取手续费,是证券公司营业收入的主要部分。

13.4.1 代理买卖证券业务的核算

代理买卖证券是证券公司代理客户进行证券买卖的业务。证券公司代理客户买卖证券收到的代理买卖证券款,必须全额存入指定的商业银行的资金专户,不能与本公司的存款混淆。证券公司在收到代理客户买卖证券款项的同时,还应当确认一项负债,与客户进行相关的结算。

与证券公司自营证券业务相同,证券公司的代理买卖证券仍须通过证券交易清算机构办理,为此证券公司进行证券交易前,必须向证券交易清算机构办理存款开户手续作为购买证券的准备金。

对于证券公司在证券交易所开立账户的处理,与证券公司自营证券业务在证券交易所开立账户的处理手续相同。(参见本章13.2.1节)

当证券公司按规定向证券交易清算机构存入款项时,应开出转账支票或交纳现金通过开户银行将款项转入证券交易清算机构。

会计分录为:

借:结算备付金——××客户
　　贷:银行存款

账户开立后证券公司就可以办理代理买卖证券交易。

13.4.2 代理买卖证券业务的处理

1. 代理客户买入证券业务的处理

证券公司接受客户委托,通过证券交易所代理买卖证券,与客户清算时,会计分录为:

借:代理买卖证券款(买卖证券成交额与向客户收取的佣金等手续费)
　　贷:结算备付金(买卖证券成交额)
　　　　手续费及佣金收入——代理买卖证券手续费(向客户收取的佣金等手续费)

例13-7 某证券公司接受某客户委托通过证券交易所购买A单位的基金50 000只,若该基金买入价为2.5元,若按规定的手续费率为6‰。则:

$$该项交易的成本费 = 2.50 \times 50\,000 = 125\,000(元)$$

$$该项交易的手续费 = 2.50 \times 50\,000 \times 6‰ = 750(元)$$

会计分录为:

借:代理买卖证券款——某客户的基金户	125 750
贷:结算备付金——A单位证券交易准备金	125 000
手续费及佣金收入——代理买卖证券手续费	750

2. 代理客户卖出证券业务的处理

证券公司接受客户委托,通过证券交易所代理买卖证券,与客户清算时,会计分录为:

借:结算备付金(买卖证券成本额与向客户收取的手续费)
　　贷:代理买卖证券款(买卖证券交易额)
　　　　手续费及佣金收入——代理买卖证券手续费(向客户收取的手续费)

例13-8 某证券公司接受某客户委托通过证券交易所卖出某单位的基金10 000只,若每只基金卖出价为1.80元,若按规定的手续费率为6‰。则:

该项交易的成交费＝1.80×10 000＝18 000(元)

该项交易的手续费＝1.80×10 000×6‰＝108(元)

会计分录为：

借：结算备付金——某单位证券交易准备金　　　　　　　　　　　18 108
　　贷：代理买卖证券款——某单位证券交易款　　　　　　　　　　18 000
　　　　手续费及佣金收入——代理买卖证券手续费　　　　　　　　　 108

3. 代理客户买入、卖出证券业务的处理

如果证券公司接受客户的委托通过交易所既买入一种证券，同时又卖出另一种基金时，证券公司则按交易总额的不同情况进行处理。

（1）如果买入证券成本总额大于卖出证券成交总额，会计分录为：

借：代理买卖证券款（买卖证券成交价的差额和应向客户收取的佣金等手续费）
　　贷：结算备付金（买卖证券成交价的差额）
　　　　手续费及佣金收入——代理买卖证券手续费（向客户收取的佣金等手续费）

（2）如果卖出证券成交总额大于买入证券成本总额，会计分录为：

借：结算备付金（买卖证券成交价的差额和应向客户收取的佣金等手续费）
　　贷：代理买卖证券款（买卖证券成交价的差额）
　　　　手续费及佣金收入——代理买卖证券手续费（向客户收取的佣金等手续费）

13.4.3　代理认购新股

1. 代客户认购新股

代客户认购新股时，收到客户认购款后，证券公司应及时将款项划转证券交易所。

会计分录为：

借：库存现金
　　贷：代理买入证券款——××客户证券交易款

将客户的认购款划转交易所，

借：结算备付金——××客户
　　贷：银行存款

账户开立后证券公司就可以办理证券交易。

2. 证券公司为客户购买股票的处理

证券公司通过证券交易所为客户购买股票时，按股票的价款与证券交易所清算时，会计分录为：

借：代理买卖证券款
　　贷：结算备付金——××客户

3. 未中签资金退回的处理

证券交易所完成中签认定工作，将未中签的资金及时退给客户。

① 证券公司将未中签款项收回，会计分录为：

借：银行存款
　　贷：结算备付金——××客户

② 证券公司将未中签的款项退给客户，会计分录为：

借：代理买卖证券款——××单位证券交易款
　　　　贷：或库存现金

例 13-9　7 月 5 日，某银行代某客户认购上海证券交易所新发行的××股票，收到客户交来的认购款 1 000 万元。7 月 6 日将款项划到上海证券交易所。8 月 5 日部分客户中签，中签资金为 800 万元，办理申购手续，未中签资金 200 万元退还给客户。银行的会计分录如下。

7 月 5 日，会计分录为：

借：吸收存款——认购单位活期户　　　　　　　　　　　　　10 000 000
　　贷：代理买卖证券款　　　　　　　　　　　　　　　　　　　　10 000 000

7 月 6 日，会计分录为：

借：结算备付金——某客户　　　　　　　　　　　　　　　　　10 000 000
　　贷：银行存款　　　　　　　　　　　　　　　　　　　　　　　10 000 000

8 月 5 日，会计分录为：

借：代理买卖证券款　　　　　　　　　　　　　　　　　　　　 8 000 000
　　贷：结算备付金——某客户　　　　　　　　　　　　　　　　　 8 000 000
借：银行存款　　　　　　　　　　　　　　　　　　　　　　　 2 000 000
　　贷：结算备付金——某客户　　　　　　　　　　　　　　　　　 2 000 000
借：代理买卖证券款　　　　　　　　　　　　　　　　　　　　 2 000 000
　　贷：吸收存款——认购单位活期户　　　　　　　　　　　　　　 2 000 000

13.4.4　证券公司代理配股派息

1. 代理客户办理配股业务

代理客户办理配股业务有以下两种情况。

（1）当日向证券交易所解交配股款的，客户提出配股要求，证券公司的会计分录为：

借：代理买卖证券款
　　贷：结算备付金——自有

（2）定期向证券交易所解交配股款的，客户提出配股要求，证券公司的会计分录为：

借：代理买卖证券款
　　贷：其他应付款——应付客户配股款

与证券交易所清算配股款，按配股金额，证券公司的会计分录为：

借：其他应付款——应付客户配股款
　　贷：结算备付金——自有

2. 代理客户领取现金股利和利息

代理客户领取现金股利和利息，会计分录为：

借：结算备付金——自有
　　贷：代理买卖证券款

3. 证券公司按规定向客户统一结息

证券公司按规定向客户统一结息，会计分录为：

借：利息支出
　　贷：代理买卖证券款

13.5 回购证券业务的核算

回购证券业务或卖出回购证券业务,是指证券公司与其他企业签订合同或协议,在一定时间内先以合同规定的卖出价卖出证券,到期后再按合同规定的买入价买回该证券,以获得一定时期内资金使用权的业务种类。证券公司应于卖出证券时,按实际收到的价款确认为一项负债,证券到期购回时,按实际支付的款项与卖出证券时实际收到款项的差额,确认为当期费用。

13.5.1 卖出回购证券

证券公司按合同规定卖出证券,应以实际收到的证券款项核算。
会计分录为:
借:银行存款(或结算备付金等)
  贷:卖出回购金融资产款——××企业证券

13.5.2 期末计息

在资产负债表日,按照计算确定卖出回购金融资产的利息费用。
会计分录为:
借:利息支出——卖出回购金融资产的利息
  贷:应付利息——卖出回购金融资产的利息

13.5.3 证券回购

证券到期回购时,应按合同规定的回购价核算,即以卖出价与回购价的差价作为回购证券的支出。
会计分录为:
借:卖出回购金融资产款——××企业证券(账面余额)
  应付利息——卖出回购证券利息(账面余额)
  利息支出——卖出回购证券利息(借贷方差额)
  贷:结算备付金(或银行存款)(实际支付的金额)
同时,收回自营证券的所有权。其会计分录与卖出回购证券时相反。

例 13-10 宏远证券公司进行场外证券回购业务,通过柜台卖出某国债,共计 1 500 000 元,60 天期限,并约定回购价格为 1 550 000 元,若该证券已提应付利息 45 600 元。
会计分录为:
(1)卖出回购证券时,借:银行存款   1 500 000
         贷:卖出回购金融资产款   1 500 000
(2)到期购回该批国债时,借:卖出回购金融资产款   1 500 000
         应付利息——卖出回购证券利息   45 600

利息支出——卖出回购证券利息	4 400
贷：银行存款	1 550 000

复习思考题

1. 金融企业经营的证券业务包括哪些？
2. 证券业务核算的会计科目有哪些？各核算什么内容？如何使用？
3. 什么是证券经纪业务？证券经纪业务中代理买卖证券的核算手续有哪些？
4. 什么是代理兑付证券业务？其核算手续有哪些？
5. 证券自营业务的特点是什么？自营证券的买入和卖出的核算手续有哪些？
6. 证券承销业务有几种发行方式？各自是如何核算的？
7. 资产负债表日为什么对证券业务按公允价格调整账面价值？如何调整？
8. 其他证券业务包括哪些内容？各自如何核算？

第 14 章

保险业务的核算

14.1 保险业务核算概述

保险是为了应付特定的灾害事故或意外事件,通过订立合同实现补偿或给付的一种经济形式,是投保人根据合同约定向保险人支付保险费,保险人对于合同约定的事故实际发生所造成的财产损失承担赔偿保险金责任,或当被保险人死亡、伤残、疾病或者达到合同约定年龄期限时,承担给付保险金责任的商业保险行为。

14.1.1 保险业务的种类

(1) 按照保障范围的不同可以将保险业务分为财产保险(以各种物质财产及其有关的利益、责任为保险标的的保险)和人身保险(指以人的身体、生命或劳动能力作为保险标的的保险)两大类。财产保险业务分为财产损失保险、责任保险和信用保险 3 种;人身保险则分为人寿保险、意外伤害保险和健康保险 3 种。

(2) 按照业务承保方式,保险业务可分为原保险、再保险和共同保险。原保险是保险人直接承保并与投保人签订保险合同,构成保险人权利和义务的保险。原保险是由投保人与保险人之间直接签订保险合同而形成的保险关系,即投保人将风险转嫁给保险人。再保险也称分保,是保险公司在原承保合同的基础上,通过签订分保合同,将其所承保的部分或全部风险责任转移给其他保险公司的行为。共同保险也称共保,是由两个或两个以上的保险人联合直接承保同一保险标的、同一保险利益、同一保险事故而保险金额之和不超过保险价值的保险。

14.1.2 保险业务会计核算的特点

保险公司的业务有别于一般的工商企业及其他金融企业,因此,其业务的会计核算有以下显著特点。

(1) 根据险种类别独立建账,独立核算盈亏。因为各险种类别之间在业务经营期限、币种、赔付方式、收费方式上都存在很大差别。因此,保险公司把财产保险业务和人身保险业务分开经营,分别进行会计核算。

(2) 保险公司的资产构成以金融资产为主,其流动资产中实物形态资产比例很小,其收到的保费形成的保险基金主要以银行存款、债券等形式进行投资。根据有关规定,保险公司一经成立,必须将其注册资本总额的 20% 作为法定保证金存入保险监督管理部门指定的银行,除公司清算时用于清偿债务外,不得动用。

(3) 一般企业年度决算主要是盘点资产,以确定其实际结存数,以此确定其价值。而保险公司年度决算的重点是估算负债,即保险公司为履行其未来理赔或给付责任而从所收取的保费中提存的各种准备金,这是保险公司独有的负债,占其负债总额的较大比例,对各项准备金的提存转回数额估算是否准确,不仅影响保险公司的负债水平,而且还会对保险公司的利润水平产生重大影响。

(4) 营业利润构成的特殊性。一般商业企业的利润是营业收入减去营业成本和期间费用后的余额,而保险公司的营业利润除了营业收支的净额,还包括准备金提转差,以及由于投资和筹资而发生的收支项目的净额。

除此之外保险公司期末的利润可比性较差。一般企业只要经营管理上无大的变化,各期的利润就会保持相对稳定。而保险公司,由于保险费是按"概率论"和"大数法则"计算的各年灾害损失的平均数收取的,而赔款支出是按当年的实际损失支付的,由于灾害事故的发生率各年很不平衡,使保费收入与赔款支出在一定期间相差很大。因此保险公司各期间的保险利润只有相对的可比性。

14.2 财产保险业务的核算

14.2.1 财产保险业务的核算特点

财产保险,也称财产损失保险,是指以财产及其相关利益为保险标的的保险。从广义上说,财产保险是包括财产损失保险、责任保险、信用保证保险等业务在内的一切非人身保险业务的总称。

财产保险与人身保险业务相比有如下特点。

1. 保险标的的有形性

保险标的的有形性即财产保险承保的标的是客观存在、可以计量的物质财产。按标的具体存在的形态,通常可划分为有形财产和无形财产或有关利益。有形财产是指厂房、机器设备、机动车辆、船舶、货物和家用电器等;无形财产或有关利益指各种费用、产权、预期利润、信用和责任等。

2. 保险金额确定的特殊性

财产保险的保险金额的确定一般参照保险标的的实际价值,或者根据投保人的实际需要参照最大可能损失及重新购买该财产的金额来确定。

3. 保险利益的一致性

保险各方,包括投保人、被保险人、受益人,其利益高度一致,在财产保险中,投保人必须对投保标的有可保利益,在依法订立保险合同后,其利益直接转给被保险人,当保险损失发生后享受赔款的受益人也同样是被保险人。

4. 保险经营的复杂性

由于保险标的的种类繁多,保险人必须分门别类、在前期认真做好风险调研、评估和费用的预测。

5. 防灾防损的重要性

社会环境瞬息万变,各种财产的损失具有不确定性,应高度重视保险期间的风险防范,尽量将保险风险降到最低点。这也是保险经营的重要内容。为此保险公司应强化防灾防损的工作机制。

14.2.2 保费收入的核算

保费收入是保险公司销售保险产品取得的收入，是保险公司的主要收入项目。保费收入的多少，反映了保险公司承保能力的大小和保障责任的大小。

1. 保费收入的确认

根据制度规定，保费收入应在全部满足下列条件时予以确认：保险合同成立并承担相应保险责任；与保险合同相关的经济利益能够流入公司；与保险合同相关的收入能够可靠地计量。但在实际工作中，财产保险合同一般于签单时确认保费收入，因为财产保险合同一般是签单生效，即一经签订，保险合同成立，保险公司开始承担保险责任。当签单日与承担保险责任日不一致时，签单日收取的保费应作为预收款处理，待承担保险责任时再转作保费收入。此外，由于存在不可预见的损失风险，保险公司可能收不到保费，在这种情况下，保险公司应于实际收到保费时确认收入。

2. 会计科目的设置

为了核算和监督保险公司保费收入情况，设置"保费收入""应收保费""预收保费""保户储金"等科目。

（1）"保费收入"科目为损益类科目，核算保险公司确认的保费收入。贷方反映确认的原保险合同及再保险合同确认的保费收入，以及分保账单对分保费收入调整的增加额；借方反映非寿险原保险合同提前解除的，按原保险合同约定计算确定的应退还投保人的金额。期末将本科目余额转入"本年利润"科目，结转后本科目无余额。

（2）"应收保费"科目为资产类科目，核算保险公司按原保险合同约定应向投保人收取的保险费。借方反映发生的应收保费，贷方反映收回的应收保费和确认为坏账的应收保费。期末借方余额反映公司尚未收回的保险费。

（3）"预收保费"科目为负债类科目，核算保险公司为满足保费确认条件的保险费。贷方反映收到预收的保费，借方反映预收的保费确认为保费收入金额，以及再保险业务转销预售的赔款。期末贷方余额反映向投保人预收的保费。

（4）"保户储金"科目为负债类科目，核算保险公司收到投保人以储金本金增值作为保费收入的储金，以及保险公司向投保人支付的储金或投资款增值额。保险公司收到投保人交纳的储金，借记"银行存款""库存现金"等科目，贷记本科目。向投保人支付储金做相反的会计分录。本科目期末贷方余额，反映企业应付未付投保人储金。本科目可按投保人进行明细核算。

3. 保费收入的处理

若保险合同订立后，保险公司立即收到投保人交来的保费，会计部门根据保费收据办理转账，借记"银行存款"科目，贷记"保费收入——某险种"科目；如果投保人提前缴纳保费或缴纳保费在前，承担保险责任在后，收取保费时，借记"银行存款"科目，贷记"预收保费——某险种"科目；保险公司承担保险责任时，借记"预收保费——某险种"科目，贷记"保费收入——某险种"科目；如果会计部门收到业务部门的保费日报表等有关单证时，保费尚未到达，借记"应收保费——某险种"科目，贷记"保费收入——某险种"科目；实际收到保费时，借记"银行存款"科目，贷记"应收保费——某险种"科目。

4. 两全保险的处理

财产保险业务中两全保险如家庭财产两全保险，投保人在投保时按保险金额与保险公司规定的储金比例一次缴存保险储金，保险公司将该保险储金转入银行或进行债券投资，获得的利息收入或投资收益作为保险费收入，保险期满，投保人从保险公司领回投保时缴纳的全部保险储金。会计核算为：收到保户储金时，借记"银行存款——储金专户"科目，贷记"保户储金——某险种"科目；每期确认利息时，借记"应收利息"科目，贷记"保费收入——某险种"科目；还本付息时，借记"银行存款"科目，贷记"应收利息"科目和"保费收入"科目，同时借记"保户储金——某险种"科目，贷记"银行存款"科目。

14.2.3 赔款支出的核算

赔款支出是指保险标的发生了保险责任范围内的保险事故后，保险人根据保险合同的规定，向被保险人支付的损失补偿金。

1. 会计科目的设置

为了核算和监督财产保险业务的赔款支出应设置以下科目。

（1）"赔付支出"科目。该科目为损益类科目，核算保险公司原保险合同赔付款项和再保险合同。借方反映各期确定的支付赔款金额或实际发生的理赔费用，以及再保险接受人收到分保业务账单的当期按账单标明的分保赔付款项；贷方反映承担赔付保险金责任后确认的代位追偿款，以及承担赔偿保险金责任后取得的损余物资，按同类或类似资产的市场价格计算的确定金额。期末将该科目余额转入"本年利润"科目，结转后本科目无余额。

（2）"预付赔付款"科目。该科目为资产类科目，核算保险公司在理赔过程中按合同约定预先支付的赔款。借方反映预付赔款，贷方反映结案后转成的赔款支出。该科目期末借方余额反映公司实际预付的赔款。

（3）"应收代位追偿款"科目。该科目为资产类科目，核算保险公司按原保险合同约定承担赔付保险金责任后确认的代位追偿款。借方反映应收代位追偿款的数额，贷方反映实际收到追偿款后的该应收代位追偿款的账面余额。该科目期末借方余额反映已确认尚未收回的代位追偿款。

2. 赔款支出的核算

理赔人员计算出赔偿金额后，填制赔款计算书，连同被保险人签章的赔款收据送交会计部门。会计部门认真审查无误后，根据不同的情况进行会计处理。

（1）对于保险赔案清楚，能及时结案的，借记"赔付支出"科目，贷记"银行存款"科目。

（2）出险后，保险公司预付部分赔款时，借记"预付赔付款"科目，贷记"银行存款"科目。

（3）损失核定后，保险公司支付剩余赔款时，借记"赔付支出"科目，贷记"预付赔付款""银行存款"科目。

（4）在保险理赔过程中，如果发生错赔、骗赔案件，一经发现，要认真查处并追回赔款。对于追回的赔款，要冲减相应的赔款支出，借记"银行存款"科目，贷记"赔付支出"科目。

（5）企业承担赔付保险金责任后确认为代位追偿款时，借记"应收代位追偿款"科目，贷记"赔付支出"科目；收回应收代位追偿款时，按实际收到的金额，借记"库存现金"等科目，按应收代位追偿款账面余额，贷记"应收代位追偿款"科目，按其差额，借记或贷记"赔付支出"科目。

例 14-1 某保险公司在投保人出险时，按合同规定支付给投保人保险金 25 000 元，并确认为代位追偿款，3 个月后收到追偿款 24 300 元。

向保险人支付赔付金时，会计分录为：

借：应收代位追偿款　　　　　　　　　　　　　　　　　　　25 000
　　贷：赔付支出——某险种　　　　　　　　　　　　　　　　　25 000

收回追偿款时，会计分录为：

借：银行存款　　　　　　　　　　　　　　　　　　　　　　24 300
　　赔付支出——某险种　　　　　　　　　　　　　　　　　　　700
　　贷：应收代位追偿款——某险种　　　　　　　　　　　　　25 000

保险公司对于承担赔偿保险金责任后取得的损余物资，应按照同类或类似资产的市场价格，冲减已支付的赔付款项。

例 14-2 某保险公司赔付投保人汽车保险金 32 000 元后，取得损毁的汽车，价值 7 900 元归保险公司所有。

会计分录为：

借：损余物资　　　　　　　　　　　　　　　　　　　　　　　7 900
　　贷：赔付支出——某险种　　　　　　　　　　　　　　　　　7 900

保险公司在处置损余物资时，应按照其实际收到的金额与该资产的账面余额的差额冲减或增加赔付支出的金额。

例 14-3 （接例 14-2）该保险公司将汽车出售，取得价款 8 400 元。

会计分录为：

借：银行存款　　　　　　　　　　　　　　　　　　　　　　　8 400
　　贷：损余物资——××汽车　　　　　　　　　　　　　　　　7 900
　　　　赔付支出——某险种　　　　　　　　　　　　　　　　　　500

14.3　人身保险业务的核算

14.3.1　人身保险业务的核算种类及特点

人身保险按保障范围，可以分为人寿保险、人身意外伤害保险和健康保险 3 种。人寿保险又可分为死亡保险（是以被保险人在保险期内死亡为给付保险金的条件。如果被保险人生存到保险期满，保险人不负给付保险金责任，它可分为定期保险与终身保险两种）、生存保险（是以被保险人在某一期间内生存为保险标的，给付约定的保险金的保险。即被保险人在中途死亡不给付保险金，所交付的保险费也不再退还）、两全保险（又称储蓄保险或混合保险、生死保险，是指被保险人不论在保险期内死亡还是生存到保险期届满，保险人都给付保险金的保险）和年金保险（年金保险也称养老金保险，是指被保险人在约定的期间内，按照一定的周期给付保险金的保险。其目的是为被保险人老年生活提供经济保障）。

与财产保险业务相比，人身保险业务核算具有以下特点。

（1）人身保险业务的保费收入和保险金的给付按照"收付实现制"的原则记账。在年终决算时，对应收利息、提取和转回寿险责任准备金等项应按权责发生制原则进行账务处理。

（2）人身保险业务具有给付性质，因此，涉及给付的核算，包括年金给付、死伤医疗给付和期满给付，而财产保险不涉及给付的核算。

（3）人身保险业务的责任准备金具有责任准备金和偿付准备金的双重性质，它必须满足长期人身保险业务返还保险金的需要。人身保险业务的未到期责任准备金根据有效保险单的全部净值提存，而财产保险业务的未到期责任准备金根据当年自留保费的50%提存。

14.3.2 人寿保险业务的核算

1. 会计科目的设置

人寿保险业务核算中，设置了以下会计科目。

（1）"预收保费"科目。该科目为负债类科目，核算保险公司在保险责任生效前向投保人预收的保险费。其贷方反映发生的保费预收款，借方反映转作保费收入的保费预收款，期末余额在贷方，反映保险公司向投保人预收的保险费。该科目应按投保人设置明细账。

（2）"退保金"科目。该科目为损益类科目，核算保险公司寿险原保险合同按照约定退还给投保人的保单现金价值。借方反映企业寿险原保险合同提前解除，按原保险合同约定计算确定的应退还投保人的保单现金价值。期末余额应转入"本年利润"科目，结转后本科目无余额。

（3）"满期给付""死伤医疗给付""年金给付"科目。这些科目均为损益类科目，核算内容与科目的使用与"赔付支出"科目相同。

（4）"保户红利支出"科目。该科目为损益类科目，核算保险公司按原保险合同约定支付给投保户的红利。期末，借记保险精算部门计算的应支付给保户的利差。期末余额应转入"本年利润"科目，结转后本科目无余额。

2. 人寿保险业务的账务处理

1）保费收入的核算

寿险业务的保险费由死亡或生存的给付额、利息和费用3项组成。寿险保单的保险费一般是分期交付，第一期保险费必须在签订保险合同时交付，以后各期保险费，保户应按合同规定的交费时间与保费额，前往保险公司指定的地点交费。因故迟交保费的保户，除补交所欠的保险费外，还应缴纳因拖延时间所产生的利息。

集体投保的寿险业务，由保险公司与代办单位直接建立代收保费关系。由单位指定经办员代收、代交，并以转账方式将保费划入保险公司账户。保险公司会计部门收到银行转来的收账通知，同时收到业务部门送来的保险交费清单、保费日报表，经审核无误后，办理转账，借记"银行存款"科目，贷记"保费收入——某险种"科目。

如果收到的保费包括本期和下期的保费，借记"银行存款"科目（收到的款项），贷记"保费收入"科目（本期保费）、"预收保费"科目（下期保费）。

2）给付保险金的核算

人寿保险业务保险金给付是保险公司对投保人在保险期满或在保险中支付保险金，以及对保险期内发生保险责任范围内的意外事故按规定给付保险金。根据人身保险合同的规定，给付保险金分为 3 种情况：满期给付，死亡、伤残及医疗给付和年金给付。当被保险人或受益人提出给付保险金的申请时，保险人应根据合同规定的保险责任进行调查，审查事故发生是否属于保险责任范围。对于应当予以给付的要及时准确地确定给付金额，快速办理给付手续。

（1）满期给付保险金的核算。满期给付是被保险人在保险期满后，按保险合同的规定，从保险人处领取保险金。申请领取保险金时，必须由被保险人本人提出，并递交保险证、身份证、交费凭证等有关证件，保险公司审核无误后，按合同规定给付被保险人。被保险人生存到期满给付时，保险人按保险合同规定给付保险金时，借记"满期给付"科目，贷记"现金"科目；如果被保险人有贷款本息尚未还清的，应予以扣除，借记"满期给付"科目，贷记"保户质押贷款"科目、"利息收入"科目、"现金"科目；如果在合同规定的交费期宽限期内发生满期给付，借记"利息收入"科目，贷记"现金"科目。期末将"满期给付"科目余额转入"本年利润"科目，借记"本年利润"科目，贷记"满期给付"科目。

（2）死伤医疗给付保险金的核算。死伤医疗给付是指被保险人在保险期限内因发生疾病而导致医疗费用，或者导致伤残、死亡，按保险合同规定给付的保险金。死伤医疗给付分为伤残给付、医疗给付和死亡给付 3 种。被保险人或受益人申请死伤医疗给付时，必须及时提供有关证明，经保险人调查核实后，据以给付保险金，借记"死伤医疗"科目，贷记"银行存款"科目；如果给付时，被保险人有贷款本息尚未还清，应予以扣除，借记"死伤医疗给付"科目，贷记"保户质押贷款"科目、"利息收入"科目、"现金"科目；如果在合同规定的交费宽限期内发生死伤医疗给付时，借记"死伤医疗给付"科目，贷记"保费收入"科目（未交保费部分）、"利息收入"科目（欠息数）、"现金"科目（实际支付的金额）。

会计期末，将"死伤医疗给付"科目余额转入"本年利润"科目，借记"本年利润"科目，贷记"死伤医疗给付"科目。

（3）年金给付保险金的核算。年金给付是被保险人生存至规定的年龄，人寿保险公司按保险合同约定支付给被保险人的给付金额。

保险人按保险合同规定支付年金时，借记"年金给付"科目，贷记"现金"科目；若在给付时，投保人贷款本息尚未还清的，应予以扣除，借记"年金给付"科目，贷记"保户质押贷款"科目、"利息收入"科目、"现金"科目。期末，将"年金给付"科目余额转入"本年利润"科目，借记"本年利润"科目，贷记"年金给付"科目。

3）退保业务的核算

由于人寿保险业务是长期性业务，在保险期内经常会因种种原因发生中途退保的情况。对申请退保的被保险人按合同约定退还保单的现值，设置"退保金"科目进行核算。

保户要求退保，须经业务部门审查同意解除原保险合同后方能办理。支付退保金时，借记"退保金"科目，贷记"现金"科目；如保户退保时尚有贷款本息未还，应予以扣除，借记"退保金"科目，贷记"保户质押贷款——某保户"科目（未收回的质押贷款本金）、"利息收入"科目（欠息）、"现金"科目。

4）保单红利支出的核算

保单红利支出是指金融企业（保险公司）按照保险合同的约定支付给投保人的红利。

金融企业（保险公司）应使用"保单红利支出"科目对其进行核算，该科目借方登记保险公司按原保险合同约定计提应支付的保单红利。会计期末，应将本科目的余额转入"本年利润"科目，结转后本科目无余额。

例 14-4 某保险公司 2018 年 1 月 31 日，按原保险合同约定计提某保险品种的应付保单红利 30 000 元。

会计分录为：

借：保单红利支出——某保险品种　　　　　　　　　　　　　　30 000
　　贷：应付保单红利——某保险品种　　　　　　　　　　　　　30 000

再如同年 2 月 5 日向某保户发放保单红利 500 元。

会计分录为：

借：应付保单红利——某保险品种　　　　　　　　　　　　　　　500
　　贷：银行存款　　　　　　　　　　　　　　　　　　　　　　　500

3. 健康保险业务的核算

健康保险也称疾病保险，是指被保险人在保险合同有效期内患病发生医疗费用支出，或者因疾病致残或死亡，或者因疾病伤害不能工作而减少收入时，由保险人承担给付保险金责任的保险。按照期限的长短，健康保险可以分为短期健康保险（保险期限为 1 年及 1 年以下）和长期健康保险（保险期限在 1 年以上）。短期健康保险业务的会计核算与财产保险业务核算方法基本相同，长期健康保险业务的收支核算与人寿保险业务核算方法基本相同。

为了反映人身意外伤害保险和健康保险收取保费和保险金给付的情况，应使用"保费收入""应收保费""死伤医疗给付"等科目。

例 14-5 某单位为员工投保一年期团体医疗保险，保险金额为 10 000 元，按规定每人每年交保费 10 元，合计 100 000 元，经与保险公司约定保费分两次付清，投保时支付 50%，其余下月 10 日付清。

保险公司会计分录为：

借：银行存款　　　　　　　　　　　　　　　　　　　　　　　50 000
　　应收保费——某单位医疗保险　　　　　　　　　　　　　　50 000
　　贷：保费收入——医疗保险　　　　　　　　　　　　　　　100 000

例 14-6 某保户投 1 年期医疗保险，因发生保险责任范围内的疾病而支付某医院医疗费共计 8 000 元，经核实保险公司按保单合同规定比例，承担医疗费 75% 的责任。

会计分录为：

借：死伤医疗给付——医疗保险　　　　　　　　　　　　　　　6 000
　　贷：库存现金　　　　　　　　　　　　　　　　　　　　　　6 000

14.4　再保险业务的核算

为了分散风险，均衡业务，稳定经营，保险公司需要将超过自身业务承受能力的一部分责任转嫁给其他保险公司来分担，这就需要利用再保险。再保险也称分保，是保险人在原保险合同的基础上通过签订分保合同，将其所承保的风险责任的一部分或全部向一个或多个保险人再进行投保的行为。可以说，再保险是对原保险人的保险。分出保险业务的公司称作原保险人或分出公司，接受分保业务的公司称作再保险人或分入公司。如果再保险人又将其接受的风险和责任转嫁出去，这种业务称为转分保。

14.4.1 再保险业务的种类

再保险按原保险人与再保险人之间对保险责任的分配方式不同，可以分为比例再保险和非比例再保险。

1. 比例再保险

比例再保险是指原保险人与再保险人以保险金额为基础，按比例计算分担保险责任限额的再保险。在比例再保险方式下，分保费的计算及赔款均按分配保额的同一比例进行。比例再保险又分为成数再保险和溢额再保险。

（1）成数再保险。这是一种最简单的分保方式，分出人以保险金额为基础，对某种保险业务的每一风险单位按固定比例，即一定成数作为自留额，把其余的一定成数转让给分入人。

（2）溢额再保险。这是分出人以保险金额为基础，规定每一个风险单位的一定额度作为自留额，并将超过自留额的部分，即溢额转给分入人。在溢额再保险方式下，分入人按照所承担的溢额占总保险金额的比例收取分保费和分摊分保赔款。溢额分保的比例是不固定的。

2. 非比例再保险

非比例再保险又称超额再保险，是一种以赔款为基础，计算自赔限额和分保责任限额的再保险。这种再保险方式可以使原保险人的赔款限定在一个固定的数额或比例之内，在发生巨灾或重大损失的情况下，可以保证其财务稳定。非比例再保险又可分为超额赔款再保险和超赔付率再保险。

（1）超额赔款再保险。超额赔款再保险是指分保分出人与分保接受人签订协议，对每一危险单位损失或一次事故中多数危险单位的累积责任损失，规定一个自负赔款的限度（自赔额），损失超过自赔额以上的，则归分保接受人负担全部或大部分赔款。

（2）超赔付率再保险。超赔付率再保险是指以一定时期（一般为1年）的积累责任赔付率为基础来计算责任限额，把一年的赔款控制在一定的赔付率水平上。当一年内的积累赔款超过规定的赔付率时，超过部分由分保接受人负责至一定的限额。

14.4.2 再保险业务核算的特点

再保险业务与直接承保业务相比，其会计核算具有以下特点。

（1）由于每一笔再保险业务，均同时涉及分保分入和分保分出的核算。对于兼营再保险业务的保险公司来说，应将分入业务单独核算，而将分出业务与直接业务一并核算；对于专业再保险公司，分入业务和转分出业务应统一核算盈亏。

（2）对于分保分出人来说，再保险业务核算的内容包括分出保费、摊回分保赔款、摊回分保费用、分保业务往来和存入分保准备金等。对于分保分入人来说，再保险业务核算的内容包括分保费收入、分保赔款支出、分保费用支出、分保业务往来和存出分保准备金等。

(3) 再保险业务按业务年度结算损益，不提存未到期责任准备金。

由于再保险业务，特别是分入业务，责任的终止时间较长，应按业务年度结算损益。在非结算损益年度，收支差额全额作为长期责任准备金提存，不计入当期损益，并于次年转回，滚存到结算损益年度终了时结算损益。所以，再保险业务不提存未到期责任准备。

(4) 分保账单是分保分出人与分保分入人再保险业务的主要凭证，一般按季编制，账单中载明分保手续费、分保赔款、分保准备金、分保费等内容，根据账单中借贷方的差额确定是应收还是应付。

(5) 分保业务是保险公司间的业务，不涉及向保险代理人或保险经纪人支付手续费及佣金问题，没有手续费及佣金的核算。

14.4.3 再保险业务核算的会计科目

为了核算保险公司再保险业务，设置有以下会计科目。

1. "应收分保账款"科目

"应收分保账款"为资产类科目，核算再保险业务应收取的款项。借方反映保险公司在确认原保费收入的当期，按相关再保险合同约定，计算确定的应向再保险接受人摊回的分保费用，以及在确定支付赔付款项或实际发生理财费用而冲减原保险合同相应准备金（未决赔款、寿险责任、长期健康险责任）的当期，按相关再保险合同约定，计算确定的应向再保险接受人摊回的赔付成本金额和计算应向再保险接受人收取纯益手续费；贷方反映在原保费合同提前解除的当期，按相关再保险合同约定，计算确定的摊回的分保费用的调整金额。期末借方余额反映保险公司从事再保险业务应收取的款项。

2. "预收赔付款"科目

"预收赔付款"为负债类科目，核算保险公司分出分保业务按保险合同约定预收的分保赔款。其贷方反映预收的赔付款，借方反映转销预售的赔款。期末贷方余额反映预收分保赔款数（如为借方余额反映企业尚未转销的款项）。

3. "应付分保账款"科目

"应付分保账款"为负债类科目，核算再保险业务应付未付的款项。该科目对于分出业务，贷方反映在确认原保险合同保费收入的当期及对超额再保险等非比例再保险，按相关再保险合同约定，计算确定的分出保费金额，以及按其计算的存入分保保证金利息；借方反映在原保费合同提前解除的当期，按相关再保险合同约定，计算确定的分保费用的调整金额。期末贷方余额反映再保险业务的应付未付的款项。

4. "分出保费"科目

"分出保费"为损益类科目，核算保险公司再保险分出人向再保险接受人分出的保费。借方反映企业按确认原保险合同保费收入额当期，以及对超额再保险等非比例再保险合同，按再保险合同约定，计算确定的分出保费金额；贷方反映在原保费合同提前解除的当期，按相关再保险合同约定，计算确定的分保费用的调整金额；余额反映在借方。会计期末，应将本科目余额转入"本年利润"科目，结转后本科目无余额。

5. "分出费用"科目

"分出费用"为损益类科目，核算再保险接受人向再保险分出人支付的费用。借方反映确认分保费收入的当期，按相关再保险合同约定，计算确定的分出保费金额，以及计算应向再保险分出人支付的纯益手续费。会计期末,应将贷方余额转入"本年利润"科目,结转后本科目无余额。

6. "摊回赔付支出"科目

"摊回赔付支出"为损益类科目,核算保险公司再保险分出人向再保险接受人摊回的赔付成本。贷方反映在确定支付赔付金额或实际发生理赔费用而确认原保险合同赔付成本;借方反映在因取得和处置损余物资、确认和收到应收代位追偿款等,而调整原保险合同赔付成本的当期,按相关再保险合同约定,计算确定摊回赔付成本的调整金额。会计期末,本科目余额应转入"本年利润"科目,结转后本科目无余额。

7. "摊回分保费用"科目

"摊回分保费用"为损益类科目,核算再保险分出人向再保险接受人摊回的分保费用。贷方反映在确认分保费收入的当期,按相关再保险合同约定,计算确定的影响再保险接受人摊回的分保费用,以及计算应向再保险分出人收取的纯益手续费;借方反映在原保费合同提前解除的当期,按相关再保险合同约定,计算确定的分保费用的调整金额。会计期末,本科目余额应转入"本年利润"科目,结转后本科目无余额。

除此之外,再保险业务还涉及"保费收入"科目和"赔付支出"科目。

14.4.4 保险分出业务的会计处理

1. 保险分出业务的种类及确认方法

保险分出业务的种类包括合同分保业务、临时分保业务和预约分保业务3种。

(1)合同分保业务。这是再保险分出人与再保险接受人签订再保险合同,约定某一范围内的所有业务自动按照预先确定的条件进行分保。因此,再保险分出人应在原保险合同保费收入确定时,即按照合约约定,计算其对应的分出保费,计入当期损益。

(2)临时分保业务。这是再保险分出人可以视情况决定是否分出某一保单,再保险接受人也需要对每一风险单位进行独立的核保后决定是否接受,以及接受条件,因此,再保险合同的签订会滞后于原保险合同。如果再保险分出人在原保险合同确定当期与再保险接受人签订了再保险合同,再保险分出人应在再保险合同确定时,按照再保险合同约定计算原保险合同对应的分出保费;如当期未确定再保险合同,则保险责任仍由再保险分出人承担,与原保险合同相关的经济利益也仍属于再保险分出人,同时,分出保费也难以可靠计量,因此,再保险分出人不应确认分出保费。

(3)预约分保业务与临时分保业务相同。

2. 分保费用的处理

1)合同分保业务的处理

合同分保业务的手续费一般有3种类型:固定手续费、浮动手续费和纯益手续费。

(1)固定手续费。该手续费可在确认原保险合同保费收入的当期,根据原保险合同发生的费用支出,按照再保险合同约定的固定比例计算确定,计入当期损益。

例14-7 A保险公司根据原保险合同发生的费用支出30 000元,按照再保险合同约定的30%的固定比例,计算确定应支付B保险公司分保费用9 000元。

会计分录为:

借:分保费用——B保险公司　　　　　　　　　　　　　　　　　　9 000

贷：应付分保账款——B 保险公司　　　　　　　　　　　　　　　　9 000
　　（2）浮动手续费。该手续费中的预收分保手续费可在确认原保险合同保费收入的当期，根据原保险合同发生的费用支出，按照再保险合同约定的固定比例计算确定，计入当期损益。浮动手续费中的调整手续费由于在业务年度结束后根据赔付情况才能准确计算，因此，应当在确认原保险合同保费收入的当期，根据当期原保险合同的赔付情况，按照合理的方法预估应摊回的分保费用，计入当期损益。预估一般可采用历史保单终极赔付率预估法，即根据公司经验数据，计算历史保单终极赔付率，并以此判断新业务的终极赔付水平，从而确定浮动手续费调整金额。
　　（3）纯益手续费。根据会计准则的规定，再保险分出人应当根据相关再保险合同的约定，在能够计算确定应向再保险接受人收取的纯益手续费时，将该项纯益手续费作为摊回分保费用，计入当期损益。"能够计算确定"是指再保险分出人能够根据再保险合同的约定，预估当期的纯益手续费金额。纯益手续费一般跟分出的保险业务的盈利情况挂钩，再保险分出人在计算纯益手续费时所应用的盈利计算假设，应与计算原保险合同所形成的负债时所应用的盈利计算假设相一致。例如，再保险分出人在准备合同项下与纯益手续费有关的损益计算时，损益中的支出项目一般包括未决赔款准备金，未决赔款准备金的评估应与再保险分出人对该笔分出业务所对应的原保险合同评估未决赔款准备金时采用的精算假设相一致。
　　2）临时分保业务的处理
　　对于临时分保业务，如果再保险合同在原保险合同保费收入确认的当期确定，则可参照合同分保业务的方法确认应摊回的分保费用；如原保险合同保费收入确认的当期未能确定再保险合同，再保险分出人不确认分出保费，相应地，也不应确认摊回分保费用。
　　预约分保业务参照临时分保业务处理。
　　3. 分出保费的处理
　　分出保费是指金融企业（保险公司）按照再保险合同的约定，向再保险接受人分出的保费。金融企业（保险公司）在确认原保险合同的保费收入，以及原保险合同提前解除时，按照再保险合同的约定计算分出保费的金额。
　　例 14-8　某保险公司收到投保人交纳的保险费 150 000 元，再保险合同约定按照 20% 的比例计算分出保费。
　　会计分录为：
　　借：分出保费　　　　　　　　　　　　　　　　　　　　　　　　　30 000
　　　贷：应付分保账款　　　　　　　　　　　　　　　　　　　　　　30 000
　　例 14-9　（接例 14-8）假设该投保人提前解除保险合同，该保险公司按照再保险合同的约定，调整分出保费 20 000 元。
　　会计分录为：
　　借：应付分保账款　　　　　　　　　　　　　　　　　　　　　　　20 000
　　　贷：分出保费　　　　　　　　　　　　　　　　　　　　　　　　20 000
　　对于超额赔款再保险等非比例再保险合同，金融企业（保险公司）应按照再保险合同的约定计算分出保费的金额。在对其进行调整时，也应按照再保险合同的约定计算应调整的分出保费的金额。其会计处理与上述相同。

4. 摊回赔付成本及费用的处理

1) 摊回赔付成本的处理

摊回赔付成本是指金融企业（再保险分出人）在确定支付赔款或实际发生理赔费用、取得和处置损余物资、确认和收到应收代位追偿款时，应摊回给再保险接受人的赔付支出。企业会计准则第九条规定，再保险分出人应当在确定支付赔款金额的当期，按照相关再保险合同的约定，计算确定应向再保险接受人摊回的赔付成本，计入当期损益。对于合同分保业务，再保险分出人可按照再保险合同的约定，根据当期原保险合同的赔付成本，计算确定当期应摊回的赔付成本，计入当期损益。临时分保业务和预约分保业务的摊回赔付成本按合同分保业务处理。

金融企业（保险公司）在确定支付赔款或实际发生理赔费用，而确认原保险合同赔付成本时，应按照相关再保险合同的约定，计算向再保险接受人摊回的赔付成本的金额。

例 14-10　某金融企业实际发生理赔费用 12 000 元，再保险合同中约定再保险公司承担出险费用的 30%。

会计分录为：

借：应收分保账款　　　　　　　　　　　　　　　　　　　　　　　　4 000
　　贷：摊回赔付支出　　　　　　　　　　　　　　　　　　　　　　　　4 000

2) 摊回分保费用的处理

摊回分保费用是指金融企业（再保险分出人）在收到原保险合同保费或解除原保险合同时，应向再保险接受人摊回的分保费用。企业会计准则第七条规定，再保险分出人应当在确认原保险合同保费收入的当期，按照相关再保险合同的约定，计算确定应向再保险接受人摊回的分保费用，计入当期损益。原保险合同的保费收入确认的当期，原保险合同还会发生佣金支出、手续费支出、营业费用和税金及附加等费用支出。按照再保险合同的约定，再保险接受人应向再保险分出人摊回分保费用以弥补其发生的这些费用。计算应当摊回的分保费用时，再保险分出人首先应可靠、合理地计算出原保险合同当期发生的费用金额。并以此为基础，根据再保险合同的约定计算当期应摊回的分保费用。

例 14-11　某金融企业取得客户的保费收入 6 000 元，再保险合同约定承担的比例为 25%。

会计分录为：

借：应收分保账款　　　　　　　　　　　　　　　　　　　　　　　　1 500
　　贷：摊回分保费用　　　　　　　　　　　　　　　　　　　　　　　　1 500

在原保险合同解除的当期，金融企业应按照相关再保险合同的约定，计算向再保险接受人摊回的分保费用的调整金额，并做相反的会计处理。

金融企业（保险公司）向再保险接受人收取纯益手续费的，应按照相关再保险合同的约定，计算收取的纯益手续费，并做与上述相同的会计分录。

5. 再保险合同损益的调整

再保险分出人应当在原保险合同提前解除的当期，按照相关再保险合同的约定，计算确定分出保费、摊回分保费用的调整金额，计入当期损益。当原保险合同提前解除时，原保险合同保险责任终止，依赖于原保险合同存在的对应的再保险责任也同时终止。按照权责发生制原则，再保险分出人需要在当期按照再保险合同的约定，计算被解除的原保险合同对应的应冲减的分出保费，应冲减的摊回分保费用。

按照规定，再保险分出人应当在因取得和处置损余物资、确认和收到应收代位追偿款等而调整原保险合同赔付成本的当期，按照相关再保险合同的约定，计算确定摊回赔付成本的调整金额，计入当期损益。保险人承担赔偿保险金责任取得的损余物资，应当按照同类或类似资产的市场价格计算确定的金额确认为资产，并冲减当期赔付成本。摊回赔付成本是以原保险合同赔付成本为基础计算确定的，因此，在原保险合同赔付成本减少的同时，应相应冲减摊回赔付成本。

再保险分出人调整分出保费时应当将调整金额计入当期损益。再保险分出人在确认原保险合同保费收入的当期，在计算确定再保险合同各项损益时，虽然已采用合同预定或尽量合理的方法对再保险合同损益进行了计算或估算，但在确定分保账单时，仍然可能因为各种情况导致账单数据和前期计算或估算数据不一致。再保险分出人应在与再保险接受人确定分保账单的当期，按照账单数据与前期计算或估算数据的差额，调整当期相关再保险合同损益项目。

6. 再保险合同形成的债权、债务

1) 再保险合同债权、债务的内容

再保险合同形成的债权主要包括：应收分保账款、应收分保准备金；再保险合同形成的债务主要包括：应付分保账款、存入分保准备金。另外，再保险分出人与再保险接受人之间的预付款行为会形成预付款资产或负债。

2) 再保险合同债权、债务的确认

再保险分出人应按照权责发生制原则，确认由此形成的对再保险接受人的债权或债务。再保险分出人应在确认分出保费的同时，确认应付分保账款；在确认摊回分保费用和摊回赔款的同时，确认应收分保账款；在对原保险合同确认责任准备金负债的同时，确认应收分保准备金。在调整以上项目的同时，调整对应的再保险合同债权、债务。再保险分出人应在收到再保险接受人预付的摊回分保款时，确认预付款负债；在收到再保险接受人支付的分保准备金时，确认存入分保准备金；在向再保险接受人支付预付的分出保费时，确认预付款资产。

需要指出的是，预付分出保费主要发生在超赔业务中。超赔业务的分出保费主要组成部分是再保险分出人提前支付给再保险接受人的预付性质的分出保费，再保险分出人应在支付保费时将其确认为预付款资产，并在每期按照超赔合同计算或估算当期分出保费时冲减此项预付款资产，冲减至零后再确认应付分保账款。

应收分保账款、应付分保账款、预付分出保费、预收摊回分保费用和存入分保准备金应区分不同的再保险接受人分别进行确认。不得将不同的再保险接受人的债权、债务合并确认，以保证债权与债务的清晰、可靠和易于追踪管理。

再保险分出人与再保险接受人就相互间的再保险债权、债务进行实际结算时，再保险分出人应于完成结算当期同时调整该次结算所涉及的、已确认在该再保险接受人名下的应收分保账款、应付分保账款、预付分出保费、预收摊回分保费用和存入分保准备金。在实务中，当再保险分出人与再保险接受人在某次结算的金额是双方部分债权与债务轧差后的净额时，再保险分出人应分别调整已确认的债权、债务，不得以净额直接调整其对该再保险接受人的债权或债务。

14.4.5 保险分入业务的会计处理

1. 分保费收入的核算

1) 分保费收入的确认条件

按照规定,分保费收入的确认必须符合以下3个条件:与再保险合同相关的经济利益很可能流入;与再保险合同相关的收入能够可靠地计量;再保险合同成立并承担相应的保险责任。其中再保险合同成立并承担相应的保险责任,这是分保费收入确认条件区别于其他合同的重要内容。该内容应从以下两个方面理解。

(1) 分保费收入所依附的再保险合同必须成立。所谓再保险合同的成立,是指再保险合同当事人经由要约、承诺,就合同的主要条款达成协议,即双方当事人意思表示一致而建立的合同关系,表明了再保险合同订立过程已经完结。如果再保险合同成立要件尚不完备,则不能确认分保费收入。

(2) 再保险分入人必须承担保险责任。这一条件是指,再保险分入人必须开始承担保险责任,即保险责任在分保费收入确认当期已经成立。若再保险分入人尚未承担保险责任,即使收到相关款项,也不能确认为分保费收入。

2) 分保费收入的计量

再保险业务会计处理的主要特点之一是业务数据的间接性、滞后性和不完整性。由于再保险接受人收到分出人提供账单的滞后性,使再保险接受人在满足分保费收入确认条件当期,通常无法及时收到分出人提供的实际账单,此时再保险接受人应根据再保险合同的约定对当期分保费收入进行专业、合理的预估。分保费收入的预估通常是由保险公司承保人员完成的。其计量方法视再保险合同的不同而不同。

对于比例再保险合同,分保费收入依赖于分出公司的业务规模。在签订再保险合同时,直保公司要估计再保险合同的保费(估计保费收入),报告给再保险接受人。承保人以估计保费收入为数据基础,结合再保险人自身积累的历史数据、保险行业公开的统计数据、国家公布的相关经济指标数据等,运用自身经验对分保费收入进行估计。再保险接受人可在总体基础上采用发展法进行预测,也可以按合约逐单进行预测。

对于非比例再保险合同,最终保费收入除依赖于直保公司保费规模之外,还与其损失赔付经验有关。承保人通常以合同中列明的最低保费收入作为数据基础进行估计。对于调整保费,按照定价基础进行预估,根据合同规定,按照保费或时间等因素计算调整保费。对于恢复保费,按照合同规定,根据实际发生赔款摊回金额的大小,确定恢复保费的金额。

对于临时再保险业务,规模一般较小,通常再保险保费都为确定的值,可以逐单对保费进行预估,也可以将风险相似的合同进行合并,然后运用链梯法进行保费预测。

3) 预估分保费收入的入账方法

预估分保费收入的入账方法分为终期分保费收入预估法和账单期分保费收入预估法。

(1) 终期分保费收入预估法。采用本方法预估分保费收入,再保险接受人应在再保险合同开始生效当期预估并确认该再保险合同在有效期内能给接受人带来的全部分保费收入。预估分保费收入的计量,应由该再保险合同的承保人以分出人提供的预计保费为基础,适当考虑其他影响因素(主要包括相同或类似合同的历史数据、行业数据、承保人经验等)进行计算确定。为确保预估的合理性、准确性,再保险接受人应根据再保险合同种类及性质、分入业务险种等因素，对当期应确认的分入保费进行适当分类预估。

由于分保费收入采取的是预估法，为了准确计量分保费收入，必须根据保险公司发生业务的实际情况在不同期间对预估的分保费收入进行调整。

① 当年调整。确认分保费收入当年，再保险接受人如有充分证据表明可对该最终保费进行更准确的估计，则应对原预估数据进行调整，调整的金额计入当期损益。该会计年度一旦结束，在以后年度一般不再调整保费数据，除非该业务年度实际收到账单的保费总数大于预估总数时，才将大于的数据计入收到账单当期。

② 终期调整。再保险接受人应在分保费收入相关实际账单基本收到后（一般应为合同起期3年后），根据实际账单累计分保费收入数据调整原预估分保费收入，其差额计入当期损益。若进行终期调整之后，还有分保费收入流入，则再保险接受人应在收到相关账单当期予以确认，分保费收入计入收到账单当期。

③ 再保险接受人应当在收到分出人提供的实际账单时，在按账单标明的金额入账的同时，按账单标明的金额冲减预估分保费收入。

（2）账单期分保费收入预估法。

① 分保费收入的确认。采用预估法确认分保费收入，是再保险接受人应在再保险合同开始生效之日起，按照账单期（一般按季度）分别预估确认分保费收入，计入账单期损益。在分保费收入相关实际账单基本收到后（一般应为合同起期3年后），再保险接受人可不再对以后各账单期保费进行预估。若在此之后，还有分保费收入流入，则再保险接受人应在收到相关账单当期予以确认，分保费收入计入收到账单当期。

② 分保费收入的计量。第一个账单期预估分保费收入的计量，应由该再保险合同的承保人以分出人提供的保费收入账单为基础依据，并适当考虑其他影响因素（主要包括相同或类似合同的历史数据、行业数据、承保人经验等）进行计算分摊到本期。

第一个账单期后，承保人可以根据历史数据、经验和已收到的实际账单，运用精算方法对未来账单期保费进行预估，同时可以根据满期保费收入、承保经验、行业数据等进行适当调整，确认当期分保费收入。

再保险接受人为确保预估的合理性、准确性，可以根据再保险合同性质、分入业务性质对在当期应确认的整体分入保费进行分类预估。

③ 分保费收入的调整。再保险接受人应当在收到分出人提供的实际账单时，根据账单标明的金额对原预估分保费收入进行调整，调整金额计入当期损益。

需要注意的是，保险公司在保费收入的处理上一般由财务部负责。但是为了保证保费收入预估的准确性和合理性，当保险公司准备采用终期分保费收入预估法来对保费收入进行预估时，需要有精算部门参与配合；如果公司准备采用账单期分保费收入预估法对保费收入进行预估，则需要核保及承保部门参与配合。

2. 分保费用的核算

再保险接受人应在确认分保费收入的当期，确认相应的分保费用，计入当期损益。

1）分保费用的计量

（1）再保险接受人根据当期确认的预估分保费收入和再保险合同约定的分保费用率，计算确定应计入当期的分保费用金额。对于采用固定手续费率的，根据分保合同列明的手续费率在分保费收入预估的基础上进行预估；对于采用浮动手续费率的，根据估计的业务终极赔付率计算实际的手续费率，或者根据历史赔付经验建立模型，采用随机模拟等技术得出平均的手续费支付水平；对于纯益手续费的预估，采用与浮动手续费相同的方法即可。

（2）如果对于浮动手续费和纯益手续费无法准确估计，应当根据相关再保险合同的约定，在能够计算确定应向再保险分出人支付的手续费时，将浮动手续费和纯益手续费作为分保费用，计入当期损益。

2）分保费用的调整

再保险接受人应在调整分保费收入当期，根据分保费用率或实际账单标明分保费用金额计算调整相关分保费用，计入当期损益。

14.5 保险准备金的核算

14.5.1 保险准备金核算的会计科目

保险准备金核算使用以下会计科目。

1. "保险责任准备金"科目

"保险责任准备金"为负债类科目，核算保险公司提取的原保险合同保险责任准备金，包括未决赔款准备金、寿险责任准备金、长期健康险责任准备金，以及再保险接受人提取的再保险合同保险责任准备金。该科目贷方反映：① 保险公司确认寿险保费收入，按保险精算确定的寿险责任准备金、长期健康险责任准备金；② 投保人发生非寿险保险合同约定的保险事故当期，按保险精算确定的未决赔款准备金；③ 保险公司对保险责任准备金进行充足性测试，按补提保险责任准备金的金额。该科目借方反映：① 原保险合同保险人确定赔付款项金额或实际发生理赔费用的当期，按冲减的相应保险责任准备金余额；② 再保险接受人收到分保业务账单的当期，按分保保险责任准备金相应冲减的金额；③ 寿险原保险合同提前解除的，按相关寿险责任准备金、长期健康险责任准备金余额。期末贷方余额反映保险公司的保险责任准备金。

2. "未到期责任准备金"科目

"未到期责任准备金"为负债类科目，核算保险公司提取的非寿险原保险合同未到期责任准备金。该科目贷方反映按保险精算确定的未到期责任准备金，借方反映原保险合同提前解除的相关未到期责任准备金，以及资产负债表日按保险精算重新计算确定的未到期责任准备金与已确认的未到期责任准备金的差额。期末贷方余额反映公司未到期责任准备金。该科目按险种设置明细账。

3. "应收分保合同准备金"科目

"应收分保合同准备金"属于资产类科目，核算再保险分出人确认的应收分保未到期责任准备金，以及向再保险接受人摊回的保险责任准备金。该科目借方反映：① 保险公司在确认非寿险原保险合同保费收入的当期，按相关再保险合同约定计算的应收分保未到期责任准备金；② 在提取原保险合同未决赔款准备金、寿险责任准备金、长期健康险责任准备金的当期，按相关再保险合同约定，计算确定的应向再保险接受人摊回的保险责任准备金；③ 在对原保险合同未决赔款准备金、寿险责任准备金、长期健康险责任准备金进行补充性测试，补提保险责任准备金时，按相关再保险合同约定，计算确定的应收分保保险责任准金的相应增加额。该科目贷方反映：① 资产负债表日，调整原保险合同未到期责任准备金余额，按相关再保险合同约定，计算确定的应收分保未到期责任准备金的调整金额；② 在确定赔付款项金额或实际发生理赔费用而冲减原保险合同相应未决赔款准备金、寿险责任准备金、长期健康险责任准备金余额的当期，按相关应收分保保险责任准备金的相应冲减金额；③ 在原保险合同提前解除而转销相关寿险责任准备金、长期健康险责任准备金的余额。期末借方余额反映保险公司在保险业务确认的应收分保合同准备金余额。

4. "提取保险责任准备金"科目

"提取保险责任准备金"属损益类科目，核算保险公司提取的原保险合同保险责任准备金，包括提取的未决赔款准备金、寿险责任准备金、长期健康险责任准备金，以及再保险接受人提取的再保险合同保险责任准备金。该科目借方反映：① 保险公司确认寿险保费收入，按保险精算确定的寿险责任准备金、长期健康险责任准备金；② 投保人发生非寿险保险合同约定的保险事故当期，按保险精算确定的未到期责任准备金；③ 对原保险责任准备金进行充足性测试，补提的保险责任准备金。该科目贷方反映：① 原保险合同保险人确定支付赔付款项或实际发生理赔费用的当期，冲减的保险责任准备金余额；② 再保险接受人收到分保账单的当期，对分保保险责任准备金的相应冲减金额；③ 寿险原保险合同提前解除的，按相关寿险责任准备金、长期健康险责任准备金余额。期末应将该科目的贷方余额转入"本年利润"科目，结转后本科目无余额。

5. "提取未到期责任准备金"科目

"提取未到期责任准备金"属损益类科目，核算保险公司提取的非寿险原保险合同未到期责任准备金和再保险合同分保未到期责任准备金。该科目借方反映：① 保险公司在确认原保费收入、分保费收入的当期，按保险精算确定的未到期责任准备金；② 在资产负债表日，调整原保险合同未到期责任准备金余额的，按相关再保险合同约定，计算确定的应收分保未到期责任准备金的调整金额。该科目贷方反映：① 在资产负债表日，按保险精算确定的未到期责任准备金与已确认未到期责任准备金的差额；② 原保险合同提前解除的，按相关未到期责任准备金的金额；③ 在确认非寿险原保险合同保费收入的当期，按相关再保险合同约定，计算确定的相关应收分保未到期责任准备金金额。期末余额应转入"本年利润"科目，结转后本科目无余额。

6. "摊回保险责任准备金"科目

"摊回保险责任准备金"属损益类科目，核算保险公司分出人应向保险接受人摊回的保险责任准备金，包括未决赔款准备金、寿险责任准备金、长期健康险责任准备金。该科目贷方反映保险公司在提取原保险合同保险责任准备金的当期，按相关再保险合同约定，计算确定的应向再保险接受人摊回的保险责任准备金，以及对原保险合同保险责任准备金进行充足性测试，补提保险责任准备金，按相关再保险合同约定计算的应收分保保险责任准备金的相应增加额。该科目借方反映在确定赔付款项金额或实际发生理赔而冲减原保险合同保险责任准备金余额的当期，按相关应收分保保险责任准备金的相应冲减金额，以及在寿险原保险合同提前解除而转销相关寿险责任准备金、长期健康险责任准备金余额的当期，按相关应收分保保险责任准备金余额。期末余额转入"本年利润"科目，结转后本科目无余额。

14.5.2 提取保险责任准备金的核算

保险责任准备金是保险公司为了履行其承担的保险责任或备付未来赔款，从收取的保险费中提存的资金准备。根据规定，保险责任准备金包括未决赔款准备金、寿险准备金和长期责任准备金，以及再保险合同保险责任准备金。

未决赔款准备金是指保险公司在会计期末为本期已发生保险事故应付未付赔款所提存的一种准备金。一般包括以下3种情况。① 未决赔案应提存的未决赔款准备金。未决赔案是指被保险人已提出保险赔款，但保险公司与索赔人就案件是否属于保险责任范围、赔款额等事项尚未达成协议的案件。② 已决未付赔案应提存的已决未付赔款准备金。已决未付赔案是指索赔案件已理算完结，应赔金额已确定，但尚未赔付或尚未支付全部赔款的案件。③ 已发生保险事故但尚未报告的赔案，应提存的已发生未报告赔款准备金。

1. 提取保险责任准备金的处理

1）寿险及健康险责任准备金的提取

保险公司确认寿险保费收入，按保险精算确定的寿险责任准备金、长期健康险责任准备金，借记"提取保险责任准备金——寿险（或健康险）责任准备金"科目，贷记"保险责任准备金——寿险（或健康险）责任准备金"科目。

2）财产险责任准备金的提取

投保人发生非寿险保险合同约定的保险事故当期，按保险精算确定的未决赔款准备金，借记"提取保险责任准备金——未决赔款准备金"科目，贷记"保险责任准备金——未决赔款准备金"科目。

2. 调整保险责任准备金的处理

1）保险责任准备金的补提

保险公司对保险责任准备金进行充足性测试，按补提保险责任准备金的金额，借记"提取保险责任准备金——寿险（或健康险或未决赔款）准备金"科目，贷记"保险责任准备金——寿险（或健康险或未决赔款）准备金"科目。

2）保险责任准备金的冲减

原保险合同保险人确定赔付款项金额或实际发生理赔费用的当期，按冲减的相应保险责任准备金余额，借记"保险责任准备金——寿险（或健康险或未决赔款）准备金"科目，贷记"提取保险责任准备金——寿险（或健康险或未决赔款）准备金"科目。

若再保险接受人受到分保业务账单的当期，按分保险责任准备金相应冲减的金额，借记"保险责任准备金——某险种保险责任准备金"科目，贷记"提取保险责任准备金——某险种保险责任准备金"科目。

对于寿险原保险合同提前解除的，按相关寿险责任准备金、长期健康险责任准备金余额借记"保险责任准备金——寿险（或健康险或未决赔款）准备金"科目，贷记"提取保险责任准备金——寿险（或健康险或未决赔款）准备金"科目。

3. 未到期责任准备金的核算

未到期责任准备金又称保费准备金，是指核算期在1年以内（含1年）的财产险为跨期责任而提存的准备金。根据我国的规定，除人寿保险业务以外，经营其他保险，应当按当期自留保费收入的50%提取未到期责任准备金。未到期责任准备金一般采取提存本期、转回上期的方法。提存期限通常为1年。提存及转回未到期责任准备金计入当期损益。

1）提取未到期责任准备金

保险公司按自留保费收入的50%提取未到期责任准备金时，借记"提取未到期责任准备金——某险种"科目,贷记"未到期责任准备金——某险种"科目。

2) 调整未到期责任准备金

(1) 在资产负债表日,按保险精算重新计算确定的未到期责任准备金与已确认的未到期责任准备金的差额,以及原保险合同提前解除的,按相应未到期责任准备金的金额时,借记"未到期责任准备金"科目,贷记"提取未到期责任准备金"科目。

(2) 若原保险合同提前解除的,按相关未到期责任准备金的金额,借记"未到期责任准备金——某险种"科目,贷记"提取未到期责任准备金"科目。

(3) 在确认非寿险原保险合同保费收入的当期,按相关再保险合同约定,计算确定的相关应收分保未到期责任准备金金额,借记"应收分保合同准备金"科目,贷记"提取未到期责任准备金"科目。

(4) 在资产负债表日,调整原保险合同未到期责任准备金余额的,按相关再保险合同约定,计算确定的应收分保未到期责任准备金的调整金额,借记"提取未到期责任准备金"科目,贷记"应收分保合同准备金"科目。

3) 期末结转未到期责任准备金

每一会计期末,保险公司都应将"提取未到期责任准备金"科目账户的贷方余额转入"本年利润"科目。结转时,借记"提取未到期责任准备金——某险种未到期责任准备金"科目,贷记"本年利润"科目。结转后的"提取未到期责任准备金"科目账户余额为零。

14.5.3 再保险业务准备金的核算

为了应付未来理赔或给付的需要,分保接受人需要设置未决赔款准备金和长期责任准备金。其分保接受人提取及调整准备金的会计核算与直接保险相同。但是再保险接受人提取的再保险责任准备金,是保险分出人保险业务的一部分,因此按照规定,再保险分出人应在提取原保险合同的当期,按照相关再保险合同的约定,计算确定应向再保险接受人摊回的相应准备金,确认当期损益,并同时确认相应的应收分保准备金资产。应向再保险接受人摊回的再保险责任准备金,包括未决赔款准备金、寿险准备金和长期责任准备金。

1. 确认应摊回的再保险责任准备金

再保险分出人应当按照相关再保险合同的约定,计算确认相关的应收分保未到期责任准备金资产。保险公司在提取原保险合同保险责任准备金的当期,按相关再保险合同约定,计算确定的应向再保险接受人摊回的保险责任准备金时,借记"应收分保合同准备金——某险种保险责任准备金"科目,贷记"摊回保险责任准备金——某险种保险期责任准备金"科目。

2. 调整应摊回的再保险责任准备金

再保险分出人应当在资产负债表日调整原保险合同未到期责任准备金余额时,相应调整应收分保未到期责任准备金余额。

1) 保险责任准备金的补提

对原保险合同保险责任准备金进行充足性测试,补提保险责任准备金时,按相关再保险合同约定,计算确定的应收分保保险责任准备金的相应增加额,借记"应收分保合同准备金——某险种保险责任准备金"科目,贷记"摊回保险责任准备金——某险种保险期责任准备金"科目。

2）保险责任准备金的冲减

在确定赔付款项金额或实际发生理赔而冲减原保险合同保险责任准备金余额的当期，按相关应收分保保险责任准备金的金额，借记"摊回保险责任准备金——某险种保险期责任准备金"科目，贷记"应收分保合同准备金——某险种保险责任准备金"科目。

3）保险责任准备金的转销

在寿险原保险合同提前解除而转销相关寿险责任准备金、长期健康险责任准备金余额的当期，按相关应收分保保险责任准备金余额，借记"摊回保险责任准备金——某险种保险期责任准备金"科目，贷记"应收分保合同准备金——某险种保险责任准备金"科目。

4）保险责任准备金的结转

每一会计期末，保险公司都应将"摊回保险责任准备金"科目账户的贷方余额转入"本年利润"科目。结转时，借记"摊回保险责任准备金——某险种未到期责任准备金"科目，贷记"本年利润"科目。结转后的"摊回保险责任准备金"科目账户余额为零。

复习思考题

1. 保险如何确认与计量？
2. 什么是再保险？分保收入确认的条件是什么？
3. 终期分保收入预估法如何调整分保收入？
4. 账单分保收入预估法如何调整分保收入？
5. 分保费用如何确认与计量？
6. 试述保险责任准备金的提取。

第 15 章

租赁业务的核算

15.1 租赁业务核算概述

15.1.1 租赁的概念与分类

根据 2006 年财政部制定的《企业会计准则第 21 号——租赁》（以下简称"租赁准则"），租赁是指在约定的期间内，出租人将资产使用权让与承租人，以获取租金的协议。这种经济行为是一种融资、融物为一体的信用方式。这种方式是通过租赁双方签订合同，出租人收取租金、承租人支付租金而融通资金使用权的一种交易行为。按会计核算的不同方法和要求，租赁分为融资租赁和经营租赁。

1. 融资租赁业务

融资租赁也叫资本租赁，是指出租人（金融机构）提供资金、购置承租人选定的设备，租给承租人使用，并向承租人收取租金的一种租赁形式。凡企业、事业单位在生产经营活动中，为采用先进技术、更新设备资金不足时，均可向金融机构办理融资租赁业务。融资租赁具有以下特点。

（1）融资租赁必须具有 3 个方面的关系人，即出租人、承租人和供货人。承租人需要的设备，由出租人向供货人购买，并由供货人直接将设备发运给承租人；或者由承租人将自身的设备卖给出租人，收回一定的货款，然后再以付租金的方式，从出租人手中租用该设备，以缓解承租企业的资金困难。

（2）租赁必须以承租人确定的设备为标的，借以达到融资的目的。租赁作为一种信用活动，其目的就是解决企业对设备的需求，促进企业扩大再生产和商品流通。因此租赁的标的，只有是承租人自己所选定的物件，才能使承租人尽快投入生产经营，给企业带来效益。承租人在自己不投资、不贷款的情况下，便可获得设备的使用权。而出租人对于设备所付出的投资，通过分期收取租金的方式得到补偿。

（3）租赁包括两个或两个以上的经济合同。即出租人与承租人的租赁合同，出租人与供货人的购销合同。租赁的权利与义务及有关事项，均在经济合同中固定下来，经济合同一经签订，租赁的任何一方不得解约。对租赁的设备，出租人具有所有权，供货人具有修理装配权，承租人具有使用权。承租人租入设备后应承担保管、保养和税收支出，承担设备过时的风险，并履行向出租人定期缴纳租金的义务。租赁期满，承租人对租赁设备有留购、续租和退回的权利。

2. 经营租赁业务

经营租赁业务是指出租人将所拥有的设备、物品，出租给承租人使用，承租人向出租缴纳租金的一种租赁方式。凡企业、事业单位在生产经营中，需要短期通用设备时，均可向租赁公司办理经营租赁业务。经营租赁业务具有以下特点。

（1）经营租赁业务只涉及两个当事人，即出租人和承租人。所涉及的标的为出租人拥有的通用设备、土地、房产等。该标的既可由自用固定资产转入，也可由出租人另行购置。在租赁期内，设备的维修、咨询服务、折旧提取，均由出租人负责。租赁期满，租赁标的仍为出租人所有，出租人若发现收回的设备被损坏，应由承租人进行赔偿。

（2）由于租赁设备为出租人的固定资产，出租人应按规定的折旧率及期初已出租资产的账面价值，计算出设备的折旧额，以抵冲租赁设备的购置成本。按照规定，本期内出租的资产当期不提折旧，本期内收回的出租资产，当期照提折旧。待租赁资产的折旧提足以后，不论能否继续使用，不再计提折旧。提前报废的经营租赁资产，也不再计提折旧。

15.1.2 租金的计算方法

租金是租赁价格的货币表现，体现了出租人和承租人之间的商品交换关系。为了维护出租人和承租人的合法权益，必须正确计算租金。

1. 租金的构成

租金由租赁设备的购置成本、租赁期间的利息费用及租赁手续费组成。租赁设备的购置成本是由设备买价、运费和保险费组成。若设备运费、保险费在合同中规定由承租人承担的，租金可不计算在内。租赁期间的利息费用是租赁公司为购买设备而向银行支付的贷款利息。该利息一般由租赁的直线关系人（出租人、承租人）商定并在合同中明确（一般由筹资基本利率、筹资手续费、利差风险费等构成）。租赁手续费是出租人在租赁项目实施中经营的必要开支等，一般按设备价格的 0.3%～3% 收取。

除此之外，租金的多少还与租赁期限的长短、付租的方式、支付的币种有关。付租期间隔越长租金约高；付租期末付租较付租期初付租租金高；以外币付租的，汇率高的币种租金高。

2. 租金计算方法

租金的计算方法有很多，目前我国常用的方法有递减式计算法和平均式计算法两种。

1）递减式计算法

递减式计算法是按每期平均支付本金的方法。其计算公式如下。设每期应付租金为 S，各期租赁成本余额为 PV，利率为 r，手续费为 g，租赁期为 N，还租次数为 n，各期租赁本金为 P，则：

$$S = PV \times r \times \frac{N}{n} + P(1+g)$$

例 15-1 某租赁公司有一笔融资租赁业务，租赁成本为 150 万元，租期为 2 年，每半年期末付租一次，年利率 8%，规定每期按应付设备成本的 3% 收取手续费。则：

$$P(1+g) = \frac{150}{4} \times (1+3\%) = 38.625 \text{（万元）}$$

$$S_1 = 150 \times 8\% \times \frac{2}{4} + 38.625 = 44.625 \text{（万元）}$$

$$S_2 = 150\times\left(1-\frac{1}{4}\right)\times 8\%\times\frac{1}{2}+38.625 = 43.125(万元)$$

$$S_3 = 150\times\left(1-\frac{1}{2}\right)\times 8\%\times\frac{1}{2}+38.625 = 41.625(万元)$$

$$S_4 = 150\times\left(1-\frac{3}{4}\right)\times 8\%\times\frac{1}{2}+38.625 = 40.125(万元)$$

租金总额 = 44.625+43.125+41.625+40.125 = 169.5(万元)

2）平均式计算法

平均式计算法是按租金总额（租赁设备成本、利息、手续费等）平均计算每期付租金额。计算公式为：

$$S_{总} = P\cdot(1+r\times N+g)$$

例 15-2 某租赁公司有一笔租赁业务，其租赁设备成本为 180 万元，租期为 5 年，年利率 10%，每期按归还设备成本的 3% 收取手续费。则租金总额为：

$$S_{总} = 180\times(1+10\%\times 5+3\%) = 275.4(万元)$$

若每半年付租金一次，则每次租金为：

$$275.4/10 = 27.54(万元)$$

15.1.3 租赁业务设置的会计科目

租赁业务设置的会计科目有以下几个。

1. "融资租赁资产"科目

"融资租赁资产"科目为资产类科目，核算企业（租赁）为开展融资租赁业务取得资产的成本。本科目可按承租人、租赁资产类别和项目进行明细核算。

（1）企业购入或以其他方式取得的融资租赁资产，借记本科目，贷记"银行存款"等科目。

（2）在租赁期开始日，按租赁开始日最低租赁收款额与初始直接费用之和，借记"长期应收款"科目，按未担保余值，借记"未担保余值"科目，按融资租赁资产的公允价值（最低租赁收款额与未担保余值的现值之和），贷记本科目，按发生的初始直接费用，贷记"银行存款"等科目，按其差额，贷记"未实现融资收益"科目。

融资租赁资产的公允价值与其账面价值有差额的，还应借记"营业外支出"科目或贷记"营业外收入"科目。本科目期末借方余额，反映企业融资租赁资产的成本。

2. "未担保余值"科目

"未担保余值"科目为资产类科目，核算企业（租赁）采用融资租赁方式租出资产的未担保余值。本科目可按承租人、租赁资产类别和项目进行明细核算。未担保余值发生减值的，可单独设置"未担保余值减值准备"科目。

（1）出租人融资租赁产生的应收租赁款，在租赁期开始日，应按租赁开始日最低租赁收款额与初始直接费用之和，借记"长期应收款"科目，按未担保余值，借记本科目，按融资租赁资产的公允价值（最低租赁收款额和未担保余值的现值之和），贷记"融资租赁资产"科目，按发生的初始直接费用，贷记"银行存款"等科目，按其差额，贷记"未实现融资收益"科目。

（2）租赁期限届满，承租人行使了优惠购买权的，企业（租赁）按收到承租人支付的购买价款，借记"银行存款"等科目，贷记"长期应收款"科目。存在未担保余值的，借记"租赁收入"科目，贷记本科目。承租人未行使优惠购买选择权，企业（租赁）收到承租人交还租赁资产，存在未担保余值的，按未担保余值，借记"融资租赁资产"科目，贷记本科目；存在担保余值的，按担保余值，借记"融资租赁资产"科目，贷记"长期应收款"科目。

（3）资产负债表日确定未担保余值发生减值的，按应减记的金额，借记"资产减值损失"科目，贷记"未担保余值减值准备"科目。未担保余值价值以后又得以恢复的，应在原已计提的未担保余值减值准备金额内，按恢复增加的金额，借记"未担保余值减值准备"科目，贷记"资产减值损失"科目。

本科目期末借方余额，反映企业融资租出资产的未担保余值。

3．"未确认融资费用"科目

"未确认融资费用"科目核算企业应当分期计入利息费用的未确认融资费用。本科目可按债权人和长期应付款项目进行明细核算。

（1）企业融资租入的固定资产，在租赁期开始日，按应计入固定资产成本的金额（租赁开始日租赁资产公允价值与最低租赁付款额现值两者中较低者，加上初始直接费用），借记"在建工程"或"固定资产"科目，按最低租赁付款额，贷记"长期应付款"科目，按发生的初始直接费用，贷记"银行存款"等科目，按其差额，借记本科目。采用实际利率法分期摊销未确认融资费用，借记"财务费用""在建工程"等科目，贷记本科目。

（2）购入有关资产超过正常信用条件延期支付价款、实质上具有融资性质的，应按购买价款的现值，借记"固定资产""在建工程"等科目，按应支付的金额，贷记"长期应付款"科目，按其差额，借记本科目。采用实际利率法分期摊销未确认融资费用，借记"在建工程""财务费用"等科目，贷记本科目。

本科目期末借方余额，反映企业未确认融资费用的摊余价值。

4．"固定资产——融资租入固定资产"科目

"固定资产——融资租入固定资产"科目用于核算以融资性租赁方式租入的固定资产，对于融资租入固定资产的原始价值、安装费用和维修费用的确定，都对比自有资产处理。在租赁开始日，承租人通常应将租赁开始日租赁资产原账面价值与最低租赁付款额的现值两者中较低者作为租入资产的入账价值（相当于固定资产的买价部分，不包括发生的相关费用等）。

5．"累计折旧——融资租入（经营租赁）固定资产折旧"科目

"累计折旧——融资租入（经营租赁）固定资产折旧"科目核算企业对融资租入（经营租赁）的固定资产所提的折旧。计提时，借记有关成本费用科目，如制造费用、管理费用等，贷记"累计折旧——融资租入固定资产"。若期满时承租人购买该资产，则结转"租入资产折旧"科目，借记本科目，贷记"累计折旧"科目。在资产最终报废清理时记入借方转销。期末余额在贷方，表明企业开展经营租赁资产折旧总额。租赁资产的折旧应按同类资产所采用的正常折旧政策进行计提。

6. "主营业务收入——融资收入"科目

"主营业务收入——融资收入"科目核算企业（租赁）确认的租赁收入。本科目可按租赁资产类别进行明细核算。企业确认的租赁收入，借记"未实现融资收益""应收账款"等科目，贷记本科目。取得或有租金，借记"银行存款"等科目，贷记本科目。期末，应将本科目余额转入"本年利润"科目，结转后本科目无余额。

7. "递延收益——未实现售后租回损益（融资租赁）"科目

"递延收益——未实现售后租回损益（融资租赁）"科目核算在售后租回交易中售价与资产账面价值的差额。租赁资产按高于资产账面价值出售时，借记"银行存款"科目，贷记"固定资产清理""营业收入""递延收益——未实现售后租回损益（融资租赁）"等科目；租赁资产按低于资产账面价值出售时，借记"银行存款"科目、"递延收益——未实现售后租回损益（融资租赁）"等科目，贷记"固定资产清理""营业收入"等科目。分摊递延收益时，如果租赁资产是按高于资产账面价值出售的，应借记"递延收益——未实现售后租回损益（融资租赁）"科目，贷记"营业费用——折旧费""管理费用——折旧费"等科目；如果租赁资产是按低于资产账面价值出售的，应借记"制造费用——折旧费""营业费用——折旧费""管理费用——折旧费"等科目，贷记"递延收益——未实现售后租回损益（融资租赁）"科目。其他的会计处理同一般情况下对融资租赁的处理。

8. "租赁保证金"科目

"租赁保证金"科目核算企业开展融资租赁业务时，根据合同规定收到的承租企业交来的保证金。本科目按承租单位设置明细账。

9. "长期应收款——应收融资租赁款"科目

"长期应收款——应收融资租赁款"科目用于核算采用融资租赁方式租出资产时应向承租人收取的租金金额，以及企业采用经营租赁方式租出资产而应向承租人收取的租金和手续费。在租赁开始时，按最低租赁收款额作为出租人的债权登记在该账户的借方。按合同规定收取租金时，贷记本账户，账户期末余额一般在借方，表示尚待收取的租金总额。该账户按承租人设置明细分类账户。

10. "长期应付款——应付融资（经营）租赁款"科目

"长期应付款——应付融资（经营）租赁款"科目用于核算按规定向出租人缴付的租金总额，以及每期应付而未付的租赁款，在期末支付租金的情况下使用。贷方登记发生额应付而未付的款项，即"最低租赁付款额"；借方登记已归还的应付融资租赁款，期末贷方余额表示企业尚未偿付的应付融资租赁款。"长期应付款"账户应按长期应付款的种类设置明细分类账户。

11. "租赁收入"科目

"租赁收入"科目核算企业租赁业务确认的租赁收入。按租赁资产的类别进行明细核算。当企业确认租赁收入，借记"未实现融资收益""应收账款"等科目，贷记本科目。取得或有租金，借记"银行存款"等科目，贷记本科目。期末，应将本科目转入"本年利润"科目，结转后本科目无余额。

15.2 融资租赁业务的核算

15.2.1 融资租赁的认定标准

租赁准则第四条规定：承租人和出租人应当在租赁开始日将租赁分为融资租赁和经营租赁。符合下列一项或数项标准的，应当认定为融资租赁。

（1）在租赁期届满时，租赁资产的所有权转移给承租人。

（2）承租人有购买租赁资产的选择权，所订立的购买价款预计将远低于行使选择权时租赁资产的公允价值，因而在租赁开始日就可以合理确定承租人将会行使这种选择权（即优惠购买选择权）。这里的"远低于"一般是指购价低于行使选择权时租赁资产的公允价值的5%（含5%）。

（3）租赁期占租赁资产使用寿命（尚可使用年限）的长度。租赁期占租赁开始日租赁资产尚可使用年限的大部分（通常为租赁期占租赁开始日租赁资产尚可使用年限的75%以上，含75%），而不是租赁期占该资产全新时可使用年限的大部分。需要注意的是，如果租赁资产在开始租赁前已使用年限超过该资产全新时可使用年限的大部分，则该条标准不适用。

（4）承租人在租赁开始日的最低租赁付款额现值。如果承租人计算得出的最低租赁付款额现值几乎相当于租赁资产的公允价值（通常为最低租赁收款额现值占租赁资产公允价值的90%以上，含90%），从出租人角度，该项租赁资产应被认定为融资租赁。但是，如果租赁资产在开始租赁前已使用年限超过该资产全新时可使用年限的大部分，则该条标准不适用。

（5）租赁资产性质特殊，只有承租人才能使用。因为租赁资产是出租人根据承租人对资产型号、规格等方面的特殊要求专门购买或建造的，具有专购、专用性质。这些租赁资产如果不进行较大的重新改制，其他企业通常难以使用。这种情况下，该项租赁也应当认定为融资租赁。

15.2.2 融资租赁中承租人的会计处理

1. 入账价值的确定

按照规定，租入资产的入账价值是租赁开始日租赁资产公允价值与最低租赁付款额现值两者中的较低者，将最低租赁付款额作为长期应付款的入账价值，其差额作为未确认融资费用。

会计分录为：

借：固定资产——融资租入固定资产（固定资产的买价部分）
　　未确认融资费用
　　贷：长期应付款——应付融资租赁款

2. 初始直接费用的确认

初始直接费用应在实际发生时，确认为当期费用。

会计分录为：

借：管理费用
　　贷：银行存款或库存现金

3. 计提固定资产折旧

承租人应当采用与自有固定资产相一致的折旧政策计提租赁资产折旧。能够合理确定租赁期届满时取得租赁资产所有权的，应当在租赁资产使用寿命内计提折旧；无法合理确定租赁期届满时取得租赁资产所有权的，应当在租赁期与租赁资产使用寿命两者中较短的期间内计提折旧。

计提折旧时，会计分录为：

借：管理费用——融资租入固定资产
　　贷：累计折旧——融资租入固定资产折旧

4. 支付租金

应区分支付的租赁资产本金、租金利息和手续费，并进行不同的账务处理。或有租金应当在实际发生时计入当期损益。

承租人每期支付租金金额，会计分录为：

借：长期应付款——应付融资租赁款
　　贷：银行存款

如果支付的租金中包含有履约成本，还应同时借记"制造费用""管理费用"等科目。每期分摊未确认融资费用时，按当期应分摊的未确认融资费用金额。

会计分录为：

借：财务费用
　　贷：未确认融资费用

5. 租赁期满的会计处理

租赁期满，应根据租赁协议的不同进行相应的会计处理。

售后租回交易认定为融资租赁的，售价与资产账面价值之间的差额应当予以递延，并按照该项租赁资产的折旧进度进行分摊，作为折旧费用的调整。租赁期满取得资产所有权时，会计分录为：

借：固定资产——××固定资产
　　贷：固定资产——融资租入固定资产

租赁期满，承租人向出租人返还租赁资产时，如果存在承租人担保余值，会计分录为：

借：长期应付款——应付融资租赁款
　　　累计折旧
　　贷：固定资产——融资租入固定资产

如果不存在承租人担保余值，会计分录为：

借：累计折旧
　　贷：固定资产——融资租入固定资产

如果还存在净残值，还应借记"营业外支出——处置固定资产净损失"。如果承租人行使优惠续租选择权，则视同租赁一直存在而进行会计处理。

在承租人享有优惠购买选择权的情况下，支付购买价款时，会计分录为：

借：长期应付款——应付融资租赁款
　　　贷：银行存款

与此同时，将固定资产从"融资租入固定资产"明细科目转入有关明细科目。

15.2.3　融资租赁中出租人的会计核算

1. 融资租赁债权的确认及初始直接费用的处理

1）融资租赁债权的确认

我国采用了总额法核算租赁债权。在租赁开始日，出租人应将租赁开始日最低租赁收款额与初始直接费用之和作为应收融资租赁款的入账价值，同时记录未担保余值；将最低租赁收款额、初始直接费用及未担保余值之和与其现值之和的差额确认为未实现融资收益。其计算公式为：未实现融资收益=（最低租赁收款额+未担保余值）-（最低租赁收款额的现值+未担保余值的现值）

未实现融资收益应在租赁期内各个期间进行分配。出租人应采用实际利率法计算确认当期（各期）的融资收入。

2）初始直接费用的会计处理

初始直接费用在租赁准则中计入了应收融资租赁款的入账价值。对于出租人，初始直接费用采用了计入应收融资租赁款，由承租人负担的处理方法，确认为当期费用。

会计分录为：

借：其他应收款——应收融资租赁直接费用
　　　贷：其他业务收入——出租固定资产收入

收回应收租赁直接费用时，会计分录为：

借：银行存款
　　　贷：其他应收款——应收融资租赁款

2. 融资租赁中出租人的处理

（1）租赁合同签订后，承租人按合同规定，向出租人支付租赁保证金，出租人收到保证金。

会计分录为：

借：银行存款
　　　贷：租赁保证金

（2）出租人按照承租人在合同上指定的设备购入租赁物资时，应按实际支付的租赁设备的成本入账。

购入租赁设备时，会计分录为：

借：融资租赁资产
　　　贷：银行存款

（3）在租赁开始日，出租人将租赁资产租给承租人。

会计分录为：

借：长期应收款——应收融资租赁款（最低租赁收款额）
　　　未担保余值
　　　贷：融资租赁资产（租赁投资净额）

　　　　递延收益——未实现融资收益

（4）每期收到租金时，会计分录为：

借：银行存款

　　贷：长期应收款——应收融资租赁款

确认利息收入时，会计分录为：

借：递延收益——未实现融资收益

　　贷：租赁收入——融资租赁收入

（5）租金逾期未能收回时的会计处理。超过一个租金支付期未收到租金，应当停止确认融资收入，其已确认的融资收入，应予冲回，转作表外核算。

会计分录为：

借：租赁收入——融资租赁收入

　　贷：递延收益——未实现融资收益

在实际收到租金时，将租金中所含融资收入确认为当期收入。

会计分录为：

借：递延收益——未实现融资收益

　　贷：主营业务收入——融资收入

（6）未担保余值减少的处理。我国租赁准则规定，出租人应当至少于每年年度终了，对未担保余值进行复核。未担保余值增加的，不作调整。如有证据表明未担保余值已经减少，应当重新计算租赁内含利率，对前期已确认的融资收入不作追溯调整，只对未担保余值发生减少的当期和以后各期租赁投资净额的减少确认为当期损失，根据修正后的租赁投资净额和重新计算的租赁内含利率确定应确认的融资收入。已确认损失的未担保余值得以恢复的，应当在原已确认的损失金额内转回，并重新计算租赁内含利率，以后各期也根据修正后的租赁投资净额和重新计算的租赁内含利率确认融资收入。其中，租赁投资净额是指融资租赁中最低租赁收款额与未担保余值之和和未实现融资收益之间的差额。

　　租赁期末，出租人的未担保余值的预计可收回金额低于其账面价值的差额时，会计分录为：

借：递延收益——未实现融资收益

　　贷：未担保余值

同时，将由此产生的租赁投资净额的减少确认为当期损失。

会计分录为：

借：营业外支出

　　贷：递延收益——未实现融资收益

若已确认损失的未担保余值得以恢复，应按未担保余值恢复的金额作账务处理。

会计分录为：

借：未担保余值

　　贷：递延收益——未实现融资收益

同时，按由此产生的租赁投资净额的增加额作账务处理。

会计分录为：

借：递延收益——未实现融资收益

贷：营业外支出

(7) 租赁期满时的会计处理。融资租赁期满时，根据租赁合同的规定可做相应的会计处理。如果收回租赁资产，按以下 4 种可能出现的情况做会计处理。

① 存在担保余值，不存在未担保余值。

出租人收到返还的租赁资产时，会计分录为：

借：融资租赁资产——某融资租赁设备
　　贷：应收融资租赁款

如果收回租赁资产的价值低于担保余值，则应向承租人收取价值损失补偿金。

会计分录为：

借：其他应收款——融资租赁价款损失补偿金
　　贷：营业外收入——融资租赁损失补偿金

② 既存在担保余值，也存在未担保余值。

出租人收到返还的租赁资产时，会计分录为：

借：融资租赁资产
　　贷：应收融资租赁款
　　　　未担保余值

若收回租赁资产的价值扣除未担保余值后的余额低于担保余值，则应向承租人收取价值损失补偿金。

会计分录为：

借：其他应收款——融资租赁价款损失补偿金
　　贷：营业外收入——融资租赁损失补偿金

③ 存在未担保余值，不存在担保余值。

出租人收到返还的租赁资产时，会计分录为：

借：融资租赁资产
　　贷：未担保余值

④ 未担保余值和担保余值均不存在。

此种情况出租人不做会计处理，只需要做相应的备查登记。

租赁期满，如果优惠续租租赁资产，则视同该项租赁一直存在而做相应的会计处理。

租赁期满，如果承租人行使了优惠购买选择权，出租人收到购买资产的价款，会计分录为：

借：银行存款
　　贷：其他应收款——应收融资租赁款

如果还存在未担保余值，会计分录为：

借：营业外支出——处置固定资产净损失
　　贷：未担保余值

15.3 经营租赁业务的核算

15.3.1 经营租赁中承租人的会计处理

在经营租赁中,承租人租入资产的目的主要是取得资产的短期使用权,与资产相关的风险和报酬并未转移给承租人,因此承租人不必将租赁资产资本化,相应地也不计提租入固定资产的折旧。其会计处理的主要问题是租金的确认与支付,及其当期费用的摊销。

承租人应在租赁期内各个期间按照直线法计入相关资产成本或当期损益(确认为费用),若其他方法更为系统合理,也可以采用其他方法。承租人发生的初始直接费用及或有租金,均在发生时确认为当期费用,计入当期损益。

承租人期初预付租金时,会计分录为:

借:待摊费用——经营租赁租金
  贷:银行存款

分期摊销预付租金时,会计分录为:

借:管理费用——摊销预付租金
  贷:待摊费用——经营租赁租金

按期支付租金时,会计分录为:

借:管理费用——经营租赁租金
  贷:银行存款

例 15-3 某企业采用经营租赁方式租入机器一台,租期为 3 年。机器价值为 2 000 000 元,预计使用年限为 10 年,无残值。合同规定租赁开始日租赁公司向该企业收取租金 140 000 元,第一年与第二年末各收取租金 100 000 元,第三年收取租金 80 000 元,租赁期满时,租赁公司收回设备。

(1) 预付租金时,会计分录为:

借:待摊费用——经营租赁租金	140 000	
贷:银行存款		140 000

(2) 第一年末,支付租金并摊销费用时,租金总额和每期应负担的租金费用为:

租金总额=140 000+100 000+100 000+80 000=420 000(元)

每期应负担的租金费用=420 000/3=140 000(元)

会计分录为:

借:管理费用——经营租赁费	140 000	
贷:银行存款		100 000
待摊费用——经营租赁费		40 000

(3) 第二年末,支付租金并摊销与第一年的处理相同。

(4) 第三年末,支付租金并摊销时,会计分录为:

借:管理费用——租赁费	140 000	
贷:银行存款		80 000
待摊费用——经营租赁费		60 000

售后租回交易认定为经营租赁的，售价与资产账面价值之间的差额应当予以递延，并在租赁期内按照与确认租金费用相一致的方法进行分摊，作为租金费用的调整。

分摊递延收益时，如果租赁资产是按高于资产账面价值出售的，应借记"递延收益——未实现售后租回损益（经营租赁）"科目，贷记"制造费用——租赁费""营业费用——租赁费""管理费用——租赁费"等科目；如果租赁资产是按低于资产账面价值出售的，应借记"制造费用——租赁费""营业费用——租赁费""管理费用——租赁费"等科目，贷记"递延收益——未实现售后租回损益（经营租赁）"科目。其他的会计处理同一般情况下对经营租赁的处理。

15.3.2　经营租赁中出租人的会计处理

出租人对于经营租赁的租金，应当在租赁期内各个期间按照直线法确认为当期损益，若其他方法更为系统合理，也可以采用其他方法。

出租人发生的初始直接费用，应确认为管理费用，计入当期损益。对于经营租赁资产中的固定资产，出租人应当采用类似资产的折旧政策计提折旧；对于其他经营租赁资产，应当采用系统合理的方法进行摊销。或有租金应当在实际发生时计入当期损益。

（1）出租人购置用于租赁的资产时，应按实际支付的成本记账。

会计分录为：

借：融资租赁资产——未出租经营资产
　　贷：银行存款

（2）出租人与承租人签订租赁合同时，应根据租赁合同出租资产。

会计分录为：

借：融资租赁资产——已出租经营资产
　　贷：融资租赁资产——未出租经营资产

（3）出租人为专业租赁公司的，其基本业务就是从事资产的租赁，因此在确认租赁收益时，记入主营业务收入科目。

会计分录为：

借：长期应收款——应收经营租赁款（或银行存款）
　　贷：主营业务收入——租金收入

出租人为非专业租赁公司的，将其业务收支在其他业务收支科目中核算。

（4）出租人对购入的租赁资产视同自有资产，每期应按企业规定计提租赁资产折旧。

会计分录为：

借：管理费用——经营租赁资产折旧费
　　贷：累计折旧——经营租赁资产累计折旧

（5）经营租赁资产租金的构成主要包括租赁资产的原价、租赁资产折旧、租赁期间的利息、租赁资产的维护费用、税金、保险金等。

当出租人收到租金时，会计分录为：

借：银行存款
　　贷：长期应收款——应收经营租赁款

租赁期满收回资产时，会计分录为：

借：固定资产
　　　　贷：融资租赁资产——已出租经营资产

出租人发生的初始直接费用，应当确认为当期费用，借记"管理费用"或"待摊费用"等科目，贷记"银行存款"等科目。或有租金应当在实际发生时确认为当期收入，借记"应收账款""其他应收款""银行存款"等科目，贷记"主营业务收入——租金收入""其他业务收入——经营租赁收入"等科目。

例 15-4　某金融租赁公司将一台机器设备租给 B 企业，价值为 600 000 元，使用年限为 12 年，租赁期为 5 年，每年年末收取租金 35 000 元，租赁过程发生的直接费用为 20 000 元，租赁公司的会计分录如下。

支付直接费用时，借：管理费用——经营租赁费　　　　　　20 000
　　　　　　　　　贷：银行存款　　　　　　　　　　　　　20 000
交付设备使用权时，借：融资租赁资产——已出租经营资产　600 000
　　　　　　　　　贷：融资租赁资产——未出租经营资产　　600 000
每年确认租金时，借：长期应收款——应收经营租赁款　　　35 000
　　　　　　　　贷：租赁收入——经营租赁收入　　　　　　35 000
每年收到租金时，借：银行存款　　　　　　　　　　　　　35 000
　　　　　　　　贷：长期应收款——应收经营租赁款　　　　35 000

各年计提折旧时，每年的折旧额=600 000/12=50 000
会计分录为：
借：营业费用——经营租赁资产折旧费　　　　　　　　　　50 000
　　贷：累计折旧——经营租赁资产　　　　　　　　　　　　50 000

例 15-5　假设甲金融公司于 2018 年 1 月 1 日向乙公司租用办公楼中的一套办公室，租期为 2 年，每年租金为 18 万元，共计支付租金为 36 万元。乙公司要求承租日支付租金总额的 50%，余下的分别在 2018 年年底和 2019 年年底各支付 25%。租赁期满，乙公司收回出租办公室。

（1）甲金融公司（承租人）的会计处理。

① 2018 年 1 月 1 日，支付租金总额 50%。

会计分录为：
借：其他应付款——应付经营租赁租金　　　　　　　　　180 000
　　贷：银行存款　　　　　　　　　　　　　　　　　　　180 000

② 2018 年 12 月 31 日，确认当年租金费用及支付租金总额 25%。

会计分录为：
借：管理费用——经营租赁费用　　　　　　　　　　　　180 000
　　贷：其他应付款——应付经营租赁租金　　　　　　　　180 000
借：其他应付款——应付经营租赁租金　　　　　　　　　90 000
　　贷：银行存款　　　　　　　　　　　　　　　　　　　90 000

③ 2018 年 12 月 31 日，确认当年租金费用及支付租金总额 25%。其会计分录同②。

按权责发生制的原则，管理费用应计入当月费用，在租赁期内按直线法分摊每月的租金费用为 15 000 元（360 000/24）。

每月确认租金费用时，会计分录为：
借：管理费用——经营租赁费用 15 000
　　贷：其他应付款——应付经营租赁租金 15 000

（2）乙公司（出租人）的会计处理。

① 2018年1月1日，收到租金总额50%。

会计分录为：
借：银行存款 180 000
　　贷：其他应收款——应收经营租赁租金 180 000

② 2018年12月31日，确认当年租金收入及收到租金总额25%。

会计分录为：
借：其他应收款——应收经营租赁租金 180 000
　　贷：租赁收入——经营租赁租金 180 000
借：银行存款 90 000
　　贷：其他应收款——应收经营租赁租金 90 000

③ 2019年12月31日，确认当年租金收入及收到租金总额25%。

会计分录为：
借：其他应收款——应收经营租赁租金 180 000
　　贷：租赁收入——经营租赁租金 180 000
借：银行存款 90 000
　　贷：其他应收款——应收经营租赁租金 90 000

按权责发生制的原则，租金收入应计入当月的收入，在租赁期内按直线法分摊每月的租金收入为15 000元（360 000/24）。

每月确认租金收入时，会计分录为：
借：其他应收款——应收经营租赁租金 15 000
　　贷：租赁收入——经营租赁租金 15 000

复习思考题

1. 什么是租赁？简述租赁的分类及其各自的特点。
2. 简述融资性租赁和经营性租赁的区别。
3. 租赁业务核算使用什么会计科目？各核算什么内容？
4. 简述租金的构成及计算方法。
5. 如何认定融资性租赁业务？
6. 简述经营性租赁的会计处理手续。

计 算 题

（练习租赁业务租金的计算）

1. 某印刷厂需要一套大型印刷机，设备选定后与某租赁公司签订租赁合同，租赁公司与供货方签订购货协议。已知设备购入价为 550 万元，安装调试费为 15 万元，商定租赁手续费及相关费用率为 0.5%，租赁设备年利率为 7.2%，租期为 3 年，于每季支付一次，期末付款。

试用平均分摊法计算该项融资租赁业务的设备成本、利息、手续费、每期支付的租金及租金总额。

2. 某企业需更换一批计算机，型号选定后与某租赁公司签订租赁合同，租赁公司与供货方签订购货协议。已知计算机购入价为 120 万元，安装调试费为 5 万元，租赁计算机年利率为 7.2%，租期为 3 年，于每季支付一次，期末付款。试用平均分摊法计算该项融资租赁业务的设备成本、利息、每期支付的租金及租金总额。

第 16 章

投资基金业务的核算

16.1 投资基金业务核算概述

投资基金（亦称证券投资基金）是一种利益共享、风险共担的集合证券投资方式，即通过发行基金单位集中投资者的资金，由基金托管人托管、基金管理人管理和运用资金，从事股票、债券等金融工具投资，并将投资收益按投资比例进行分配的一种间接投资方式。

16.1.1 证券投资基金的特征

证券投资基金具有以下特征。

1. 专家理财，专业管理

证券投资基金由专业基金管理公司管理和运作，投资上市流通各种股票和债券。专业基金管理公司的管理人员具有专业训练和证券投资实践经验，拥有丰富的信息资料和先进的分析手段，可以极大地提高资产运作效率。

2. 组合投资，分散风险

证券投资基金通过汇集众多投资者的小额资金，吸收社会闲散资金，形成巨大的投资实力，同时根据科学的投资组合原理，将投资者的资金分散投资于上市流通的各种股票和债券，分散了投资风险，有利于实现较高的投资收益。

3. 投资行为理性

证券投资基金是以各种证券为主要投资对象，其投资选择更为理性、目光更为长远，不会像中小投资者那样在证券市场上频繁甚至盲目地跟进，这有利于稳定证券市场，抑制投机行为。

16.1.2 投资基金的种类

投资基金可以按不同的标准进行分类，主要有以下几种划分方式。

1. 按组织形态分为契约型基金和公司型基金

（1）契约型基金也称信托型基金，是指通过信托契约的形式向投资者发行受益凭证募集资金而组建的投资基金。契约型基金本身不成立公司，一般由基金管理人（基金管理公司）、基金托管人（商业银行）和基金受益人（投资者）签订基金契约，并依据基金契约发行受益凭证设立基金并运作。契约型基金筹集资金的方式一般是发行基金受益券，表明投资人对基金资产的所有权，投资人借以参与投资权益的分配。与公司型基金相比，契约型基金不具有法人资格，不能向银行借款来扩大基金运营规模。

（2）公司型基金是具有共同投资目标的投资者，根据公司法组成的投资于各种有价证券等特定对象的股份制投资公司。公司型基金在组织结构、筹资、利润分配等方面与股份有限公司类似。公司型基金发行普通股票,供投资人购买并享有收益,然后基金公司将集中起来的资金进行专业性投资管理,以此分散风险、提高收益。基金公司就是基金本身,募集一个基金即成立一家公司,基金投资人即为公司股东。基金的实际管理和经营由管理公司负责,管理公司也称投资顾问,由其负责基金的投资组合和日常经营活动。

2. 按是否能增加或赎回分为开放式基金和封闭式基金

(1) 封闭式基金的发行总额和存续期是事先确定的,在发行完毕后的规定期限内,除非发生扩募等特殊情况,基金单位总数保持不变。我国规定封闭式基金存续期不得少于5年,最低募集数额不得少于2亿元。封闭式基金在证券交易所上市,投资者不能对基金进行申购或赎回,如果要购买或出售所持的基金份额,其价格是以基金单位的净资产为基础,只能在证券交易市场按市场价格进行买卖。

(2) 开放式基金的发行总额不固定,基金单位可以根据基金发展需要而追加发行,投资者也可以根据市场状况和自己的投资决策,决定退回或增加购买该基金单位份额。开放式基金不在证券交易所上市,但投资者可以在国家规定的营业场所,依据基金单位净值申购或者赎回一定数量的基金单位,基金的规模也就随着投资者的买卖而变化,其买卖价格取决于市场的供求状况,存在随行就市的特点。由于随时都可能发生基金的赎回,故开放式基金必须保持足够的现金或国家债券,以备支付赎金。因此,与封闭式基金相比,开放式基金进行长期投资会受到一定的限制。

与封闭式基金相比,开放式基金具有3个方面的优势:① 基金投资人通过赎回基金单位的方式,对基金管理人形成直接的监督约束机制;② 投资人手中的增量资金流向业绩优良的基金能推动基金市场优胜劣汰的进程,形成对基金管理人的激励机制;③ 基金随时公布净资产值并以净资产为基础交易,提高了基金运作的透明度,有助于基金的规范运作。因此,随着金融市场的成熟与金融自由化的深入,开放式基金逐渐成为基金业发展的主流。

3. 按经营目标分为积极成长型、成长型、成长及收入型、平衡型基金

(1) 积极成长型基金也称高成长投资基金、最大成长投资基金。这类基金把追求最大资本利得作为其投资目标,当期收入不在其考虑范围之内,通常投资风险很大。此类基金一般投资于具有资本增值潜力的小盘、成长型公司的股票。

(2) 成长型基金又称长期成长基金。这类基金追求资本的长期增值,因此将资产主要投资于资信好、具有资本增值潜力、运转良好的公司。

(3) 成长及收入型基金是以既能提高当期收入又能实现资本长期成长为目标,兼顾长期资本增值与稳定的股利收入的基金。为实现这一目标,该基金的投资策略与成长型基金相比要保守些,主要投资于运转良好、具有未来成长性,并且能长期稳定支付股利的普通股。

(4) 平衡型基金是指具有多重投资目标的投资基金。这类基金主要有3个投资目标:确保投资者的投资本金、支付当期收入、资本与收入的长期成长。此类基金一般将基金资产按比例投资于债券、优先股、普通股等各种证券。平衡型基金的资本成长潜力不如成长型基金,但是能满足投资者的双重投资目标,既追求当前收入又注重资本成长,大大降低了资本金损失的风险。

4. 按投资对象分为股票、债券、货币市场、期货和期权基金

(1) 股票基金是以股票为主要投资对象的基金,包括优先股和普通股。股票基金既可以赚取资本收益,又可使资本增值,但风险也比较大。根据股票基金所投资的股票种类不同,可以将股票基金划归到积极成长型基金、成长型基金和成长及收入型基金中。

(2) 债券基金是以债券为投资对象的基金。债券是一种获利稳定、风险较小、长短期皆宜的有价证券,因此投资于债券的基金可以保证投资者获得稳定的投资收益,而且面临的风险也比较小。一般情况下,债券基金会定期派息,基金回报率比较稳定,但往往比较低。

(3) 货币市场基金是指在货币市场上,以短期有价证券作为投资对象的一种基金。该基金主要投资于短期货币工具,如国库券、政府短期债券、商业票据、银行可转让存单等短期有价证券。由于货币市场是一个低风险、流动性高的市场,因此货币市场基金具有收益高、流动性强、购买限额低、资本安全性高的特点。

(4) 期货基金是以各类期货市场为主要投资对象的一种基金。期货是一种高收益、高风险的投资方式,具有较强的投机性,这使得期货基金具有能以较小的投资获得较高收益,同时也要承担较大风险的特点。

(5) 期权基金是指以分配股利的股票期权作为投资对象的基金。期权基金风险较小,其投资目的是获取最大的当期收入。

16.1.3　证券投资基金的基本规定

证券投资基金依法由基金管理人管理、基金托管人托管。

1. 证券投资基金的法律规定

(1) 在中华人民共和国境内,公开或者非公开募集资金设立证券投资基金(以下简称基金),必须依法进行证券投资活动。

(2) 从事证券投资基金活动,应当遵循自愿、公平、诚实信用的原则,不得损害国家利益和社会公共利益。

(3) 基金财产的债务由基金财产本身承担,基金份额持有人以其出资为限对基金财产的债务承担责任。财产独立于基金管理人、基金托管人的固有财产。基金管理人、基金托管人不得将基金财产归入其固有财产。

(4) 基金管理人、基金托管人因基金财产的管理、运用或者其他情形而取得的财产和收益,应纳入基金财产。

(5) 基金管理人、基金托管人因依法解散、被依法撤销或者被依法宣告破产等原因进行清算的,基金财产不属于其清算财产。

(6) 基金财产投资的相关税收,由基金份额持有人承担,基金管理人或者其他扣缴义务人按照国家有关税收征收的规定代扣代缴。

(7) 基金管理人、基金托管人管理、运用基金财产,基金服务机构从事基金服务活动,应当恪尽职守,履行诚实信用、谨慎勤勉的义务。

(8) 基金从业人员应当具备基金从业资格,遵守法律、行政法规,恪守职业道德和行为规范。

(9) 基金管理人、基金托管人和基金服务机构,应当依法成立证券投资基金行业协会(也称基金行业协会),进行行业自律,协调行业关系,提供行业服务,促进行业发展。

2. 基金管理人

基金管理人由依法设立的公司或者合伙企业担任。公开募集基金的基金管理人,由基金管理公司或者经国务院证券监督管理机构按照规定核准的其他机构担任。

设立管理公开募集基金的基金管理公司，应当具备下列条件，并经国务院证券监督管理机构批准：符合《中华人民共和国证券投资基金法》和《中华人民共和国公司法》规定的章程；注册资本不低于一亿元人民币，且必须为实缴货币资本；主要股东应当具有经营金融业务或者管理金融机构的良好业绩、良好的财务状况和社会信誉，资产规模达到国务院规定的标准，最近三年没有违法记录；取得基金从业资格的人员达到法定人数；董事、监事、高级管理人员具备相应的任职条件；有符合要求的营业场所、安全防范设施和与基金管理业务有关的其他设施；有良好的内部治理结构、完善的内部稽核监控制度、风险控制制度；法律、行政法规规定的和经国务院批准的国务院证券监督管理机构规定的其他条件。

国务院证券监督管理机构应当自受理基金管理公司设立申请之日起六个月内依照法律规定的条件和审慎监管原则进行审查，作出批准或者不予批准的决定，并通知申请人；不予批准的，应当说明理由。

基金管理公司变更持有百分之五以上股权的股东，变更公司的实际控制人，或者变更其他重大事项，应当报经国务院证券监督管理机构批准。国务院证券监督管理机构应当自受理申请之日起六十日内作出批准或者不予批准的决定，并通知申请人；不予批准的，应当说明理由。

有下列情形之一的，不得担任公开募集基金的基金管理人的董事、监事、高级管理人员和其他从业人员：对于因犯有贪污贿赂、渎职、侵犯财产罪或者破坏社会主义市场经济秩序罪，被判处刑罚的；对所任职的公司、企业因经营不善破产清算或者因违法被吊销营业执照负有个人责任的董事、监事、厂长、高级管理人员，自该公司、企业破产清算终结或者被吊销营业执照之日起未逾五年的；个人所负债务数额较大，到期未清偿的；因违法行为被开除的基金管理人、基金托管人、证券交易所、证券公司、证券登记结算机构、期货交易所、期货公司及其他机构的从业人员和国家机关工作人员；因违法行为被吊销执业证书或者被取消资格的律师、注册会计师和资产评估机构、验证机构的从业人员、投资咨询从业人员；法律、行政法规规定不得从事基金业务的其他人员。

3. 基金托管人

基金托管人由依法设立的商业银行或者其他金融机构担任。

商业银行担任基金托管人的，由国务院证券监督管理机构会同国务院银行业监督管理机构核准；其他金融机构担任基金托管人的，由国务院证券监督管理机构核准。

担任基金托管人，应当具备下列条件：净资产和风险控制指标符合有关规定；设有专门的基金托管部门；取得基金从业资格的专职人员达到法定人数；有安全保管基金财产的条件；有安全高效的清算、交割系统；有符合要求的营业场所、安全防范设施和与基金托管业务有关的其他设施；有完善的内部稽核监控制度和风险控制制度；法律、行政法规规定的和经国务院批准的国务院证券监督管理机构、国务院银行业监督管理机构规定的其他条件。

基金托管人与基金管理人不得为同一机构，不得相互出资或者持有股份。

基金托管人应当履行下列职责：安全保管基金财产；按照规定开设基金财产的资金账户和证券账户；对所托管的不同基金财产分别设置账户，确保基金财产的完整与独立；保存基金托管业务活动的记录、账册、报表和其他相关资料；按照基金合同的约定，根据基金管理人的投资指令，及时办理清算、交割事宜；办理与基金托管业务活动有关的信息披露事项；

对基金财务会计报告、中期和年度基金报告出具意见；复核、审查基金管理人计算的基金资产净值和基金份额申购、赎回价格；按照规定召集基金份额持有人大会；按照规定监督基金管理人的投资运作；国务院证券监督管理机构规定的其他职责。

基金托管人不再具备法律规定的条件，或者未能勤勉尽责，在履行法律规定的职责时存在重大失误的，国务院证券监督管理机构、国务院银行业监督管理机构应当责令其改正；逾期未改正，或者其行为严重影响所托管基金的稳健运行、损害基金份额持有人利益的，国务院证券监督管理机构、国务院银行业监督管理机构可以区别情形，对其采取下列措施：限制业务活动，责令暂停办理新的基金托管业务；责令更换负有责任的专门基金托管部门的高级管理人员。

基金托管人职责终止的，基金份额持有人大会应当在六个月内选任新基金托管人；新基金托管人产生前，由国务院证券监督管理机构指定临时基金托管人。

基金托管人职责终止的，应当妥善保管基金财产和基金托管业务资料，及时办理基金财产和基金托管业务的移交手续，新基金托管人或者临时基金托管人应当及时接收。

16.2 投资基金资产的核算

投资基金的资产基本上是货币性资产，主要为各种类型的投资和往来款项中的债权款。投资基金的资产通常包括有价证券、长期投资、现金、银行存款、应收股利、应收利息，以及其他应收款等。证券投资基金设立以后，各类投资基金通常选择其认为最能取得投资效益的资产组合和经营运作方式，但是，不论其采用何种资产组合方式，基金投资于股票、债券的比例，不能低于该基金资产总值的80%，投资于国家债券的比例，不得低于该基金资产净值的20%。现以股票投资和债权投资为例，说明基金资产的核算。

16.2.1 投资基金资产核算使用的会计科目

按照规定，投资基金资产核算使用的会计科目有以下几个。

1) "持有至到期的投资" 科目

"持有至到期的投资" 科目核算企业持有至到期投资的摊余成本。该科目可按持有至到期投资的类别和品种，分别按 "成本" "利息调整" "应计利息" 等进行明细核算。该科目借方记载：① 企业取得持有至到期投资时的面值；② 企业持有为一次还本付息债券投资时，于资产负债表日按票面利率计算确定的应收未收利息，以及利息的调整额。贷方记载：① 企业出售持有至到期投资时的实际收到额；② 资产负债表日按票面利率计算确定利息的调整额。本科目期末为借方余额，反映企业持有至到期投资的摊余成本。

2) "持有至到期投资减值准备" 科目

"持有至到期投资减值准备" 科目核算企业持有至到期投资的减值准备。该科目可按投资类别和品种进行明细核算。该科目借方记载：企业已计提减值准备的投资价值以后恢复增加额。贷方记载：企业在资产负债表日，持有至到期投资发生减值额。本科目期末为贷方余额，反映企业已计提但尚未转销的持有至到期投资减值准备。

3）"买入返售金融资产"科目

"买入返售金融资产"科目核算企业（金融）按照返售协议约定先买入再按固定价格返售的票据、证券、贷款等金融资产所融出的资金。本科目可按买入返售金融资产的类别和融资方进行明细核算。该科目借方记载：企业按返售协议买入金融资产的实际支付额。贷方记载：返售日，实际收到款项时的买入返售金融资产的账面余额。本科目期末为借方余额，反映企业买入的尚未到期返售金融资产摊余成本。

4）"卖出回购金融资产款"科目

"卖出回购金融资产款"科目核算企业（金融）按照回购协议先卖出再按固定价格买入的票据、证券、贷款等金融资产所融入的资金，属于负债科目。该科目可按卖出回购金融资产的类别和融资方进行明细核算。贷方记载：企业按回购协议卖出的证券款；借方记载：回购日，回购金融资产款的账面余额。本科目期末为贷方余额，反映企业尚未到期的卖出回购金融资产款。

除此以外，还使用"交易性金融资产""结算备付金""应收利息"等科目，这些科目的使用参见第13章证券业务的核算。

16.2.2 投资基金资产核算专户存款的处理

按照规定，企业证券投资基金若要在证券专门机构进行交易，必须由企业先在证券专门机构存入一定数额的款项以备进行交易时的资金交割与交收。为证券交易的资金交割与交收而存入证券登记结算机构的款项与证券业务一样是通过"结算备付金"科目核算。

企业将款项存入证券专门机构时，应向证券机构填写转账支票及进账单，凭银行的进账回单连同支票的存根进行账务处理。

会计分录为：

借：结算备付金——投资基金资产专户存款
　　贷：银行存款

企业从证券机构收回存款时，会计分录为：

借：银行存款
　　贷：结算备付金——××投资基金资产专户存款

"结算备付金"科目按不同证券登记结算机构，如上海证券中央登记结算公司、深圳证券登记结算有限公司等设置明细账，进行明细核算。期末，"结算备付金"科目为借方余额，反映存入证券登记结算机构尚未使用的款项。

16.2.3 股票资产的核算

1. 购入股票资产的核算

企业在证券市场购买股票后，通过"交易性金融资产""结算备付金"两个科目核算。购入股票应于成交日确认应支付的全部价款及时入账。对企业取得交易性金融资产，按其公允价值计入"交易性金融资产"，按发生的交易费用，记入"投资收益"科目，将已到付款期未发放的股利计入"应收股利"科目，将实际支付的金额计入"结算备付金"科目。

例16-1　2018年3月1日，某公司在上海证券中央登记结算公司以240 625元购入15万股A股票，该股票的公允价值为15元/股，按成交额的2.5‰支付佣金，该股票中含已到付息期尚未发放的股利 15 000 元。

$$股票入账成本 = 150\,000 \times 15 = 2\,250\,000(元)$$
$$应支付的佣金 = 2\,250\,000 \times 2.5‰ = 5\,625(元)$$

会计分录为：

借：交易性金融资产——某 A 股股票	2 250 000
投资收益——购 A 股股票佣金	5 625
应收股利——A 股股票	150 000
贷：结算备付金	2 405 625

2. 资产负债表日的调整

股票市场瞬息万变，股票的价格会随市场变化而发生波动，为真实反映交易性金融资产的价值，企业必须按规定与每个资产负债表日，结合股票价格的变化，及时调整交易性金融资产账面价值。具体方法如下。

资产负债表日将"交易性金融资产——某股票"账面余额与当时该股票公允价值计算的金额进行比较，以其差额记入"公允价值变动损益"科目。公允价值高于账面余额，其差额记"交易性金融资产——某股票"的借方；反之，记贷方。

例 16-2　（接例 16-1）若该公司 2018 年 3 月 1 日购买的 A 股股票（原购买价为 15 元/股），与资产负债表日的同年 3 月 31 日公允价值为 18 元/股。则该批股票现在价值为：

$$18 \times 150\,000 = 2\,700\,000(元)$$
$$该批股票现值与原值差额 = 2\,700\,000 - 2\,250\,000 = 450\,000(元)$$

会计分录为：

借：交易性金融资产——某 A 股股票	450 000
贷：公允价值变动损益——股票价格变动收益	450 000

若 3 月 31 日公允价值为 11 元/股，则该批股票现值与原值差额为负数，则作相反的会计处理。

会计分录为：

借：公允价值变动损益——股票价格变动收益	600 000
贷：交易性金融资产——某 A 股股票	600 000

3. 出售股票资产的处理

出售股票应按收到的股票成交额，记入"结算备付金"科目，将其成本记入"交易性金融资产"科目，将成交额与成本的差额记入"投资收益"科目。与此同时，应结转出售股票在持有期间因公允价值引起的损益。

例 16-3　（接例 16-2）若该公司 2018 年 4 月 18 日通过证券交易中心以每股 20 元，出售 A 股股票（原购买价为 15 元/股）10 万股，并按成交额的 2.5‰ 支付佣金，则作以下会计处理。

$$出售股票成交额 = 20 \times 100\,000 = 2\,000\,000(元)$$
$$出售股票成本额 = 15 \times 100\,000 = 1\,500\,000(元)$$
$$出售股票的投资收益 = 2\,000\,000 - 1\,500\,000 = 500\,000(元)$$
$$出售股票的佣金 = 2\,000\,000 \times 2.5‰ = 5\,000(元)$$

会计分录为：

借：结算备付金   1 995 000
    投资收益——销售股票佣金   5 000
    贷：交易性金融资产——某A股股票   1 500 000
        投资收益——出售股票收入   500 000

同时将出售的 100 000 股股票上一个资产负债表日调整的公允价值变动损益予以转出。

公允价值变动损益转出额 = 100 000 × (18 − 15) = 300 000（元）

会计分录为：

借：公允价值变动损益——股票价格变动收益   300 000
    贷：投资收益——股票价格变动收益   300 000

4. 股票持有期间分派股利和配股的核算

1）股票持有期间分派股利的处理

企业在股票持有期间，收到上市公司分派股票股利（包括送红股和公积金转增股本）时，应按股权登记日持有的股数及送股或转增比例，计算确定增加的股票数量，在"股票投资"账户"数量"栏进行记录。

2）配股权的处理

企业因持有股票而享有的配股权，从配股除权日起到配股确认日止，按市价高于配股价的差额逐日进行估值，向证券交易所确认配股，并实际收到配股款时，会计分录为：

借：交易性金融资产——某A股股票投资
    贷：投资收益——股票投资配股

3）现金股利的处理

股票投资应分派的现金股利，在除息日按照上市公司宣告的分红派息比例确认股利收入实现。

会计分录为：

借：应收股利
    贷：投资收益

实际收到现金股利时，借：结算备付金
                           贷：应收股利

16.2.4 债券资产的核算

1. 购入债券资产的处理

企业购入上市债券应于成交日确认债券投资。债券投资按成交日的公允价值计入"交易性金融资产"科目，若价款中包含的已到付息期但尚未领取的利息，应单独在"应收利息"科目中进行核算，不构成债券投资成本，而交易费用按规定应计入"投资收益"科目。

例 16-4 2018 年 3 月 1 日，某金融企业通过证券交易所，用 5 261 250 元购入 A 债券 15 万张，该债券的公允价值为 30 元/张，若价款中包含的已到付息期但尚未领取的利息每张含息 5 元，按成交额的 2.5‰ 支付相应手续费。

会计分录为：

借：交易性金融资产——A债券   4 500 000
    应收利息——应收A债券利息   750 000

　　　　投资收益——购入债券手续费　　　　　　　　　　　　　　　　　11 250
　　　　　贷：结算备付金——某证券交易所　　　　　　　　　　　　　　　5 261 250

2. 资产负债表日的调整

资产负债表日将"交易性金融资产——某债券"账户余额与当时该债券公允价值计算的金额进行比较，以其差额记入"公允价值变动损益"科目。公允价值高于账面余额，其差额记"交易性金融资产——某债券"的借方；反之，记贷方。

例 16-5　（接例 16-4）若该公司 2018 年 3 月 1 日购买的 A 债券（原购买价为 30 元/张），同年 3 月 31 日（资产负债表日）公允价值为 34 元/张。则该批债券的现在价值为：

$$34 \times 150\,000 = 5\,100\,000(元)$$
$$该批债券现值与原值差额 = 150\,000 \times (34-30) = 600\,000(元)$$

会计分录为：

　　借：交易性金融资产——某 A 股债券　　　　　　　　　　　　　　600 000
　　　　贷：公允价值变动损益——债券价格变动收益　　　　　　　　　　600 000

若资产负债表日该债券的公允价值低于购入时的价值，则该批债券现值与原值差额为负数，则作相反的会计处理。其会计分录略。

3. 出售债券资产的核算

出售债券的处理与股票出售时的处理相同。

例 16-6　（接例 16-5）若该公司 2018 年 3 月 1 日购买的 A 债券（原购买价为 30 元/张），同年 4 月 28 日以公允价值 40 元/张出售 10 000 张，按成交额的 2.5‰ 支付相应手续费。则该公司的处理如下：

$$出售债券成交额 = 40 \times 10\,000 = 400\,000(元)$$
$$出售债券成本额 = 30 \times 10\,000 = 300\,000(元)$$
$$该出售债券的投资收益 = 400\,000 - 300\,000 = 100\,000(元)$$
$$出售债券的佣金 = 400\,000 \times 2.5‰ = 1\,000(元)$$

会计分录为：

　　借：结算备付金　　　　　　　　　　　　　　　　　　　　　　　　399 000
　　　　投资收益——销售债券佣金　　　　　　　　　　　　　　　　　　 1 000
　　　　贷：交易性金融资产——某 A 债券　　　　　　　　　　　　　　300 000
　　　　　　投资收益——出售债券收入　　　　　　　　　　　　　　　100 000

同时将出售的 10 000 张债券上一个资产负债表日调整的公允价值变动损益予以转出。

$$公允价值变动损益转出额 = 10\,000 \times (34-30) = 40\,000（元）$$

会计分录为：

　　借：公允价值变动损益——债券价格变动收益　　　　　　　　　　　40 000
　　　　贷：投资收益——债券价格变动收益　　　　　　　　　　　　　40 000

16.3　买入返售及卖出回购证券的核算

买入返售及卖出回购证券是指买卖双方按协议约定由卖出证券的一方在指定的日期回购

证券实现资金融通的业务。这种业务通过国家规定的场所办理融券和回购证券具体手续。

16.3.1 买入返售证券业务的处理

买入返售证券业务是企业按照返售协议约定先买入再按固定价格返售的票据。业务发生时按实际支付的金额进行核算。

例 16-7 某金融企业与 A 公司签订返售协议，2018 年 4 月 12 日该企业通过证券公司购买 A 公司发行的债券 20 万张，每张面值 1.5 元，年利率 3.15%，同时按买入成交额的 2.5‰向证券公司支付手续费。协议规定 2019 年 4 月 12 日按每张面值 2 元返售给 A 公司。则会计处理如下。

（1）2018 年 4 月 12 日，企业买入债券按以下方法处理。

$$债券的实际支付额 = 1.5 \times 200\,000 \times (1+2.5‰) = 300\,750(元)$$

会计分录为：

借：买入返售金融资产——A 公司债券　　　　　　　　　　　　300 750
　　贷：结算备付金　　　　　　　　　　　　　　　　　　　　300 750

2018 年 4 月 30 日（资产负债表日）计提债券利息为：

$$提债券利息 = 300\,750 \times 3.15\% \times 19/360 = 500(元)$$

会计分录为：

借：应收利息——A 公司债券利息　　　　　　　　　　　　　　500
　　贷：利息收入——债券利息　　　　　　　　　　　　　　　500

以后每到资产负债表日，企业都要计提并收回债券利息，会计分录同上。

（2）2019 年 4 月 12 日企业通过证券公司将债券返售 A 公司的处理方法如下。

$$债券返售应收取债券额 = 2 \times 200\,000 \times (1+2.5‰) = 401\,000(元)$$
$$债券返售时列入利息收入的利息额 = 300\,750 \times 3.15\% \times 11/360 = 289.47(元)$$
$$该债券的应收利息总额 = 300\,750 \times 3.15\% - 289.47 = 9\,184.16(元)$$

会计分录为：

借：结算备付金　　　　　　　　　　　　　　　　　　　　　　401 000
　　贷：买入返售金融资产——A 公司债券　　　　　　　　　　300 750
　　　　应收利息　　　　　　　　　　　　　　　　　　　　　9 184.16
　　　　利息收入　　　　　　　　　　　　　　　　　　　　　289.47
　　　　投资收益——返售债券收益　　　　　　　　　　　　　90 776.37

16.3.2 卖出回购证券业务的处理

卖出回购证券业务是指金融企业按照回购协议先卖出票据，再按照固定价格买入票据的业务。根据规定，企业办理该业务时，也必须通过国家规定的场所进行。

例 16-8 某金融企业与 B 公司签订卖出回购票据，2018 年 5 月 18 日该企业通过证券公司向 A 公司出售金融债券 10 万张，每张面值 2 元，年利率 3.45%，同时按交易成交额的 2.5‰向证券公司支付手续费。协议规定 2008 年 5 月 18 日企业按每张面值 2.4 元进行回购。则会计处理如下。

（1）2018 年 5 月 18 日通过证券交易所卖出债券成交时，会计分录为：

卖出债券实际收款 = 2×100 000×(1+2.5‰) = 200 500(元)

会计分录为：

借：结算备付金 200 000
　　手续费及佣金支出 500
　　贷：卖出回购金融资产款——B公司回购票据 200 500

（2）2018年5月31日（资产负债表日）计算金融资产的利息费用。

应付利息 = 200 500×3.45%×14/360 = 269(元)

会计分录为：

借：利息支出——回购票据利息 269
　　贷：应付利息——B公司回购票据利息 269

（3）2019年5月18日回购B公司的金融债券。

回购时应支付的价款 = 2.4×100 000×(1+2.5‰) = 240 600(元)

回购时列入利息收入的利息额 = 200 500×3.45%×17/360 = 326.65(元)

该债券的应付利息总额 = 200 500×3.45% - 326.65 = 6 590.60(元)

会计分录为：

借：卖出回购金融资产款——B公司回购票据 200 500
　　利息支出——回购票据利息 326.65
　　应付利息——B公司回购票据利息 6 590.60
　　投资损失——回购债券损失 33 182.75
　　贷：结算备付金 240 600

16.4 投资基金发行与赎回业务的核算

16.4.1 基金发行和赎回业务核算应遵循的原则

（1）封闭式基金事先确定发行总额，在封闭期内基金总数不变。基金成立时，实收基金按实际收到的基金发行总额入账。基金发行收入扣除相关费用后的结余，作为其他收入处理。

（2）开放式基金的基金单位总额不固定，基金单位总额随时增减。基金成立时，实收基金按实际收到的基金发行总额入账。基金成立后，实收基金应于基金申购、赎回确认日，根据基金契约和招募说明书中载明的有关事项进行确认和计量。

（3）基金管理公司应于收到基金投资人申购或赎回申请之日起，在规定工作日内，对该交易的有效性进行确认。在确认日，按照实收基金、未实现利得、未分配收益和损益平准金的余额占基金净值的比例，将确认有效的申购款项分割为三部分，分别确认为实收基金、未实现利得、损益平准金的增加或减少。

（4）基金管理公司应在接受基金投资人有效申请之日起，在规定的工作日内收回申购款项，尚未收回之前作为应收申购款入账。

（5）办理申购业务的机构按规定收取的申购费，如在基金申购时收取的，由办理申购业务的机构直接向投资人收取，不纳入基金会计核算范围；如在基金赎回时收取，待基金投资人赎回时从赎回款中抵扣。

（6）基金管理公司应在接受基金投资人有效申请日起，在规定的工作日内支付赎回款项，尚未支付之前作为应付赎回款入账。

（7）开放式基金按规定收取的赎回费，其中基金手续费部分归办理赎回业务的机构所有，尚未支付之前作为应付赎回费入账；赎回费在扣除基金手续费后的余额归基金所有，作为基金收入入账。

16.4.2 封闭式基金发行和赎回的核算

封闭式投资基金的基金单位一旦募集完毕便不能赎回，投资者在证券市场上买卖基金单位的活动是投资者之间的业务，与封闭式投资基金无直接联系。所以，其净资产与其他行业企业的股东权益类似，只受基金经营活动的影响发生增减变动，如投资盈亏、派发红利等，因此，封闭式基金所有者权益的核算比较简单。

无论是封闭式基金还是开放式基金，基金成立前发生的开办费不应由基金资产承担，同样投资者购买基金时支付的发行费用也不应计入基金资产和基金净资产。封闭式基金设立后，发行收入与相关费用相抵后的余额，应作为其他收入处理。

封闭式基金的核算，应设置"实收资本——实收基金"科目。封闭式基金募集发行期结束，按照实际收到的金额，记入"银行存款"科目，按基金单位发行总额，记入"实收资本"科目。

例 16-9 LZLN 基金管理公司发行某证券投资基金 20 亿基金单位，每基金单位发行价格为 1.05 元，支付发行费用 600 万元。其账务处理如下。

会计分录为：

借：银行存款	2 094 000 000
手续费及佣金支出	6 000 000
贷：实收资本——基金	2 100 000 000

16.4.3 开放式基金发行和赎回的核算

与封闭式投资基金不同，开放式投资基金募集成立后，投资者直接从基金购买基金单位，投资者卖出的基金单位也由基金收回。此时投资者购买基金单位，相当于购买该基金单位所代表的投资组合；反之，投资者出售基金单位，则相当于出售该基金单位代表的投资组合。投资基金是投资其他金融工具的中介，按照规定，不允许折价或溢价发行。因此，开放式投资基金的净资产不仅因投资盈亏、发放红利等经营活动而改变，而且还因为投资者不断购买基金单位而增加，或者因投资者不断卖出基金单位而减少。此时的开放式基金单位价格不再等于基金单位的面值。

1. 开放式投资基金单位的定价

1）基金单位定价的基础

投资基金卖出或赎回的基金单位价值以单位净资产为基础，主要包括每基金单位投入资本、未实现资本利得和未分配利润 3 个部分。

例 16-10 2017 年 1 月永基投资公司初设时，投资者共购买 60 000 万个基金单位，每基金单位面值 1 元，投入资本 60 000 万元。若永基投资公司将 60 000 万元全部用于投资。1 年后，即在 2018 年 1 月的某一估值日，有关资料为：①基金投资已发生 5 000 万元买卖差价,即已实现资本利得;② 投资取得现金股利及利息收入 2 500 万元;③ 发生各种费用 500 万元;④ 该基金目前投资价值为 66 000 万元,即存在 6 000 万元未实现资本利得。根据上述资料,计算该基金估值日每基金单位净资产投资价值。其计算方法如下。

$$基金该日净资产投资价值 = 66\,000 + 5\,000 + 2\,500 - 500 = 73\,000(万元)$$

其中包括:投入资本(即实收基金)60 000 万元,未实现利得 6 000 万元,

本年利润——未分配利润 7 000 万元(5 000+2 500-500)。

$$则每基金单位净资产 = 73\,000/60\,000 = 1.22(元)$$

此日若有投资者从基金购买 1 000 万个基金单位,另有投资者向基金赎回 500 万个基金单位。不考虑手续费的影响,此时该基金应按每基金单位 1.22 元的价格卖出或赎回基金单位。每基金单位的价格中实际包括 1 元投入资本,0.1 元未实现资本利得,0.12 元未分配利润。这是因为新加入的投资者若要与原投资者共享这部分增值收益,就需要付出比原投资者更多的资金,多付的资金应计入"未分配利润——损益平准金"和"未实现融资收益——未实现资本利得"科目。

2)基金单位价格的制定

多数开放型基金的管理人都会委托证券商或设立代销机构负责基金单位的卖出和赎回。这些证券商或代销机构通常会对提供的服务向投资者收取手续费,因此,每基金单位的价格还需在每基金单位净资产价值基础上考虑手续费的影响。在这种情况下,基金单位的价值通常按赎回价和卖出价分别确定。

(1)赎回价。赎回价是投资基金从投资者手中买回基金单位的报价,即投资者卖出基金单位的价格。其计算公式为:

$$基金单位赎回价 = 每基金单位净资产 - 每基金单位手续费$$

(2)卖出价。卖出价是投资基金向投资者卖出基金单位的报价,即投资者购入基金单位的价格。其计算公式为:

$$基金单位卖出价 = 每基金单位净资产 + 每基金单位手续费$$

2. 开放式基金发行和赎回的账务处理

对开放式基金发行进行会计记录时,除设置"实收资本——实收基金"科目以外,还应当设置"资本公积——未实现利得"科目和"本年利润——损益平准金"科目。"资本公积——未实现利得"科目是指所有者权益中尚未实现的利得收入。"本年利润——损益平准金"科目是指所有者权益中已实现但尚未分配的收益。

1)基金认购业务

基金募集发行期结束,按照实际收到的金额,进行账务处理。

例 16-11 永基开放式基金在募集发行期结束后,扣除基金认购费后,实际募集到 8 亿元人民币。其账务处理如下。

会计分录为:

借:银行存款	800 000 000
贷:实收资本——开放式基金	800 000 000

2)基金申购业务

基金申购确认日,根据投资者申购基金的金额,按规定计算准确申购费用、净申购金额及申购份额后,再进行基金申购业务会计处理。

例 16-12 永基投资基金,有一投资者从基金购买 1 000 万元。基金单位卖出价为 1.22 元,其中包括 1 元实收基金,0.10 元未实现利得和 0.12 元未分配利润。根据规定,申购基金的手续费率为 1%。

申购费用 = 10 000 000×1% = 100 000(元)

净申购金额 = 10 000 000−100 000 = 9 900 000(元)

申购份额 = 9 900 000/1.22 = 8 114 754(份)

未实现利得 = 0.1×8 114 754 = 811 475.40(元)

实收资本 = 1×8 114 754 = 8 114 754(元)

损益平准金 = 0.12×8 114 754 = 973 770.48(元)

会计分录为:

借:其他应收款——基金申购款	9 900 000
贷:实收资本——基金款	8 114 754
资本公积——未实现利得	811 475.40
本年利润——损益平准金	973 770.48

(注:借贷之差是申购份额计算中四舍五入所致)

3) 基金赎回业务

基金赎回确认日,应做会计处理如下。

会计分录为:

借:实收资本——基金款(基金赎回款中含有的实收基金)
 资本公积——未实现利得(基金赎回款中含有的未实现利得)
 本年利润——损益平准金(基金赎回款中含有的未分配收益)
 贷:其他应付款——应付赎回款(应付投资人赎回款)
  手续费及佣金收入——赎回手续费
  其他应付款——应付赎回费

例 16-13 (接例 16-12)永基投资基金,某投资者向基金管理公司以原价赎回基金 500 万个基金单位。赎回费率为 1.5%,其中基本手续费率为 0.5%。

① 投资基金赎回时,其账务处理如下。

赎回基金的净赎回额 = 1×5 000 000 = 5 000 000(元)

赎回基金的未实现利得 = 0.1×5 000 000 = 500 000(元)

赎回基金的损益平准金 = 0.12×5 000 000 = 600 000(元)

应付赎回款 = 1.22×5 000 000(1−1.5%) = 6 008 500(元)

赎回费 = 1.22×5 000 000×0.5% = 30 500(元)

应付赎回费 = 1.22×5 000 000×1% = 61 000(元)

会计分录为:

借:实收资本——基金款	5 000 000
资本公积——未实现利得	500 000
本年利润——损益平准金	600 000
贷:其他应付款——应付赎回款	6 008 500
手续费及佣金收入——赎回手续费	30 500

其他应付款——应付赎回费		61 000

② 支付投资者赎回款及应付赎回费时，其账务处理如下。

会计分录为：

借：其他应付款——应付赎回款　　　　　　　　　　6 008 500
　　其他应付款——应付赎回费　　　　　　　　　　　　61 000
　　贷：银行存款　　　　　　　　　　　　　　　　6 069 500

复习思考题

1. 什么是投资基金？投资基金有什么特点？
2. 封闭式基金与开放式基金的区别是什么？
3. 投资基金资产核算使用什么会计科目？各核算什么内容？
4. 股票资产、债权资产在会计核算上有什么不同？
5. 买入返售与卖出回购证券业务如何进行账务处理？
6. 基金发行与赎回的原则是什么？

计 算 题

（练习投资基金业务的核算）

1. 2018 年 5 月 27 日，某金融企业通过证券交易所购入某企业债券 20 万张，该债券的公允价值为 12 元/张，若价款中包含的已到付息期但尚未领取的利息为每张 2.5 元，按成交额的 1.5‰ 支付相应手续费。

（1）试计算成交时的债券成本。

（2）若同年 5 月 31 日该债券公允价值为 10 元/张，计算调整资产负债表日的账面价值。

（3）该金融企业 6 月 10 日以公允价格 9 元/张出售，计算其投资收益。

以上 3 小题均写出会计分录。

2. 某金融企业与 B 公司签订卖出回购票据，2018 年 4 月 26 日该企业通过证券公司向 A 公司出售金融债券 30 万张，每张面值 1.5 元，年利率 3.26%，同时按交易成交额的 1.5‰ 向证券公司支付手续费。协议规定 2019 年 4 月 26 日该金融企业按每张面值 2 元进行回购。

（1）写出成交时的会计分录。

（2）写出资产负债表日利息费用的会计分录。

（3）写出 2019 年 4 月 26 日回购时的会计分录。

要求写出成交成本、利息费用、回购收益的计算过程。

第4篇

内部管理与核算

4

❖ 固定资产、无形资产的核算
❖ 财务损益的核算
❖ 年度决算与财务报告

第 17 章

固定资产、无形资产的核算

固定资产是指金融企业为生产商品、提供劳务、出租或经营管理而持有使用年限在一年以上，单位价值较高的有形资产。无形资产是指企业拥有或控制的没有实物形态、可辨认的非货币性资产。主要包括专利权、非专利技术等。无形资产采用直线法进行价值摊销。本章主要介绍固定资产和无形资产的概念、分类、计价、账务处理方法等，同时结合例题说明固定资产、无形资产的核算。

17.1 固定资产、无形资产的核算概述

17.1.1 固定资产的基本规定

1. 固定资产的确认及种类

固定资产是指同时具有以下特征的有形资产：① 为生产商品、提供劳务、出租或经营管理而持有的；② 使用年限超过一年；③ 单位价值较高的物品。固定资产同时满足：① 与该固定资产有关的经济利益很可能流入企业；② 该固定资产的成本能够可靠地计量。符合上述全部条件的才能予以确认。

金融企业的固定资产种类繁多、用途各异，为加强固定资产的科学管理和正确核算，可按照不同标准将固定资产进行分类。一般常用的分类方法有：按固定资产的经济用途可分为经营用固定资产（直接服务于金融企业经营过程的固定资产，如房屋、机器、器械、工具等）和非经营用固定资产（不直接服务于经营过程的固定资产，如职工宿舍、食堂等）；按固定资产使用情况可分为使用中的固定资产（正在经营和非业务经营性固定资产、经营性出租和内部备作替换的固定资产）、未使用的固定资产（已购建完工尚未交付使用的新增固定资产，以及因进行扩建、改建等暂停使用的固定资产）和不需用固定资产（本企业多余或不适用，需要调配处理的固定资产）；按所有权分类可分为自有固定资产（产权属于本企业的固定资产）和租入固定资产（融资性租入的固定资产，在租赁期内应视同自有固定资产）。按经济用途和使用情况综合分为经营用固定资产、非经营用固定资产、租出固定资产、不需用固定资产、未使用固定资产、融资租入固定资产、土地（已经估价单独入账的土地）等 7 类。

2. 固定资产的初始计量

固定资产应按成本进行初始计量。

（1）购置的固定资产，其成本包括购买价、相关税费、使固定资产达到预定可使用状况前所发生的可归属于该项资产的包装费、运输费、安装费和专业人员的服务费等。以一笔

款项购入多项没有单独标价的固定资产，应按各项固定资产公允价值比例对总成本进行分配，分别确定各项固定资产的成本。购买固定资产的价格超过正常信用条件延期支付，实质上具有融资性质的，固定资产的成本则以购买价的现值为基础确定。实际支付的价款与购买价款之间的差额，按规定应予资本化的以外，应当在信用期间内计入当期损益。

（2）自行建造的固定资产的成本，由建造该项资产达到预定可使用状态前所发生的所有支出。其中，所购建固定资产达到预定可使用状态是指资产已经达到购买方或建造方预定的可使用状态。具体可从以下几个方面进行判断：① 固定资产的实体建造（包括安装）工作已经全部完成或实质上已经完成；② 已经过试生产或试运行，并且其结果表明资产能够正常运行或能够稳定地生产出合格产品时，或者试运行结果表明能够正常运转或营业时；③ 该项建造的固定资产上的支出金额很少或者几乎不再发生；④ 所购建的固定资产已经达到设计要求或合同要求，或者与设计或合同要求相符或基本相符，即使有极个别与设计或合同要求不相符的地方，也不足以影响其正常使用。

（3）投资者投入的固定资产成本，应当按照投资合同或协议约定的价值确定，但合同或协议约定的价值不公允的除外。

（4）非货币性资产交换的固定资产，应以公允价值和相关税费作为换入固定资产的成本，公允价值与换出固定资产的账面价值的差额计入当期损益。

（5）债务重组的固定资产，债务人应将重组债务固定资产的账面价值与转让固定资产公允价值间的差额计入当期损益；转让固定资产公允价值与其账面价值的差额计入当期损益。债权人应对受让的固定资产按其公允价值入账，重组债权的账面余额与受让的固定资产按其公允价值间的差额计入当期损益。

（6）企业合并的固定资产，可分为以下两种情况。① 同一控制下的企业合并，取得的固定资产应按合并日在被合并方的账面价值计量。② 非同一控制下的企业合并：一次交换交易实现的合并，其成本以购买方在购买日为取得对被购买方的控制权而付出的固定资产的公允价值入账；多次交换交易分步实现的企业合并，其成本为每一单项交易成本之和。

（7）融资租赁中取得的固定资产成本，承租人应以租赁期开始日租赁固定资产公允价值与最低租赁付款额现值中较低者作为租入固定资产的入账价值，将最低租赁付款额作为长期应付款的入账价值，其差额作为确认融资费用。出租人应将最低租赁收款额与初始直接费用之和作为融资租赁款的入账价值，将最低租赁收款额、初始直接费用及为担保余值之和与其现值之和的差额确认为实现融资收益。

（8）盘盈的固定资产按以下规定确定其入账价值。同类或类似固定资产存在活跃市场的，按同类或类似固定资产的市场价格，减去按该项资产的新旧程度估计的价值损耗后的余额作为入账价值；若同类或类似固定资产不存在活跃市场的，按该项固定资产的预计未来现金流量现值，作为入账价值。

17.1.2 无形资产的基本规定

金融企业的无形资产是指企业拥有或控制的没有实物形态的、可辨认的非货币性资产。主要包括专利权、非专利技术、商标权、著作权、土地使用权、特许权等。

1. 无形资产的确认

资产满足下列条件之一的，符合定义中可辨认性标准，即可确认为无形资产。

(1) 能够从企业中分离出来，并能单独与相关合同、资产和负债一起，用于出售、转移、授予许可、租赁或交换的资产。

(2) 源于合同性权利或其他法定权利，无论这些权利是否可以从企业或其他权利和义务中转移或者分离的资产。

与此同时，还应满足与该无形资产有关的经济利益很可能流入企业，该无形资产的成本能可靠地计量两个条件才能确认为无形资产。

2. 无形资产的初始计量

金融企业的无形资产应按成本进行初始计量。

(1) 外购无形资产的成本，包括购买价款、相关税费，以及直接归属于该项资产达到预定用途所发生的其他支出。购买无形资产的价格超过正常信用条件延期支付，实质上具有融资性质的，无形资产的成本以购买价的现值为基础确定。实际支付的价款与购买价款之间的差额，按规定应予资本化的以外，应当在信用期间内计入当期损益。

(2) 投资者投入的无形资产成本，应按照投资合同或协议约定的价值确定，但合同或协议约定的价值不公允的除外。

(3) 自行研发并按法律程序申请取得的无形资产，按依法取得时的注册费、聘请律师费等为实际成本。对于研发中所发生的材料费用、直接参与研发人员的工资及福利费、开发过程中发生的租金、借款费用等直接计入当期损益。已经计入各期费用的研究与开发费用，在该项资产获得成功并依法取得权利时，不再进行调整。

17.2 固定资产业务的核算

17.2.1 固定资产业务核算使用的会计科目

固定资产业务核算使用"固定资产""工程物资""累计折旧""在建工程""固定资产清理"等会计科目。

1) "固定资产"科目

"固定资产"科目核算金融企业持有的所有固定资产的原始价值，承包商建造的临时设施，以及金融企业购置计算机硬件所附带的、未单独计价的软件。该科目属资产类科目，借方登记金融企业增加的固定资产原价，贷方登记金融企业减少的固定资产原价，余额在借方，反映金融企业在用、未用、融资租入的固定资产原价。

2) "工程物资"科目

"工程物资"科目核算金融企业为在建工程准备的各种物资的成本，包括工程用材料、尚未安装的设备，以及为生产准备的工器具等。该科目可按不同的物资设明细账。该科目借方记载购入或领入的工程物资，贷方反映工程完工后剩余物资转为本单位存货的金额。期末为借方余额，反映单位在建工程准备的各种物资的成本。

3) "累计折旧"科目

"累计折旧"科目核算金融企业固定资产的折旧额。该科目可按固定资产的类别或项目设明细账。该科目贷方反映企业计提的固定资产的折旧。期末为贷方余额，反映单位固定资产的累计折旧额。

4)"在建工程"科目

"在建工程"科目核算金融企业基建、更新改造等在建工程的支出。该科目可按不同的在建工程及单项工程进行明细核算。该科目借方反映：① 单位在建工程中发生的各项费用；② 单位发包的在建工程的结算进度款；③ 单位工程完工时按合同补付的工程款。

5)"固定资产清理"科目

"固定资产清理"科目核算金融企业因出售、报废、对外投资、非货币性资产交换、债务重组等原因转出的固定资产价值，以及在清理中发生的费用等。该科目按被清理的固定资产项目进行明细核算。该科目借方反映：① 企业因出售、报废、毁损、对外投资、非货币性资产交换、债务重组等转出的固定资产；② 清理过程中应支付的相关税费及其他费用。该科目贷方反映：① 计提累计折旧额；② 收回出售固定资产的价款、残料价值和变价收入等；③ 固定资产清理完成后，属于生产经营期间正常的处理损失等。本科目期末为借方余额，反映企业尚未清理完毕的固定资产清理净损失。

17.2.2 固定资产业务的处理

1. 购入固定资产的处理

购入的固定资产包括购入不需要安装的固定资产和购入需要安装的固定资产两种。

1) 购入不需要安装的固定资产

购入不需要安装的固定资产是指金融企业购入的固定资产不需要安装就可以直接交付使用。其账务处理比较简单，购入的固定资产应按实际支付的全部价款，加上包装费、运杂费等支出，借记"固定资产"科目，贷记"银行存款"科目。

例 17-1 2018 年 11 月 2 日，某银行购入一台不需要安装的计算机，取得的增值税专用发票上注明的设备价款为 80 000 元，增值税进项税额为 13 600 元，发生的运杂费为 2 000 元，款项已通过银行转账支付。其账务处理如下。

会计分录为：

借：固定资产——计算机　　　　　　　　　　　　　　　　　　　　　95 600
　　贷：银行存款　　　　　　　　　　　　　　　　　　　　　　　　　95 600

2) 购入需要安装的固定资产

购入需要安装的固定资产是指金融企业购入的固定资产需要经过安装以后才能交付使用。在会计核算上，购入这种固定资产，其价款及发生的安装费等，均应通过"在建工程"科目核算，安装后达到预定可使用状态时，再由"在建工程"科目转入"固定资产"科目。金融企业购入固定资产时，按实际支付的全部价款（包括买价、支付的税金、包装费、运输费、途中保险费等），借记"在建工程"科目，贷记"银行存款"科目；发生的安装费等，借记"在建工程"科目，贷记"银行存款"科目；安装完毕交付使用时，按其实际成本（包括买价、税金、包装费、运输费和安装费等）作为固定资产的入账价值，借记"固定资产"科目，贷记"在建工程"科目。

例 17-2 2018 年 11 月 6 日，某金融企业购入一台需要安装的培训用投影仪，取得的增值税专用发票上注明的设备价款为 100 000 元，增值税进项税额为 17 000 元，支付的运杂费为 3 000 元，款项已通过银行转账支付。设备安装时，负担安装工人工资 2 000 元。其账务处理如下。

该项固定资产成本＝100 000+17 000+3 000＝120 000(元)

会计分录为：

(1) 购入固定资产时，借：在建工程——投影仪　　　　　　　120 000

　　　　　　　　　　　贷：银行存款　　　　　　　　　　　120 000

付安装工人工资，借：在建工程——安装费　　　　　　　　2 000

　　　　　　　　贷：应付工资　　　　　　　　　　　　　 2 000

(2) 设备安装完毕交付使用，确定固定资产的入账价值。

借：固定资产——投影仪　　　　　　　　　　　　　　　　122 000

　　贷：在建工程——投影仪　　　　　　　　　　　　　　122 000

3) 购入具有融资性质的固定资产

如果购入固定资产超过正常信用条件延期支付价款的，实质上已具有融资性质，在会计核算上应按应付购买价款的现值，借记"固定资产"科目或"在建工程"科目，按应支付的金额，贷记"长期应付款"科目，按其差额，借记"未确认融资费用"。

例 17-3　2018 年 11 月 10 日，某金融企业购入一台不需要安装的设备，取得的增值税专用发票上注明的设备价款为 200 000 元，增值税进项税额为 34 000 元，已付款项 100 000 元，其余款项与厂家约定 3 个月后支付，假设年利率为 2.5%。其账务处理如下。

未确认融资费用＝(200 000+34 000−100 000)×2.5%/4＝8 375(元)

会计分录为：

借：固定资产　　　　　　　　　　　　　　　　　　　　　234 000

　　未确认融资费用　　　　　　　　　　　　　　　　　　　8 375

　　贷：长期应付款　　　　　　　　　　　　　　　　　　142 375

　　　　银行存款　　　　　　　　　　　　　　　　　　　100 000

2. 自行建造固定资产的处理

自行建造固定资产按其建造实施方式的不同，可分为自营工程建造的固定资产和出包工程建造的固定资产两种。

1) 自营工程的处理

自营工程是指金融企业自行组织工程物资采购、自行组织施工人员施工的建筑工程和安装工程。

自营建造固定资产的会计处理如下。

(1) 购入工程物资时，借记"工程物资"科目，贷记"银行存款""应付账款"等科目。

(2) 领用工程物资时，借记"在建工程"科目，贷记"工程物资"等科目。工程完工后将剩余物资退库时应做相反会计分录。已计提减值准备的还应同时结转减值准备。

(3) 自营工程发生的应付职工的薪酬，借记"在建工程"，贷记"应付职工薪酬"科目。

(4) 辅助部门为工程提供的劳务，借记"在建工程"，贷记"生产成本——辅助生产成本"科目。

(5) 在建工程发生的借款费用满足资本化条件的，借记"在建工程"，贷记"长期借款""应付利息"等科目。

(6) 管理部门发生的费用,借记"在建工程——待摊支出",贷记"银行存款"等科目。

(7) 在建工程进行负荷检测和试车等发生的费用,借记"在建工程——待摊支出",贷记"银行存款""原材料"等科目;试车形成的产品或副产品对外销售或转为库存商品的,借记"银行存款""库存商品"等科目,贷记"在建工程——待摊支出"。

(8) 在建工程达到预定可使用状态时,应计算分配待摊支出,借记"在建工程——某工程",贷记"在建工程——待摊支出"。

(9) 在建工程完工已领出的剩余物资办理退库手续,借记"工程物资"科目,贷记"在建工程"科目。

(10) 建设期间发生的工程物资盘亏、报废及毁损等净损失,借记"在建工程",贷记"工程物资",盘盈的工程物资或处置净收益做相反的会计分录。因自然灾害等原因造成在建工程报废或毁损,减去残料价值、过失人或保险公司赔款后的净值,借记"营业外支出——非常损失"科目,贷记"在建工程"科目。自营工程完工交付使用时,按实际发生的全部支出,借记"固定资产"科目,贷记"在建工程"科目。

例17-4 2018年10月18日,某银行总部自建办公大楼,购入为工程准备的各种物资,取得的增值税专用发票上注明的材料价款为100万元,增值税进项税额为17万元。工程领用80万元,工程期间,支付工人工资20万元,发生辅助部门费用10万元。工程如期完工并达到预定可使用状态,剩余工程物资转作金融企业存货。其账务处理如下。

会计分录为:

购入工程物资时,借:工程物资——建筑工程物料　　　　　　　　1 170 000
　　　　　　　　贷:银行存款　　　　　　　　　　　　　　　　　　1 170 000
领用工程物资时,借:在建工程——建筑工程物料　　　　　　　　　800 000
　　　　　　　　贷:工程物资——建筑工程物料　　　　　　　　　　800 000
支付工程人员工资,借:在建工程——建筑工程　　　　　　　　　　200 000
　　　　　　　　贷:应付工资——应付职工薪酬　　　　　　　　　　200 000
结转辅助部门为工程提供的有关劳务支出,
　　借:在建工程——建筑工程　　　　　　　　　　　　　　　　　 100 000
　　　　贷:生产成本——辅助生产成本　　　　　　　　　　　　　 100 000
　　工程完工交付使用,该工程成本=800 000+200 000+100 000=1 100 000(元)
借:固定资产——办公大楼　　　　　　　　　　　　　　　　　　 1 100 000
　　贷:在建工程——建筑工程　　　　　　　　　　　　　　　　　 1 100 000
工程完工,退回多余物资,转作库存商品,多余物资=1 170 000-800 000=370 000(元)
　　借:库存商品——建筑工程　　　　　　　　　　　　　　　　　　370 000
　　　　贷:工程物资——建筑工程　　　　　　　　　　　　　　　　370 000

2) 出包工程的处理

出包工程是指金融企业采用招标等方式将工程项目发包给建造商,由建造商组织施工的建筑工程和安装工程。企业采用该方式进行的固定资产工程,其工程支出主要由建造商确定。按照合理估价的出包工程进度和合同规定结算的进度款,借记"在建工程"科目,贷记"银行存款""预付账款"等科目。将设备交付建造商建造安装时,借记"在建工程——

在安装设备"、贷记"工程物资"科目。已交付使用的出包工程便形成出包工程的固定资产。出包工程建造的固定资产，其入账价值主要包括按合同支付给承包单位的工程价款及建设期资本化利息。

例 17-5　2018 年 4 月 1 日，某银行将一幢新建营业楼的工程出包给某建筑公司承建，按规定先向建筑公司预付工程款 60 万元，完工后，某银行收到承建单位提交的有关工程结算单据，补付工程价款 66 000 元。工程完工验收合格后交付使用。其账务处理如下。

会计分录为：

预付工程价款时，借：在建工程——建筑工程		600 000
贷：银行存款		600 000
完工后补付工程价款，借：在建工程——建筑工程		66 000
贷：银行存款		66 000
工程完工交付使用，借：固定资产——营业楼		666 000
贷：在建工程——建筑工程		666 000

3. 接受捐赠的固定资产

金融企业接受捐赠的固定资产应按照同类固定资产的市场价格或根据有关资料计算确定的金额，作为固定资产入账价值，借记"固定资产"科目，按未来应交的所得税，贷记"递延税款"科目；按确定的入账价值减去未来应交的所得税后的余额，贷记"资本公积"科目。接受固定资产时支付的有关费用，如运杂费、包装费、安装调试费等，计入固定资产入账价值。

例 17-6　2018 年 6 月 1 日，某金融企业接受外商捐赠的生产用设备一台，根据捐赠设备的发票、报关单等有关单据确定其价值为 70 000 元，发生的运杂费、包装费等为 2 000 元。该金融企业适用的所得税税率为 25%，其账务处理如下。

固定资产的入账价值为：70 000+2 000＝72 000（元）
递延税款金额为：70 000×25%＝17 500（元）
资本公积金额为：70 000-17 500＝52 500（元）

会计分录为：

借：固定资产——设备	72 000
贷：递延税款——捐赠设备税款	17 500
资本公积	52 500
银行存款	2 000

4. 原有固定资产基础上的改扩建

金融企业在原有固定资产基础上进行改建、扩建时，应按原固定资产账面价值，加上由于改扩建而使该项资产达到预定可使用状态前实际发生的所有支出，减去改扩建中发生的变价收入，作为入账价值，借记"固定资产"科目，贷记"在建工程"科目。

例 17-7　2018 年 11 月 1 日，某银行改扩建营业大楼，购入为工程准备的各种物资，取得的增值税专用发票上注明的材料价款为 500 000 元，增值税进项税额为 85 000 元。工程领用款为 400 000 元，工程期间，支付工人工资 80 000 元，发生其他费用 30 000 元，处理拆除的建筑材料取得变价收入 25 000。其账务处理如下。

会计分录为：

领用工程款时，借：在建工程——改良固定资产	400 000	
贷：银行存款		400 000

该扩建过程中发生的支出：80 000+30 000=110 000(元)

借：在建工程——改良固定资产	110 000	
贷：银行存款		110 000
收入拆除建筑的变价收入时，借：银行存款	25 000	
贷：在建工程——改良固定资产		25 000

该扩建工程完毕，结转固定资产的成本：400 000+110 000-25 000=485 000(元)

借：固定资产	485 000	
贷：在建工程——改良固定资产		485 000

5. 固定资产交换的处理

固定资产在企业间的交换属于非货币性资产交换。按照规定，"非货币性资产交换同时满足下列条件的，第一，该项交换具有商业实质；第二，换入资产或换出资产的公允价值能可靠计量。应当以公允价值和应支付的相关税费作为换入资产的成本，公允价值与换出资产账面价值的差额计入当期损益。换入资产或换出资产公允价值均能可靠计量的，应当以换出资产的公允价值作为确定换入资产成本的基础，但有确凿证据表明换入资产的公允价值更加可靠的除外"。

1) 不涉及补价的固定资产交换的处理

不涉及补价的固定资产交换是指两个单位交换的固定资产的公允价值相等时的交换。换入资产的入账价值的计算公式如下。

$$换入资产的入账价值=换出资产的公允价值+应支付的相关税费$$

例17-8 某银行经商议决定以一台账面价值为28 500元的计算机，从某保险公司换入一台账面价值为25 000元的投影仪，该型号计算机和投影仪的公允价值均为26 000元，银行换入投影仪的费用为300元，保险公司换入计算机的费用为200元，若销售增值税为公允价值的17%。双方均没计提资产的跌价损失。则银行与保险公司的会计处理分别如下。

(1) 银行的会计处理。

$$换入投影仪的入账价值=26\ 000+300=26\ 300(元)$$
$$交换固定资产的增值税=26\ 000×17\%=4\ 420(元)$$

会计分录为：

借：固定资产——投影仪	26 300	
应交税金——应交增值税	4 420	（换入投影仪增值税）
营业外支出——固定资产交换损失	2 500	
贷：固定资产——计算机		28 500
应交税金——应交增值税		4 420 （换出计算机增值税）
银行存款		300

(2) 保险公司的会计处理。

换入计算机的入账价值=26 000+200=26 200(元)，增值税与银行的相同。

会计分录为：

借：固定资产——计算机	26 200	
应交税金——应交增值税	4 420	（换入计算机增值税）
贷：固定资产——投影仪	25 000	
应交税金——应交增值税	4 420	（换出投影仪增值税）
银行存款	200	
营业外收入——固定资产交换收益	1 100	

2) 涉及补价的固定资产交换的处理

涉及补价的固定资产交换是指两个单位交换的固定资产公允价值不相等时的交换。此时，为了体现交换双方的公平、合理，应由换出较低固定资产价值的单位，向换出较高固定资产价值的单位补偿一定资金。

(1) 对于支付补价的单位，换入固定资产的成本以换出固定资产的公允价值，加上补价和应支付的相关税费来确定，计算公式如下。

换入资产的入账价值=换出固定资产的公允价值+补价+应支付的相关税费

(2) 对于收入补价的单位，换入固定资产的成本以换出固定资产的公允价值，减去补价加上应支付的相关税费来确定，计算公式如下。

换入资产的入账价值=换出固定资产的公允价值-补价+应支付的相关税费

例 17-9 某证券公司经商议决定以一辆在用货运汽车，从某公司换入一套办公设备。该汽车账面价值为 300 000 元，已提折旧 80 000 元，换入某公司办公设备的费用为 500 元；某公司办公设备账面价值为 250 000 元，已提折旧 100 000 元，证券公司换入汽车的费用为 200 元。该汽车的公允价值为 250 000 元，办公设备的公允价值为 200 000 元，若销售增值税为公允价值的 17%。双方均没计提资产的跌价损失。由于证券公司换入的设备比自身换出汽车的公允价值低 50 000 元，按规定某公司应给予证券公司补偿 50 000 元的价差。则这两个公司的会计处理分别如下。

(1) 证券公司为收入补价单位，其会计处理手续如下。

换入办公设备的增值税(进项税)= 200 000×17% = 34 000(元)
换出汽车的增值税(销项税)= 250 000×17% = 42 500(元)
换入办公设备的入账价值= 250 000-50 000+500+34 000 = 234 500(元)

会计分录为：

借：固定资产——办公设备	234 500
累计折旧	100 000
应交税金——应交增值税	34 000
银行存款	50 000
营业外支出——固定资产交换损益	4 500
贷：固定资产——货运汽车	300 000
累计折旧	80 000
应交税金——应交增值税	42 500
银行存款	500

(2) 某公司为支付补价单位，其会计处理手续如下。

换入汽车的增值税(进项税) = 250 000×17% = 42 500(元)
换出办公设备的增值税(销项税) = 200 000×17% = 34 000(元)
换入汽车的入账价值 = 200 000+50 000+200+42 500 = 292 700(元)

会计分录为：

借：固定资产——汽车　　　　　　　　　　　　　　292 700
　　累计折旧　　　　　　　　　　　　　　　　　　 80 000
　　应交税金——应交增值税　　　　　　　　　　　 42 500（换入汽车增值税）
　　营业外支出——固定资产交换损益　　　　　　　 19 000
　贷：固定资产——办公设备　　　　　　　　　　　250 000
　　　累计折旧　　　　　　　　　　　　　　　　　100 000
　　　应交税金——应交增值税　　　　　　　　　　 34 000（换出设备增值税）
　　　银行存款　　　　　　　　　　　　　　　　　 50 200（补款加费用）

17.2.3　固定资产折旧的核算

固定资产折旧是指金融企业的固定资产由于磨损、损耗而逐渐转移的价值。固定资产折旧的核算是指在固定资产的使用寿命内，按照确定的方法对应计折旧额进行的系统分摊。其中，应计折旧额是指应当计提的固定资产的原价扣除其预计净残值后的余额，如果已对固定资产计提减值准备，还应当扣除已计提的固定资产减值准备累计金额。

1. 固定资产折旧范围

确定固定资产折旧范围的原则为：从空间范围上确定哪些固定资产应当计提折旧，哪些固定资产不应当计提折旧；从时间范围上确定应计提折旧的固定资产什么时间开始计提折旧，什么时间停止计提折旧。

一般来说，下列固定资产应当计提折旧：房屋和建筑物；各类设备，大修停用的固定资产；融资租入和以经营租赁方式租出的固定资产。达到预定可使用状态应当计提折旧的固定资产，在年度内办理竣工决算手续的，按照实际成本调整原来的暂估价值，并调整已计提的折旧额，作为调整当月的费用处理。如果在年度内尚未办理竣工决算的，应当按照估计价值暂估入账，并计提折旧；待办理了竣工决算手续后，再按照实际成本调整原来的暂估价值，调整原已计提的折旧额，同时调整年初留存收益各项目。

不计提折旧的固定资产包括：以经营租赁方式租入的固定资产，已提足折旧继续使用的固定资产，按规定单独估价作为固定资产入账的土地。金融企业一般应按月提取折旧，当月增加的固定资产，当月不提折旧，从下月起计提折旧；当月减少的固定资产，当月照提折旧，从下月起不提折旧。

固定资产提足折旧后，不论能否继续使用，均不再提取折旧；提前报废的固定资产，也不再补提折旧。所谓提足折旧，是指已经提足该项固定资产应提的折旧总额。应提的折旧总额为固定资产原价减去预计净残值；如果已对固定资产计提减值准备的，还应当扣除已计提的固定资产减值准备。

2. 固定资产折旧方法

按照规定，金融企业应当根据固定资产的性质和消耗方式，合理地确定固定资产的预计使用年限和预计净残值，并根据科技发展、环境及其他因素，选择合理的固定资产折旧方法。固定资产折旧方法可以采用年限平均法、工作量法、年数总和法、双倍余额递减法等。折旧方法一经确定，不得随意变更，如需变更，应当在会计报表附注中予以说明。金融企业因改建、扩建等原因而调整固定资产价值的，应当根据调整后价值，预计尚可使用年限和净残值，按选定的折旧方法计提折旧。对于接受捐赠的旧的固定资产，应当按照规定的固定资产入账价值、预计尚可使用年限、预计净残值，选用合理的折旧方法计提折旧。

1）年限平均法

年限平均法又称为直线法，是指将固定资产的可折旧金额均衡地分摊于固定资产使用年限内的一种方法。因此，使用年限内各期的折旧金额相等，该方法主要适用于固定资产各期的负荷程度基本相同，各期应分摊的折旧费也基本相同的情况。其计算公式为：

固定资产年折旧额＝固定资产原值×（1－净残值率）÷固定资产预计使用年限

2）工作量法

工作量法是根据固定资产的实际工作量计提固定资产折旧的一种方法。该方法和平均年限法同属直线法。但是，工作量法是假定固定资产在使用年限内依工作量均匀损耗，按工作量计提折旧。所以，固定资产在使用年限内的各会计期间的工作量不同，计提的折旧也就不同。该方法适用于损耗程度与完成工作量成正比关系的固定资产，或者在使用年限内不能均衡使用的固定资产。其计算公式为：

每单位工作量折旧额＝固定资产原值×（1－净残值率）/预计总工作量

3）年数总和法

年数总和法又称年限合计法，是以固定资产的原值减去预计净残值后的净额为基数，乘以一个逐年递减的分数计算每年的折旧额，这个分数的分子代表固定资产尚可使用的年数，分母代表使用年数的逐年数字合计。这种方法的特点是计算折旧的基数是固定不变的，折旧率依固定资产尚可使用年限确定，各年折旧率呈递减趋势，依此计算的折旧额也呈递减趋势。其计算公式为：

年折旧率＝尚可使用年限÷预计使用年限的总和

年折旧额＝（固定资产原值－预计净残值）×年折旧率

4）双倍余额递减法

双倍余额递减法是加速折旧法的一种，是在不考虑固定资产残值的情况下，根据每期期初固定资产账面余额和双倍的平均年限法折旧率计算固定资产折旧金额的方法。其计算公式为：

年折旧率＝2÷预计使用年限×100%

年折旧额＝年初固定资产账面净值×年折旧率

3. 计提固定资产折旧的会计处理

金融企业计提的固定资产折旧费，应按固定资产的使用部门进行分配，借记"营业费用""其他业务支出"等科目。其计算公式为：

本月应计提的固定资产折旧额＝上月计提的固定资产折旧额－上月减少的固定资产+
上月增加的固定资产应计提的折旧额

例17-10 某金融企业2017年12月1日购入一台设备，账面原值为70万元，预计残值收入3 000元，预计清理费、管理费、工人工资等支出约2 000元，预计使用年限为5年，下面分别用平均年限法、工作量法、年数总和法、双倍余额递减法计算2018年应提折旧金额。
(1) 平均年限法：折旧额=(700 000+2 000-3 000)÷5=139 800(元)
(2) 年数总和法：年折旧率=4÷5=0.8
　　　　　　　折旧额=(700 000+2 000-3 000)×0.8=559 200(元)
(3) 双倍余额递减法：年折旧率=2÷5=40%
　　　　　　　折旧额=700 000×0.4=280 000(元)

以双倍余额递减法进行的账务处理如下。
会计分录为：
借：营业费用——固定资产折旧费　　　　　　　　　　　　　　280 000
　　贷：累计折旧　　　　　　　　　　　　　　　　　　　　　　　280 000

17.2.4　固定资产的后续支出

固定资产的后续支出是指固定资产在使用过程中发生的更新改造支出、修理费用等。金融企业的固定资产投入使用后，为了适应新技术发展的需要，或者为维护或提高固定资产的使用效能，或者为了延长固定资产的使用年限，往往需要对现有固定资产进行维护、改建、扩建或改良。如果这项支出增强了固定资产获取未来经济利益的能力，提高了固定资产的性能，如延长了固定资产的使用寿命、使产品质量实质性提高或使产品成本实质性降低，即使可能流入金融企业的经济利益超过了原先的估计，则应将该支出计入固定资产的账面价值，其增记金额不应超过该项固定资产可收回金额。上述情况以外的后续支出，应作为费用计入当期损益。

1. 资本化的后续支出

金融企业通过对办公楼进行改建、扩建而使其更加坚固耐用，延长了办公楼等固定资产的使用寿命；企业通过对办公设备的改建，提高了其单位时间内产品提供服务的数量等，通常都表明后续支出提高了固定资产原定的创利能力。此时，应将后续支出予以资本化。在将后续支出予以资本化时，后续支出的计入不应导致计入后的固定资产账面价值超过其可收回金额。

例 17-11　某银行改建一栋办公大楼，原账面价为50 000 000元，计提折旧为13 000 000元。该银行将此改良工程承包给某建筑公司，拆除的建筑材料取得变价收入为900 000元，款项已存入银行。工程完工后通过银行转账支付建筑公司改良工程承包款70 000 000元。由于预计其给该银行带来经济利益的能力超过了原先的估计，决定将其支出予以资本化。该银行的账务处理如下。

会计分录为：
改建固定资产时，借：在建工程——固定资产改良　　　　　　　50 000 000
　　　　　　　　　　贷：固定资产——办公大楼　　　　　　　　　50 000 000
取得变价收入时，借：银行存款　　　　　　　　　　　　　　　　900 000
　　　　　　　　　　贷：在建工程——固定资产改良　　　　　　　　900 000
支付工程承包款时，借：在建工程——固定资产改良　　　　　　70 000 000
　　　　　　　　　　贷：银行存款　　　　　　　　　　　　　　　70 000 000
改良工程完工，验收合格交付使用：

改良工程净支出 = 70 000 000 - 900 000 = 69 100 000（元），计入固定资产原值。

借：固定资产——办公大楼　　　　　　　　　　　　　　　　69 100 000
　　贷：在建工程——改良固定资产　　　　　　　　　　　　　69 100 000

2. 费用化的后续支出

如果固定资产的后续支出不符合资本化的条件，则应在发生时直接计入当期损益，不再通过预提或待摊的方式进行核算。固定资产大修理等维护性支出，通常属于这种情况。

例 17-12　2018 年 6 月 1 日，某金融企业对其一台设备进行了局部更新，领用修理用材料 30 000 元，应转出的增值税进项税额为 5 100 元，应分摊的工人工资为 5 600 元。该金融企业的账务处理如下。

会计分录为：

领用材料，借：管理费用——固定资产维修　　　　　　　　　35 100
　　　　　　贷：原材料　　　　　　　　　　　　　　　　　　30 000
　　　　　　　　应交税金—— 应交增值税（进项税额转出）　 5 100

分摊工人工资，借：管理费用——固定资产维修　　　　　　　 5 600
　　　　　　　贷：应付工资　　　　　　　　　　　　　　　　5 600

完工后续计量，借：固定资产——后续计量　　　　　　　　　 40 700
　　　　　　　贷：管理费用——固定资产维修　　　　　　　　40 700

17.2.5　固定资产清理的处理

固定资产清理是指由于固定资产的报废、出售、毁损、对外投资、非货币性资产交换、债务重组，以及因非正常原因遭受毁损和损失，而对其账面价值及清理过程中发生的相关收入、支出进行的处理。对固定资产进行清理时，应按规定程序办理有关手续，结转固定资产账面原值，确认和计量有关的清理费用、清理收入和残料价值等。根据被清理固定资产的实际情况，可以设置明细科目核算。其固定资产清理的账务按以下几种情况处理。

（1）金融企业转入清理的固定资产，应通过"固定资产清理"科目进行核算。本科目核算金融企业因出售、报废和毁损、对外投资、非货币性资产交换、债务重组，以及因非正常原因遭受毁损和损失等原因而转入清理的固定资产。按该项固定资产的账面价值，借记"固定资产清理"科目，按已计提的累积折旧，借记"累计折旧"，按账面原价，贷记"固定资产"科目。已提减值准备的，应同时结转减值准备。

（2）固定资产存在弃置义务的，应在取得固定资产时，按预计弃置费用的现值，借记"固定资产"科目，贷记"预计负债"科目。在该项固定资产的使用寿命内，计算确定各期应负担的利息费用，借记"财务费用"科目，贷记"预计负债"科目。

（3）清理过程中发生应支付的相关费用和有关税金等，借记"固定资产清理"科目，贷记"银行存款"等科目。收回出售固定资产的价款、残料价值和变价收入等，借记"银行存款""原材料"等科目，贷记"固定资产清理"科目。应由保险公司或过失人承担的损失等，借记"其他应收款"等科目，贷记"固定资产清理"科目。

（4）属于生产经营期间正常的损失，借记"营业外支出——处置非流动资产损失"，贷记"固定资产清理"科目；属于自然灾害等非正常原因造成的损失，借记"营业外支出——非常损失"科目，贷记"固定资产清理"科目。如为贷方余额，借记"固定资产清理"科目,贷记"营业外收入"科目。

(5) 期末余额反映金融企业尚未清理完毕固定资产净值,以及清理净收入(清理收入——清理费用)。

例 17-13   某银行更新办公系统设备,出售一批计算机,其原值为 500 000 元,已提折旧 300 000 元,售价为 150 000 元,该价款中含相关税款 2 400 元,支付运输费用 3 000 元。其账务处理如下。

(1) 固定资产转入清理时,借:固定资产清理——计算机   200 000
                                累计折旧   300 000
                          贷:固定资产——计算机   500 000
(2) 支付运输费时,借:固定资产清理——计算机   3 000
                      贷:银行存款   3 000
(3) 收到销售价款,借:银行存款   150 000
                      贷:固定资产清理——计算机   147 600
                          应交税金   2 400
(4) 结转清理损益,借:营业外支出   55 400
                      贷:固定资产清理——计算机   55 400

17.2.6 固定资产减值的处理

按照规定,金融企业应在期末对固定资产逐项进行检查,如果由于技术陈旧、损坏、长期闲置等原因,导致其可收回金额低于其账面价值的,应当计提固定资产减值准备。固定资产减值准备应按单项资产计提。

1. 固定资产减值原因

通常情况下,导致固定资产发生减值的原因如下。

(1) 固定资产市价大幅度下跌,其跌幅大大高于因时间推移或正常使用而预计的下跌,并且预计在近期内不可能恢复。

(2) 企业所处经营环境,在当期发生或在近期发生重大变化,并对企业产生负面影响。

(3) 同期市场利率等大幅度提高,进而很可能影响企业计算固定资产可收回金额的折现率,并导致固定资产可收回金额大幅降低。

(4) 固定资产陈旧过时,或实体发生损坏。

(5) 固定资产预计使用方式发生重大不利变化,从而对企业产生负面影响。

(6) 其他有可能表明资产已发生减值的情况。

若金融企业的固定资产实质上已经发生了减值,应当计提减值准备。例如,长期闲置不用,在可预见的未来不会再使用,且无转让价值的固定资产;由于技术进步等原因,已不可能使用的固定资产;其他实质上已经不能再给金融企业带来经济利益的固定资产。

已全额计提减值准备的固定资产,不再计提折旧。

2. 固定资产减值的账务处理

一般情况下,如果固定资产的可收回金额低于其账面价值,金融企业应当按可收回金额低于账面价值的差额计提固定资产减值准备,并计入当期损益。具体来说,金融企业发生固定资产减值时,借记"营业外支出——计提的固定资产减值准备"科目,贷记"固定资产减值准备"科目。

例 17-14 2012 年 12 月 31 日，某金融企业购入一台设备用于业务经营，其入账价值为 1 800 000 元，净残值为零，预计使用年限为 6 年。2014 年 12 月 31 日，由于市场需求状况发生不利的变化，致使该项固定资产发生减值，估计其可收回金额为 280 000 元；2016 年 12 月 31 日，由于市场需求状况发生好转，导致该项固定资产发生减值的因素已完全消失，估计其可收回金额为 600 000 元，预计剩余使用年限为 2 年，净残值为零。假设该固定资产采用直线法进行折旧。其相关账务处理如下。

（1）2012 年 12 月 31 日购入固定资产。

会计分录为：

借：固定资产　　　　　　　　　　　　　　　　　　　　　　　1 800 000
　　贷：银行存款　　　　　　　　　　　　　　　　　　　　　　　　1 800 000

2013 年 12 月 31 日计提折旧：

每年计提折旧额 = 1 800 000/6 = 300 000（元）

会计分录为：

借：管理费用　　　　　　　　　　　　　　　　　　　　　　　　300 000
　　贷：累计折旧　　　　　　　　　　　　　　　　　　　　　　　　300 000

该设备 2013 年 12 月 31 日账面价值为：

1 800 000 - 300 000 = 1 500 000（元）

（2）2014 年 12 月 31 日计提折旧及计提固定资产减值准备。

会计分录为：

计提折旧时，借：管理费用　　　　　　　　　　　　　　　　　300 000
　　　　　　　　　贷：累计折旧　　　　　　　　　　　　　　　　　300 000

计提固定资产减值准备 = 1 500 000 - 300 000 - 280 000 = 920 000（元）

借：营业外支出——计提的固定资产减值准备　　　　　　　　　920 000
　　贷：固定资产减值准备　　　　　　　　　　　　　　　　　　　920 000

该设备 2014 年 12 月 31 日账面价值为 280 000 元。

（3）2015 年 12 月 31 日计提折旧：280 000/4 = 70 000（元）

会计分录为：

借：管理费用　　　　　　　　　　　　　　　　　　　　　　　　70 000
　　贷：累计折旧　　　　　　　　　　　　　　　　　　　　　　　　70 000

该设备 2015 年 12 月 31 日账面价值为 210 000 元。

（4）2016 年 12 月 31 日计提折旧及减值转回。

会计分录为：

借：管理费用　　　　　　　　　　　　　　　　　　　　　　　　70 000
　　贷：累计折旧　　　　　　　　　　　　　　　　　　　　　　　　70 000

冲回固定资产减值额 = 600 000 - 210 000 - 70 000 = 320 000（元）

会计分录为：

借：固定资产减值准备　　　　　　　　　　　　　　　　　　320 000
　　　　贷：营业外支出——计提的固定资产减值准备　　　　　　　　320 000
该设备 2016 年 12 月 31 日账面价值为 600 000 元。

（5）2017 年 12 月 31 日计提折旧。

会计分录为：

　　借：管理费用　　　　　　　　　　　　　　　　　　　　　300 000
　　　　贷：累计折旧　　　　　　　　　　　　　　　　　　　　　300 000
该设备 2017 年 12 月 31 日账面价值为 300 000 元。

（6）2018 年 12 月 31 日计提折旧及转销计提的固定资产减值准备。

会计分录为：

　　借：管理费用　　　　　　　　　　　　　　　　　　　　　300 000
　　　　贷：累计折旧　　　　　　　　　　　　　　　　　　　　　300 000
　　借：固定资产减值准备　　　　　　　　　　　　　　　　　　320 000
　　　　贷：营业外支出——计提的固定资产减值准备　　　　　　　　320 000
此时固定资产账面价值为 0。

17.3　无形资产业务的核算

17.3.1　无形资产取得的核算

　　无形资产应以取得时的实际成本计量。为了核算金融企业取得的无形资产，金融企业应设置"无形资产"总账科目，进行总分类核算，并按其类别设置明细账，进行明细分类核算。本科目期末借方余额，反映企业无形资产的成本。

1. 购入无形资产的处理

　　金融企业以货币资金购入无形资产，应按实际支付的价款作为无形资产的入账金额，借记"无形资产"科目，贷记"银行存款"等科目。

　　例 17-15　某金融企业购入一项专利技术，发票价格为 457 000 元，款项已通过银行转账支付。其账务处理如下。

会计分录为：

　　借：无形资产——专利技术　　　　　　　　　　　　　　　　457 000
　　　　贷：银行存款　　　　　　　　　　　　　　　　　　　　　457 000

2. 自行开发并依法申请取得的无形资产

　　金融企业自行开发并按法律程序申请取得的无形资产，按依法取得时发生的注册费、聘请律师费等费用，作为无形资产的实际成本，借记"无形资产"科目，贷记"研发支出"科目。在研究与开发过程中发生的材料费用、直接参与开发人员的工资及福利费、开发过程中发生的租金、借款费用等，直接计入当期损益，借记"管理费用"科目，贷记"银行存款"等科目。

　　例 17-16　2018 年 4 月 10 日，某金融企业经过一年的时间，成功研发某项成果并依法申请取得专利权，在申请专利权过程中发生专利登记费 68 000 元、律师费 4 600 元。研发过程中共发生开发人员工资 30 000 元、原材料 7 000 元。其账务处理如下。

会计分录为：

借：无形资产——专利权	72 600
贷：研发支出	72 600
借：管理费用	37 000
贷：银行存款	37 000

3. 投资者投入的无形资产

投资者投入的无形资产，应以投资各方确认的价值作为入账价值，但金融企业为首次发行股票而接受投资者投入的无形资产，应以该无形资产在投资方的账面价值作为入账价值。借记"无形资产"科目，贷记"实收资本""股本"等科目。

例 17-17 2018 年 5 月 1 日，某银行接受某集团以一项非专利技术作价投入，双方确认的价值为 532 000 元，已办妥相关手续。某银行账务处理如下。

会计分录为：

借：非专利技术——无形资产	532 000
贷：股本——某集团	532 000

17.3.2 无形资产摊销的核算

无形资产属于长期资产，能够在较长的时间内为金融企业带来未来经济利益。因此，金融企业为取得无形资产发生的实际成本，属于资本性支出，应当自取得当月起在预计使用年限内分期平均摊销，计入损益。

对于无形资产的摊销年限，应根据具体情况确定。若预计使用年限超过了相关合同规定的受益年限或法律规定的有效年限，该无形资产的摊销按以下原则确定：合同规定受益年限但法律没有规定有效年限的，摊销期不应超过合同规定的受益年限；合同没有规定受益年限但法律有规定有效年限的，摊销期不应超过法律规定的有效年限；合同规定了受益年限，法律也规定了有效年限的，摊销期不应超过受益年限和有效年限两者之中较短者；如果合同没有规定受益年限，法律也没有规定有效年限的，摊销期不应超过 10 年。

金融企业摊销无形资产价值时，借记"管理费用——无形资产摊销"科目，贷记"无形资产"科目。若无形资产预期不能带来经济利益的，应按已计提的累计摊销，借记"累计摊销"科目，按其账面余额，贷记"无形资产"科目，按其差额，借记"营业外支出"科目。已计提减值准备的，还应同时结转减值准备。

例 17-18 2016 年 3 月 20 日，某银行购入一项非专利技术，双方确认的价值为 400 000 元，合同约定受益年限为 8 年。2018 年 3 月 20 日，因市场情况发生变化，预计该项技术即将被市场淘汰，所以决定停止使用该技术。其账务处理如下。

每年摊销的无形资产为：400 000/8 = 50 000(元)

2021 年 3 月 20 日已摊销：50 000×5 = 250 000(元)

会计分录为：

借：管理费用——无形资产累计摊销	250 000
营业外支出——计提的无形资产减值准备	150 000
贷：无形资产——非专利技术	400 000

借：无形资产减值准备 150 000
    贷：营业外支出——计提的无形资产减值准备 150 000

17.3.3 无形资产的处置

金融企业对于不想继续持有的无形资产，一般采取出售或出租的方式处置。处置无形资产时，应按实际收到的金额等，借记"银行存款"等科目，按已计提的累计摊销，借记"累计摊销"科目，按应支付的相关税法及其他费用，贷记"应交税费""银行存款"等科目，按其账面余额，贷记"无形资产"科目，按其差额，贷记"营业外收入——处置非流动资产利得"科目或借记"营业外支出——处置非流动资产损失"科目。已计提减值准备的，还应同时结转减值准备。

例 17-19 2018 年 9 月 1 日，某银行将拥有的一项专利权出售，取得收入为 200 000 元，应交的营业税为 10 000 元。该专利权的账面余额为 155 000 元，已计提的减值准备为 5 000 元。其账务处理如下。

会计分录为：
借：银行存款 200 000
    无形资产减值准备 5 000
    贷：无形资产 155 000
        营业外收入——处置非流动资产利得 40 000
        应交税金——应交税费 10 000

复习思考题

1. 固定资产与无形资产的界定是什么？各自有哪些分类？
2. 简述固定资产的计价标准及方法。
3. 固定资产的折旧如何提取与核算？
4. 什么是无形资产？无形资产如何计量与核算？
5. 固定资产和无形资产的减值如何处理？
6. 简述固定资产交换的处理。

第18章

财务损益的核算

18.1 财务损益的核算概述

18.1.1 金融企业财务损益核算的意义

金融企业在办理各项业务中,必然会发生各项收入和费用支出。财务损益就是以其发生的各项收入减去各项支出费用后的结果,它反映金融企业在一定的经营时期内取得的经营成果。如果金融企业的各项收入大于支出,则其结果表现为企业实现的利润;反之为亏损。财务损益是金融企业经营业绩的重要衡量标准,按照国家金融法规及会计准则的要求,正确地进行财务损益的核算,对金融企业具有十分重要的意义。

1. 有利于及时掌握金融企业资金的运行状况

财务损益的核算可以使金融企业及时掌握资金的运行情况,对资金流入与流出的实际金额,及其收支发生时间进行详细记录和分析,有利于金融企业全面地了解内部各项财务的收支状况。同时,财务损益的核算,还能为金融企业提供资金周转速度、资金运用效率等多方面的信息,如财务收支活动频繁,表明资金周转速度快等。

2. 有利于防范风险,保证资金、财产的安全

金融企业显著的特点之一,就是其经营的业务品种大都与资金有或多或少的联系,这就使得金融企业在进行经营活动的时候具有很大的风险性。对财务损益的核算,可以使金融企业清楚地看到债务人是否已将资金划入本企业的账户,对于那些未能按期将资金划入的债务人,金融企业可以采取追讨、惩罚等措施,保障资金的按时收付。

3. 有利于经营业绩的客观评价

财务损益的核算,是准确、及时地披露一定时期金融企业财务状况和经营成果的前提,也是金融企业内外各决策群体进行决策的重要依据。盈利能力是外界对金融企业的经营业绩进行评价的基本指标,而金融企业的利润则是其收入减去成本和费用的净额,因此,正确、合法的财务损益核算,可以为金融企业各项评价指标的计算提供数据支持,客观地分析企业的经营成果。同时,通过财务损益的核算,还可以为金融企业的主管部门和决策机构提供真实可靠的财务、会计信息,真实地反映其在经营中出现的问题,从而为国家制定政策和调控经济提供可靠的依据。例如,如果本期显示企业的业务及管理费过多,则企业就应强化各项费用支出的约束,同时,合理配置内部资源,以减少经营成本。

4. 有利于正确处理各经济利益间的关系

按照利润分配的程序,金融企业应在缴纳各种税金,以及提取法定盈余公积金、一般(风险)准备金后,再按照支付优先股股利、提取任意盈余公积金、支付普通股股利、转作资本（股本）的顺序进行利润分配。而财务损益的核算，是准确计算税金的依据，也是金融企业计提各项公积金、准备金的基础。因此，只有正确地进行财务损益的核算，才能保证利润在国家、企业、个人和投资者之间的合理分配，充分调动股东和员工的积极性。

18.1.2　金融企业财务损益核算的基本要求

为保证金融企业提供的财务信息真实可靠，在进行财务损益核算中，金融企业应当遵守以下基本要求。

1. 按规定准确地进行核算

由于银行的各项财务收入在内容上和纳税上都存在着差异，因此，为避免人为地虚增收入、转移收入和逃税，金融企业必须严格地区分各项财务收入的范围，分别对利息收入、手续费及佣金收入、汇兑收益、其他营业收入、投资收益、营业外收入等进行核算，正确反映各项收入的不同来源，确保各项收入和应纳税额计算的真实、准确、完整。

2. 严格执行规定的费用开支范围

金融企业在经营过程中会发生多种多样的支出，它们有的计入费用，有的列作营业外支出，也有的在税后利润中列支。因此，财务人员要按财务制度的规定，严格区分各种性质和不同用途的费用开支，凡不属于费用范围的支出，均不得列入费用，防止发生利用营业外支出科目转移费用支出等违反财经纪律的行为。

3. 认真贯彻权责发生制原则

为了准确反映银行的利润，对收入、支出的核算必须贯彻权责发生制原则。即凡属于本核算期内的收入、费用，不论其是否实际收到或支出，一律作为本期的收入和费用列账，不得予以转移或不列账；凡不属于本核算期内的收入、费用，即使款项已经收到或付出，也不得纳入本期的收入和费用，防止本期虚增收入和费用，确保收入、费用的合理匹配和利润的真实、准确。

18.2　财务收入的核算

18.2.1　财务收入的概念及特点

1. 财务收入的概念

收入是指金融企业在日常活动中形成的、会导致所有者权益增加的、与所有者投入资本无关的经济利益总流入。日常活动是指金融企业为完成其经营目标而从事的所有经常性活动，以及与之相关的其他活动。例如，商业银行提供贷款服务、商业银行办理委托贷款、证券公司代理客户买卖证券、保险公司销售保险合同、信托投资公司受托理财、租赁公司出租固定资产等。经济利益是指现金或者最终能够转化为现金的非现金资产。

在进行财务收入核算时，必须正确区分收益、收入、利得三者之间的关系。收益、收入、利得这三者之间密切相关。首先，收益和收入都能带来金融企业所有者权益的增加，收入的形成来源于金融企业的活动。而收益的来源不仅是金融企业的日常活动，也可以是日常活动以外的活动。其次，利得是金融企业不经过经营过程就取得的，或者不曾希望获得的收益，它的形成源于日常活动以外，是金融企业边缘性或偶发性交易和事项的结果。由此判断，通过"营业外收入"科目核算的固定资产盘盈、处置固定资产、无形资产净收益、非货币性交易收益、罚款净收入等，属于利得的范畴。在利润表中，与收入采取发生额反映的形式不同，利得一般以净额的形式反映。因此，正确地区分收入、收益与利得，有助于金融企业内外对本企业经营成果的正确评价，也有助于规范金融企业的各项收入行为。

2. 财务收入的特征

（1）收入产生于金融企业的日常活动中，而不是来源于偶发的交易或事项中。例如，商业银行的利息收入是其为客户提供贷款，证券公司的手续费收入是其代理客户买卖证券等日常活动中产生的。

（2）收入可能表现为企业的资产增加。金融企业实现的收入可以表现为资产的增加，如增加现金、应收手续费等；也可以表现为负债的减少，如企业以银行存款交纳手续费，使单位在银行的存款减少；或者两者兼而有之，如手续费收入的款项中部分抵偿债务，部分收取现金。而不管是哪种表现形式，其本质都是企业获得一定的经济利益，最终都会使企业所有者权益增加。

（3）收入能导致所有者权益的增加。由于收入能增加资产或减少负债或两者兼有之，因此，根据"资产=负债+所有者权益"的公式，企业取得的收入一定能增加所有者权益。但收入不包括所有者投入的资本。

（4）收入是一个与费用相对应的概念。金融企业的收入是与费用紧密联系的，是金融企业先期垫付费用的回报。可以说，金融企业在经营过程中的各项耗费都是为了获得收入而付出的，任何一项收入都是以一定的费用支出为前提的，而收入则表明费用所带来的结果。因此，收入必须要与相关的费用相比较，以确定当期的净损益，对收入的确认计量和记录才有实际意义。这也与会计的收入、费用配比原则相一致。

（5）收入不包括为第三方或客户代收的款项。金融企业的收入是其在日常经营活动中所形成的经济利益的总流入。这种经济利益归根到底是属于金融企业本身的，最终将增加企业的所有者权益，而代替第三方或客户收取的款项，如证券公司代理客户收取的证券买卖收入、商业银行代理委托贷款企业收取的利息等，一方面增加企业的资产，另一方面增加企业的负债，并不会带来企业所有者权益的增加，因而其不属于金融企业的收入范围。

18.2.2 财务收入的确认和计量与管理

1. 财务收入的确认和计量

金融企业应当根据财务收入的性质，按照收入确认的条件，合理地确认各项收入。按照规定，金融企业提供金融产品服务取得的收入，应当在以下条件均能满足时予以确认。

1）与交易相关的经济利益能够流入企业

这是任何交易都必须遵循的一项基本原则。经济利益是指直接或间接流入企业的现金或现金等价物。在金融企业借出资金的交易中，经济利益的流入即为企业在收回本金时能按时收到利息。金融企业在进行经营活动时，应对客户的信誉状况、当年的经济效益等情况进行充分了解，以保证收入的按时收回。在认为该收入收回的可能性不大时，就不应确认收入。

2）收入的金额能够可靠计量

收入的金额能否可靠计量，是金融企业确定收入的基本前提。金融企业在提供金融商品的过程中，往往由于不确定因素的存在使得金融商品的售价可能发生变动，则在新的售价出现以前，金融企业不能确认收入。具体来看，利息收入应根据合同或协议规定的存贷利率及期限进行确定，提供金融商品服务所取得的收入应按金融企业与其资产使用者签订的合同或协议确定。也就是说，只有当收入的金额能够可靠计量时，金融企业才可以对其进行确认。

3）与收入相关的已发生或将要发生的费用能够可靠计量

银行收入的主要来源是发放贷款取得的利息，而贷款的来源是银行吸收的存款，因此存款的利息就是贷款的费用，存款费用若不能可靠计量，存款即贷款的来源就是一句空话，贷款的利息收入就无从谈起。只有费用能可靠计量，收入才能确认和计量。

2. 财务收入的管理

收入是金融企业利润的主要来源，对金融企业的经营业绩具有重要的影响。因此，加强对收入的管理，不仅有利于金融企业认清自身的经营管理水平，也有利于外界对本企业的正确评价。金融企业在收入管理上应当遵守以下原则。

（1）金融企业的各项收入应严格按照国家有关法律法规和制度的规定进行准确计算、认真核实，以保证金融企业损益的真实性。在收入确认的过程中，坚持按照权责发生制的原则，不能将应计收入放在账外。同时，还应严格按照制度规定的收入确认原则来确认收入的实现，并及时将实现的营业收入统一纳入企业的损益进行核算。

（2）金融企业经营业务范围内的各项收入和其他营业收入、营业外收入，应当在依法设置的会计账簿上按规定统一登记、核算，不得存放其他单位，或者以任何理由坐支。发生少收或多收时，要查找原因，并由有关经手人员提出凭证，经有关主管人员批准后，从有关收入中补收或退还入账。

（3）投资者、经营者及其他职工履行本单位职务所得的收入，包括业务收入，以及对方给予的佣金、手续费等，全部属于金融企业，应当纳入收入项目进行账内核算，不得隐匿、转移、私存私放、坐支，或者擅自用于职工福利。

18.2.3 财务收入的核算

由于金融企业经营范围的不同，其收入的来源也有很大的差异性，但总体来说，金融企业提供金融商品服务所取得的收入，主要包括利息收入、手续费及佣金收入、保费收入、租赁收入、其他业务收入、汇兑损益、公允价值变动损益、投资收益、摊回保险责任准备金、摊回赔付支出、摊回分保费用等，对最主要的收入内容必须认真核算。

1. 利息收入的核算

利息收入是指金融企业让渡资金使用权所取得的收入，具体包括发放各类贷款（银团贷款、贸易融资、贴现和转贴现融出资金、协议透支、信用卡透支、转贷款、垫款等）的利息收入、其他金融机构（中央银行、同业等）资金往来利息收入、买入返售金融资产利息收入等。

核算各项利息收入时，应使用"利息收入"科目，该科目的贷方登记一定时期内各项利息收入的发生数，余额反映在贷方，会计期末时，应将其贷方余额转入"本年利润"科目，结转后，本科目无余额。在该科目下，应根据利息收入的类别设置明细科目，如贷款利息收入、金融机构资金往来利息收入、买入返售金融资产利息收入等，以保证核算的准确性。

1) 贷款利息收入的核算

贷款利息收入是指金融企业发放的各项贷款，按贷款本金规定的利率及计息期限计算的应收利息。按照规定，金融企业对发放的贷款，应按月计提应收利息并确认收入的实现。其利息的计算采用实际利率法（参见第4章贷款业务的核算）。

例18-1 某银行于2017年6月12日向某工业企业发放了金额为200 000元，期限为1年的短期贷款，合同年利率为3.6%。6月30日，银行按规定计提贷款利息，若当日，银行的贷款实际年利率为3.2%，则应收利息=200 000×9×3.6%/360=180（元）；利息收入=200 000×9×3.2%/360=160（元）。

会计分录为：

借：应收利息——短期贷款利息　　　　　　　　　　　　　　　180
　　贷：利息收入——短期贷款利息　　　　　　　　　　　　　160
　　贷：贷款——利息调整　　　　　　　　　　　　　　　　　 20

在实际收到利息时，金融企业的会计分录为：

借：吸收存款——某单位活期户　　　　　　　　　　　　　　　180
　　贷：应收利息——短期贷款利息　　　　　　　　　　　　　180

贷款到期（含展期，下同）90天后尚未收回的，其应收利息停止计入当期利息收入，纳入表外核算；已计提的贷款应收利息，在贷款到期90天后仍未收回的，或者在应收利息逾期90天后仍未收到的，冲减原已计入损益的利息收入，转作表外核算。非银行金融企业除贷款以外的融出资金，其计提的利息按上述原则处理。

2) 金融机构资金往来利息收入的核算

金融企业往来利息收入是指金融企业在业务经营过程中，与中央银行、其他商业银行和非银行金融机构之间，由于存入款项、拆借资金和资金账务往来而发生的利息收入。该利息收入应按让渡资金使用权的时间和适用利率计算确定。因此，在资产负债表日，各商业银行应根据存放在中央银行的款项，确认并计提金融机构往来的利息收入。其计提的会计分录与上述贷款利息的计提方法相同。

此外金融企业之间的资金存放、拆借、占用等业务，也会给资金的提供者带来一定的利息收入，也应按让渡资金使用权的时间和适用利率计算利息收入。其计提利息收入的会计分录与上述利息的计提相同。

3) 买入返售金融资产利息收入的核算

买入返售金融资产是指金融企业与其他企业以合同或协议的方式约定，先买入一定的票据、债券、贷款等金融资产，然后再于到期日以合同规定的价格将这些金融资产返售给卖出方的行为。

买入返售金融资产会给金融企业带来两方面的利息收入：① 金融资产本身产生的利息；② 金融资产返售时，由于资产差价带来的收益，也通过利息收入进行核算。

例18-2 某证券公司于2017年10月9日以96元价格，买入面值为100元，年利率为2%的政府一年期国债2 000张，并与售出者约定于2018年1月24日以98元的价格将其售出。该证券公司的利息账务处理如下。

在第一个资产负债表日2017年10月31日，证券公司持有的国债确认利息收入为：100×2 000×2%/360×23=255.56（元）。

会计分录为：

借：应收利息 255.56
　　贷：利息收入 255.56

2017年11—12月的应收利息为：200 000×（2%/12）×2＝666.67(元)

2017年10月9日—2017年12月31日的应收利息总额为：

$$255.56+666.67=922.23(元)$$

在返售日2018年1月24日，计算该国债利息总额为：

$$200\,000×(2\%/360)×107=1\,188.89(元)$$

则1月1日—1月24日的利息收入＝1 188.89元－(666.67+255.56)＝266.66(元)

证券公司按照约定的价格将其出售给原卖出方时，会计分录为：

借：银行存款 196 000
　　投资收益 5 188.89
　　贷：买入返售金融资产 200 000
　　　　应收利息 922.23
　　　　利息收入 266.66

2. 手续费及佣金收入的核算

手续费及佣金收入是金融企业提供各项服务时收取的费用，包括结算手续费收入、业务代办手续费收入、代理保险业务收入、代理信托业务收入、基金申购（认购、赎回）收入、基金托管收入、咨询服务收入、担保收入、受托贷款手续费收入、佣金收入、代保管收入、代理买卖证券收入、代理承销证券收入、代理兑付证券收入、代理保管证券收入等。

手续费及佣金收入应在"手续费及佣金收入"科目核算，该科目的贷方核算手续费的增加额，余额为贷方。会计期末，企业应将其贷方余额转入"本年利润"，结转后的本科目无余额。此外，手续费及佣金收入还应按不同种类设置明细科目进行核算。以下仅对几种常见的手续费及佣金收入进行介绍。

1) 结算手续费收入的核算

支付结算业务是银行为客户提供的典型中间业务，按照银行业务的规定，银行在提供服务时，应按一定的比例收取手续费。

例18-3 王某到银行办理汇款，银行收取手续费50元。

银行确认手续费的会计分录为：

借：库存现金 50
　　贷：手续费及佣金收入——结算手续费收入 50

2) 代理出售产品手续费收入的核算

随着金融业务经营的综合化，银行不仅为客户提供其自身的金融产品，同时，也利用其营业网点的优势，代理出售其他金融机构的产品，如代理保险业务、代理信托业务、代理基金买卖业务等。

例18-4 王某到银行购买金额为100 000元的信托产品，银行收取手续费100元。银行确认手续费的会计分录为：

借：库存现金 100
　　贷：手续费及佣金收入——结算手续费收入 100

3) 基金托管收入的核算

基金托管是银行开办的一项新型业务,银行作为基金的托管人,其主要职责是安全保管基金资产、办理基金资产名下的资金清算,以及监督基金管理人的投资运作等。

例 18-5 某托管银行会计期末确认全部基金托管费为 80 000 元。

会计分录为:

借:其他应收款——基金托管收入　　　　　　　　　　　80 000
　　贷:手续费及佣金收入——基金托管收入　　　　　　　　80 000

在实际收到基金管理公司转来的托管费时,会计分录为:

借:存放中央银行款项　　　　　　　　　　　　　　　　80 000
　　贷:其他应收款——基金托管收入　　　　　　　　　　　80 000

4) 代理买卖证券收入的核算

代理买卖证券是指金融企业(证券公司)接受客户的委托,为其办理证券的买卖并收取一定手续费的业务。金融企业收取的代理买卖证券的收入应在为客户买卖完毕后进行确认。

例 18-6 李某委托证券公司为其买入 50 000 元的民生银行股票,证券公司接受委托后,为其办理相应的业务,并收取代理证券买卖手续费 500 元。

证券公司确认手续费的会计分录为:

借:清算备付金——自用　　　　　　　　　　　　　　　　500
　　贷:手续费及佣金收入——代理买卖证券收入　　　　　　500

在实际收到客户的手续费收入时,会计分录为:

借:库存现金　　　　　　　　　　　　　　　　　　　　　500
　　贷:清算备付金——自用　　　　　　　　　　　　　　　500

5) 代理承销证券收入的核算

代理承销证券是指金融企业(证券公司或商业银行)作为证券承购包销商在一级市场上代筹资人发行和销售证券,并从中收取手续费的业务。

例 18-7 某证券公司代客户发行股票 5 000 000 元,发行期结束后,按照合同的约定扣收手续费 5 000 元。

会计分录为:

借:代理承销证券款　　　　　　　　　　　　　　　　　5 000
　　贷:手续费及佣金收入——代理承销证券收入　　　　　5 000

在实际收到手续费时,会计分录为:

借:银行存款　　　　　　　　　　　　　　　　　　　　5 000
　　贷:代理承销证券款　　　　　　　　　　　　　　　　5 000

6) 代理兑付证券收入的核算

代理兑付证券是指金融企业(证券公司或商业银行)接受客户的委托,为其发行的证券办理到期兑付的业务。金融企业获得代理兑付证券收入,应当在兑付期完毕后,向委托单位交回已兑付的债券时予以确认。

例 18-8 某证券公司接受客户委托,为其办理债券的兑付,兑付期结束后,证券公司向委托人收取手续费 1 500 元。

会计分录为：

借：库存现金　　　　　　　　　　　　　　　　　　　　　　　　　1 500
　　贷：其他应收款——代理兑付证券收入　　　　　　　　　　　　　1 500

例 18-9　某证券公司收到委托企业拨来的兑付资金和手续费一共 5 000 000 元，其中手续费收入 50 000。

会计分录为：

借：银行存款　　　　　　　　　　　　　　　　　　　　　　　　　50 000
　　贷：其他应收款——代理兑付证券收入　　　　　　　　　　　　 50 000

3. 其他业务收入的核算

其他业务收入是指金融企业除主营业务以外的其他经营活动实现的收入，包括出租固定资产、出租无形资产、出租包装物和商品、销售材料、债务重组等实现的收入。金融企业的其他业务收入应在收妥款项时予以确认。在核算时应使用"其他业务收入"科目，该科目贷方登记确认的收入金额，余额为贷方。会计期末将其贷方余额转入"本年利润"科目，结转后该科目无余额。

如金融企业出售物料用品取得收入时，借记"银行存款"科目，贷记"其他业务收入——出售物料用品"科目；金融企业代为办理保险业务，取得手续费收入，借记"银行存款"科目，贷记"其他业务收入——代为保险手续费"科目。

4. 汇兑损益的核算

汇兑损益是指金融企业经营外汇买卖和外币兑换业务时，由于汇率的变动而带来的收入或损失。即已经收入的外币资金在使用时，或者已经发生的外币债权、外币债务在偿还时，由于期末汇率与记账汇率的不同而发生的折合为记账本位币的差额。金融企业的汇兑损益应根据买入、卖出汇价和汇率变动的净收益加以确认。在核算时使用"汇兑收益"科目，该科目贷方核算实际发生的汇兑收益，借方核算实际发生的汇兑损失，会计期末，应将该科目的全部余额转入"本年利润"科目，结转后该科目无余额。

采用分账制核算的金融企业，应在会计期末，将"货币兑换"科目的余额按期末汇率折算为记账本位币金额，然后按"货币兑换——记账本位币"科目的余额进行比较，计算出汇兑损益，并登记有关科目账户。

例 18-10　会计期末，某银行其"货币兑换"科目直接套汇户中，美元余额为借方 US$ 10 000，港币余额为贷方 HK$ 15 000，当日美元的牌价为 6.789 1，港币汇率为 0.865 1，则：

$$US\$\ 10\ 000 \times 6.789\ 1 = ￥67\ 891$$
$$HK\$\ 15\ 000 \times 0.865\ 1 = ￥12\ 976.5$$

会计分录为：

借：货币兑换——港币户　　　　　　　　　　　　　　　　　　￥12 976.5
　　汇兑收益——货币兑换　　　　　　　　　　　　　　　　　　￥54 914.5
　　贷：货币兑换——美元户　　　　　　　　　　　　　　　　　￥67 891

例 18-11　会计期末，某银行美元外汇买卖账簿结存为：贷 $ 100 000，借 ￥685 620。若当日汇率为 1 美元 = 6.758 9。则 $ 100 000 × 6.758 9 = ￥675 890

美元外汇买卖损益 = ￥675 890 - ￥685 620 = ￥-9 730

会计分录为：

借：汇兑收益——货币兑换　　　　　　　　　　　　　　　￥9 730
　　贷：货币兑换——美元户　　　　　　　　　　　　　　　￥9 730

但在银行的外汇核算中，并非只有单支外汇交易，往往有多种币种的外汇买卖业务，既有美元交易，也有英镑、港币交易；既有直接套汇交易，又有非直接套汇交易。为了简化手续以及纳税的方便，银行在期末往往采取编制外汇买卖损益计算表，将所有币种的外汇买卖交易的损益情况汇总在一张表上，计算出该行外汇买卖交易总的汇兑损益，予以登记账簿。现举例说明如下。

例18-12　工行某支行2018年5月31日个外汇买卖账户余额如下。

非直接套汇户：美元户　外币　贷 USD680 000　人民币　借￥4 219 740
　　　　　　　港币户　外币　借 HKD550 000　人民币　贷￥470 800
直接套汇户：美元户　外币　借 USD52 000
　　　　　　港币户　外币　贷 HKD840 000

若5月末结算汇率美元为￥6.179 6，港币为￥0.795 99，则外汇损益计算表如下。

外汇买卖损益计算表

2018年5月31日

币别		外币金额		人民币金额		汇率	外币折人民币金额		人民币损益	
		借方	贷方	借方	贷方		借方	贷方	借方	贷方
非直接套汇户	美元		680 000	4 219 740		@6.179 6		4 202 128	17 612	
	港币	550 000			470 800	@0.795 99	437 794.5			33 005.5
直接套汇户	美元	52 000				@6.179 6	3 213 392		3 213 392	
	港币		840 000			@0.795 99		668 631.6		668 631.6
小计				4 219 740	470 800		3 651 186.5	4 870 759.6	3 231 004	701 637.1
损益					3 748 940		1 219 573.1			2 529 366.9
合计				4 219 740	4 219 740		4 870 759.6	4 870 759.6	3 231 004	3 231 004

该表编制说明如下。

① 表的左半部分是根据该单位外汇买卖各账户中的余额抄录并计算出的；其下部的损益是该行原账户数据计算的外汇买卖损益：3 748 940元=4 219 740元-470 800元，具体到该表，此数为汇兑损失。

② 表的右半部的"外币折人民币金额"，是根据结算汇率折算原账户数据计算填入的；其下部的损益，是原账户外币按结算汇率折算后计算的损益：1 219 573.1元= 4 870 759.6元-3 651 186.5元，具体到该表，此数为汇兑损失额。

③ 表的最右边的"人民币损益"，是各币种按结算汇率计算后与原账户对比，结出的人

民币损益额;其下方的损益额是各币种汇总损益后的净损益额,即 2 529 366.9 元=3 231 004 元-701 637.1 元;该净损益额须与①、②计算的损益额的差数相符,即 2 529 366.9 元= 3 748 940 元-1 219 573.1 元。

④ 该表必须满足:

表的左半部　　470 800+3 748 940=4 219 740(元)

外币折人民币金额　3 651 186.5+1 219 573.1=4 870 759.6(元)

人民币损益　　701 637.1+2 529 366.9=3 231 004(元)

外汇买卖净损益　3 748 940-1 219 573.1=2 529 366.9(元)

最后以该表计算的净损益额编制转账传票,登记账簿,会计分录为:

借:汇兑损益——外汇买卖　　　　　　　　　　　　　　　¥2 529 366.9

　　贷:货币兑换——外汇买卖　　　　　　　　　　　　　　¥2 529 366.9

采用统账制核算的金融企业,应当于会计期末,将各外币货币性项目的期末余额,按照期末汇率折算为记账本位币金额,并将其与原账面记账本位币的金额进行比较,其会计分录与采用分账制核算的类似。

5. 公允价值变动损益的核算

公允价值变动损益是指以公允价值计量的、且其变动记入当期损益的交易性金融资产及金融负债,以及投资性房地产、衍生工具、套期保值业务等由于其公允价值的变动而形成的损益。

金融企业取得该项损益时,应根据资产的公允价值、账面价值,以及其差额进行确认。在会计核算时,使用"公允价值变动损益"科目,该科目借方登记由于公允价值变动而形成的损失,贷方登记其实现的收益。本科目应按交易性金融资产、交易性金融负债、投资性房地产等进行明细核算,余额为借方表明公允价值变动损失,贷方表明公允价值变动收益。会计期末,应将本科目的余额转入"本年利润"科目,结转后该科目无余额。金融资产公允价值增加或金融负债减少时,借记"交易性金融资产""交易性金融负债""投资性房地产"等科目,贷记"公允价值变动损益"科目。若金融资产公允价值减少或金融负债增加时做相反会计分录。

另外,企业开展套期保值业务的,也可单独设置"套期损益"科目,对有效套期关系中套期工具和被套期项目的公允价值变动形成的收入或损失进行核算。

1)交易性金融资产公允价值变动损益的核算

交易性金融资产是指企业为了近期内出售而持有的金融资产,如企业以赚取差价为目的从二级市场上购入的股票、债券、基金等。在资产负债表日,金融企业应按当日交易性金融资产的市场价格作为其公允价值,并做相应的账务处理。

例 18-13　某金融企业于 2017 年 8 月 24 日按 1.54 元的价格申购基金 100 000 份。在资产负债表日,该基金的公允价值为 1.89 元。则该基金公允价值变动收益为:100 000×(1.89-1.54)=35 000(元)。

会计分录为:

借:交易性金融资产——公允价值变动　　　　　　　　　　　　　　35 000

　　贷:公允价值变动损益　　　　　　　　　　　　　　　　　　　　35 000

金融企业在出售交易性金融资产时,应以出售日的交易性金融资产的市场价格为其公允价值,并将其与该金融资产的账面余额进行比较,确认投资收益。同时,将原计入该金融资产的公允价值变动转出。

例 18-14 (接例 8-12)某金融企业于 2018 年 1 月 23 日出售其持有基金,若该基金的公允价值仍为 1.89 元。

会计分录为:

借:公允价值变动损益　　　　　　　　　　　　　　　　　　　　　35 000
　　贷:投资收益　　　　　　　　　　　　　　　　　　　　　　　　35 000

在资产负债表日,若该基金的公允价值低于其账面余额,则金融企业于资产负债表日和出售日均应做相反的会计处理。

2) 交易性金融负债公允价值变动损益的核算

交易性金融负债主要是指金融企业近期内回购而承担的金融负债,如股票、债券、基金等。在资产负债表日,金融企业应按照当日交易性金融负债的市场价格作为其公允价值,并做相应的账务处理。

例 18-15 某金融企业于 2017 年 10 月 19 日卖出基金 100 000 份,并与买入者商定 3 个月后将其买回。卖出公允价格为 1.67 元。在资产负债表日,该基金的公允价格为 1.74 元。其公允价值损失为:100 000×(1.74-1.67)= 7 000(元)。

会计分录为:

借:公允价值变动损益　　　　　　　　　　　　　　　　　　　　　7 000
　　贷:交易性金融负债——公允价值变动　　　　　　　　　　　　　7 000

金融企业在处置交易性金融负债时,应以处置日的交易性金融负债的市场价格作为其公允价值,并将其与该金融负债的账面余额进行比较,确认投资收益。同时,将原计入该金融负债的公允价值变动转出。

例 18-16 (接例 18-15)3 个月后,该金融企业将卖出的基金买回,若该基金的公允价值为 1.74 元。

会计分录为:

借:交易性金融负债——公允价值变动　　　　　　　　　　　　　　7 000
　　贷:公允价值变动损益　　　　　　　　　　　　　　　　　　　　7 000

在资产负债表日,若该基金的公允价值低于其账面余额,则金融企业于资产负债表日和出售日均应做相反的会计处理。

6. 投资收益的核算

投资收益是金融企业进行长期股权投资,持有交易性金融资产、持有至到期投资、可供出售金融资产的期间,以及处置交易性金融资产、交易性金融负债,指定为以公允价值计量的、且其变动计入当期损益的金融资产或金融负债、持有至到期投资、可供出售金融资产时实现的投资收益或损失。

在对金融企业取得的投资收益进行核算时,使用"投资收益"科目,该科目借方登记各项投资所带来的损失,贷方登记其实现的收益,余额反映在贷方。会计期末,应将本科目的余额转入"本年利润"科目,结转后该科目无余额。

1) 长期股权投资的投资收益核算

长期股权投资收益是指金融企业因持有各种股权性质的投资而实现的收益或损失。金融企业可以通过持有期间现金股利的发放和最终的处置实现其投资收益。由于金融企业可以采用成本法或权益法对长期股权投资进行核算，因此，对其收益的核算也分为成本法和权益法两种。

(1) 持有期间发放现金股利。金融企业采用成本法核算长期股权投资的，应按被投资单位宣告发放现金股利，或者利润中属于本企业部分的金额，确认其投资收益，而属于被投资单位在取得本企业投资前实现的净利润分配额，则不属于长期股权投资的投资收益。

例 18-17　某金融企业对某工业企业进行长期股权投资，取得股份 100 000 股。年末，该投资单位宣告发放现金股利 0.32 元/股。则该企业投资收益为：100 000×0.32 = 32 000（元）。

会计分录为：

借：应收股利　　　　　　　　　　　　　　　　　　　　　　　　32 000
　　贷：投资收益——长期股权投资　　　　　　　　　　　　　　　32 000

金融企业采用权益法核算长期股权投资的，应按被投资单位实现的净利润或经调整的净利润计算其应享有的份额，确认其投资收益。

例 18-18　某金融企业持有某单位的股票 50 000 股，占该单位股票总数的 20%。2006 年，该单位宣布实现净利润 1 000 000 元，则该企业投资收益为：1 000 000×20% = 200 000（元）。

会计分录为：

借：长期股权投资——损益调整　　　　　　　　　　　　　　　　200 000
　　贷：投资收益——长期股权投资　　　　　　　　　　　　　　　200 000

若被投资单位发生净亏损，则应做相反的会计分录，直至将长期股权投资的账面价值减计至零时为限。如果还需继续承担投资损失的，应将其他实质上构成对被投资单位净投资的"长期应收款"等的账面价值减计至零为限。

(2) 处置长期股权投资。金融企业采用成本法核算长期股权投资处置的，应按实际收到的金额与长期股权投资的账面余额的差额，确认相关的收益或损失。

例 18-19　某金融企业于 2018 年 5 月 15 日出售某单位的股权，取得收入 500 000 元，该项股权的账面余额为 450 000 元。

会计分录为：

借：银行存款　　　　　　　　　　　　　　　　　　　　　　　　500 000
　　贷：长期股权投资　　　　　　　　　　　　　　　　　　　　　450 000
　　　　投资收益——长期股权投资　　　　　　　　　　　　　　　 50 000

金融企业采用权益法核算长期股权投资处置的，除需做上述处理外，还应将原记入资本公积的金额转出。

例 18-20　某金融企业于 2017 年 12 月 6 日取得某工业单位的股权，价值 50 000 元，同年 12 月 25 日，该被投资单位的所有者权益增加 10 000 元，按照持股比例，该金融公司将享有其 30% 的份额。2018 年 2 月 18 日，该金融企业将本项股权投资以 60 000 元出售。

会计分录为：

2017 年 12 月 25 日

借：长期股权投资——其他收益变动　　　　　　　　　　　　　　　3 000

　　　　贷：资本公积——其他资本公积　　　　　　　　　　　　　　　　　3 000
2018 年 2 月 18 日
　　借：银行存款　　　　　　　　　　　　　　　　　　　　　　　　　60 000
　　　　贷：长期股权投资　　　　　　　　　　　　　　　　　　　　　　50 000
　　　　　　投资收益——长期股权投资　　　　　　　　　　　　　　　　10 000
　　借：资本公积——其他资本公积　　　　　　　　　　　　　　　　　　3 000
　　　　贷：投资收益——长期股权投资　　　　　　　　　　　　　　　　 3 000

2) 交易性金融资产的投资收益核算

金融企业在取得、持有及处置交易性金融资产时，都会产生投资收益。在取得交易性金融资产时，金融企业应按照发生的费用确认其投资损失。

例 18-21　某金融企业于 2017 年 4 月 10 日买入某工业企业的股票 10 000 股，价格为 5.36 元，发生各种费用 500 元。

会计分录为：
　　借：交易性金融资产——成本　　　　　　　　　　　　　　　　　　53 600
　　　　投资收益　　　　　　　　　　　　　　　　　　　　　　　　　　　500
　　　　贷：银行存款　　　　　　　　　　　　　　　　　　　　　　　 54 100

金融企业在交易性金融资产的持有期间，若被投资单位宣告发放现金股利的，金融企业应根据其享有的金额确认投资收益。

例 18-22　（接例 18-21）2017 年年末，该工业企业宣布发放 0.25 元/股现金股利，则金融企业的投资收益为：10 000×0.25＝2 500(元)。

会计分录为：
　　借：应收股利　　　　　　　　　　　　　　　　　　　　　　　　　 2 500
　　　　贷：投资收益——交易性金融资产　　　　　　　　　　　　　　　 2 500

在处置交易性金融资产时，金融企业应按照其实际收到的金额与该项资产的账面余额进行比较，以其差额确定投资收益，同时，将原计入该金融资产的公允价值变动转出。

例 18-23　（接例 18-22）2017 年 12 月 31 日，该金融企业持有股票的市场价格为 6.38 元。2018 年 3 月 12 日，该企业将其出售，取得除相关费用外的实际收入为 64 300 元。则 2017 年 12 月 31 日该金融资产公允价值收益为：10 000×6.38－53 600＝10 200(元)。

会计分录为：
2017 年 12 月 31 日
　　借：交易性金融资产——公允价值变动　　　　　　　　　　　　　　 10 200
　　　　贷：公允价值变动损益　　　　　　　　　　　　　　　　　　　 10 200
2018 年 3 月 12 日
　　借：银行存款　　　　　　　　　　　　　　　　　　　　　　　　　64 300
　　　　贷：交易性金融资产——成本　　　　　　　　　　　　　　　　　53 600
　　　　　　投资收益　　　　　　　　　　　　　　　　　　　　　　　 10 700
　　借：公允价值变动损益　　　　　　　　　　　　　　　　　　　　　 10 200
　　　　贷：交易性金融资产——公允价值变动　　　　　　　　　　　　 10 200

3）持有至到期投资的投资收益核算

持有至到期投资资产是指金融企业从二级市场上购入的固定利率国债、浮动利率公司债券，以及其他符合持有至到期投资条件可以划分为持有至到期投资的资产。其投资收益产生于该项资产的持有期间，以及其处置时取得。

在资产负债表日，金融企业应按持有至到期投资的票面利率计算确定应收未收到利息，按实际利率计算的金额确定其投资收益。按照持有至到期投资的付息方式，可以分为分期付息，一次还本债券的投资和一次还本付息的投资。

例 18-24 某金融企业持有 10 年期的分期付息的国债 100 000 元，票面利率为 5.32%。2017 年 12 月 31 日，该项资产的实际年利率为 5.27%。则该国债的应收利息 = 100 000×5.32% = 5 320(元)，利息收入 = 100 000×5.27% = 5 270(元)。

会计分录为：

借：应收利息　　　　　　　　　　　　　　　　　　　　　　　　　　　5 320
　　贷：利息收入　　　　　　　　　　　　　　　　　　　　　　　　　5 270
　　　　持有至到期投资——利息调整　　　　　　　　　　　　　　　　　　50

例 18-25 某金融企业持有某公司一年期一次性付息的债券 50 000 元，其票面利率为 3.25%。2017 年 12 月 31 日，该资产的实际年利率为 3.47%。

会计分录为：

借：应收利息——持有至到期投资　　　　　　　　　　　　　　　　　　1 625
　　持有至到期投资——利息调整　　　　　　　　　　　　　　　　　　　110
　　贷：利息收入——持有至到期投资　　　　　　　　　　　　　　　　1 735

金融企业处置持有至到期投资时，应按实际收到的金额与其账面余额的差额确认投资收益。

例 18-26 （接例 18-25）某金融企业于 2018 年 2 月 9 日将其持有的某公司的一年期债券卖出，取得价款 55 000 元。

会计分录为：

借：银行存款　　　　　　　　　　　　　　　　　　　　　　　　　　　55 000
　　贷：持有至到期投资——成本　　　　　　　　　　　　　　　　　　50 000
　　　　应收利息——持有至到期投资　　　　　　　　　　　　　　　　1 625
　　　　持有至到期投资——利息调整　　　　　　　　　　　　　　　　　110
　　　　投资收益　　　　　　　　　　　　　　　　　　　　　　　　　3 265

4）可供出售金融资产的投资收益核算

可供出售金融资产是指企业没有划分为以公允价值计量且其变动计入当期损益的金融资产、持有至到期投资、贷款和应收款项的金融资产。与持有至到期投资相同，其投资收益也于该项资产的持有期间，以及其处置时取得。

可供出售金融资产在持有期间所取得的投资收益，其会计处理与持有至到期投资相同，只是通过"可供出售金融资产"科目进行核算。另外，在资产负债表日，金融企业还应将该项资产的公允价值变动的金额转入资本公积。

例 18-27 某金融企业于 2017 年 7 月 5 日买入政府一年期的国债 300 000 元，票面利率为 2.36%。2017 年 12 月 31 日，该资产的实际年利率为 2.47%，市场价值为

330 000元。

会计分录为：

借：应收利息—— 可供出售金融资产　　　　　　　　　　　　7 080
　　可供出售金融资产——利息调整　　　　　　　　　　　　　330
　　　贷：利息收入　　　　　　　　　　　　　　　　　　　　7 410
借：可供出售金融资产——公允价值变动　　　　　　　　　　30 000
　　　贷：资本公积——其他资本公积　　　　　　　　　　　30 000

在处置可供出售金融资产时，应按照其出售实际获取的金额与其账面余额和转出的"资本公积——其他资本公积"的差额确认投资收益。

例 18-28　（接例 18-27）2018 年 2 月 11 日，该金融企业将其持有的债券出售，取得价款 320 000 元。

会计分录为：

借：银行存款　　　　　　　　　　　　　　　　　　　　　320 000
　　资本公积——其他资本公积　　　　　　　　　　　　　　30 000
　　　贷：可供出售金融资产——成本　　　　　　　　　　300 000
　　　　　应收利息—— 可供出售金融资产　　　　　　　　　7 080
　　　　　可供出售金融资产——利息调整　　　　　　　　　　330
　　　　　可供出售金融资产——公允价值变动　　　　　　　30 000
　　　　　投资收益　　　　　　　　　　　　　　　　　　　12 590

18.3　费用支出的核算

18.3.1　费用的概念和内容

费用是指金融企业在日常活动中所发生的会导致所有者权益减少、与所有者分配利润无关的经济利益的总流出，是金融企业日常经营活动中发生的各种耗费。该费用直接影响金融企业的经营成果，必须严格按规定进行核算与控制。按照会计准则规定，金融企业的费用由营业费用、税费、营业外支出 3 项组成。

（1）营业费用是金融企业在经营中具有补偿性质的垫付性支出，包括营业支出和其他营业支出两种。

营业支出是金融企业在日常经营活动中所发生的各项费用支出，包括利息支出、金融企业往来支出、手续费及佣金支出、资产减值损失、卖出回购证券支出、汇兑损失、赔款支出、死伤医疗给付、满期给付、年金给付、分保赔款支出、分保费用支出等。

其他营业支出是金融企业在日常经营活动中所发生的与经营有关的其他费用支出，如按规定计提的各项准备金、业务招待费、业务宣传费、培训费、差旅费、固定资产折旧费、业务管理费、电子设备运转费、安全防卫费、企业财产保险费、邮电费、劳动保护费、外事费、印刷费、公杂费、低值易耗品摊销、职工工资、职工福利费、职工教育经费、工会经费、房产税、车船使用税、土地使用税、印花税、会议费、诉讼费、公证费、咨询费、无形资产摊销、长期待摊费用摊销、待业保险费、劳动保险费、取暖费、审计费、技术转让费、研究开发费、绿化费、董事会费、上交管理费、广告费、银行结算费等。

（2）税费是按国家税法的规定金融企业缴纳的税款，包括营业税及附加、增值税、所得税。

（3）营业外支出是金融企业发生在营业以外的各种费用，如非流动资产处置损失、非货币性资产交换损失、公益性捐赠支出、罚款支出、固定资产盘亏损失等。

按照规定，金融企业的费用只有在经济利益可能流出从而导致资产的减少或负债的增加，而且经济利益的流出额能可靠计量时才能予以确认。符合费用定义和确认条件的项目，应当列入利润表。

18.3.2 财务费用的管理

财务费用的高低是影响金融企业经营成果的主要因素，也是金融企业进行经营决策的重要依据。因此，对财务费用进行有效的监控和管理，对金融企业具有重要的意义。金融企业在对成本和费用进行管理时，应符合以下原则。

（1）按照国家的法律、法规及内部财务管理制度，结合金融企业自身的特点，强化费用预算的约束机制，实行费用全员管理和全过程控制。

对在经营中发生的与经营有关的支出，包括各项利息支出（含贴息）扣除允许资本化的部分、手续费支出、佣金支出、业务给付支出、业务赔款支出、保护（保障、保险）基金支出、应计入损益的各种准备金和其他有关支出，应按国家有关规定计入当期损益，纳入账户核算，不得违反规定进行调整；对为职工缴纳的基本医疗保险、基本养老保险、失业保险和工伤保险等社会保险费用，要根据有关法律、法规和政策的规定，据实列入费用。参加基本医疗保险、基本养老保险且按时足额缴费的金融企业，具有持续盈利能力和支付能力的，还可以根据有关规定，为职工建立补充医疗保险和补充养老保险（企业年金）制度，相关费用应按照国家有关规定列支。

（2）实行费用支出的归口管理，严格费用开支范围、标准和报销审批程序。

应对业务宣传费、业务招待费、差旅费、会议费、通信费、维修费、出国经费、董事会经费、捐赠等费用实行重点监控；对发生的业务宣传费、委托代办手续费、防预费、业务招待费，应按规定据实列支，不得预提；根据经营情况支付必要的佣金、手续费等支出，应当签订合同，明确支出标准和执行责任，除对个人代理人外，不得以现金支付；对技术研发和实施科技成果产业化所需的经费应纳入财务预算，形成的资产必须纳入相应的资产科目进行管理。

（3）严格区分本期费用与下期费用的界限、营业支出与营业外支出的界限、收益性支出与资本性支出的界限。

金融企业在经营过程中所发生的各项费用，应当以实际发生额计入费用账户。凡是应由本期负担而尚未支出的费用，应作为预提费用计入本期费用；凡已支出，应由本期和以后各期负担的费用，应作为待摊费用，分期摊入各期费用。

（4）对费用的核算应以季（月）、年为计算期。同企业一个计算期内核算费用的起止日期、计算范围和口径应当一致。

金融企业在处理相同的费用核算内容时,所采取的处理方法必须保持前后一致。一经选定,就应持续使用,不能随意变更,以便对银行各核算期的费用项目进行比较分析,从中找出导致费用增减变化的原因,为提高银行的经营管理水平,预测银行未来收益,制定银行经营目标和财务计划,提供可靠的依据。

18.3.3 财务费用的核算

1. 利息支出的核算

利息支出是指金融企业因使用其他企业的资金应支付的利息,包括吸收各种存款的利息支出、与其他金融机构(中央银行、同业等)之间发生资金往来业务的利息支出、卖出回购金融资产等产生的利息支出。

核算各项利息支出时,应使用"利息支出"科目,该科目的借方登记一定时期内各项利息支出的发生数,余额反映在借方。会计期末时,应将其余额转入"本年利润"科目,结转后本科目无余额。在该科目下,应根据利息支出的类别设置明细科目核算。

1) 吸收存款利息支出的核算

金融企业吸收的各项存款应按照存款的期限及其适用的利率进行核算。

例 18-29 2018 年 3 月 15 日,客户王某在银行存入定期存款 100 000 元,公允年利率为 2.25%,实际年利率为 2.1%,银行按月计提存款利息。则 2018 年 3 月 31 日计提应付利息 100 元,确认利息支出为 93.33 元。

会计分录为:

借:利息支出 93.33
　　吸收存款——利息调整 6.67
　　贷:应付利息 100

金融机构资金往来利息支出是指金融企业在相互的资金往来过程中,由于占用他人的款项而支付的利息。该利息支出应根据占用款项的时间和使用利率加以确认。其会计处理与上述银行吸收存款的会计处理相同。

2) 卖出回购金融资产利息支出的核算

卖出回购金融资产是指金融企业在卖出票据、证券、贷款等金融资产的同时,与买入方商定于某一日期以约定的价格将其买回的行为。在资产负债表日,金融企业应按照确定的卖出回购金融资产的利息费用,对利息支出加以确认;在回购日还应按照回购金融资产的账面余额和实际支付金额的差额确认利息支出。

例 18-30 某银行于 2018 年 10 月 17 日卖出面值为 100 元,年利率为 8% 的 10 年期国债 1 000 张,当时的市场价格为 94 元,同时,与买入者签订回购合同,约定于 2019 年 1 月 21 日以 105 元的价格将其买回。

2018 年 12 月 31 日,国债将进行利息的发放。

会计分录为:

借:利息支出 8 000
　　贷:应付利息 8 000

2019 年 1 月 21 日,该银行以约定的价格将其买回。

会计分录为:

借：卖出回购金融资产款　　　　　　　　　　　　　　　　　94 000
　　应付利息　　　　　　　　　　　　　　　　　　　　　　 8 000
　　利息支出　　　　　　　　　　　　　　　　　　　　　　 3 000
　　贷：存放中央银行款项　　　　　　　　　　　　　　　　105 000

2. 手续费及佣金支出的核算

手续费及佣金支出是指金融企业委托其他金融机构代为办理各项业务而支付的款项，包括保险公司委托银行等其他金融机构代卖保险产品的手续费支出、信托公司委托银行等其他金融机构代卖信托产品的手续费支出、基金管理公司支付给银行的托管费、金融企业发行金融债券时支付给证券公司的佣金等。

企业在核算时，应使用"手续费及佣金支出"科目，该科目的借方登记金融企业发生的各项手续费及佣金支出的金额，余额反映在借方。会计期末时，将其借方余额转入"本年利润"科目，结转后该科目无余额。在该科目下，应根据支出的类别进行明细核算。例如，客户到银行缴纳保险费，按照委托协议，保险公司向银行支付手续费时，借记"手续费及佣金支出——代理保险"科目，贷记"银行存款"科目；基金管理公司按照基金的净资产值向银行交纳托管费时，借记"手续费及佣金支出——代理保险"科目，贷记"银行存款"科目。

3. 业务及管理费的核算

业务及管理费是指金融企业在业务经营和管理过程中发生的各项费用，包括折旧费、业务宣传费、业务招待费、电子设备运输费、钞币运送费、安全防范费、邮电费、劳动保护费、外事费、印刷费、低值易耗品摊销、职工工资及福利费、差旅费、水电费、职工教育经费、工会经费、会议费、诉讼费、公证费、咨询费、无形资产摊销、长期待摊费用摊销、取暖降温费、聘请中介机构费、技术转让费、绿化费、董事会费、财产保险费、劳动保险费、待业保险费、住房公积金、物业管理费、研究费用、提取保险保障基金等。

金融企业应设置"业务及管理费"科目对其进行核算，该科目的借方登记金融企业发生的各项费用的金额，会计期末时，应将其全部余额转入"本年利润"科目，结转后该科目无余额。本科目可按照费用项目进行明细核算。

例如，金融企业在销售信托产品发生宣传费用时，借记"业务及管理费——业务宣传费"科目，贷记"银行存款"科目；银行计提应付职工工资时，借记"业务及管理费——职工工资"科目，贷记"应付职工薪酬"科目。

4. 其他业务支出的核算

其他业务支出是指金融企业除主营活动以外的其他经营活动所发生的支出。金融企业应设置"其他业务支出"科目对其进行核算，该科目的借方登记企业支付的其他业务支出的金额，并应于会计期末，将其全部余额转入"本年利润"科目，结转后该科目无余额。

例如，保险公司为其他保险公司代办现场勘查，发生勘查费用时，借记"其他业务支出"科目，贷记"银行存款"科目。

18.4 利润的核算

18.4.1 利润的构成

利润是指金融企业在一定会计期间内取得的经营成果，属于所有者权益范畴，是衡量经营管理水平的重要综合指标。通过利润可以反映金融企业资金周转情况及盈利能力与水平，必须准确计算。利润包括收入减去费用后的净额、直接计入当期利润的利得和损失（指应计入当期损益、会导致所有者权益发生增减变动的、与所有者投入资本或向所有者分配利润无关的利得或损失，如资产的溢价、跌价）等。

利润金额取决于收入和费用、直接计入当期利润的利得和损失金额的计量。利润项目应当列入利润表。利润表利得利润项目有：营业利润、利润总额、净利润3项。营业利润是指企业营业收入与其他业务收入之和减去营业成本、管理及财务费用、资产减值损失加公允价值变动收益、投资收益后的金额；利润总额是指营业利润加营业外收入、减营业外支出后的余额；净利润是指利润总额支付所得税费用后的结果。最后，再按规定的分配程序对净利润进行分配。

1. 商业银行利润的计算公式

（1）营业利润＝营业收入－营业支出

其中：营业收入＝利息净收入＋手续费及佣金净收入＋投资收益（损失则减去）＋公允价值变动收益（损失则减去）＋汇兑收益（损失则减去）＋其他业务收入

营业支出＝税金及附加＋业务及管理费＋资产减值损失＋其他业务成本

（2）利润总额＝营业利润＋营业外收入－营业外支出

（3）净利润＝利润总额－所得税费用

2. 保险公司利润的计算公式

（1）营业利润＝营业收入－营业支出

其中：营业收入＝已赚保费＋投资收益（损失则减去）＋公允价值变动收益（损失则减去）＋汇兑收益（损失则减去）＋其他业务收入

营业支出＝退保金＋赔付支出－摊回赔付支出＋提取保险责任准备金－摊回保险责任准备金＋保单红利支出＋分保费用＋营业税金及附加＋手续费及佣金支出＋业务及管理费－摊回分保费用＋其他业务成本＋资产减值损失

（2）利润总额＝营业利润＋营业外收入－营业外支出

（3）净利润＝利润总额－所得税费用

3. 证券公司利润的计算公式

（1）营业利润＝营业收入－营业支出

其中：营业收入＝手续费及佣金净收入＋利息净收入＋投资收益（损失则减去）＋公允价值变动收益（损失则减去）＋汇兑收益（损失则减去）＋其他业务收入

营业支出＝税金及附加＋业务及管理费＋资产减值损失＋其他业务成本

（2）利润总额=营业利润+营业外收入-营业外支出

（3）净利润=利润总额-所得税费用

18.4.2 利润的核算概述

关于营业收入、营业成本和营业费用的核算，在以上两节已经做了详细介绍。以下对税金及附加、营业外收入、营业外支出、资产减值损失、所得税等的核算加以说明。

1. 税金及附加的核算

税金及附加是指金融企业在其业务经营过程中，按照营业收入的大小向国家财政缴纳的税金及附加，包括增值税、城市维护建设税及教育费附加等。

金融企业在核算增值税、城市维护建设税及教育费附加时，应设置"税金及附加"科目。该科目的借方登记各项税金的发生数，在会计期末时，应将其借方余额全部转入"本年利润"科目，结转后该科目无余额。金融企业应按照税金的种类进行明细核算。

例 18-31 某银行计提增值税 50 000 元，城市维护建设税 20 000 元，教育费附加 25 000元。

会计分录为：

借：税金及附加——增值税	50 000
——城市维护建设税	20 000
——教育费附加	25 000
贷：应交税费——应交增值税	50 000
——城市维护建设税	20 000
——教育费附加	25 000

在交税时，会计分录为：

借：应交税费——应交增值税	50 000
——城市维护建设税	20 000
——教育费附加	25 000
贷：存放中央银行款项	95 000

2. 营业外收入的核算

营业外收入是指金融企业发生的与其经营业务活动无直接关系的各项收入，包括非流动资产处置利得、非货币性资产交换利得、债务重组利得、政府补助、盘盈利得、捐赠利得等。

金融企业对营业外收入进行核算时，应使用"营业外收入"科目，该科目的贷方登记金融企业取得的各项营业外收入的金额，并应于会计期末，将该账户的贷方余额全部转入"本年利润"科目，结转后该科目无余额。

例如，某金融企业处理废旧设备取得收入时，借记"固定资产清理"科目，贷记"营业外收入"科目；某金融企业接受政府补助的资金时，借记"银行存款"科目，贷记"营业外收入"科目。

例 18-32 某金融企业处置其研制的新型产品取得收入 13 000 元，已计提的累计摊销为 4 000 元，该产品的研发支出为 10 000 元。

会计分录为：

借：银行存款 13 000
　　累计摊销 4 000
　　贷：无形资产 10 000
　　　　营业外收入 7 000

例 18-33　某金融企业与其债权人进行债务重组，以其价值 500 000 元的房屋清偿应付账款，发生相关税费 5 000 元，该企业应付账款的账面余额为 550 000 元。

会计分录为：

借：应付账款 550 000
　　贷：固定资产清理 500 000
　　　　应交税费 5 000
　　　　营业外收入 45 000

3. 营业外支出的核算

营业外支出是指金融企业发生的与其经营业务活动无直接关系的各项支出，包括非流动资产处置损失、非货币性资产交换损失、公益性捐赠支出、非常损失、盘亏损失等。

金融企业在对营业外支出进行核算时，应使用"营业外支出"科目，该科目的借方登记金融企业支付的各项营业外支出的金额，并应于会计期末时，将该账户的借方余额全部转入"本年利润"科目，结转后该科目无余额。

例 18-34　某金融企业将其持有的电子设备清理完毕后，发现由于生产期间造成损失 5 000 元，由于自然灾害造成损失 1 000 元。

会计分录为：

借：营业外支出——处置非流动资产损失 5 000
　　营业外支出——非常损失 1 000
　　贷：固定资产清理 6 000

例 18-35　某金融企业在研发新业务品种的过程中，共发生各项费用 15 000 元，6 个月后，该业务并未给企业带来经济利益，已计提累计摊销 6 000 元，由此，金融企业预计其不能为企业带来经济利益。

会计分录为：

借：累计摊销 6 000
　　营业外支出 9 000
　　贷：无形资产 15 000

例 18-36　某金融企业在盘点时发现丢失了价值为 2 000 元的电子设备。

会计分录为：

借：营业外支出 2 000
　　贷：待处理财产损溢 2 000

例 18-37　某金融企业捐赠资金 200 000 元资助贫困地区人民。

会计分录为：

借：营业外支出 200 000
　　贷：银行存款 200 000

4. 资产减值损失的核算

资产减值损失是指金融企业按照规定提取（或转回）的各项资产减值准备所形成的损失，包括长期股权投资、持有至到期投资、无形资产、贷款等。

金融企业在对其进行核算时，应使用"资产减值损失"科目，该科目的借方登记金融企业发生的各项资产减值损失，贷方登记应冲减的各项资产减值损失。在会计期末时，应将该科目的账面余额全部转入"本年利润"科目，结转后该科目无余额。该科目可按照减值损失的项目进行明细核算。

例 18-38 某证券公司确认其发生的长期股权投资减值损失 6 500 元。

会计分录为：

借：资产减值损失　　　　　　　　　　　　　　　　　　　　　　　　6 500
　　贷：长期股权投资减值准备　　　　　　　　　　　　　　　　　　　　　6 500

例 18-39 某银行的贷款发生减值损失 50 000 元。

会计分录为：

借：资产减值损失　　　　　　　　　　　　　　　　　　　　　　　　50 000
　　贷：贷款损失准备　　　　　　　　　　　　　　　　　　　　　　　　　50 000

5. 所得税费用的核算

所得税是指金融企业应当从利润中扣除的金额。所得税费用是由利润总额按照税法的相关规定调整以后，按照适用税率计算得出的。

金融企业在对所得税费用进行核算时，应设置"所得税费用"科目。该科目的借方登记金融企业支付所得税的金额。在会计期末时，应将该科目的账面余额全部转入"本年利润"科目，结转后该科目无余额。

由于我国会计制度和税法的不同核算要求，金融企业按照会计制度和会计准则核算的会计利润与按照税法计算的应纳税所得额之间存在着差异。这些差异表现为永久性差异和时间性差异。所谓永久性差异，是指某一会计期间，由于会计制度和税法在计算收益、费用和损失时的口径不同，所产生的税前会计利润与应纳税所得额之间的差异；所谓时间性差异，是指税法与会计制度在确认收益、费用或损失时的时间不同而产生的税前会计利润与应纳税所得额的差异。因此，按照是否考虑这些差异，金融企业在对所得税费用进行核算时，可采用应付税款法和纳税影响会计法两种。

1）应付税款法

应付税款法是指银行不确认时间性差异对所得税的影响金额，按照当期计算的应交所得税确认当期所得税费用的方法。在这种方法下，当期所得税费用等于当期应交的所得税。金融企业应根据当期计算的应纳所得税额，确认所得税费用的金额。

例 18-40 某金融企业年末计算其应交的所得税为 36 000 元。

会计分录为：

借：所得税费用——当前所得税费用　　　　　　　　　　　　　　　　36 000
　　贷：应交税费——应交所得税　　　　　　　　　　　　　　　　　　　36 000

2）纳税影响会计法

纳税影响会计法是指金融企业确认时间性差异对所得税的影响金额，按照当期应交所得税和时间性差异对所得税影响金额的合计，确认当期所得税费用的方法。在这种方法下，时间性差异对所得税的影响金额，递延和分配到以后各期。因此，在采用纳税影响会计法时，金融企业首先应当合理划分时间性差异和永久性差异的界线。

根据金融企业会计制度的规定，采用纳税影响会计法的金融企业，可以选择采用递延法或债务法进行核算。

（1）递延法。采用递延法进行所得税的核算，在税率变动或开征新税时，金融企业不需要对原已确认的时间性差异对所得税的影响金额进行调整，但是，在转回时间性差异对所得税的影响金额时，应当按照原所得税率计算转回。

（2）债务法。采用债务法进行所得税的核算，在税率变动或开征新税时，金融企业应当对原已确认的时间性差异对所得税的影响金额进行调整，在转回时间性差异对所得税的影响金额时，应当按照现行所得税率计算转回。

例18-41 2018年12月31日，某金融企业确认其递延所得税资产为15 000元，实际应有13 000元。

会计分录为：

借：递延所得税资产　　　　　　　　　　　　　　　　　　15 000
　　贷：所得税费用——递延所得税费用　　　　　　　　　　15 000
借：所得税费用——递延所得税费用　　　　　　　　　　　2 000
　　贷：递延所得税资产　　　　　　　　　　　　　　　　　2 000

例18-42 2018年12月31日，某金融企业确认其递延资产负债为23 000元，实际应有25 000元。

会计分录为：

借：所得税费用——递延所得税费用　　　　　　　　　　　23 000
　　贷：递延所得税资产　　　　　　　　　　　　　　　　　23 000
借：所得税费用——递延所得税费用　　　　　　　　　　　2 000
　　贷：递延所得税资产　　　　　　　　　　　　　　　　　2 000

18.4.3　期末损益账户结转的核算

会计期末，金融企业应将其各项收入的贷方余额与各项支出的借方余额全部转入本年利润。期末结转各项收入时，应将损益类科目账户的余额编制反方传票，即收入类科目编制借方传票，与本年利润科目的贷方传票进行对转；支出类科目编制贷方传票，与本年利润科目的借方传票进行对转。

收入类结转时，借记"利息收入"、"手续费及佣金收入"、"保费收入"、"租赁收入"、"其他业务收入"、"汇兑损益"（贷方余额）、"公允价值变动损益"（贷方余额）、"投资收益"（贷方余额）、"摊回保险责任准备金"、"摊回赔付支出"、"摊回分保费用"、"营业外收入"科目，贷记"本年利润"科目。

支出类结转时，借记"本年利润"科目，贷记"利息支出""手续费及佣金支出""提取未到期责任准备金""提取保险责任准备金""赔付支出""保单红利支出""退保金""分出保费"科目，"分保费用""业务及管理费""其他业务支出""税金及附加""营业外支出""资产减值损失""所得税费用"科目。

结转后的本年利润科目，如果贷方数大于借方数，余额为贷方，表明该企业的利润为盈利；反之为亏损。

复习思考题

1. 银行的财务收支如何确认？
2. 银行的收入包括哪些内容？各项内容如何核算？
3. 什么是汇兑损益？汇兑损益如何计算与核算？
4. 什么是公允价值变动损益？如何确认？
5. 金融企业的利润由什么构成？如何计算与结转利润？

第 19 章

年度决算与财务报告

19.1 年度决算概述

19.1.1 年度决算的意义

年度决算是指金融企业在会计年度终了时，运用会计核算资料对全年的业务活动和财务成果进行的数字总结和文字说明。具体来说，就是指金融企业根据会计核算资料，办理结账、轧计损益和编审年度决算报表等工作。

根据我国的现行规定，从每年的 1 月 1 日起至 12 月 31 日止为一个会计年度，每年的 12 月 31 日为年度决算日，无论是否节假日，均不得提前或延后。凡是实行独立核算的金融企业及其分支机构，都要在年度决算日办理年度决算，各独立核算单位决算完毕后，要逐级汇总上报上级金融机构，最后由总部进行汇总，办理整个金融企业的汇总年度决算。非独立核算的金融企业及其分支机构，则通过并账或并表的方式，由其上级机构负责办理年度决算的合并工作。

年度决算是会计工作的重要环节，是考核金融企业经营活动及其成果的一项重要工作。认真做好年度决算，对于金融企业完整、真实地反映其经营活动和财务收支情况，对于检查日常核算工作，总结工作经验，改进和提高经营管理水平，保证会计工作质量，更好地发挥会计的职能作用等，都具有重要的意义。

1. 有利于加强金融调控，促进社会主义市场经济的发展

金融企业是社会资金活动的枢纽，银行是全国范围信贷、结算、现金出纳和外汇收支的中心，而其他非银行金融机构也担负着证券承销、资金清算等重要工作。所以，金融企业的年度决算工作与国民经济的各部门、各单位是密不可分的。通过金融企业的年度决算，将一年的账簿资料加以核实和整理，按全国统一的会计科目进行归属，变成具有内在联系的年度综合指标体系，并利用报表形式按机构级别逐级汇总，可以集中、系统、全面地反映出国民经济各部门、各单位、各企业的经济活动，以及社会产品的生产、分配、交换和流通情况。通过数据分析，还可以了解银行资金的供求变化，使资金更好地适应国民经济发展的需要，为国家宏观经济决策提供信息资料，从而充分发挥金融企业调节社会经济生活、控制经济运行的作用，促进社会主义市场经济的发展。

2. 有利于提高金融企业的经营管理水平

年度决算是根据金融企业的日常会计记录，运用会计核算资料，通过报表数字，全面总结与分析金融企业全年各项业务活动情况和考核经营成果的一项综合性工作。这项工作不是平时核算资料的简单加总，而是要在核实日常会计记录的基础上，清理和调整账务，比较收支、计算盈亏，确定经营成果。只有这样，才可以了解企业经营活动的全貌，掌握资产、负债、所有者权益及损益情况，以便总结经验、发现问题、找出差距，及时采取措施改进工作，推动金融企业不断改善经营，提高管理水平。

3. 有利于提高会计工作质量，发挥会计的职能作用

金融企业在办理年度决算过程中，要对全年业务活动和财务活动进行一次全面的核实和总结。所谓核实，是指账簿记录的内容同实际情况进行核对，包括银行与各开户单位对账，以及银行内部账据核对、账实核对、账账核对、账款核对和利息核对等。所谓整理，就是根据核实结果，发现差异，查明原因，进行调整，使会计记录与实际相一致。然后根据核实、整理的资料，编制数字真实和内容完整的年度决算报表，并使账表一致、完全相符，并在此基础上编制相关财务报表。因此，年度决算的过程，实际上就是对日常会计工作进行总结检查的过程。通过年度决算，可以检查平时的核算是否真实、完整、正确，有利于保证会计核算质量，同时，在肯定成绩的基础上，也可以克服缺点、改进工作，发挥会计的职能作用。

19.1.2　年度决算的基本要求

年度决算涉及面广，政策性强，工作量大，质量要求高，是金融企业的一项重要工作。因此，在进行年度决算时要遵守以下几项原则。

1. 坚持集中统一领导，各方积极配合的原则

年度决算是金融企业的一项综合性工作，虽然表现为会计部门的工作总结，但因其涉及信贷、计划、出纳、行政等多个职能部门，因此必须由主要负责人统一领导，以会计部门为主，在各有关职能部门的密切配合下，统筹安排人力，制定各自负责的具体事项，共同完成年度决算工作。

2. 坚持日常核算数据正确性的原则

金融企业的年度决算是在日常核算的基础上进行的，如果日常核算的错误比较多，就会给年度决算带来较大的麻烦，甚至会导致年度决算不能按时完成。为了尽量减少年度决算的工作量，就要求在日常核算时，必须正确、及时地进行会计核算，保证日常核算的真实、准确、可靠和无误。只有这样，才能在年度决算时节省时间，及时顺利地完成决算工作。

3. 坚持数字真实，核算合法的原则

年度决算是通过会计报表和有关文字说明对全年业务活动和财务收支进行的总结，是金融企业对外进行信息披露的主要内容。为了保证外界评价的客观有效，必须要保证决算数字、资料的真实与可靠。同时，在进行年度决算时，还应加强会计人员的法制观念，增强法律意识，坚决按会计制度要求，真实、准确地进行年度决算和编写财务报告，不得篡改会计数据，伪造会计资料，编制虚假财务报告。

4. 坚持格式规范，内容统一的原则

金融企业年度决算的重要内容是编制财务报告，而财务报告的编制必须按照会计制度和编制财务报告条例的规定进行，并且还要按照规定的格式和内容进行编制。金融企业对外提供的财务报告，以及会计报表附注的主要内容，要按规定编报，不能漏填、漏报，也不能任意取消，并要在规定的时间内完成，及时报送。

5. 坚持上下结合，口径一致的原则

由于金融企业大多具有分支机构，特别是银行，机构级别的划分更是层次繁多，因此，在进行年度决算时,要求不同级别的金融机构必须口径一致。一般而言,银行在办理年度决算时,要由总行颁发办理当年的决算工作通知,提出当年决算中应注意的事项和相应的处理原则与要求,以便各基层行、处有统一的遵循,保持上下一致。上级行负责对下级行年度决算的领导、指导、解释、检查、辅导等项工作,下级行按照上级行布置的工作,具体地办理年度决算工作,单独办理决算,并逐级汇总上报。

19.2　年度决算的基本内容

年度决算的内容,按其工作的程序和步骤可以分为两部分,一部分是年度决算的准备工作,另一部分是决算日的工作。

19.2.1　年度决算的准备工作

为了保证年度决算能够按时按质完成,一般从每年的第四季度开始着手进行年度决算的准备工作。不管是基层机构还是上级机构,都要进行年度决算的准备工作。上级机构主要是负责对当年决算工作的布置,如总行颁发本年度决算通知及其要求,管辖行提出决算的具体方案等。而基层机构除了要按照上级机构下达的通知和要求布置办理外,主要是做好办理业务的基层会计机构的准备。银行基层行、处处于业务活动的第一线,直接办理各项业务会计核算工作,其年度决算工作的质量直接关系到全行整体的工作,是银行年度决算的关键。基层机构的决算准备工作主要包括以下几个方面。

1. 清理各项资金

1) 清理贷款资金

年度决算前,金融企业的会计部门要与信贷部门密切配合,应对各项贷款进行全面检查、核对,确保信贷资产的账实相符,债权、债务关系落实。并在此基础上力争如期收回或办理转期手续。对于逾期、呆滞、呆账贷款也要积极进行清理收回。暂时无法收回的,要注明日后收回的时间、金额;对于呆账贷款,确实无法收回的,要按照审批权限、范围、程序,经批准用贷款损失准备金核销,相应的应收利息由坏账准备金核销。

2) 清理结算资金

年度决算前,应对各种待结算资金和款项进行全面清理。对于银行而言,主要包括委托收款、托收承付、商业汇票、代签银行汇票、其他应付款等,该划出的款项要及时划出,该收回的款项要积极办理催收。对于超过期限的逾期托收款、无法解付的其他应付款,应按规定退回票据和退汇。对于证券公司而言,主要包括证券公司开展承销业务时产生的代理承销证券款、代理兑付证券款等,以及在开展证券交易业务时产生的代理买卖证券款等。对于保险公司而言,主要包括保险公司与一些代理机构的清算资金,如支付给代理人的佣金等。

3) 清理存款资金

年度决算前,要对各种存款资金进行全面清查,达到内外账相符。在各类存款中,由于多种原因,有的存款户长期不发生收付活动,对这类存款户要逐户清理,查明原因,主动与有关方面联系,督促办理并户或销户手续,如确实无法联系的不动户,可按银行有关规定,转作其他应付款。

4）清理内部资金

内部资金主要是指其他应收、其他应付、待摊费用等。年度决算前，金融企业要对内部资金进行逐项清理，该上缴的上缴，该划转的划转，该收回的收回，该报损的报损，该转收益的转收益。经过清理暂时无法解决的，应将原因和处理经过做成记录，以备查考和进一步清理。总之，在年度决算前应将这部分资金压缩到最低限度。

2. 盘点财产

1）清点固定资产、低值易耗品

年度决算前，金融企业要与行政部门配合，对房屋、运输设备、器具、计算机等固定资产及低值易耗品等，进行全面、彻底的清查盘点，达到账面记载与实物相一致。对发生的财产盘盈、盘亏要查明原因，认真处理。按照审批权限和程序，加以调整，盘盈的做营业外收入，盘亏的做营业外支出。使账务记载与实物相符。

2）清点现金、贵金属和有价值品

年度决算前，金融企业要与其出纳部门配合，对库存现金（包括外币）、金银等贵金属，以及代保管的有价值品、贷款抵押品等，进行盘点清查，达到实物与账务记载相符。对于不符的要查明原因，确定责任，按规定调整账务。

3）清点各类投资性资产

年度决算前，金融企业要与其业务部门配合，对持有的交易性金融资产、买入返售金融资产、融资租赁资产、可供出售金融资产、投资性房地产等，进行盘点清查，达到实物与账务记载一致。

3. 核对账务

1）核对会计科目

会计科目是各项业务分类的依据和核算的基础，会计科目运用的正确与否，直接关系到年度决算是否准确。只有正确运用会计科目，才能通过会计记录真实准确地反映出金融企业的业务活动和财务收支情况，为领导和管理工作提供切实可靠的数据。因此，在年度决算前，应按照科目的经济内容、业务性质，将当年各科目的归属和运用情况进行全面、认真的复查，以保证业务和科目的匹配，如果发现科目归属不当或运用错误，应及时进行调整。

2）核对内外账务

为了保证决算质量，真实反映银行各项业务和财务活动情况，在年度决算前，要对金融企业内部的所有账、簿、卡、据进行一次全面的检查与核对，包括各科目总账与分户账的金额是否相符，贷款余额与借款借据是否相符，金、银、外币等账面记载与库存实物是否相符。各存贷款科目余额与单位账户余额是否相符，库存现金账面结存数与实际库存结存数是否相符，金融机构间往来账户是否一致等。如果发现不符应及时查明情况，进行调整，保证银行的账账、账实、账款、账卡、账表、账据、账簿、内外账完全相符。

4. 核实收支

1）利息计算

利息是银行财务收支的重要内容，关系到国家的方针政策，以及银行与企业、个人的经济利益。因此，在日常业务中就要注意利息的准确计算，对于应计息的存贷款，均应将利息结算到 12 月 20 日止，对以前各季已结算的利息，应进行复查或检查，保证利率使用、计息积数的正确无误。如果发现错计、漏计、重计等情况，应予以及时补收或补付。在遇到利率调整时，应按照不同的规定处理，如定期储蓄存款在存期内遇有利率调整，仍按存单开户日挂牌公告的相应定期储蓄存款利率计算利息；活期储蓄存款在存入期间遇有利率调整，按结息日挂牌公告的活期储蓄存款利率计算利息等。

2）费用支出

费用开支的正确核算直接关系到金融企业的经营成本，进而对其利润产生影响。在年度决算前，要对各项费用进行一次全面清查。主要检查费用是否按规定标准开支，费用列支项目是否正确，费用摊销是否合理，各项减值准备的计提是否符合规定，有无扩大开支范围、挤占业务支出等情况。如果发现支付和摊销不符合制度或违反纪律，则要查明原因，予以纠正，以保证费用的正确核算。

3）其他收支

除了贷款利息收支、费用开支外，在年度决算前，还要对一些非营业收支、营业外收支、金融机构往来等，进行详细核查。主要检查核实是否用错账户，是否混淆费用界限，是否扩大或减少成本支出等，对于发现的问题应及时纠正，调整账务。

5. 试算平衡

为了保证年度决算工作的顺利进行，在年度决算前，必须验证整个账务是否平衡。在各项准备工作基本落实和完成之后，在清理资产、财产、收支和账务的基础上，各办理决算的基层单位应根据11月底各科目总账的累计发生额和余额，编列1—11月份的试算平衡表进行试算平衡，如果平衡，说明正确；如果不平衡，则应查明原因，进行调整，以求达到平衡，为年终决算日进行年度决算奠定坚实的基础。

19.2.2 决算日的工作

金融企业的年度决算日规定在每年12月31日，无论是否节假日，均不得提前或延后。这一天金融企业在对外营业终了后，应根据决算日的有关数据，调整当日账务，结转损益，办理新旧账务的结转。其主要工作如下。

1. 全面核对账务

在决算日当天，金融企业照常营业，但发生的各种账务，应于当日全部入账。银行收到的联行报单或同城交换的票据，应当日处理完毕；联行汇差当日轧算、跨系统汇款要当日办理转汇清算，不得留待下年；中国人民银行与商业银行之间有关业务的划拨凭证，应纳入当日账内；第四季度的应交税款也要办理转账等。在当日账务全面处理结束后，应将各科目总账与明细账进行全面、细致的核对，做到账账相符，以确保年度决算报表数字的准确性。

2. 检查各项库存

决算日营业终了，应由各行、处领导和有关人员，对库存现金、金、银、外币，以及其他重要的有价单证和有价物的实存数等，进行全面的检查和核对，做到账款、账实相符。

3. 调整金银、外币的记账价格

在决算日，如遇金银、外币的牌价发生变动，则应按当日的新牌价调整金银和外币的账面余额，大于或小于账面余额的差额即为金银和外汇的损益，转入有关的损益账户。

4. 结转本年损益

决算日营业终了，各基层独立会计核算的单位在对内外账务全部处理完毕后，应将损益类各科目总账、分户账的账面余额核对相符，根据损益类各收入科目的分户账余额，按户编制借方传票,与"本年利润"科目的贷方对转;根据各支出科目的分户账余额,按户编制转账贷方传票,与"本年利润"科目的借方对转。各收入科目和各支出科目结转后,如果"本年利润"科目的余额在贷方,即为全年的利润,是本年实现的利润总额;反之,如果"本年利润"科目的余额在借方,即为全年的亏损,也就是本年的亏损总额。损益结转后,损益类各科目年末无余额。

5. 新旧账簿的结转

各基层行、处在决算日全部账务核对相符和结出全年损益后,应及时办理新旧账务的结转,结束旧账,建立新账,保证新年度银行业务的正常进行。办理新旧账务结转时,除卡片账不办理结转,以及数量较多的储蓄、农贷等分户账可按规定继续使用外,其余的分户账及总账均应办理结转、更换新账页。

1) 总账的结转

总账平时每年更换一次,年终结转时,新账页的日期,应写新年度1月1日,"摘要"栏加盖"上年结转"戳记,并将旧账余额过入新账的"上年底余额"栏内即可。其余手续比照月度结转方法处理。

2) 一般分户账的结转

一般分户账是指银行的甲、乙、丙种格式的分户账,在结转时,应先在旧账页的最后一行余额下加盖"结转下年"戳记,然后将旧账余额过入新账页,并在新账页日期栏写明新年度1月1日,摘要栏加盖"上年结转"戳记。此外,对于余额已经结清的账户,一般应在各账页的最后一行的下面划一道红线,并在账页上加盖"结清"戳记。

3) 销账式分户账的结转

销账式分户账是指逐笔记入、逐笔销账的丁种账页,在结转时,应按笔结转。先在旧账页未销各笔的销账日期栏内,加盖"结转下年"戳记,然后将未销各笔逐一转入新账页,并结出余额,在摘要栏加盖"上年结转"戳记。对新账页的记账日期,不论是在年终决算日内办理的结转,还是在新年度开业前办理的结转,应一律写新年度1月1日。同时,还应对户名及发生日期按旧账页抄转,以便查考。

年度决算结束后,不再使用的旧账页,应分别科目按账号顺序整理并装订成册,标明名称、年度、科目及编号等,按照会计档案保管办法的规定,入库保管。

19.3 财务报告

19.3.1 财务报告的概念及种类

1. 财务报告的概念

财务报告是指金融企业对外提供的反映企业某一特定日期财务状况和某一会计期间经营成果、现金流量的文件。金融企业定期编制的财务报告是根据日常会计核算资料,以一定的指标体系,集中反映其资产、负债、信贷收支、成本费用和损益等情况的报告文件。它是金融企业向外传递财务信息的主要途径,不仅可以为金融企业的管理者、投资者,以及国家有关部门提供具体的财务状况,而且还是金融企业改善经营管理、进行决策的重要依据。

2. 财务报告的种类

按照编制时间的不同，财务报告可以分为年度、半年度、季度和月度财务报告。月度、季度财务报告是指月度和季度终了提供的财务会计报告；半年度财务报告是指在每个会计年度的前6个月结束后对外提供的财务会计报告；年度财务报告是指年度终了对外提供的财务会计报告。其中，半年度、季度、月度财务报告统称为中期财务报告，其至少应当包括资产负债表、利润表、现金流量表和附注。

按照编制内容的不同，财务报告可以分为会计报表、会计报表附注、财务情况说明书。财务报表是对企业财务状况、经营成果和现金流量的结构性表述，具体包括资产负债表、利润表、现金流量表、利润分配表、所有者权益变动表、分部报表和其他有关附表。会计报表附注是对会计报表的编制基础、编制依据、编制原则和方法及主要项目等的解释。财务情况说明书是指对会计报表数字的形成情况或增减变动原因的文字说明。

19.3.2 财务报告的编制要求

财务报告是重要的信息工具和管理工具，是金融企业进行决策的主要参考指标，也是外部人员了解其经营状况的主要依据。因此，为了充分发挥财务报告的作用，保证财务报告的质量，在编制过程中，除了要真实、准确、全面、完整地反映金融企业在当期的经营成果，还应符合以下基本要求。

（1）金融企业应当以持续经营为基础，根据实际发生的交易和事项，按照《企业会计准则——基本准则》和其他各项会计准则的规定进行确认和计量，在此基础上编制财务报表，而不应以附注披露代替确认和计量。企业决定在下一个会计期间进行清算或停业的应当采用其他基础编制财务报表，并在附注中披露这一事实。

（2）金融企业报送的年度财务会计报告应当经会计师事务所审计。金融企业不得编制和对外提供虚假的或隐瞒重要事实的财务报告。金融企业负责人对本企业财务报告的真实性、完整性负责。

（3）金融企业编制的当期财务报表的列报，至少应当提供所有列报项目上一期可比会计期间的比较数据，以及与理解当期财务报表相关的说明，但其他会计准则另有规定的除外。

（4）金融企业必须按年（季、月报表除外）编制财务报表。年度财务报表涵盖的期间短于一年的，应当披露年度财务报表的涵盖期间，以及短于一年的原因。

（5）财务报表项目的列报应当在各个会计期间保持一致，不得随意变更，但下列情况除外：① 会计准则要求改变财务报表项目的列报；② 企业经营业务的性质发生重大变化后，变更财务报表项目的列报能够提供更可靠、更相关的会计信息。

（6）财务报表中的资产项目和负债项目的金额、收入项目和费用项目的金额不得相互抵销，但其他会计准则另有规定的除外。但资产项目按扣除减值准备后的净额列示，以及非日常活动产生的损益以收入扣减费用后的净额列示，都不属于抵销。

19.3.3 财务报表

1. 资产负债表

资产负债表是金融企业在某一特定日期财务状况的数据，是以"资产＝负债＋所有者权益"的会计平衡等式为基础编制的。由于资产负债表是反映金融企业某一时点的财务情况，因此又被称为静态报表。金融企业的各项资产或负债，按照流动性列示能够提供可靠且更相关信息的，可以按照其流动性顺序列示。商业银行的资产负债表如表 19-1 所示。

表 19-1　商业银行资产负债表

资产负债表

会商银 01 表

编制单位：　　　　　　　　　　　年　月　日　　　　　　　　　　　　　　单位：元

资　产	期末余额	年初余额	负债和所有者权益（或股东权益）	期末余额	年初余额
资产：			负债：		
现金及存放中央银行款项			向中央银行借款		
存放同业款项			同业及其他金融机构存放款项		
贵金属			拆入资金		
拆出资金			交易性金融负债		
交易性金融资产			衍生金融负债		
衍生金融资产			卖出回购金融资产款		
买入返售金融资产			吸收存款		
应收利息			应付职工薪酬		
发放贷款和垫款			应交税费		
可供出售金融资产			应付利息		
持有至到期投资			预计负债		
长期股权投资			应付债券		
投资性房地产			递延所得税负债		
固定资产			其他负债		
无形资产			负债合计		
递延所得税资产			所有者权益（或股东权益）：		
其他资产			实收资本（或股本）		
			资本公积		
			减：库存股		
			盈余公积		
			一般风险准备金		
			未分配利润		
			所有者权益（或股东权益）合计		
资产总计			负债和所有者权益（或股东权益）总计		

2. 利润表

利润表是反映金融企业在一定时期内的经营成果的报表。由于利润表是反映某一期间情况的报表，因此又被称为动态报表。商业银行的利润表如表 19-2 所示。

表 19-2　商业银行利润表

利润表

会商银 02 表

编制单位：　　　　　　　　　　　年　月　　　　　　　　　　　　单位：元

项　　目	本期金额	上期金额
一、营业收入		
利息净收入		
利息收入		
利息支出		
手续费及佣金净收入		
手续费及佣金收入		
手续费及佣金支出		
投资收益（损失以"-"填列）		
其中：对联营企业和合资企业的投资收益		
公允价值变动收益（损失以"-"填列）		
汇兑收益（损失以"-"填列）		
其他业务收入		
二、营业支出		
税金及附加		
业务及管理费		
资产减值损失		
其他业务成本		
三、营业利润（损失以"-"填列）		
加：营业外收入		
减：营业外支出		
四、利润总额（损失以"-"填列）		
减：所得税费用		
五、净利润（损失以"-"填列）		
六、每股收益：		
（一）基本每股收益		
（一）稀释每股收益		

3. 现金流量表

现金流量表是反映企业在一定会计期间现金和现金等价物流入与流出的报表。其中，现金是指企业库存现金，以及可以随时用于支付的存款；现金等价物是指企业持有的期限短、流动性强、易于转换为已知金额现金，价值变动风险很小的投资。商业银行的现金流量表如表 19-3 所示。

表 19-3 商业银行现金流量表

现金流量表

会商银03表

编制单位：　　　　　　　　　　　　年　　月　　　　　　　　　　　　　　　单位：元

项　　目	本期金额	上期金额
一、经营活动产生的现金流量：		
客户存款和同业存放款项净增加额		
向中央银行借款净增加额		
向其他金融机构拆入资金净增加额		
收取利息、手续费及佣金的现金		
收到其他与经营活动有关的现金		
经营活动现金流入小计		
客户贷款及垫款净增加额		
存放中央银行和同业款项净增加额		
支付手续费及佣金的现金		
支付给职工及为职工支付的现金		
支付的各项税费		
支付其他与经营活动有关的现金		
经营活动现金流出小计		
经营活动产生的现金净流量		
二、投资活动产生的现金流量：		
收回投资收到的现金		
取得投资收益收到的现金		
收到其他与投资活动有关的现金		
投资活动现金流入小计		
投资支付的现金		
购置固定资产、无形资产和其他长期资产支付的现金		
支付其他与投资活动有关的现金		
投资活动现金流出小计		
投资活动产生的现金净流量		
三、筹资活动产生的现金流量：		
吸收投资收到的现金		
发行债券收到的现金		
收到其他与筹资活动有关的现金		

续表

项　目	本期金额	上期金额
筹资活动现金流入小计		
偿还债务支付的现金		
分配股利、利润或偿付利息支付的现金		
支付其他与筹资活动有关的现金		
筹资活动现金流出小计		
筹资活动产生的现金净流量		
四、汇率变动对现金及现金等价物的影响		
五、现金及现金等价物净流量		
加：期初现金及现金等价物余额		
六、期末现金及现金等价物余额		

1）现金流量表的编制要求

（1）现金流量表应当分别按经营活动、投资活动和筹资活动列报现金流量。

（2）除了代客户收取或支付的现金；周转快、金额大、期限短项目的现金流入和现金流出；金融企业的有关项目，包括短期贷款发放与收回的贷款本金、活期存款的吸收与支付、同业存款和存放同业款项的存取、向其他金融企业拆借资金，以及证券的买入与卖出等，可以按照净额列报以外，其他业务的现金流量应当分别按照现金流入和现金流出的总额列报。

（3）自然灾害损失、保险索赔等特殊项目，应当根据其性质，分别归并到经营活动、投资活动和筹资活动现金流量类别中单独列报。

（4）外币现金流量及境外子公司的现金流量，应当采用现金流量发生日的即期汇率或按照系统合理的方法确定的、与现金流量发生日即期汇率近似的汇率折算。汇率变动对现金的影响额应当作为调节项目，在现金流量表中单独列报。

2）现金流量表附注

现金流量表附注是对现金流量表的补充说明。在现金流量表附注中，企业应采取间接法披露将净利润调节为经营活动现金流量的信息，同时，披露不涉及当期现金收支，但影响企业财务状况或在未来可能影响企业现金流量的重大投资和筹资活动。

（1）现金流量表补充资料披露格式如表 19-4 所示。

表 19-4　现金流量表补充资料披露格式

补充资料	本期金额	上期金额
1. 将净利润调节为经营活动现金流量		
净利润		
加：资产减值准备		
固定资产、油气资产折耗、生产性生物资产折旧		
无形资产摊销		
长期待摊费用摊销		

续表

补充资料	本期金额	上期金额
处置固定资产、无形资产和其他长期资产的损失（收益以"-"号填列）		
固定资产报废损失（收益以"-"号填列）		
公允价值变动损失（收益以"-"号填列）		
财务费用（收益以"-"号填列）		
投资损失（收益以"-"号填列）		
递延所得税资产减少（增加以"-"号填列）		
递延所得税资产增加（减少以"-"号填列）		
存货的减少（增加以"-"号填列）		
经营性应收项目的减少（增加以"-"号填列）		
经营性应付项目的增加（减少以"-"号填列）		
其他		
经营活动产生的现金流量净额		
2. 不涉及现金收支的重大投资和筹资活动		
债务转为资本		
一年内到期的可转换公司债券		
融资租入固定资产		
3. 现金及现金等价物变动情况		
现金的期末余额		
减：现金的期初余额		
加：现金等价物的期末余额		
减：现金等价物的期初余额		
现金及现金等价物净增加额		

（2）现金及现金等价物的披露格式如表19-5所示。

表19-5 现金及现金等价物的披露格式

项　　目	本期金额	上期金额
一、现金		
其中：库存现金		
可随时用于支付的银行存款		
可随时用于支付的其他货币资金		
可用于支付的存放中央银行款项		
存放同业款项		
拆放同业款项		
二、现金等价物		
其中：3个月到期的债券投资		
三、期末现金及现金等价物余额		
其中：母公司或子公司使用受限制的现金和现金等价物		

4. 所有者权益变动表

所有者权益变动表是反映金融企业在某一特定日期所有者权益增减变动情况的报表。所有者权益变动表应当反映构成所有者权益的各组成部分当期的增减变动情况。当期损益、直接计入所有者权益的利得和损失，以及与所有者（或股东。下同）的资本交易导致的所有者权益的变动，应当分别列示。

所有者权益变动表至少应当单独列示反映下列信息的项目。

（1）净利润。
（2）直接计入所有者权益的利得和损失项目及其总额。
（3）会计政策变更和差错更正的累积影响金额。
（4）所有者投入资本和向所有者分配利润等。
（5）按照规定提取的盈余公积。
（6）实收资本（或股本）、资本公积、盈余公积、未分配利润的期初和期末余额及其调节情况。

商业银行的所有者权益变动表如表 19-6 所示。

表 19-6　商业银行所有者权益变动表

所有者权益变动表

会商银 04 表

编制单位：　　　　　　　　　年度　　　　　　　　　单位：元

项目	本年金额							上年金额						
	实收资本（或股本）	资本公积	减：库存股	盈余公积	一般风险准备金	未分配利润	所有者权益合计	实收资本（或股本）	资本公积	减：库存股	盈余公积	一般风险准备金	未分配利润	所有者权益合计
一、上年年末余额														
加：会计政策变更														
前期差错更正														
二、本年年初余额														
三、本年增减变动金额（减少以"-"填列）														
（一）净利润														
（二）直接计入所有者权益的利得和损失														
1. 可供出售金融资产公允价值变动净额														
（1）计入所有者权益的金额														
（2）转入当期损益的金额														
2. 现金流量套期工具公允价值变动净额														
（1）计入所有者权益的金额														

续表

项目	本年金额							上年金额						
	实收资本（或股本）	资本公积	减：库存股	盈余公积	一般风险准备金	未分配利润	所有者权益合计	实收资本（或股本）	资本公积	减：库存股	盈余公积	一般风险准备金	未分配利润	所有者权益合计
（2）转入当期损益的金额														
（3）计入被套期项目初始确认金额中的金额														
3. 权益法下被投资单位其他所有者权益变动的影响														
4. 与计入所有者权益项目相关的所得税影响														
5. 其他														
上述（一）和（二）的合计														
（三）所有者投入和减少资本														
1. 所有者投入资本														
2. 股份支付所有者权益的金额														
3. 其他														
（四）利润分配														
1. 提取盈余公积														
2. 提取一般风险准备金														
3. 对所有者（或股东）的分配														
4. 其他														
（五）所有者权益内部结转														
1. 资本公积转增资本（或股东）														
2. 盈余公积转增资本（或股东）														
3. 盈余公积弥补亏损														
4. 一般风险准备金弥补亏损														
5. 其他														
四、本年年末余额														

5. 会计报表附注

会计报表附注是对在资产负债表、利润表、现金流量表和所有者权益变动表等报表中列示项目的文字描述或明细资料，以及对未能在这些报表中列示项目的说明等。在会计报表附注中，应当披露财务报表的编制基础，相关信息应当与资产负债表、利润表、现金流量表和所有者权益变动表等报表中列示的项目相互参照。

1) 会计报表附注的披露顺序

会计报表附注一般应当按照下列顺序披露。

(1) 财务报表的编制基础。

(2) 遵循企业会计准则的声明。

(3) 重要会计政策的说明，包括财务报表项目的计量基础和会计政策的确定依据等。

(4) 重要会计估计的说明，包括下一会计期间内很可能导致资产、负债账面价值重大调整的会计估计的确定依据等。

(5) 会计政策和会计估计变更，以及差错更正的说明。

(6) 对已在资产负债表、利润表、现金流量表和所有者权益变动表中列示的重要项目的进一步说明，包括终止经营税后利润的金额及其构成情况等。

(7) 或有和承诺事项、资产负债表日后非调整事项、关联方关系及其交易等需要说明的事项。

2) 商业银行会计报表附注的编制

以下仅以商业银行的报表附注说明附注的编制。按照规定，商业银行应当披露的附注信息主要包括以下内容。

(1) 商业银行的基本情况。

(2) 财务报表的编制基础。

(3) 遵循企业会计准则的声明。

(4) 重要会计政策和会计估计。

(5) 会计政策和会计估计变更，以及差错更正的说明。

以上 (1) ～ (5) 项，应当比照一般企业进行披露。

(6) 报表重要项目说明。

6. 商业银行会计报表的披露格式

(1) 现金及存放中央银行款项的披露格式如表 19-7 所示。

表 19-7 现金及存放中央银行款项的披露格式

项　　目	期末账面余额	年初账面余额
库存现金		
存放中央银行法定准备金		
存放中央银行超额存款准备金		
存放中央银行的其他款项		
合　　计		

(2) 拆出资金的披露格式如表 19-8 所示。

表 19-8 拆出资金的披露格式

项目	期末账面余额	年初账面余额
拆放其他银行		
拆放非银行金融机构		
减：贷款损失准备		
拆出资金账面价值		

(3) 交易性金融资产（不含衍生金融资产）的披露格式如表 19-9 所示。

表 19-9 交易性金融资产（不含衍生金融资产）的披露格式

项目	期末公允价值	年初公允价值
债券		
基金		
权益工具		
其他		
合计		

如有指定以公允价值计量且其变动计入当期损益的金融资产，也应比照上述格式进行披露。

(4) 衍生工具的披露格式如表 19-10 所示。

表 19-10 衍生工具的披露格式

类别	期末余额						年初余额					
	套期工具			非套期工具			套期工具			非套期工具		
	名义金额	公允价值		名义金额	公允价值		名义金额	公允价值		名义金额	公允价值	
		资产	负债		资产	负债		资产	负债		资产	负债
利率衍生工具												
衍生工具1												
⋮												
货币衍生工具												
衍生工具1												
⋮												
权益衍生工具												
衍生工具1												
⋮												
信用衍生工具												
衍生工具1												
⋮												
其他衍生工具												
合计												

（5）买入返售金融资产的披露格式如表19-11所示。

表19-11 买入返售金融资产的披露格式

项　　目	期末账面余额	年初账面余额
证券		
票据		
贷款		
其他		
减：坏账准备		
合　　计		

（6）发放贷款和垫款。

① 贷款和垫款按行业分布情况的披露格式如表19-12所示。

表19-12 贷款和垫款按行业分布情况的披露格式

行业分布	期末账面余额	比例%	年初账面余额	比例%
农牧业、渔业				
采掘业				
房地产业				
建筑业				
金融保险业				
⋮				
其他行业				
贷款和垫款总额				
减：贷款损失准备				
其中：单项计提数				
组合计提数				
贷款和垫款账面价值				

② 贷款和垫款按个人和企业分布情况的披露格式如表19-13所示。

表19-13 贷款和垫款按个人和企业分布情况的披露格式

项　　目	期末账面余额	年初账面余额
个人贷款和垫款		
——信用卡		
——住房抵押		
——其他		
企业贷款和垫款		
——贷款		
——贴现		
——其他		

续表

项　目	期末账面余额	年初账面余额
贷款和垫款总额		
减：贷款损失准备		
其中：单项计提数		
组合计提数		
贷款和垫款账面价值		

③ 贷款和垫款按地区分布情况的披露格式如表19-14所示。

表 19-14　贷款和垫款按地区分布情况的披露格式

地区分布	期末账面余额	比例%	年初账面余额	比例%
华南地区				
华北地区				
……				
其他地区				
贷款和垫款总额				
减：贷款损失准备				
其中：单项计提数				
组合计提数				
贷款和垫款账面价值				

注：银行可以按地区风险集中情况确定地区分布。

④ 贷款和垫款按担保方式分布情况的披露格式如表19-15所示。

表 19-15　贷款和垫款按担保方式分布情况的披露格式

项　目	期末账面余额	年初账面余额
信用贷款		
保证担保贷款		
附担保贷款		
其中：抵押贷款		
质押贷款		
贷款和垫款总额		
减：贷款损失准备		
其中：单项计提数		
组合计提数		
贷款和垫款账面价值		

⑤ 逾期贷款的披露格式如表19-16所示。

表 19-16　逾期贷款的披露格式

项目	期末余额				年初余额			
	逾期1天至90天（含90天）	逾期3个月至360天（含360天）	逾期360天至3年（含3年）	逾期3年以上	合计	逾期1天至90天（含90天）	逾期3个月至360天（含360天）	逾期360天至3年（含3年）	逾期3年以上	合计
信用贷款										
保证担保贷款										
附担保贷款										
其中：抵押贷款										
质押贷款										
⋮										
合计										

注：即使是本金逾期1天，整笔贷款也应划为逾期贷款。

(7) 贷款损失准备的披露格式如表 19-17 所示。

表 19-17　贷款损失准备的披露格式

项目	本期金额		上期金额	
	单项	组合	单项	组合
期初余额				
本期计提				
本期转出				
本期核销				
本期转回				
——收回原转销贷款和垫款导致的转回				
——贷款和垫款因折现价值上升导致的转回				
——其他因素导致的转回				
期末余额				

注：① 本期转回是指贷款转为抵押资产等而转出的贷款损失准备。
　　② 本期核销是指经批准予以核销的贷款损失准备。

(8) 可供出售的金融资产的披露格式如表 19-18 所示。

表 19-18　可供出售的金融资产的披露格式

项目	期末公允价值	年初公允价值
债券		
其中：债券类别1		
⋮		
权益工具		
其中：权益类别1		
⋮		
其他		
合计		

（9）持有至到期投资的披露格式如表 19-19 所示。

表 19-19　持有至到期投资的披露格式

项　目	期末账面余额	年初账面余额	期末公允价值
债券			
其中：债券类别 1			
⋮			
其他			
持有至到期投资合计			
减：持有至到期投资减值准备			
持有至到期投资账面价值			

（10）其他资产的披露格式如表 19-20 所示。

表 19-20　其他资产的披露格式

项　目	期末账面价值	年初账面价值
存出保证金		
应收股利		
其他应收款		
抵债资产		
⋮		
合　计		

注：抵债资产的类别、减值准备、年初处置情况及未来处置计划，应同时予以披露。

（11）企业应当分别按借入中央银行款项、国家外汇存款等披露期末账面余额和年初账面余额。

（12）企业应当分别按同业、其他金融机构款项披露期末账面余额和年初账面余额。

（13）企业应当分别按银行拆入、非银行金融机构拆入披露期末账面余额和年初账面余额。

（14）交易性金融负债（不含衍生金融负债）的披露格式如表 19-21 所示。

表 19-21　交易性金融负债（不含衍生金融负债）的披露格式

项　目	期末公允价值	年初公允价值
外汇债券卖空		
其他		
合　计		

如有指定以公允价值计量且其变动计入当期损益的金融负债，也应比照上述格式披露。

（15）卖出回购金融资产款的披露格式如表 19-22 所示。

表 19-22　卖出回购金融资产款的披露格式

项　目	期末账面价值	年初账面价值
债券		
票据		
贷款		
其他		
合　计		

(16) 吸收存款的披露格式如表 19-23 所示。

表 19-23　吸收存款的披露格式

项　目	期末账面价值	年初账面价值
活期存款		
——公司		
⋮		
定期存款		
——公司		
⋮		
其他存款（含汇出汇款、应解汇款）		
合　计		

(17) 应付债券的披露格式如表 19-24 所示。

表 19-24　应付债券的披露格式

债券类型	发行日	到期日	利率	期初账面价值	本期增加额	本期减少额	期末账面价值
债券类别1							
⋮							
合　计							

(18) 披露一般风险准备金的期末、年初余额及计提比例。

(19) 利息净收入的披露格式如表 19-25 所示。

表 19-25　利息净收入的披露格式

项　目	本期发生额	上期发生额
利息收入		
——存放同业		
——存放中央银行款项		
——拆出资金		

续表

项　目	本期发生额	上期发生额
——发放贷款及垫款		
其中：个人贷款及垫款		
公司贷款及垫款		
票据贴现		
——买入返售金融资产		
——债券投资		
——其他		
其中：已减值金融资产利息收入		
利息支出		
——同业存放		
——向中央银行借款		
——拆入资金		
——吸收存款		
——卖出回购金融资产		
——发行债券		
——其他		
利息净收入		

（20）手续费及佣金净收入的披露格式如表19-26所示。

表19-26　手续费及佣金净收入的披露格式

项　目	本期发生额	上期发生额
手续费及佣金收入		
——结算与手续费		
——代理业务手续费		
——信用承诺手续费及佣金		
——银行卡手续费		
——顾问和咨询费		
——托管及其他受托业务佣金		
——其他		
手续费及佣金支出		
——手续费支出		
——佣金支出		
手续费及佣金净收入		

（21）投资收益的披露格式如表19-27所示。

表 19-27　投资收益的披露格式

项　目	本期发生额	上期发生额
以公允价值计量且其变动计入当期损益的权益工具投资		
可供出售权益工具投资		
长期股权投资		
其他		
合　计		

(22) 公允价值变动收益的披露格式如表 19-28 所示。

表 19-28　公允价值变动收益的披露格式

项　目	本期发生额	上期发生额
交易性金融工具		
指定以公允价值计量且其变动计入当期损益的金融工具		
衍生工具		
其他		
合　计		

(23) 业务及管理费的披露格式如表 19-29 所示。

表 19-29　业务及管理费的披露格式

项　目	本期发生额	上期发生额
电子设备运转费		
安全防范费		
物业管理费		
其他		
合　计		

(24) 分部报告。主要报告形式是业务分部的披露格式如表 19-30 所示。

表 19-30　主要报告形式是业务分部的披露格式

项　目	××业务		××业务		…		其他		抵销		合计	
	本期	上期	本期	上期	本期	上期	本期	上期	本期	上期	本期	上期
一、营业收入												
利息净收入												
其中：分部间利息净收入												
手续费及佣金净收入												
其中：分部间手续费及佣金净收入												

续表

项　目	××业务		××业务		…		其他		抵销		合计	
	本期	上期	本期	上期	本期	上期	本期	上期	本期	上期	本期	上期
其他收入												
二、营业费用												
三、营业利润（亏损）												
四、资产总额												
五、负债总额												
六、补充信息												
1. 折旧和摊销费用												
2. 资本性支出												
3. 折旧和摊销以外的非现金费用												

注：主要报告形式是地区分部的，比照业务分部格式进行披露。

（25）担保物。按照《企业会计准则第 37 号——金融工具列报》第二十一条和第二十二条的相关规定进行披露。

（26）金融资产转移（含资产证券化）。按照《企业会计准则第 37 号——金融工具列报》第二十条的相关规定进行披露。

（27）除上述项目以外的其他项目，应当比照一般企业进行披露。

7. 或有事项

或有事项除比照一般企业进行披露外，还应对承诺事项作如下披露。

（1）信贷承诺的披露格式如表 19-31 所示。

表 19-31　信贷承诺的披露格式

项　目	期末合同金额	年初合同金额
贷款承诺		
其中：1. 原到期日在 1 年以内		
2. 原到期日在 1 年或以上		
开出信用证		
开出保函		
银行承兑汇票		
其他		
合　计		

注：对信贷承诺应计算并披露本期和上期信贷风险加权金额。

（2）存在经营租赁承诺、资本支出承诺、证券承销及债券承兑承诺的，还应披露有关情况。

8. 资产负债表日后事项

资产负债表日后事项比照一般企业进行披露。

9. 关联方关系及其交易

关联方关系及其交易比照一般企业进行披露。

10. 风险管理

风险管理按照《企业会计准则第37号——金融工具列报》第二十五条和第四十五条的相关规定进行披露。

复习思考题

1. 什么是年度决算？年度决算有什么意义？如何做好年度决算工作？
2. 年度决算的基本内容有哪些？
3. 金融企业年度财务报告的主要组成部分有哪些？
4. 各种财务报告的内容有哪些？各种报表之间的关系是什么？
5. 为什么编写财务报表后，还要填写报表的附注？报表的附注提供的是什么内容？
6. 简述如何编写财务报告。

参 考 文 献

[1] 黄辉．会计信息系统实务教程：通用型．大连：东北财经大学出版社，2015.
[2] 北京会计从业资格考试命题组．会计基础．北京中国经济出版社，2014.
[3] 中国融资租赁三十人论坛，壹零融资租赁研究中心．中国融资租赁行业2017年度报告．北京：中国经济出版社，2018.
[4] 朱杰．保险实务．北京：中国金融出版社，2017.
[5] 唐忠友．会计基础实训．北京：中国经济出版社，2018.
[6] 陈晓华，唐岫立．互联网金融法律实务．北京：中国金融出版社，2017.
[7] 中国人民大学信托与基金研究生．2018中国信托业发展报告．北京：中国经济出版社，2018.
[8] 徐景霖．国际贸易实务．大连：东北财经大学出版社，2015.
[9] 赵丽梅，陶桂科．银行综合柜台业务．北京：中国金融出版社，2018.
[10] 刘国强．2016中国人民银行规章及重要规范性文件解读．北京：中国金融出版社，2018.
[11] 胡娟，刘春志．金融企业会计．北京：中国金融出版社，2018.
[12] 孟庆海．国际金融实务．北京：中国金融出版社，2018.
[13] 吴卫军．走在会计发展和银行改革的前沿．大连：东北财经大学出版社，2017.
[14] 李颖．银行业务实训教程．大连：东北财经大学出版社，2014.
[15] 梁涛．人身保险实务．北京：中国金融出版社，2018.
[16] 财政部．会计准则2018版．上海：立信出版社，2018.
[17] 石月华．国际结算．大连：东北财经大学出版社，2014.
[18] 李媛媛．会计岗位分级模型．北京：高等教育出版社，2016.
[19] 李海坡．新编会计原理．上海：立信出版社，2016.
[20] 薛红岩．基础会计．上海：立信出版社，2017.
[21] 李正华．财务会计．上海：立信出版社，2017.
[22] 张亦春．金融市场学．北京：高等教育出版社，2017.
[23] 李健．金融学．北京：高等教育出版社，2016.